管理学原理

（第四版）

Principles of Management

4th edition

王建民　王巧莲　主编

图书在版编目(CIP)数据

管理学原理 / 王建民,王巧莲主编. --4 版,北京：北京大学出版社,2025.6. --ISBN 978-7-301-36266-2

I. C93

中国国家版本馆 CIP 数据核字第 20255LJ093 号

书　　　名	管理学原理(第四版)
	GUANLIXUE YUANLI(DI-SI BAN)
著作责任者	王建民　王巧莲　主编
责 任 编 辑	任京雪
标 准 书 号	ISBN 978-7-301-36266-2
出 版 发 行	北京大学出版社
地　　　址	北京市海淀区成府路 205 号　100871
网　　　址	http://www.pup.cn
微信公众号	北京大学经管书苑(pupembook)
电 子 邮 箱	编辑部 em@pup.cn　　总编室 zpup@pup.cn
电　　　话	邮购部 010-62752015　发行部 010-62750672　编辑部 010-62752926
印 刷 者	北京飞达印刷有限责任公司
经 销 者	新华书店
	787 毫米×1092 毫米　16 开本　18.25 印张　415 千字
	2007 年 11 月第 1 版　2011 年 10 月第 2 版　2015 年 8 月第 3 版
	2025 年 6 月第 4 版　2025 年 6 月第 1 次印刷
定　　　价	52.00 元

未经许可,不得以任何方式复制或抄袭本书之部分或全部内容。
版权所有,侵权必究
举报电话：010-62752024　电子邮箱：fd@pup.cn
图书如有印装质量问题,请与出版部联系,电话：010-62756370

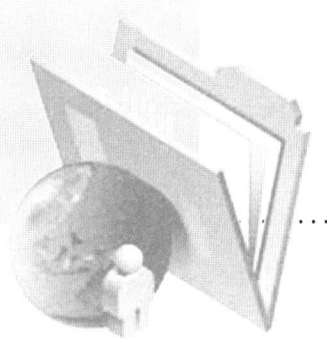

第四版前言

党的二十大报告指出,"以中国式现代化全面推进中华民族伟大复兴"。中国式现代化是中国共产党领导的社会主义现代化,既有各国现代化的共同特征,更有基于自己国情的中国特色——中国式现代化是人口规模巨大的现代化,是全体人民共同富裕的现代化,是物质文明和精神文明相协调的现代化,是人与自然和谐共生的现代化,是走和平发展道路的现代化。

践行中国式现代化,既要学习借鉴西方国家先进的管理经验,更要坚持中国特色,打牢坚实的管理基础,而学习《管理学原理》无疑是打牢管理基础的必修课。

《管理学原理》第一版、第二版、第三版出版后,受到广大读者和同行的肯定与好评,已经连续多次印刷,发行数万册,并被评为"十二五"职业教育国家规划教材。作为多年从事高职教学教改的教师,我们感到十分欣慰和鼓舞,在此谨向关心与支持本教材的读者和同行表示衷心的感谢。

根据广大教师、学生和企业界人士反馈的宝贵意见,本次改版中对教材内容和形式均做了大幅修改与调整:增加了教学目标、管理小故事、管理经典定律、管理小视频等栏目和内容,突出了职业道德培养、家国情怀教育和中国优秀文化传承,删减了教材中比较陈旧和抽象的内容,更新了新知识、新技术,丰富了互动性内容,使教材更具可读性和趣味性。

概括而言,本教材呈现以下特点:一是注重技能训练。尝试将理论课程技能化教学,通过学习任务和工作任务设计,让学生在学中练、练中学,在完成任务中掌握管理的基本方法和技能。二是内容精练实用。摒弃复杂和抽象内容,讲求简洁和实用,让学生学得会、用得上。

三是以学生为主体。通过不同形式的个人任务和小组任务设计,让学生从被动接受知识转变为完成具体任务,成为教学的主体。

为了培养学生掌握最基本、最常用、最有效的管理方法和工具,本教材共设计了八个模块的内容,分别是管理与管理者、管理的发展历程、管理原理与方法、计划管理、组织管理、领导与激励、管理控制、管理的社会责任与道德。本教材可作为高等职业教育经济管理类专业学生的教材,也可作为企业管理人员的培训教材或教学参考书。

本书在编写过程中,吸收和借鉴了国内外许多管理学论著和资料,在此谨向各位作者表示衷心的感谢。全书由王建民、王巧莲主编,参加修订工作的有贾镨、刘艳、屈冠银。其中第一模块、第二模块由王建民修订,第三模块由刘艳修订,第四模块由贾镨修订,第五模块、第六模块、第七模块由王巧莲修订,第八模块由屈冠银修订,全书由王建民编纂定稿。北京大学出版社编辑为本书的出版和修订付出了许多辛劳与努力,在此一并表示感谢!

由于作者水平有限,书中难免存在错误或遗漏之处,恳请广大读者批评指正。

王建民　王巧莲

2025 年 3 月

目 录

第一模块　管理与管理者 …………………………………………… 1
　　教学目标 ………………………………………………………… 1
　　思维导图 ………………………………………………………… 2
　　导入案例 ………………………………………………………… 2
　　必备知识技能 …………………………………………………… 4
　　　　第一单元　对管理的全面理解 ……………………………… 4
　　　　第二单元　管理者的职责与技能 …………………………… 15
　　能力综合训练 …………………………………………………… 25

第二模块　管理的发展历程 …………………………………………… 35
　　教学目标 ………………………………………………………… 35
　　思维导图 ………………………………………………………… 36
　　导入案例 ………………………………………………………… 36
　　必备知识技能 …………………………………………………… 37
　　　　第一单元　科学管理的诞生 ………………………………… 37
　　　　第二单元　行为科学的创立 ………………………………… 47
　　　　第三单元　管理科学的兴起 ………………………………… 56
　　　　第四单元　现代管理理论"丛林" …………………………… 60
　　能力综合训练 …………………………………………………… 70

第三模块　管理原理与方法 …………………………………………… 79
　　教学目标 ………………………………………………………… 79
　　思维导图 ………………………………………………………… 80
　　导入案例 ………………………………………………………… 80

　　必备知识技能 ………………………………………………………………… 81
　　　　第一单元　管理的基本原理 ………………………………………………… 81
　　　　第二单元　管理的基本方法 ………………………………………………… 91
　　能力综合训练 …………………………………………………………………… 99

第四模块　计划管理 ………………………………………………………………… 109
　　教学目标 ………………………………………………………………………… 109
　　思维导图 ………………………………………………………………………… 110
　　导入案例 ………………………………………………………………………… 110
　　必备知识技能 …………………………………………………………………… 111
　　　　第一单元　计划制订 ………………………………………………………… 111
　　　　第二单元　预　　测 ………………………………………………………… 125
　　　　第三单元　目标管理 ………………………………………………………… 131
　　能力综合训练 …………………………………………………………………… 137

第五模块　组织管理 ………………………………………………………………… 143
　　教学目标 ………………………………………………………………………… 143
　　思维导图 ………………………………………………………………………… 144
　　导入案例 ………………………………………………………………………… 144
　　必备知识技能 …………………………………………………………………… 145
　　　　第一单元　组织设计 ………………………………………………………… 145
　　　　第二单元　非正式组织 ……………………………………………………… 161
　　　　第三单元　组织创新的主要形式 …………………………………………… 166
　　能力综合训练 …………………………………………………………………… 177

第六模块　领导与激励 ……………………………………………………………… 183
　　教学目标 ………………………………………………………………………… 183
　　思维导图 ………………………………………………………………………… 184
　　导入案例 ………………………………………………………………………… 184
　　必备知识技能 …………………………………………………………………… 185
　　　　第一单元　领导方式与领导艺术 …………………………………………… 185
　　　　第二单元　激励方法与激励艺术 …………………………………………… 195
　　能力综合训练 …………………………………………………………………… 210

第七模块　管理控制 ………………………………………………………………… 219
　　教学目标 ………………………………………………………………………… 219
　　思维导图 ………………………………………………………………………… 220

导入案例 …………………………………………………………………… 220
　　必备知识技能 ……………………………………………………………… 221
　　　第一单元　控制与管理控制 …………………………………………… 221
　　　第二单元　管理控制的过程 …………………………………………… 233
　　　第三单元　管理控制的方法 …………………………………………… 244
　　能力综合训练 ……………………………………………………………… 251

第八模块　管理的社会责任与道德 ………………………………………… 261
　　教学目标 …………………………………………………………………… 261
　　思维导图 …………………………………………………………………… 262
　　导入案例 …………………………………………………………………… 262
　　必备知识技能 ……………………………………………………………… 263
　　　第一单元　管理的社会责任 …………………………………………… 263
　　　第二单元　管理的道德观 ……………………………………………… 271
　　能力综合训练 ……………………………………………………………… 278

主要参考文献 …………………………………………………………………… 285

第一模块

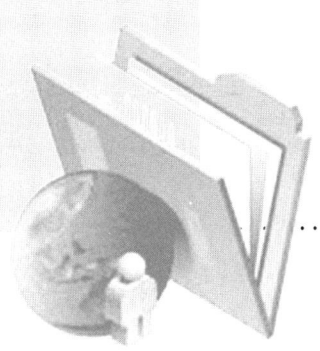

管理与管理者

教学目标

知识目标

通过本章学习,学生应掌握:
- 管理的内涵和本质属性
- 管理的基本职能
- 管理者应具备的职业素养

技能目标

通过本章学习,学生应能够:
- 区分管理工作与业务工作的差别
- 掌握不同类型管理者应具备的知识和技能
- 判断管理者的基本类型

素养目标

通过本章学习,学生应具备:
- 明确的职业发展方向和志向
- 管理的基本素养
- 自我管理的常识和意识

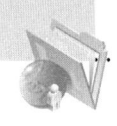

思维导图

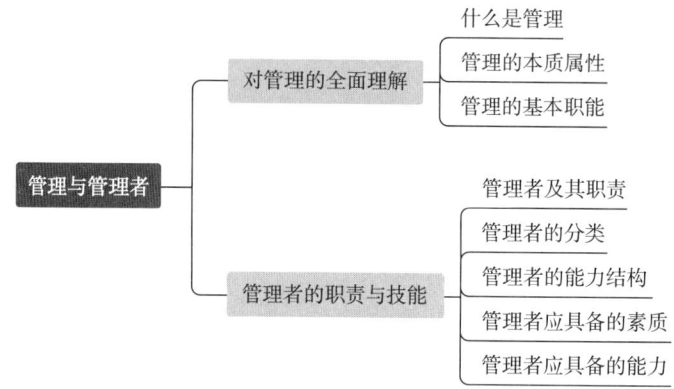

导入案例

如何从业务员晋升到管理者

绝大多数管理者是从业务员成长起来的,有的是从销售员晋升到销售经理,有的是从技术员晋升到技术经理,还有的是从生产工人晋升到班组长或车间主任。这种成长模式也与很多公司的发展轨迹一致。公司刚创立时,经理和业务员都把精力放在业务上,随着公司规模的不断扩大,大量新业务员不断加入,造成经理短缺。大浪淘沙,那些公司开创时期的优秀业务员自然就成为公司的中基层管理者。

把业绩优异的业务员提拔为中基层管理者,体现了公司"谁干得出色谁就会得到晋升"的宗旨,业务员要想得到晋升,必须努力把自己的业绩提上去。企业把优秀的业务员提拔为管理者,既是对优秀业务员的一种激励,又是对其他业务员的一种鞭策。问题在于,一个优秀的业务员能否成为合格的管理者?

案例1:章明是一家知名电脑公司的电话业务员,半年来每个月的业绩都是公司第一名,最近被提拔为新成立的电话销售五部经理。五部的12名人员都是刚加入公司,非常年轻,对产品不熟悉,也缺乏销售技能,拿起电话就感到恐惧。章明把这12名新员工的表现和自己刚开始工作时的表现相比较,觉得这些人大部分眼高手低、不愿吃苦,于是他采取高压措施,制定严格的规章制度和处罚措施。例如,所有人员必须提前20分钟打卡上班,迟到5分钟者罚款20元;每人每天被部门经理看见不在打电话5次以上的,多一次罚款1元;每人每天必须新增2个意向客户,少一个罚款10元;上班时间不得打私人电话,否则按打一次私人电话罚款5元;等等。

三周过去了,团队业绩并没有明显提升,反而人人自危,气氛沉闷。章明没有办法,于是把绝大部分时间和精力放在自己的直接销售上。一个月下来,尽管他的个人业绩排在公司前三,但12名员工的业绩远远不及公司的平均水平,团队整体业绩也排在其他部门之后。

优秀业务员和经理是不同的角色,工作重点不同。优秀业务员被提拔为经理后,工作重点应该从做业务转移到管理团队上。但问题是，优秀业务员的思想意识往往还保持在原先的水平，工作重点也停留在自己做业务的层面上。他们还没有明白管理的真正内涵，只是一成不变地执行公司的规定，实行简单甚至粗暴式管理，总觉得下属做业务不如自己，经常指责下属，而不知道自己的职责之一是悉心培养下属、鼓励下属，使下属成长为优秀业务员。由于没有清晰的角色认知，这些刚提拔上来的经理实际上只是"高级业务员"，所做的工作并没有改变，也没有发挥出经理应有的作用。

案例2：周建云是一家大型电子商务公司销售三部的优秀业务员，由于部门经理离开公司，公司在考察了三部所有业务员的业绩后，将周建云提升为经理。三部一直是公司业绩最突出的部门，部门里几名业务员的业绩也很不错，特别是龚飞和路军。周建云上任后，很担心龚飞和路军因业绩突出而取代自己，于是在日常工作中对他们采取了加重个人任务、给他们穿小鞋、小毛病扩大化等打压排挤手段，同时为了巩固自己的地位，在员工中捏造事实中伤龚飞和路军。龚飞和路军知道这些情况后，也在团队中拉帮结派，导致三部形成三个小帮派而分崩离析，部门业绩迅速下滑。

有些公司将业绩作为提拔经理的唯一标准，这往往使被提拔的人产生错觉，将重点放在个人业绩而不是管理上。为了防止下属的业绩超过自己而威胁自己的位子，不但不真正扶持、培养下属，甚至打压、排挤业绩优异的下属，导致团队内部不团结，团队成员没有工作积极性。

案例3：肖子虎是一家保险公司新成立的电话销售十二部的经理，此前他是另一个部门的优秀业务员。肖子虎深知肩上重任，对公司上层领导的一切指示他都会一字不漏地传达给下属，要求他们一定按公司领导的指示去做。他还把团队划分成两个小组，安排两个能力稍强的人任组长。公司安排给肖子虎的很多事情，他都会安排这两个组长去执行，却很少问这两个组长有没有解决不了的问题、需不需要帮忙等。当领导询问肖子虎团队建设情况时，他满脸委屈地说："我把工作都安排下去了，但这些人就是完成不了。"至于为什么完成不了，肖子虎也说不出原因。

很多新经理缺乏系统的管理方法，只知道把公司的指令简单地传达给下属，而不知道如何帮助他们完成任务，更不知道如何使他们变得更优秀。稍好些的经理会帮助下属解决问题，但解决完之后也不会及时告诉下属问题出在哪里、该怎么解决、下一次应怎么做。当团队出现问题时，这些经理只是不假思索地把情况反映到公司高层，自己却拿不出对策。

这三个案例所反映的问题在新经理身上普遍存在。究其原因，还是角色认知和角色转换的问题。从优秀业务员到经理，是角色的转换，在这个转换过程中个体会出现很多难以适应的情况：从执行者变成了监督者，是公司基层的管理者、公司思想政策的传达者、业务员和公司之间联系的桥梁，还是团队业绩的承担者。

优秀业务员大都具备自信、勤奋、自觉性高、愿意接受挑战、勇于开拓等素质。但这些素质与经理应具备的素质是有区别的。业务员的成功在于以个人的执着、耐力和努力去工作，取得好业绩；经理的成功则基于他管理团队的智慧、能力和水平。要成功实现角色转换，新经理应该迅速提高自己的素质和能力。

问题思考

为什么一个优秀的业务员未必能成为合格的管理者?

训练任务

1. 请你以企业为例,说明业务员与班组长之间的区别和联系。
2. 请你以学校班级为例,说明学生与学习委员之间的区别和联系。
3. 设计出一个合格的中基层管理者应该具备的素质和能力框架。

必备知识技能

第一单元　对管理的全面理解

管理伴随组织的出现而产生,是组织实现目标的重要手段,是协作劳动的必然产物。只要是需要通过集体努力去实现个人无法达到的目标,管理就是必要的。因此,小至企业,大至国家,任何组织都需要管理,它是协调个人努力必不可少的因素。正如马克思在《资本论》中指出的:"一切规模较大的直接社会劳动或共同劳动,都或多或少地需要指挥,以协调个人的活动,并执行生产总体的运动——不同于这一总体的独立器官的运动——所产生的各种一般职能。"一个单独的小提琴手是自己指挥自己,一个乐队就需要一个指挥。指挥之于乐队,就像经理人员之于企业,他们的存在是确保组织各项活动实现预定目标的条件。

一、什么是管理

管理是一个古老的概念,人们对其并不陌生。人们对管理的基本内涵和本质属性的探讨是一个永恒的话题。无论是泰勒的科学管理、梅奥的行为科学,还是现代管理的各种理论,无不涉及管理的内涵和本质属性。但是,要真正把握管理的基本内涵和本质属性,还必须弄清楚什么是管理、管理什么、谁来管理、怎样管理以及管理要达到什么目的等这些最基本、最重要的问题。只有这样,才能准确把握管理的精神实质,从而为有效地提升管理水平提供理论和思想基础。

至于什么是管理,中外学者长期以来从不同角度提出了许多看法,这些看法都从某个侧面反映了管理的内涵,也都有可取之处和借鉴价值。综合这些看法,可以将管理这一概念的内涵和外延定义为:**管理,就是在特定的环境下,对组织所拥有的资源进行有效的计划、组织、领导和控制,以便达到既定的组织目标的过程。**这个定义包含以下四层含义:

第一,管理的主要目的是实现组织目标。管理是为实现组织目标服务的,是一种有意识、有目的的实践活动。管理虽然是任何组织都不可缺少的,但并不是独立存在的,只有与组织的具体活动相结合,管理才能发挥应有的作用。管理本身不是目的,只是实现组织目标的一种手段,因此在管理过程中,管理者不能为了管理而管理,必须思考管理的目标和目的,没有目的的管理就是盲目的管理。企业的目标多种多样,既有提高组织资源利用效率和利用效果的目标、承担社会责任的目标、开拓市场的目标,又有最大限度地获取经济利益的目标、促进职工发展的目标,等等。但不管什么样的组织,都要重视效率和效果,可以说,效率和效果是衡量管理水平的重要标志。

第二,管理是在一定的环境中进行的。任何一个组织都存在于一定的内外部环境之中,并受到环境的约束。脱离环境的管理是不存在的,环境为组织的发展带来了机遇和挑战。管理的主要任务就在于通过对组织内外部资源的有效整合,充分利用内外部环境的各种有利因素,使组织能够主动地适应内外部环境的变化,并根据内外部环境的变化而不断创新。

第三,管理的对象是组织可支配的资源。资源是一个组织运行的基础,也是开展管理工作的前提。管理正是通过综合运用组织所能支配的各种资源,包括人、财、物等物化资源与科技、信息、知识、时间、形象、关系等非物化资源,来实现组织目标的。管理的成效如何,集中体现在能否以最少的资源投入取得最大的产出上。产出一定、投入最少,或者投入不变、产出最多,甚至是投入最少、产出最多,这些都意味着组织具有较高的资源利用效率。然而,仅仅关心效率是不够的,管理者还必须使组织的活动实现正确的目标,这就是追求活动的效果(效能)。效率和效果是两个不同的概念。效率涉及的只是活动的方式,只有高低之分而无好坏之别。效果则涉及活动的目标和结果,不仅有高低之分,而且在好坏两个方向上表现出明显的差别。高效率只是正确地做事,好效果则是做正确的事。但效率和效果又是相互联系的,比如某人工作效率较低却可能达到较好的效果,某企业生产效率很高但可能效益效果很差。因此,管理不仅要追求效率,更要追求效果,只有"正确地做正确的事",才能使管理发挥最大的效用,从而实现效率与效果的有机结合。

第四,管理通过各种职能体现出来。管理职能是管理者开展管理工作的手段和方法,也是管理工作区别于一般作业活动的重要标志。管理活动不是抽象空洞的,必须具体落实到计划、组织、领导和控制等一系列管理职能上,离开具体的管理职能,管理只能是一个空洞的概念。

小资料

营利性组织需要管理,非营利性组织需要管理吗?

营利性组织需要管理,这类组织十分重视投入与产出的比较,十分强调对资源的利用效率和效果。但是,人们往往认为只有大企业才需要管理,因为大企业拥有更多的资源,职工人数更多,更需要周密的计划和高效率的沟通与协调。事实上,小企业同样需要管理。每年都有大量的小企业破产倒闭,其原因并不仅仅是小企业拥有的资源少,更重要的是管理方面的问题。从非营利性组织来看,不仅政府、军队、公安部门等组织,以及教育机构、医疗机构、邮电和交通等大众服务单位需要管理,而且各种基金会、联合会、俱乐部以及政治党派、学术团体和宗教组织等同样需要管理。管理活动遍布人类社会的方方面面,无处不在。当然,不同类型的组织,由于其作业活动的目标和内容存在一些差异,因而管理的具体内容和方法也不尽相同。但从基本管理职能以及管理原理和方法来看,不同类型的组织具有相似性和共通性。

构成管理概念的四个方面之间相互联系、相互影响。其中,环境是管理活动存在的"土壤",资源是管理活动直接作用的对象,职能是管理活动的主要表现形式,目标是管理活动要达到的结果,它们的相互关系可以用图1-1表示。

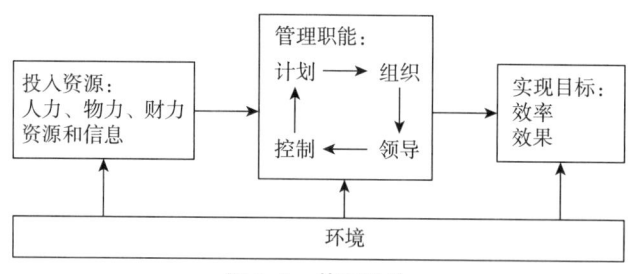

图1-1　管理活动

由此不难看出,管理适用于任何类型的组织。任何组织都有特定的组织目标,都有特定的资源调配和利用问题,也就有管理问题。

小资料

一些学者对管理的经典定义

管理就是计划、组织、指挥、协调和控制。——法国管理学家亨利·法约尔

管理是指一种以绩效责任为基础的专业职能。——美国管理学家彼得·德鲁克

管理就是决策。——美国管理学家赫伯特·西蒙

管理就是设计和保持一种良好环境,使人在群体里高效率地完成既定目标的过程。——美国管理学家哈罗德·孔茨

管理就是通过其他人来完成工作。——美国管理学家理查德·M.霍德盖茨

二、管理的本质属性

(一) 管理的自然属性和社会属性

1. 管理的自然属性

管理的自然属性是指管理具有与生产力、社会化大生产相联系的属性。这种属性表明,管理是因有许多人进行协作劳动而产生的,是由生产社会化所引起的,是有效地组织共同劳动所必需的,因此管理活动的主要任务就在于处理人与自然的关系,合理组织生产力。管理的自然属性只受社会化程度、生产力水平和人的一般属性的制约,而不以社会制度、生产关系性质和人的阶级属性为转移。也就是说,管理的自然属性在任何社会制度下都是一样的,管理是进行社会化生产所必需的,这是管理的共性。例如,在企业管理中,有关合理组织生产力的一些形式和方法,所有社会化大生产都可以应用。

2. 管理的社会属性

管理的社会属性是指管理具有与生产关系、社会制度相联系的属性。这种属性表明，管理是在一定的生产关系条件下进行的，必然受到一定的生产关系、政治制度和意识形态的影响与制约。这就要求管理活动不仅要组织和发展生产力，而且要改善生产关系、协调人际关系。管理的社会属性是由生产关系、社会制度所决定的。不同的社会制度、不同的历史阶段、不同的社会文化，都会使管理呈现一定的差别，从而使管理具有特殊性和个性。也就是说，管理必然体现着生产资料所有者指挥劳动、监督劳动的意志，谁占有生产资料，谁就掌握管理权，并按照自己的利益和意志进行管理。

3. 学习管理二重性的意义

认识管理的自然属性和社会属性，对于我们正确认识管理的地位和作用、全面把握管理的性质和要求具有十分重要的现实意义。

首先，有助于全面理解管理的任务和作用。管理体现的是生产力和生产关系的辩证统一关系，把管理仅仅看成生产力或生产关系，都不利于管理理论和管理实践的发展。这就要求管理者在管理过程中，既要担负合理组织生产力的职责，又要承担改善生产关系的责任，即管理要做到"见物又见人"，单纯强调对人的管理或单纯强调对物的管理都是片面的。

其次，有助于全面认识对管理人员的素质要求。由于管理既要合理组织生产力，又要努力改善生产关系，这就要求管理人员必须具有合理的知识结构和能力结构，不仅要具备组织生产力的技术知识和能力，而且要具备协调人际关系及各种社会关系的知识和能力，即管理者要成为"复合型"人才。仅仅拥有组织生产力的知识，或仅仅拥有协调人际关系的知识都不能成为合格的管理者。也就是说，一个优秀的技术人员不一定是一个称职的管理者，要实现由"技术专家"向"管理专家"的转变，他还必须加强管理知识的学习和人际关系协调能力的培养及训练。

最后，有助于正确地对待国外管理经验。管理既有组织生产力的共性内容，又有改善生产关系的个性特征。这就要求我们必须客观地对待西方国家的管理方法和经验，既不能盲目排外，又不能完全照搬。对于西方国家在组织生产力方面积累起来的管理理论、技术和方法，我们应该积极地学习和借鉴，因为这是人类社会的共同财富；但对于西方国家在改善生产关系方面积累的管理方法和经验，由于它与特定的社会制度和发展阶段相联系，我们就不能简单地照抄照搬，必须根据我国的国情去其糟粕，取其精华。只有这样，才能实现共性与个性的统一，既能充分利用人类社会的共同财富，又能保持并形成自己的管理特色。

📝 管理小故事

"乡村 CEO"是干啥的？

近几年，一些农村地区出现了一个新职业——农村职业经理人，又叫"乡村 CEO"，指的是在农民专业合作社等农业经济合作组织中，懂乡村产业管理、经营服务的经理人。

村里来了一位"CEO",要带领村民闯出致富路。岳振胜是天津土生土长的农民,他卖过女装,闯荡过不少行业,算是网络直播的行家里手。最近,他还在中国农业大学中农创学院学习企业管理。前不久,天津市宁河区招聘首批"乡村CEO",经过公开选聘和初试、复试两轮面试,有着丰富经验和优质资源的岳振胜脱颖而出,成为天津市宁河区任凤庄村的"乡村CEO"。如何带领村民念好"致富经"?岳振胜选定的入手方向是直播短视频培训,在他看来,短视频平台能让村民足不出户就有收入。于是,上任后他干的第一件"大事",就是组织村民开展直播短视频培训(见图1-2)。

图1-2　任凤庄村直播短视频培训

通过培训,岳振胜选出村里直播带货的人才,然后根据每个人的气质和特点,匹配不同的产品。他手把手教村民如何使用短视频平台、如何拍摄、如何组织直播的语言等。

在岳振胜对村子的规划里,拍短视频、做直播只是第一步,他还准备实现**农产品标准化**,利用当地的垂钓、林业资源发展民宿、露营地等。"从我们原有的基础产业方面往前再迈一步,形成标准化。"

天津市宁河区区委书记白凤祥回忆,乡村振兴的发展瓶颈摆在那里——缺人才。"比如西红柿要想卖得好,怎么包装,广告语怎么编,场景如何设置,这样的运营传统都是村干部带着干,但效果不是很明显。**要让专业人才专心致志地干,把乡村振兴当作事业来干。**"

如今,村里来了"CEO",还免费教大家直播短视频,村民们纷纷报名、热情参与。刚从外村回来的张大姐,第一时间跑去大队报了名。"我惦记着卖河蟹,不会卖了,需要直播",张大姐说:"**培训不收费,就算收费也要学**,学会了挣大钱。"

白凤祥计划,三个村子试点只是第一步,未来要向着**集团化、品牌化、规模化**发展。

资料来源:央视新闻微信公众号,2023年3月12日。

思考:
- 优秀的管理者是什么样子的?
- 我们可以发挥优势,为区域发展中人才成长贡献什么样的价值?

(二) 管理的科学性与艺术性

1. 管理的科学性

科学是反映客观规律的系统化的知识体系。这种知识体系是人们对客观事物的本质特征、必然联系及其运动规律的正确揭示和描述,它建立在科学实践和严密逻辑论证的基础上。管理的科学性是指管理是一门科学,是由一系列概念、原理、原则和方法构成的科学体系,有内在规律可供遵循。也就是说,管理发展到今天,已经形成比较系统的理论体系,揭示了一系列具有普遍应用价值的规律,总结出了许多管理原则。这些规律和原则是由大量的学者与实务工作者,在总结长期管理工作的客观规律的基础上形成的,是理论与实践高度结合的产物,不会因地域、文化乃至社会制度的差异而不同,也不以人的主观意志为转移。这就要求在管理过程中,相关人员必须遵循管理规律,运用科学的管理理论和方法来指导实践,只有这样才能使管理活动更有效。正如著名管理学家哈罗德·孔茨(Harold Koontz)所说:医生如果不掌握科学,几乎跟巫医一样;高级管理人员如果不具备管理科学知识,也只能是碰运气、凭直觉,或者照老经验办事。这样的管理是很容易失败的。

2. 管理的艺术性

管理的艺术性是指灵活运用管理知识和技能的技巧与诀窍。管理对象的复杂性和管理环境的多变性决定了管理活动不可能采用固定不变的模式,管理人员在管理实践中必须发挥积极性、主动性和创造性,根据环境的变化随机应变。教条式地理解与应用管理理论和方法是无法搞好管理的。最有效的管理是因地制宜的。所以,管理的艺术性强调管理活动除了要掌握一定的理论和方法,还要掌握灵活运用管理知识和技能的技巧与诀窍。

3. 科学性与艺术性之间的关系

管理首先是科学的,其次才是艺术的。管理的科学性与艺术性是管理活动不可分割的两个方面,管理的科学性是艺术性的基础,管理的艺术性是科学性的升华。在管理过程中,管理人员不能只注重管理的科学性而忽视其艺术性,也不能只注重管理的艺术性而忽视其科学性,应该实现科学性和艺术性的有机统一。离开管理的科学性,艺术性就会变成简单的感觉和经验,很难实现有效管理;离开管理的艺术性,科学性就会变成僵化的教条,也难以发挥作用。所以说,管理的专业训练虽然不可能培养出"合格"的管理者,但要成为合格的管理者又必须接受管理的专业训练。只有既注重管理理论又注重管理实践的人,才能成为一个合格的管理者。

没有系统化的知识体系无法形成科学,没有实践性则没有艺术。管理既具有内在的规律,又具有实践方面的技巧与诀窍,所以管理既是一门科学又是一门艺术,是科学与艺术的有机结合体。

(三) 管理的职业属性

随着组织规模的扩大和分工协作的发展,管理逐渐从作业活动中独立出来,变成了一个专门的职业。凡是以管理为职业的人都可以被称为"职业经理人"或"职业管理者"。理解管理的职业属性,就是要求人们既要把管理当成一个职业,具备管理的知识和

技能,同时又要了解管理工作与作业工作的联系和区别。

1. 管理工作与作业工作的区别

一个组织的活动从性质上可以分为两大类:一类是作业活动,在企业中主要指生产经营活动;另一类是管理活动,如计划、组织、领导、控制等。这两类活动的主要区别在于:一是工作对象不同。在作业工作中,工作对象是物;而在管理工作中,工作对象是人。二是工作中要处理的关系不同。在作业工作中,要处理的主要是人与物的关系,是人力资源与物力资源的匹配关系;在管理工作中,要处理的主要是人与人的关系。三是目的不同。完成作业工作是组织的最终目的,而完成管理工作是保证作业工作顺利完成的手段。四是完成工作所需的技能不同。完成作业工作所需的主要是专业技能,一般来说,作业人员的专业技能越高就越称职;而完成管理工作所需的技能,除专业技能之外,更重要的还有人际技能和组织技能,人际技能越高,管理人员的管理工作才越有效。

需要注意的是,管理工作与作业工作之间的界线不是绝对的。有许多工作从不同的角度可以将其归为不同的活动。比如一个企业的会计核算人员,从企业的整个活动来看,他所从事的工作显然属于管理工作,因为他是为企业的生产经营这一作业工作服务的。但是在企业的财会部门,他所从事的工作显然又属于作业工作,因为在企业这个大系统中,财会部门最主要的工作就是做好财务管理和会计核算。因此,管理工作与作业工作之间的区分是相对的。

2. 管理工作服务于作业工作

管理活动是从作业活动中分离出来的独立职能。为作业工作服务是管理工作的本质属性。管理工作与作业工作对一个组织来说都是必不可少的。但是,管理工作必须为作业工作服务。在一个组织中,管理工作是独立进行、有别于作业工作又为作业工作提供服务的活动,但是管理人员与作业人员并不一定截然分开。有一些管理人员可以同时是作业人员,他们在承担管理任务的同时也可能完成一定的作业任务。比如医院院长可能有时也做外科手术,学校校长可能有时也搞教学工作,企业销售经理也可能参与业务谈判和签订销售合同,等等。在某些时候,管理者参与作业工作并非坏事,这样往往有利于促进管理者与下属之间的沟通和理解。但是,如果一个管理者把自己的绝大部分时间和精力都用于从事作业工作而不是管理工作,那么他要么忘记了自己的管理者身份,要么还不了解管理工作与作业工作的区别,这样他也就不可能成为一个称职的管理者。因此,对于管理者而言,最重要的是要做好管理工作,而不是作业工作,无论是时间还是精力的安排都要注意不能本末倒置。

管理人员的工作,从本质上说,是通过他人并使他人和自己一起实现组织的目标。在通常情况下,管理人员并不亲自从事具体工作,而是委托他人去干,自己花大量的时间和精力进行计划安排、组织领导和检查控制他人的工作。管理人员之所以在身份和地位上不同于他人,就是因为其"分内"工作性质与作业工作有着很大差异,而且管理人员要对这些人的工作好坏负最终责任。正是在促成他人努力工作并对他人工作负责这一点上,管理人员与作业人员构成了组织中相对独立的两大部分成员。

管理小故事

AI 时代来了,你能不能当好他们的领导?

一位 AI(人工智能)领域的投资人——绿洲资本的张津剑打了一个比方。

他说,你别把 AI 看作工具。如果把 AI 看作工具,你就会要求它马上能帮你干活,马上产生效益。

你得把 AI 看作人,而且是名牌大学毕业的、学过所有专业、成绩还名列前茅的学霸。他们不用休息,人数无限,24 小时待命;他们知识程度非常高,但没经历过社会历练,需要你指挥才能工作,像算盘珠子,拨一下才动一下;他们还会犯错,你得有点耐心去教,给他们成长的时间。

现在问题来了,你能带几个这样的实习生?

这个比方,让我脑洞大开。

对啊。**我们缺的不是使用 AI 的能力,我们缺的可能就是指挥人的能力。**

我们现在就可以做一个思想实验:假如免费给你配一大拨这样的学霸实习生,你能当好他们的领导吗?

当一群年轻人瞪着纯洁的大眼睛看着你,等着你分配任务的时候,你能手挥目送,指挥若定吗?

你能把自己的大任务分解成一群实习生能帮你干的小任务吗?

你在分配任务时,能交代清楚任务的要素、范围、目标和验收标准吗?

你在他们出错时,能一眼看出问题所在,然后纠正他们、辅导他们吗?

你能评价他们创意的好坏,说清楚你的偏好和品位吗?

你能协调这么多实习生之间的关系,让他们之间的任务不打架吗?

天呐!这是有相当领导力的管理者才能胜任的一项工作。

说到这儿,有一个词已经呼之欲出。我们缺的哪儿是什么提示语工程学,而是"**AI 领导力**"。

李睿把一个人活成了一支队伍。

但 AI 时代来了,重点不在于那支队伍,能干的队伍要多少有多少;重点在于,给你一支队伍,你能不能当好他们的领导。

这才是 AI 时代对我们的真正考验。

反正那种现在面对大活人的乙方,还是只能说出"高端大气上档次、低调奢华有内涵"的甲方,肯定不具备 AI 领导力,通不过这种考验。

你看,不是说工具越强,我们就越强。真实的情况是,**工具越强,对我们的要求就越高**。AI 真是一个遇强则强的能力放大器。

资料来源:罗振宇 2024 年"时间的朋友"跨年演讲文稿。

三、管理的基本职能

管理的职能就是管理活动所具有的功能和行为。一项管理职能就表示一类管理活动,而管理的基本职能就是管理工作包括的几类基本活动内容。在管理学发展史上,一些学者对管理的基本职能做出了不同的描述。法国管理学家亨利·法约尔(Henri Fayol)在20世纪初提出,管理活动主要包括计划、组织、指挥、协调和控制五项职能。美国管理学家哈罗德·孔茨在50年代提出,管理包括计划、组织、人员配备、领导、控制五项职能。除此以外,还有七项职能等观点。本书认为,管理主要包括计划、组织、领导、控制四项职能。

(一)计划

计划是对未来活动要达到的目的和结果所进行的预先安排或筹划。人们在从事一项活动之前,首先要制订计划,这是进行管理的前提。计划工作主要包括以下内容:

1. 研究活动条件

组织的业务活动是利用一定条件、在一定环境中进行的。活动条件研究包括内部能力研究和外部环境研究。内部能力研究主要是分析组织内部在客观上对各种资源的拥有状况和主观上对这些资源的利用能力;外部环境研究主要是分析组织活动的环境特征及其变化趋势,了解环境如何从过去演变到现在以找出环境的变化规律,并据以预测环境在未来可能呈现的状态。

2. 制定业务决策

活动条件研究为业务决策提供了依据。所谓业务决策,是在活动条件研究的基础上,根据研究所揭示的环境变化中可能存在的机会或威胁,以及组织在资源拥有和利用上的优势与劣势,确定组织在未来某个时期内的活动方向和目标。

3. 编制行动计划

在确定了未来的活动方向和目标以后,还要详细分析为了实现组织目标需要采取哪些具体的行动,以及这些行动对组织各个部门和环节在未来各个时期的工作提出了哪些具体的要求。因此,编制行动计划的工作实质上是将组织目标在时间上与空间上分解到组织的各个部门和环节,对每个单位、每个成员的工作提出具体的要求。

(二)组织

要把计划付诸行动,就必须有组织工作。组织工作决定组织要完成的任务是什么、谁去完成这些任务、这些任务怎么分类组合、谁向谁报告、各种决策应在哪一级上制定,等等。组织工作的具体程序和内容如下:

1. 设计组织

这包括设计组织的机构和结构。机构设计是在分解组织目标的基础上,分析为了实现组织目标需要设置哪些岗位和职务,然后根据一定的标准将这些岗位和职务加以组合,形成不同的部门;结构设计是根据组织业务活动及其环境的特点,规定不同部门在活动过程中的相互关系。

2. 人员配备

根据各岗位的活动要求以及组织员工的素质和技能特征,将适当的人员安置在组织机构的适当岗位上,让适当的工作由适当的人承担,做到适才适所。

3. 组织变革

根据组织业务活动及其环境特点的变化,研究并实施组织机构、结构的调整与变革,变革的内容包括组织机构形式变革、组织文化变革及组织流程变革。

(三)领导

每个组织都是由人力资源和其他资源有机结合而成的,人是组织业务活动中唯一具有能动性的因素。为了有效地实现组织目标,不仅要设计合理的组织机构,把每个成员安置在适当的岗位上,还要努力促使每个成员以高昂的士气、饱满的热情投身到组织业务活动中。这便是领导工作的任务。所谓领导,是指利用组织赋予的权力与自身的能力去指导和激励下属为实现组织目标而努力工作的管理活动过程。管理的领导工作就是管理者利用职权和威信产生影响,指导和激励下属去实现组织目标的过程。领导是管理的重要职能,属于执行性职能。为了使领导工作卓有成效,管理者必须了解个人行为和组织行为的动态特征,激励员工并进行有效的沟通。在当今的经营环境中,有效的领导者还必须富有想象力——能够预见未来,并使他人也具有这种想象力,同时授权员工把想象变为现实。只有通过卓有成效的领导,组织的目标才有可能实现。

领导工作主要包括激发下属的积极性、指导和指挥他们的工作、选择最有效的沟通渠道、解决组织成员之间的冲突等。

📖 管理经典定律

库泽斯-波斯纳领导力法则

库泽斯-波斯纳领导力法则,是詹姆斯·库泽斯(James Kouzes)和巴里·波斯纳(Barry Posner)在他们的著作《领导力》中共同提出的。该法则认为,有效的领导力体现在模型典范、共享愿景、挑战现状、授权他人和激励人心五个关键实践中,领导者可以根据这五个实践来评估自己的领导力,并制订相应的行动计划来提升领导力水平。

库泽斯-波斯纳领导力法则

(1)模型典范:领导者应当展示出他们期望他人遵循的价值观和行为标准。

(2)共享愿景:领导者应当能清楚地描绘未来愿景,并激励他人共同努力实现这一愿景。

(3)挑战现状:领导者应当不断寻求改进,推动变革,以适应不断变化的环境。

（4）授权他人：领导者应当信任并授权他人，让他们有能力发挥自己的潜力并做出贡献。

（5）激励人心：领导者应当激发他人的热情和承诺，鼓励他们超越自我，实现共同目标。

相关案例故事：

一家高科技公司的 CEO 希望通过转型来应对日益激烈的市场竞争。她首先通过实际行动展示了自己的决心和勇气，与其他高管一起削减了各自的薪酬，并承诺公司将更加注重产品研发和客户满意度。然后，她与全体员工分享了公司的未来愿景，明确了公司的使命和价值观。她鼓励员工积极参与变革过程，提出改进建议，并给予他们足够的自由度去实施这些想法。最后，她设立了奖励机制，表彰了那些在转型过程中做出突出贡献的员工。通过这些努力，公司最终成功实现了转型，并在市场上保持着领先地位。

（四）控 制

控制就是按照既定的目标和标准，发现偏差并分析原因，采取有效措施来保证目标实现的过程。为了保证既定计划的顺利实施和组织目标的实现，管理者必须监控组织的绩效，将实际的表现与预先设定的目标进行比较。一旦出现任何显著的偏差，管理的任务就是使组织回到正确的轨道上。控制的内容包括当行动偏离目标和标准时纠正组织活动，以及修改及重新制定目标和标准。后者是指当组织内外部环境发生变化时，原来制定的目标和标准已不再适用。

控制过程包括衡量组织成员的工作绩效、发现偏差、采取矫正措施三个步骤。控制不但是对以前组织业务活动情况的检查和总结，而且可能要求在某个时点以后对组织业务活动进行局部甚至全局的调整。因此，控制在整个管理活动中起着承上启下的连接作用。

管理经典定律

破窗效应

破窗效应是指关于环境对人们心理造成暗示性或诱导性影响的一种认识。也即，如果有人打破了一幢建筑物的窗户，而这扇窗户又得不到及时的修补，别人就可能受到某些暗示性的纵容去打破更多的窗户。

一个房子，如果窗户破了却没有人去修补，隔不久，可能就会有人破坏更多的窗户，最终他们甚至会闯入建筑，发现无人居住，他们也许就会在那里定居或者纵火；一面墙，如果出现一些涂鸦却没有被清洗掉，很快的，墙上就会布满乱七八糟、不堪入目的东西。这个现象就是犯罪心理学中的破窗效应。

管理中，如果不能及时纠正或补救正在发生的问题，那么该类问题会持续发生，并且日益严重。

第二单元　管理者的职责与技能

一、管理者及其职责

管理是一个动态的过程,管理者在这个过程中肩负着独特的任务和职能,他不仅要制定组织的目标、筹划工作的开展,还要控制管理过程的运行,激发组织成员的潜能,实现管理工作的目标。可以说,管理者是组织的心脏,其工作绩效直接关系到组织的兴衰成败。管理学大师彼得·德鲁克(Peter Drucker)曾这样说:如果一个企业运转不动了,那么我们当然要去找一个新的总经理,而不是另雇一批工人。

所谓管理者,是指在一个持续运营的企业中执行各项基本管理职能的人员。衡量一个人是不是管理者,不是看他是否担任一定的职务,而是看他是否履行管理的职能。作为一个真正的管理者,他必须直接参与解决问题和做出决策;必须有人贯彻他的决策和意图并及时汇报贯彻执行情况;必须执行计划、组织、领导和控制等各项管理职能。另外,管理者作为社会活动的特殊角色,其内涵和特征与其他角色有许多区别。例如,管理者不同于科学技术工作者,后者的主要职责是发现与发明,而作为一个管理者固然应当懂科学、懂技术,但他首要的职责是履行管理职能。再如,管理者不同于劳动模范和先进工作者,后两者主要是懂得自己如何做人,而管理者不但要懂得自己如何做人,还要懂得如何通过他人把工作做好。

一般而言,管理者的职责主要包括以下方面:

1. 目标提出者

一个地区、一个部门、一个单位的管理能否取得成效和成效高低,关键在于能否制定出本系统、本组织发展的总目标。科学的、切合实际的总目标对组织的发展具有战略意义,决定着管理活动的方向,体现了管理者和大多数组织成员的意志以及社会发展的要求。因此,管理者要能为组织制定一个切实可行、足以激发组织成员奋发向上的发展目标。

2. 计划者

制订计划是管理者的首要任务,也是管理者指引组织发展、调动成员力量的重要手段。一个管理者必须高度重视计划,并善于制订计划。亨利·法约尔曾说:缺乏计划或一个不好的计划是领导人员无能的标志。管理者在制订计划时,要认真调查研究,广泛征求群众意见,特别是专家的意见和建议;要从实际出发,实事求是,量力而行;要有严谨的科学态度,采用科学的方法,力求符合客观事物发展规律,从而保证计划的科学性。

3. 组织者

组织就是把管理活动的各个要素、各个环节和各个方面,从劳动的分工和协作上、从时间和空间的相互联结上、从上下左右的相互关系上,做到较好的结合。因此,一个管理者的根本职责是保持组织的统一、精干、高效。管理者首先要根据实际需要设置组织机构,明确岗位职责和分工,配备工作人员;其次要通过对外界环境和内部条件的分析与预测,及时调整组织机构,以使组织不断地适应客观条件的变化。

4. 指挥者

管理者在管理过程中要不断地发布命令、下达指示、制定措施,以此统一组织及其成员的意志和行为,所以管理者又是一个指挥者。指挥者的任务就是要在严密组织的基础上,按照预定的计划,对所属组织和人员指明目标与计划,合理地分配任务或布置工作,并督促和检查执行情况,及时指导和处理管理中出现的问题。管理者只有从整体出发,综观全局,对管理过程实行统一指挥,才能实现有效的管理,达到组织的目标。

5. 协调者

管理要有成效,各要素、各功能之间必须保持高度的协调。这种协调的实现需要管理者在管理活动中不断进行统筹和调节,所以管理者又是一个协调者。作为协调者,管理者的任务就是围绕组织目标进行统一安排和调度,使各环节相互配合、紧密衔接,既不产生重复,又不出现脱节,更不相互矛盾。协调包括纵向协调和横向协调,内部协调与外部协调,也包括对人、财、物的协调以及各部门、各环节的协调等。

6. 人员选拔和配备者

管理者要想实现既定的组织目标,就必须恰当地选拔和配备人员。管理者只有知人善任,并恰当地进行人员配备,才能从根本上提高管理效率,达到管理目的。因此,管理者特别是高层管理者,必须亲自对下属各部门、各岗位的领导干部进行选拔任用。

📝 管理小故事

一个基层管理者的感受与体会

我最初是个基层员工,默默地把我的业务工作做到公司最好,在学习管理的基础上我也会偶尔展示组织策划的才能。在基层干了一年多,机会终于来了,我以前的主管离职,我顺理成章地接任。在管理部门的过程中,我更积极地学习和积累,这样就很好地把理论知识和实践结合起来。当然,期间我也为公司和部门解决了很多难题,使我管理的系统顺利运作。这个过程我用了两年多。后来,我跳槽了,到了一家规模比较小且需要引进规范化管理的公司。在这里,我负责为公司实施规范化管理改革。这个层面就比之前更高了,因为我需要考虑的是全局,由此我学到了更多的东西,也得到了更大的锻炼。

需要注意的是,不是每个人都必须走我这样的路,但这是一个从基层到高层的过程案例。值得说的是,你在什么位置,就得从高于这个位置的角度去思考,如果你始终用基层员工的思维方式去思考,那么你永远也不可能成为管理者。

根据个人的工作经验和体会,我认为要想从一个业务员成长为一个管理者,至少应该注意以下几点:

首先,必须学习企业管理知识。目前国内大多数管理理论是以美国式管理模式为学习对象的,不具备这些管理知识,就无法适应当今企业和市场的发展。这个学习过程一般需要几年,当然我指的是可以一边工作一边学习,比如可以报自考的工商管理专业。

在系统学习后,还必须不断充电学习,只有这样才能跟上市场环境的变化。

其次,在日常工作中多积累管理经验。看看你的上司哪些方面管得好,你公司的总经理有哪些独到的管理办法,多向管理者请教,多结合问题思考,多分析实战案例。

再次,注意锻炼并提升自己的思维方式。假如你现在是业务员,你得先从业务主管的角度来思考问题;日后在成为主管后,你应该把自己的视野和思维提升到更高的层次,比如从公司全局的角度来思考。记住,全局性的思维方式是企业高层管理者必备的条件。

最后,具有必要的"硬件"。管理是个含有技术性的职业,管理者应该具备基本的硬件能力,如问题分析能力、项目策划能力、组织协调能力、文字写作能力、语言沟通能力,同时应该具有果断决策的魄力和较强的责任感。

二、管理者的分类

一个组织中从事管理工作的人可能有很多,根据管理层次和管理领域的不同,可将管理者分为多种类型。

(一) 管理者的层次分类

管理者是组织的核心和灵魂,他们对组织的生存和发展起着至关重要的作用。由于管理者在组织中的责任和权限不同,他们所从事的具体工作内容也不同。不过有一点是相同的:管理者都是一定组织的领导者,他们负责调动并促进别人做好工作,而不是事必躬亲地代替别人工作。根据管理者在组织中所处层次的不同,通常把管理者分为高层管理者、中层管理者和基层管理者。

1. 高层管理者

高层管理者处于组织的最高层,对组织负有全面的责任,主要决定与组织发展有关的大政方针,负责组织与外界的交往和联系。在很多情况下,组织的成败往往取决于高层管理者的一个判断、一个决策或一项安排,因此高层管理者很少从事具体的事务性工作,而把主要精力和时间放在组织全局性或战略性问题以及组织环境问题的解决上。他们最关心的是重大问题决策的正确性和良好组织环境的创造。

2. 中层管理者

中层管理者的主要职责是承上启下,正确地理解高层管理者的指示精神,创造性地结合本部门的实际情况,贯彻高层管理者所制定的大政方针,指挥基层管理者的活动。他们通常根据上级的指示,把任务具体分配给各个基层单位,并了解基层管理者的要求,帮助他们解决困难,检查并协调他们的工作,通过基层管理者的努力去带动一线操作者完成各项任务。他们注重的是日常管理事务,做得最多的工作就是计划、组织、领导、控制。

3. 基层管理者

基层管理者的主要职责是直接指挥和监督现场作业人员,保证他们完成上级下达的

各项计划和指令。他们几乎每天都要和下属打交道,组织下属开展工作,协调下属的行动,解决下属的困难,反映下属的要求。基层管理者是组织中的底层管理者,主要关心具体任务的完成。

作为管理者,不论他在组织中的哪一层级上承担管理职责,其工作的性质和内容基本上是一样的,都包括计划、组织、领导和控制几个方面。不同层次管理者工作上的差别,不是职能本身不同,而是履行各项管理职能的程度和重点不同。基层管理者花在计划、组织和控制职能上的时间要比高层管理者多些,而高层管理者花在领导职能上的时间要比基层管理者多些。即便就同一管理职能来说,不同层次管理者所从事的具体管理工作的内涵也并不完全相同。例如,就计划工作而言,高层管理者关心的是组织整体的长期战略规划,中层管理者偏重的是中期、内部的管理性计划,基层管理者侧重的是短期的业务和作业计划。

高层管理者与中低层管理者的工作有重要的区别。日本松下电器公司创始人松下幸之助说过一段名言:当你仅有 100 人时,你必须站在第一线,即使你叫喊甚至打他们,他们也听你的;但如果发展到 1 000 人,你就不可能留在第一线,而是身居其中;当企业增至 10 000 名职工时,你就必须退到后面,并对职工们表示敬意和谢意。这说明一个企业的规模扩大后,管理的复杂性随之增大,管理方面的职能分工相应深化,逐渐分化为制定大政方针的战略管理者和负责具体事务的日常管理者。

(二) 管理者的领域分类

根据管理者所从事的管理工作的领域宽度及专业性质的不同,可将管理者划分为综合管理者和专业管理者两大类。

1. 综合管理者

综合管理者是指负责管理整个组织或组织中某个事业部全部活动的管理者。对于小型组织(如一个小厂)来说,可能只有一个综合管理者,那就是总经理,他要统管组织中包括生产、营销、人事、财务等在内的全部活动。而对于大型组织来说,可能会按产品类别设立几个产品事业部,或按地区设立若干地区事业部,此时公司的综合管理者就包括总经理和每个产品或地区事业部的经理,每个事业部经理要统管本分部包括生产、营销、人事、财务等在内的全部活动。

2. 专业管理者

专业管理者是指专门负责管理组织中某一类活动(或职能)的管理者。根据所管理的专业领域性质的不同,可以具体划分为生产部门管理者、营销部门管理者、人事部门管理者、财务部门管理者和研发部门管理者等。对于这些部门的管理者,可以泛称为生产经理、营销经理、人事经理、财务经理和研发经理等。对于现代组织来说,随着其规模的不断扩大和环境的日益复杂多变,将越来越多地需要专业管理者,专业管理者的地位也将变得越来越重要。

三、管理者的能力结构

管理者能否有效地开展管理工作,在很大程度上取决于他们是否真正具备管理所需的技能。通常而言,管理者应具备的能力结构主要包括技术技能、人际技能、概念技能三个方面。处于较低层次的管理者,需要的主要是技术技能与人际技能;处于较高层次的管理者,更多地需要人际技能与概念技能;而处于最高层次的管理者,尤其需要具备较强的概念技能。

1. 技术技能

技术技能是指使用某一专业领域内有关的工作程序、技术和知识完成组织任务的能力。例如,工程师、会计师、广告设计师、推销员等掌握着相应领域的技术技能,由此被称为专业技术人员。对于管理者来说,虽然没有必要使自己成为精通某一领域技能的专家,但也要掌握一定的技术技能,否则就很难与他所主管的专业技术人员进行有效的沟通,从而也就无法对他所管辖的各项业务工作进行具体的指导。很显然,如果是生产车间主任,就要熟悉各种机械的性能、使用方法、操作程序,各种材料的用途、加工工序,各种成品或半成品的指标要求等;如果是财务主管,就要熟悉相应的财务制度、记账方法、预算和决算的编制方法等。当然,不同层次的管理者对技术技能要求的程度是不同的。相对而言,基层管理者需要较深程度的技术技能,而高层管理者只需要粗浅了解即可。

2. 人际技能

人际技能是指与处理人事关系有关的技能,或者说是与组织内外部的人打交道的能力,包括联络、处理和协调组织内外部人际关系的能力,激发和诱导组织内部工作人员的积极性和创造性的能力,正确地指导和指挥组织成员开展工作的能力。人际技能要求管理者了解别人的信念、思考方式、感情、个性以及每个人对自己、对工作、对集体的态度及其需要和动机,还要掌握评价和激励员工的一些技术与方法,以最大限度地调动员工的积极性和创造性。研究表明,人际技能是一种重要技能,对高、中、低层管理者都具有同等重要的意义。在同等条件下,人际技能可以极为有效地帮助管理者在管理工作中取得更大的成效。

3. 概念技能

概念技能是指对事物进行洞察、分析、判断、抽象和概括的能力。具体地说,概念技能包括理解事物的相互关联从而找出关键影响因素的能力,确定和协调各方面关系的能力,以及权衡不同方案的优劣和内在风险的能力等。任何管理者都会面临一些混乱而复杂的环境,管理者应能看到组织的全貌和整体,并认清各种因素之间的相互联系,如组织与外部环境是怎样互动的,组织内部各部分是怎样相互作用的等,并经过分析、判断、抽象、概括,抓住问题的实质,根据形势和问题果断做出正确的决策。因此,管理者所处的层次越高,所面临的问题越复杂、越无先例可循,他就越需要概念技能。

上述三种技能是各个层次管理者都需要具备的,只不过不同层次的管理者对这三种技能的要求程度不同。

一般来说,处于越高层的管理者,越需要制定全局性的决策,所做的决策影响范围越广、影响期限越长。因此,他们需要掌握更多的概念技能,进而把全局意识、系统思想和创新精神渗透到决策过程中。因为并不经常从事具体作业活动,所以他们并不需要全面掌握完成各种作业活动必须具备的技术技能,只需要对技术技能有基本的了解。作为基层管理者,他们每天大量的工作是与从事具体作业活动的作业人员打交道。他们有责任检查作业人员的工作,及时解答作业人员的疑问,并与作业人员一起解决实际工作中出现的各种具体问题。因此,他们必须全面而系统地掌握与本单位工作内容相关的各种技术技能。当然,基层管理者也可能面临一些例外的、复杂的问题,也要协调好所管辖作业人员的工作,制订本部门的整体计划。为了做好这些工作,他们需要掌握一定的概念技能。

人际关系技能是组织各层次管理者都应具备的。因为不管是哪一层次的管理者,都必须在与上下左右进行有效沟通的基础上,相互合作、共同实现组织目标。因此,人际技能对高、中、基层管理者是同等重要的。图1-3比较直观地概括了管理层次与管理能力的关系。

图 1-3 管理层次与管理能力的关系

> 管理小故事

从新人到卓越管理者——小王的成长之路

在一个快速发展的小型科技公司里,有一个名叫小王的新入职项目经理。初入职场的小王虽然专业技术精湛,但在管理团队方面显得有些手忙脚乱。

起初,小王严格依赖自己的技术能力去解决问题,认为只要自己做得好,团队自然就能跟上节奏。然而,团队成员的工作积极性并不高,项目进度也多次延误。此时小王意识到,作为一个管理者,仅靠个人的技术能力是远远不够的。

他开始反思并学习各种管理理论,了解到管理者应具备的能力结构包括但不限于领导力(激励团队、设定愿景)、沟通协调能力(清晰表达、听取意见)、决策能力(快速决断、风险预估)、组织协调能力(资源分配、时间管理)以及人才培养与发展能力(发现并发挥员工优点,提供成长机会)。

于是,小王改变了自己的管理方式。他首先明确了项目目标并将其转化为团队共同愿景,激发了大家的积极性。同时,他加强与团队成员的沟通交流,定期召开会议听取每个人的意见和困难,让大家感受到被尊重和重视。在决策时,他不再独断专行,而是引入集体智慧,结合数据分析做出更明智的决定。

在组织协调上,小王合理安排任务,考虑到每个人的特长和负荷,有效提高了工作效率。此外,他还注重团队成员的职业发展,提供了多种培训和实践机会,使得团队整体能力得到了显著提升。

经过一段时间的努力,小王带领的项目团队不仅按时完成了任务,而且团队凝聚力大大增强,成员们的满意度和成就感显著提高。这个经历让小王深刻认识到,一个优秀的管理者不仅要有扎实的专业技能,更重要的是要具备多维度、全方位的管理能力结构,只有这样才能引领团队真正走向成功。

四、管理者应具备的素质

素质一般是指事物本来的性质。作为人的素质,原意是指一个人先天具有的资质和生理特点,如思维能力、记忆能力、反应能力等。这种先天的特点是人们获取知识和才能的基础。现在所说的素质,既包括先天的,又包括后天的,即一个人的品德、学识、才能、情操等。因此,管理者的素质就是指在先天的基础上,通过后天的学习、教育和实践锻炼形成的,在管理工作中经常起作用的内在要素。

(一) 品德素质

品德即道德品质,是一个人依据一定的社会道德准则行动所表现出来的行为特征。它是推动一个人的行为的主观力量,决定一个人工作的愿望和热情。尽管不同的社会和时代对品德标准有不同的理解与要求,但把品德作为选才用人的首要条件是每一个社会或组织所遵循的共同原则。作为一个管理者应具备的品德素质主要包括以下几点:

(1) 强烈的事业心和高度的责任感。人的潜力是无穷尽的,个人潜力的充分发挥在很大程度上取决于事业心。只有具备强烈的事业心,管理者才能勇于克服困难,百折不挠、锐意进取、勇往直前。

(2) 公道正派,与人为善。管理者对人和事的处理要公道正派,按原则办事,不徇私情,经得起历史的检验;特别是在用人方面要唯贤不唯亲,不搞小派别。同时,管理者要以善意去对待和理解下属。善意待人和坦诚相见是管理者提高自身影响力的重要因素。

(3) 谦虚谨慎,作风民主。管理者要养成虚心听取别人意见的好作风,虚怀若谷,从善如流,以善意、诚恳、虚心的态度与下属建立良好的沟通关系。

(4) 以身作则,清正廉洁。管理者的模范带头作用是至关重要的。管理者威信的建立固然离不开言谈,但更重要的是行动。管理者要言行一致、表里如一,少说空话、多干实事,严于律己、清正廉洁。一个好的管理者如果做到吃苦在前、享受在后、廉洁奉公、乐于奉献,他就能拥有强大的影响力和号召力。孔子说:"其身正,不令而行,其身不正,虽令不从。"说的就是这个道理。

> 📝 **管理小故事**

"傻小子",为什么一天涨粉过百万?

2023年7月,社交平台上的一个"傻小子"导游因为一条视频火了。仅一天的工夫,这名导游的短视频账号粉丝数就从600多涨到100多万。截至2023年7月4日,他的粉丝数已经超过300万,他究竟干了什么"傻事儿",能让他"一夜爆火"?

故事还要从开头的视频说起,游客@路人甲旅行记分享了他在新疆旅行的经历。他说,他在新疆认识了一个"傻小子",就是他们的导游,个别导游带游客吃饭购物会拿回扣,他却不,他带着游客吃当地物美价廉的美食,还阻止游客买高价纪念品,带着去买便宜的,一路上给游客买雪糕、买水果,帮着照顾孩子。小伙子的心很细,很多细节是游客自己都没有想到的。15天的行程被他安排得井井有条,没走一点冤枉路,给游客选的机票座位也是可以饱览天山景色的那一侧,他总能找到人少景色又好的地方,相机、无人机都用得很好,给客人记录下了很多好看的照片,无人机掉了,他跑了很远,爬过几乎垂直的陡坡找回来,只因为里面记录着游客美好的回忆……

这个**默默付出、诚信待人、努力工作**的"傻小子"叫祁秦,是一个1999年出生的东北小伙子,十几天的行程下来,祁秦和游客成了朋友,游客把这段故事做成了视频,网友看了之后纷纷点赞(见图1-4)。

一个真诚点游客博主的点评,火了一个真诚待人的导游,可见咱们现在对真诚待人是多么的渴望又是多么发自内心的喜闻乐见!可见咱们中国人民的善良真诚是刻在骨子里的!

12分钟前·江苏　　回复　　　　2

图1-4　网友对视频评论

事后,这名游客表示,想发点视频帮祁秦拉拉客多挣点钱,还想写表扬信给祁秦的老板,这些都被祁秦拒绝。

兢兢业业做事,踏踏实实做人;待之以真心,得之以真情。这就是人与人之间的相处之道。真诚不会吃亏,导游祁秦用他的**忠厚老实**,用他**爱岗敬业**的精神,打动了游客,也打动了万千网友,为他赢得了口碑和流量。"傻小子"祁秦好样的!

资料来源:新华网·宝藏青年工作室综合抖音@路人甲旅行记、抖音@浪浪星球新疆小祁、网友留言等,2023年7月4日。

思考:
- 管理者最宝贵的品质有哪些?
- 我们可以真诚地为团队里、身边的人做些什么事儿呢?

(二)心理素质

管理活动同时也是一种艰苦的实践活动。要成为一个合格的管理者,必须具备良好的心理素质。良好的心理素质主要表现为:

(1)意志坚强。北宋大文学家苏轼曾说:"古之立大事者,不惟有超世之才,亦必有坚韧不拔之志。"管理者除了要树立远大的抱负,还要有事业心,在追求所确立的目标上有坚强的意志。在任何时候都不盲从,不随波逐流,不受内外各种因素的干扰;遇到困难不气馁,取得成绩不骄傲;紧要关头沉着冷静,果敢坚决;名利面前不受引诱。

(2)胸怀宽广。在管理活动中,人们有不同看法、不同意见是不可避免的。管理者应宽容大度,能求大同存小异;在非原则问题上能忍让,宽以待人;对反对过自己的同事,甚至后来被实践证明是反对错了的同事,能不计前嫌,不耿耿于怀;要善于听取不同的意见,特别是对立面的意见,绝不能认为自己的意见一贯正确,听不进不同的意见,听不得批评的意见;对人,特别是对同事、对下级要尊重;要敢于承认自己的缺点、错误,不文过饰非,不居功自傲。

(3)自信。管理者要相信自己的能力,相信自己能把群众的力量调动起来。自信是积极工作和克服困难的前提,也是激发群众积极性的重要因素;作为一个有个人影响力的管理者,自信更是第一素质要求。

管理小故事

逆境中的砥砺前行

背景描述:陈总是一家初创科技公司的创始人兼CEO,公司正处于产品研发的关键阶段和市场开拓的瓶颈期,团队士气低迷,资金链紧张,核心技术人员突然离职,多重压力使得陈总面临严峻的心理素质考验。

故事正文:在初创公司最艰难的时期,陈总面临巨大的管理挑战。产品研发进度严重滞后,而投资人对项目的耐心逐渐耗尽,威胁要撤资。面对这种困境,陈总不仅需要调整原有的计划,更需要稳定军心,激发团队潜能。

首先,他展现出强大的心理承受能力,冷静分析现状,不被短期困难击垮。他与团队成员进行了一次开诚布公的沟通会议,坦诚地分享了当前遇到的问题以及他的解决方案,并承诺将积极寻找新的融资渠道,保障员工的基本权益不受影响。

其次,他发挥自己的领导魅力,鼓舞团队士气。他通过讲述自己创业初期的经历和克服困难的故事,让团队认识到挫折是成功路上的常态。同时,他还启动内部激励机制,鼓励团队成员在困难中发挥创造力,共同攻克技术难关。

最后,在核心技术人员离职后,陈总展现出卓越的组织协调能力,迅速调整人力资源布局,挖掘内部潜力,培养新人接替关键岗位。同时,他也主动寻求外部专家的支持与合作,弥补技术人员空缺。

经过一系列艰苦卓绝的努力,陈总成功带领团队挺过了这段低谷期。新产品如期上市并获得了市场的热烈反响,企业也顺利完成了新一轮的融资,实现了从危机到转机的华丽转身。

五、管理者应具备的能力

管理者应具备的能力并不是指某一学科或某一技术领域的专业能力,而是指管理能力,主要包括以下几点:

1. 科学决策能力

决策是管理的重要职能,也是一个管理者所从事的主要工作。一个管理者具有较强的科学决策能力,首先表现在对问题的综合分析能力和较强的预见性上,能够在纷繁复杂的情况下抓住主要矛盾,提出应解决的问题;其次是具有丰富的经验,掌握科学的决策方法,能够博采众长、择优决断,做出正确的决策。

2. 知人善任能力

用人是管理中的一个核心问题。为此,一个管理者必须具有知人善任的能力。所谓知人,就是善于发现人才,对人有真正的了解;所谓善任,就是能够把恰当的人安排在恰当的岗位上,使其充分发挥聪明才智,即人尽其才。知人善任之所以是一种能力,是因为它与一个人的认识水平和道德品质有关。一个管理者只有眼光敏锐、事业心强、胸怀坦荡,才能真正做到知人善任,否则是难以做到的。

3. 组织协调能力

组织协调是管理工作中的很大一部分。管理者与非管理者的重要区别就是前者具有较强的组织协调能力。在管理中进行组织协调,要处理好管理系统内外的各种关系,其中最主要的是要处理好人际关系,从而最大限度地调动人的积极性。为此,管理者要做好组织协调工作,必须具有协调人际关系的技能,在管理中要懂得尊重人、关心人、团结人、理解人。只有这样才能组织和调动一切积极因素,使管理不断实现预定目标。

4. 开拓创新能力

管理是一种创新劳动,因此管理者必须具备创新精神和勇于开拓的能力。在现代社会,经济和科学技术的发展日新月异,市场需求千变万化,作为一个管理者,只有不断解放思想、努力学习,善于接受新事物、研究新问题,才能不断提高开拓创新能力,以适应不断变化的形势;如果墨守成规、故步自封,就不能发挥管理的效能。

 **小资料**

管理学家对管理者素质的阐释

管理学家弗雷德里克·温斯洛·泰勒(Frederick Winslow Taylor)提出,一个合格的管理者必须具备以下条件:

(1) 健全的脑力;

(2) 一定的教育;

（3）专门的技术和知识；

（4）机智灵敏；

（5）充沛的精力；

（6）坚强的毅力；

（7）忠诚老实；

（8）判断力和一般常识；

（9）良好的健康状况。

管理学家亨利·法约尔认为，一个合格的管理者应具备以下素质和能力：

（1）体力方面，身体健康，精力充沛，反应灵敏；

（2）智力方面，有理解、学习和判断的能力，思想开阔，适应性强；

（3）品德方面，干劲大，坚定，愿意承担责任，有主动性，有首创精神，忠诚、机智、自尊；

（4）一般文化方面，对于不属于所执行职能方面的事物有一般的了解；

（5）专业知识方面，对于所担任的技术、经营、财务管理等专业知识有深入的了解；

（6）经验方面，具有从工作本身产生的知识、经验、教训。

能力综合训练

◆ 能力测评

测评1　你的创业能力如何？

对下面各题，请选择一个最能表达你的想法或做法的答案。

1. 通常，成功的创业者在学校中并不是顶尖的人物。你是否同意这种观点？
（a）同意　　　　（b）不同意　　　　（c）不清楚

2. 创业者在学校中并不热心于团体活动，总是喜欢独处。你是否同意这种观点？
（a）同意　　　　（b）不同意　　　　（c）不一定

3. 创业者在孩童时代就从事过商业活动，譬如干过卖报纸、小摊贩之类的生意。你认为是这样吗？
（a）是　　　　（b）不是　　　　（c）不一定

4. 创业者总是坚持自己的立场，即使遇到艰难困苦，仍然一如既往。你认为是这样吗？
（a）是　　　　（b）不是　　　　（c）不一定

5. "小心"即意味着不愿冒险。你是不是一个小心谨慎的人？
（a）是　　　　（b）不是　　　　（c）不一定

6. 与你的同伴相比，你是否比他胆大？
（a）是　　　　（b）不是　　　　（c）不知道

7. 在处理问题时，是否存在他人的意见和见解经常超过你的意见和见解的情况？
（a）是　　　　（b）不是　　　　（c）不一定

8. 对日常例行事务的厌烦,是不是激发你去做事的一种激励因素?
　(a) 是　　　　　　(b) 不是　　　　　　(c) 不一定

9. 对于你喜欢的工作,你愿意废寝忘食、熬夜加班吗?
　(a) 愿意　　　　　(b) 不愿意　　　　　(c) 不一定

10. 假如要你彻夜不眠地工作,而又不付任何报酬,你愿意吗?
　(a) 愿意　　　　　(b) 不愿意　　　　　(c) 不一定

11. 创业者一般都喜欢各项活动,以致不停地由一项计划跳到另一项计划。当你完成一项计划后,是否立即进行另一项计划?
　(a) 是　　　　　　(b) 不是　　　　　　(c) 不知道

12. 你愿意用辛辛苦苦积攒的钱去冒险开创事业吗?
　(a) 愿意　　　　　(b) 不愿意　　　　　(c) 不一定

13. 假如你能够向别人贷款,你愿意负债经营吗?
　(a) 愿意　　　　　(b) 不愿意　　　　　(c) 不一定

14. 假如你创业失败了,你是否会积蓄力量重新开始?
　(a) 会　　　　　　(b) 不会　　　　　　(c) 不一定

15. 假如你创业失败了,你是否想去寻求高薪工作,以便过安稳的生活?
　(a) 会　　　　　　(b) 不会　　　　　　(c) 不一定

16. 你会做出长期和短期目标规划吗?
　(a) 会　　　　　　(b) 不会　　　　　　(c) 不一定

17. 对于现金流动,你是否比他人拥有更丰富的知识和经验?
　(a) 是　　　　　　(b) 不是　　　　　　(c) 不一定

18. 你是否具有勇往直前的精神和毅力?
　(a) 有　　　　　　(b) 没有　　　　　　(c) 不一定

19. 你是一个乐观主义者,还是一个悲观主义者?
　(a) 乐观主义者　　(b) 悲观主义者　　　(c) 两者都不是,或介于两者之间

得分和评价:
1. (a) = 4　　　(b) = −4　　　(c) = 0
2. (a) = 2　　　(b) = −2　　　(c) = 0
3. (a) = 2　　　(b) = −2　　　(c) = 0
4. (a) = 1　　　(b) = −1　　　(c) = 0
5. (a) = −4　　 (b) = 4　　　 (c) = 0
6. (a) = 4　　　(b) = −4　　　(c) = 0
7. (a) = −1　　 (b) = 1　　　 (c) = 0
8. (a) = 2　　　(b) = −2　　　(c) = 0
9. (a) = 2　　　(b) = −2　　　(c) = 0
10. (a) = 4　　 (b) = −4　　　(c) = 0
11. (a) = 2　　 (b) = −2　　　(c) = 0

12. （a）= 2　　　（b）= -2　　　（c）= 0
13. （a）= 2　　　（b）= -2　　　（c）= 0
14. （a）= 4　　　（b）= -4　　　（c）= 0
15. （a）= -1　　（b）= 1　　　（c）= 0
16. （a）= 1　　　（b）= -1　　　（c）= 0
17. （a）= 2　　　（b）= -2　　　（c）= 0
18. （a）= 2　　　（b）= -2　　　（c）= 0
19. （a）= 2　　　（b）= -2　　　（c）= 0

根据上述答案所给的分数计算出你的得分。

如果你的得分在30分以上,则表明你是一个出色的创业者,你有很强的创业能力,很容易创业成功。

如果你的得分在15—30分,则表明你具有成功的背景、技能和天分,具有创业的潜在品质,有可能创业成功。

如果你的得分在15分以下,则表明你的创业能力较低,很难创业成功,你的天分可能在其他方面。

测评2　你的耐性如何?

管理需要时间,常常不能很快看到结果,因此管理者必须重视发展自己的耐性。对下列各题,请选择一个最能表达你的想法或做法的答案。

1. 你在等一个重要的电话,但没等到,你最可能做出哪种反应?
（a）确定继续等待的时间
（b）继续打电话
（c）放弃
（d）发短信或电报

2. 你对某职员呈交的报告总是感到不满意,你最可能做出什么样的反应?
（a）我会发怒,并退回报告
（b）我和他坐在一起,看一看怎样帮助他
（c）我让他人来完成这项工作
（d）我决定自己来完成这项工作

3. 在制订公司生产计划时,哪个因素最重要?
（a）因决策失误而造成可能的停滞
（b）竞争带来的问题
（c）灾难、气候和罢工
（d）人为的失误和拖延

4. 你有哪种习惯?（选择其一）
（a）在读侦探小说时,我先看书的结尾,并间断地浏览中间的内容
（b）在看电视时,假如对某一频道的节目不感兴趣,我就换一个频道

(c) 在开车时,我喜欢超车,尽管这很危险

(d) 我排队买票,不管需要多长时间

得分和评价:

1. (a) = 3   (b) = 2   (c) = 4   (d) = 1
2. (a) = 1   (b) = 4   (c) = 3   (d) = 2
3. (a) = 3   (b) = 1   (c) = 2   (d) = 4
4. (a) = 1   (b) = 2   (c) = 3   (d) = 4

根据上述答案所给的分数计算出你的得分。

如果你的得分在 12—16 分,则表明你在等待事情了结,工作比较有耐性。

如果你的得分在 8—11 分,则表明你是一个性子急躁的人,试图缩短等待的时间。

如果你的得分在 4—7 分,则表明你确实没有耐性,常常自己干事。

随着年龄的增长,我们发现等待事情了结常常是有利的。没有耐性的管理者更容易做出错误的决定。在处理紧急事件时,有意识地多花几个小时或几天,常常会促成令人吃惊的满意结果。

测评 3 你害怕冒险吗?

对下列各题,请选择一个最能表达你的想法或做法的答案。

1. 一个负责广告和销售业务的部门经理位置空缺,你正考虑一系列申请人中是否有合适的人选,下列可能的人选中你愿意选择哪一位?

(a) 奥康奈尔先生,41 岁,在公司已工作 10 年,过去表现出色,他希望扩大负责任的领域

(b) 王女士,23 岁,搞艺术的,富有创造性及某种程度的反叛精神,没有从事广告工作的经验

(c) 杨格先生,32 岁,从事过包括销售在内的多种工作,学东西很快,但过去从事每项工作的持续时间都没有超过两年

2. 一位发明家研究出一种液体(如牛奶)包装法,这种方法可以使包装品不用冷冻保鲜。这位发明家来找你,希望你的公司对他的发明进行投资并付诸实际应用,你将怎么办?

(a) 找另一家食品公司先做实验,然后根据实验成功概率再决定如何向公司推荐

(b) 帮助发明家收集更多的数据并进行一次市场测试

(c) 对他的发明做些改动,我也会发明,我不让自己在竞争中落后

3. 你所拥有的地产太少了,各种地产经纪人和建筑商竞标为你扩大面积。下列要价都相等,哪一家对你更有吸引力?

(a) 通过加高几层楼来扩大现有面积,这样仍在原地址不变,供应商和客户的联系仍与从前一样

(b) 移到地产便宜些的另一个地方去,盖一幢面积大些的楼,但有可能失去现有供应商和客户

（c）买一件好看但无用之物,如一幢需大量改建的旧厂房。如果这一策略成功,那么将会给公司的形象添色增彩,并使之独具一格

4. 你的公司生产医用诊断设备。一天你在报纸上读到一则广告:"医生需要100万元投资于一项新的诊断设备,保证利润很大,由于方法独特,产品对许多医务专家肯定有吸引力。"你将怎么办?

（a）写信索要详情,或许我的公司会感兴趣

（b）不相信此类许诺,一位认真的发明家肯定会以不同的方式做这件事

（c）给他打电话,或许我能学到点什么,它可能是我一直在寻找的产品

（d）进行调查,但十分小心,我以前被蛇咬过,但谁都不敢说下次情况会怎样

5.《财富》杂志上的一篇文章介绍了兰德博士白手起家造出偏振片的故事。除此以外,你还读过类似的成功事例。你最可能做出什么反应?

（a）这种事太少了

（b）我也梦想以这种方式获得成功,但我没有勇气去做

（c）我也会成功的,可能规模要小一些;我也有一项发明,它会给我赚一大笔钱

（d）我喜欢晚上睡个好觉,因此我到老了也不一定富有,但我的公司将少冒风险

得分和评价:

1.（a）=1　　（b）=3　　（c）=2
2.（a）=1　　（b）=2　　（c）=3
3.（a）=1　　（b）=2　　（c）=3
4.（a）=2　　（b）=1　　（c）=4　　（d）=3
5.（a）=2　　（b）=3　　（c）=4　　（d）=1

根据上述答案所给的分数计算出你的得分。

如果你的得分在14—17分,则表明你愿冒风险,在目前极具竞争的时代,这一点被认为为极其重要,甚至银行家们今天也愿当冒险家。

如果你的得分在10—17分,则表明你愿冒一定的风险。

如果你的得分在5—9分,则表明你不愿冒险,做事很谨慎。

◆ 习题训练

1. 什么是管理的自然属性和社会属性?管理的二重性对于我们正确地认识管理的地位和作用有什么指导意义?
2. 为什么说管理既是科学又是艺术?
3. 怎样理解管理的职业属性?从事管理工作需要具备什么样的职业知识和技能?
4. 什么是管理者?管理者的职责是什么?
5. 简述管理者的基本类型。
6. 不同层次的管理者在技能上有什么不同?

◆ 案例分析

"阳光农业合作社"助力"绿色种植"

在一家名为"阳光农业合作社"的农村经济组织中,有一位名叫刘辉的理事长。刘辉以其对农业生产和农村发展的深厚情怀与专业能力,带领合作社成员走上了可持续发展和共同富裕的道路。

有一次,刘辉在考察市场时发现,由于农药和化肥的过度使用,当地的土壤质量和生态环境正在逐渐恶化,影响农作物的产量和品质,也威胁到农民的健康和生计。他意识到,作为一家农业合作社,他们有责任和义务推广环保与有机农业,保护和改善农村环境。

于是,刘辉决定在合作社内部推行一项名为"绿色种植"的计划,鼓励并指导农民采用有机肥料和生物农药,减少化学物质的使用,提高土壤的质量和农产品的安全性。他还与科研机构和政府部门合作,引进和推广先进的农业技术与管理模式,提升合作社的生产效率和经济效益。

此外,刘辉还积极推动农村社区的发展和建设,通过合作社的收益分红和公益捐赠,支持当地的教育、医疗和基础设施建设,帮助农民改善生活条件和提升生活质量。

这个计划和行动得到了广大农民及社区居民的热烈欢迎与支持,他们认为阳光农业合作社是一个负责任和有担当的农村经济组织。许多媒体与政府机构也报道和表彰了他们的社会责任感及管理水平。

刘辉的行为被合作社成员与业界同行广泛赞誉和学习,他的故事也激励了更多的农村经济组织和农民以实际行动践行社会责任与绿色发展,为推动乡村振兴和生态文明建设做出了贡献。

阳光农业合作社的理事长在经营组织的同时,积极履行社会责任,以实际行动推动绿色农业和农村发展,体现了农村经济组织在追求经济效益的同时,也应关注社会公平和环境可持续的重要性。同时,刘辉的高水平管理能力和创新思维也为合作社的成功与发展提供了有力保障。

讨论问题:

1. 请分析这位管理者具备的管理能力和素养有哪些。
2. 请谈谈自己在哪些管理能力和素养方面需要提升以及提升的方法。

◆ 延伸阅读

从业务员到管理者的要素要求

1. 管理意识

管理者作为公司政策的执行者、团队的领头人和一线业务员的监督者,其主要工作是管理与激励,以达到或超越团队的业绩目标,所以管理者必须具有强烈的管理意识,熟悉各项管理职能。

2. 大局观

对公司、市场、团队及团队中的每个人,管理者都应当时刻关注,不断地收集市场信息和业务员反馈信息,把握影响业绩的各种因素,并根据自己的经验对大局做出正确的判断。

3. 教练能力

管理者要利用自己的知识和经验,帮助团队成员成为业务能手,故而不能再做优秀业务员,而应当成为团队成员的专业教练。

4. 办事公道

办事公道说起来容易,做起来却非常难。管理者在分配工作时要做到办事公道、奖罚分明,在分配利益时也要做到公道,只有这样才能服众。

5. 正确决策

管理者应当在职权范围内对本团队的大小事宜做出决定。发现问题后,管理者如果觉得有必要采取行动,就应该提出改进方案,组织团队人员共同实施;此外,为完成团队任务,业务员要做哪些事、怎么做、做到什么程度等,也都要管理者做出决定。

6. 沟通协调

管理者要与本团队之外的组织维持良好的关系,可以通过各种正式和非正式的渠道来建立和维持与其他团队的关系。

如何成为一个优秀的管理者

一、基本精神

1. 凡事设定合理化目标
2. 具有敬业乐业的精神
3. 具有品质观念与数字观念
4. 具有时间观念,善于管理时间
5. 善于追求卓越,好还要更好
6. 整体规划,成本效益,人性管理,ABC 原则
7. 认同公司经营理念,有正确的抱负、理想和方向
8. 从基础做起,不怕吃苦,不好高骛远
9. 为人所不能为、不愿为,且做得好
10. 问我能获得多少之前,先问我能为公司做什么
11. 待遇是工作绩效的副产品:一流人才创造一流利润,一流利润才有一流待遇
12. 积极主动的态度
13. 忠诚度与责任感
14. 做人、做事有原则、有重点
15. 就业要有作为,职务不分贵贱
16. 永远怀着一颗感恩的心

二、关于工作方面

17. 认清目标,实施目标管理
18. 做好自主管理、检查
19. 工作标准化,管理制度化
20. 职务工时分析,人员合理化
21. 有创新与突破
22. 有主见与果断力
23. 善于接受新知识、新方法
24. 尽量使用计算机作业
25. 全心投入,尽心尽力地工作
26. 做好PDCA(Plan,计划;Do,执行;Check,检查;Act,处理)循环管理工作
27. 彻底执行进度控制,保证在限期内完成工作
28. 做好5S(Seiri,整理;Seiton,整顿;Seiso,清扫;Seiketsu,清洁;Shitsuke,素养)管理
29. 工具齐备,保养妥善
30. 公正、合理地分配工作
31. 随时检查工作绩效
32. 重视数据,善于统计分析
33. 注重安全与保密
34. 尽可能尊重下属的建议
35. 研究如何改进工作
36. 具备工作上所需的知识
37. 周密计划
38. 审慎检讨,采取改善行动

三、关于上级方面

39. 尊重上级
40. 上级所发布的命令或政策,若有不明了之处则请示明白
41. 对公司及上级有信心
42. 贯彻上级的命令
43. 不烦扰上级
44. 凡亲身解决的问题向上级报告
45. 有备无患,随时掌握状况
46. 不在背后批评公司与上级
47. 对本单位工作负责,不找借口
48. 有必要请示上级的问题迅速呈报商讨
49. 定期报告工作经过及结果

四、关于同事方面

50. 互相合作协助

51. 不侵犯他单位之职务

52. 成功有效的会议主持

53. 良好的人际关系与沟通

54. 互相交换知识与见解

55. 与他单位取得密切联系与协调

56. 均衡适当的组织能力

57. 对同事诚心与热心

58. 了解同事的工作职务

59. 必要时代同事处理其事务

60. 接受同事的批评与建议

五、关于下属方面

61. 激励下属工作

62. 培养团体协作精神与士气

63. 不吝于说鼓励、赞许、慰问人的话

64. 维持纪律

65. 接受下属个人问题的请教与商谈,并协助解决

66. 公平对待下属

67. 奖励下属,培养他们正确的爱好与娱乐

68. 命令与指示恳切、明了

69. 让下属了解工作方针及目的

70. 奖励并实施下属的合理化建议

71. 发挥各人的长处,避免各人的短处

72. 尽量避免处罚、责骂

73. 教育训练下属

74. 培养职务代理人

75. 有关下属的事尽量告诉下属

76. 明确指定下属的职务

77. 选才、育才、用才、留才

78. 关心下属、了解下属

79. 人尽其才,依个人能力分配工作

六、自我身心修炼

80. 摒弃优越感与虚荣心

81. 建立并维护良好形象

82. 运用幽默感,能言善道

83. 不断学习,充实自己

84. 成功而不自满

85. 监督者须负全部责任

86. 不说下属的坏话
87. 不阴谋行事,不投机取巧
88. 经常保持情感的平静
89. 清除自卑感
90. 不轻易许诺,不轻浮
91. 自我健康管理,精力旺盛
92. 执着但不固执,平常心
93. 处处做模范,以身作则
94. 对自身缺点与短处有所知觉并克服它
95. 维护别人的面子,不与之争论
96. 冷静细心,从容不迫

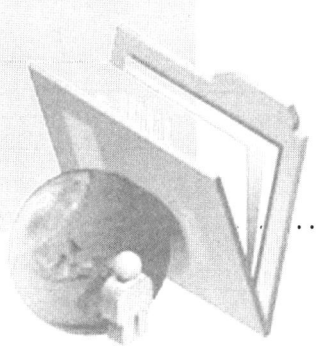

第二模块

管理的发展历程

教学目标

知识目标

通过本章学习,学生应掌握:
- 科学管理的诞生过程
- 行为科学的产生和发展过程
- 管理科学的主要内容
- 现代管理理论的主要流派
- 管理变化的基本规律

技能目标

通过本章学习,学生应能够:
- 阐述管理的发展过程
- 对比分析不同管理理论的特点
- 判断企业的发展阶段及特点

素养目标

通过本章学习,学生应具备:
- 科学管理的意识
- 以人为本的管理思想
- 严谨敬业的职业操守
- 弘扬中国传统管理思想的意识
- 大生产条件下的团队配合协作意识
- 求真务实、实事求是的工作作风

思维导图

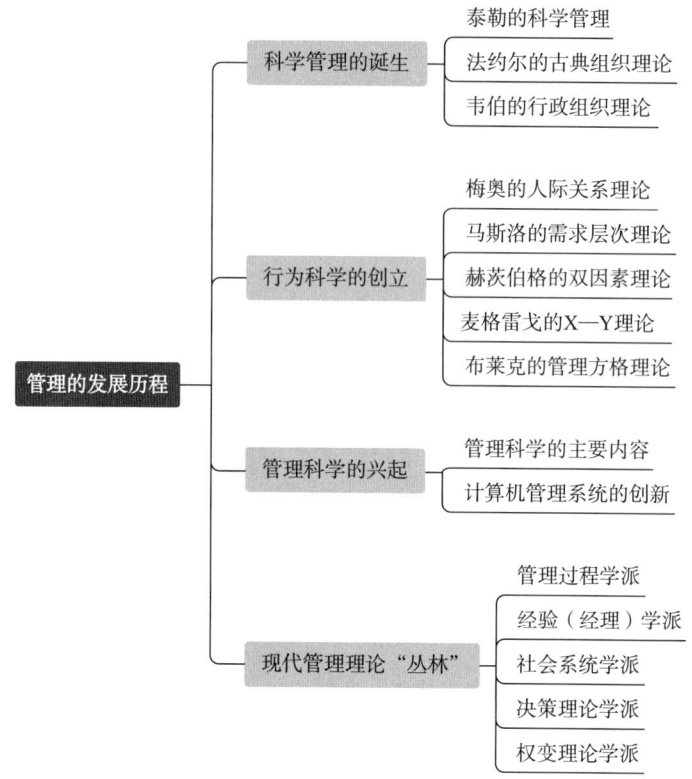

 **导入案例**

两种不同的管理模式

A 公司管理模式：A 公司认为，企业首要的资产是员工，只有员工把企业当成自己的家，把个人的命运与企业的命运联系在一起，才能充分激励他们发挥智慧为企业服务。因此，企业有什么问题，都应该与员工商量解决；平时要十分关注员工的需求，有针对性地为员工提供学习、娱乐的机会和条件；每月的黑板报上应公布当月过生日的员工姓名，并祝他们生日快乐；若哪位员工生儿育女，则公司应派车接送，总经理应亲自送上贺礼。在 A 公司，员工们都把企业当成自己的家，全心全意为企业服务，公司兴旺发达。

B 公司管理模式：B 公司则认为，只有实行严格的管理才能保证实现企业目标。因此，企业要制定严格的规章制度和岗位责任制，建立严格的控制体系；注重上岗培训；实行计件工资制；等等。在 B 公司，员工都非常遵守规章制度，工作努力，纪律性强，公司发展迅速。

问题思考

1. A、B 两家公司的管理模式有什么不同？
2. 如果你是上级，你会怎样管理下属？如果你是下属，你希望上级怎样管理你？

训练任务

1. 假如你是企业的部门经理,请你设计出管理下属的几种方式或方法。
2. 假如你是班里的班长,请你设计出管理班级的几种方式或方法。

必备知识技能

第一单元　科学管理的诞生

管理的历史源远流长,凡是有分工协作的集体劳动,就有管理。从古埃及金字塔的建造到中国万里长城的修筑,无一不是管理活动的结晶。管理形成一套比较完整的理论,经历了一段漫长的历史发展过程。

在 18 世纪末到 19 世纪末的一百多年时间里,企业管理实际上是一种经验管理。在这一时期,伴随着蒸汽机的发明和应用,西方国家开始了工业革命,人类社会面临两个转型,一是经济社会由农业社会向工业社会的转型,二是企业由手工业向机器大工业的转型。但由于当时生产力水平低下,企业规模不大,企业管理仍没有摆脱小生产方式的影响,一直停留在经验管理层面,即管理者凭经验管理,工人凭经验劳动。其主要特点是:企业的所有者和经营者没有完全分离,企业的所有者就是管理者;管理人员凭个人经验管理,没有严格的管理制度,工人凭个人经验操作,没有科学的操作规程;工人的培养主要采用师傅带徒弟的方式,靠传授个人经验来培养工人,缺乏科学的教育和培训。这种经验型的管理模式不仅导致资本家管理和工人劳动的随意性,而且导致生产效率的低下和劳资矛盾的日趋恶化。

从 20 世纪初到 40 年代,随着科学技术的进步和生产力的发展,自由竞争的资本主义逐渐被垄断资本主义取代,工业出现了前所未有的变化:工厂制度迅速普及,生产规模不断扩大,生产技术更加复杂,生产专业化程度日益提高,市场竞争逐渐激烈,劳资矛盾日趋恶化,对管理的要求越来越高。在这种情况下,资本家单凭个人的经验和能力管理企业、包揽一切的做法,已不能适应生产发展的需要,客观上要求资本所有者与企业经营者分离,管理职能专业化,建立专门的管理机构,采用科学的管理制度和方法;同时,也要求对过去积累的管理经验进行总结和提高,使之系统化、科学化并上升为理论,以指导实践、提高管理水平。正是基于这些客观要求,一些管理人员和工程技术人员开始致力于总结经验,进行各种试验研究,并把当时的科技成果应用于企业管理,科学管理由此诞生。科学管理主要包括两大学派:美国的"科学管理理论"和欧洲的"古典组织理论"。

一、泰勒的科学管理

科学管理思想的产生是管理学发展史上的重大事件,是管理学走向科学的第一步,科学管理理论的产生,使管理学逐渐发展成为一门科学。科学管理理论的创始人是美国管理学家弗雷德里克·温斯洛·泰勒,鉴于他在管理学领域的卓越贡献,他被称为"科学管理之父"。

 **人物小传**

弗雷德里克·温斯洛·泰勒(1856—1915)出生于美国宾夕法尼亚州一个富裕的律师家庭,从小醉心于科学研究和实验。他的父母曾打算让他继承父业——当律师,并且把他送到菲利普斯埃克塞特学院上学,以便为进入哈佛大学做准备。学校的竞争十分激烈,泰勒学习热情很高,精力充沛,因而他时常开夜车学习,结果他的视力受到损害并引起头疼。虽然他以优异的成绩考入哈佛大学法学院,但受视力严重下降的影响,他不得不放弃在哈佛大学法学院学习的机会,去工厂当学徒。他的大部分时间都是在米德威尔和伯利恒钢铁公司度过的,从一名普通的车间勤杂工、机工到技师、领班、工长,最后升任总工程师。

泰勒的主要著作有:1895年出版的《计件工资制度》,1903年出版的《车间管理》,1911年出版的《科学管理原理》,代表作是《科学管理原理》。

泰勒在长期的工作和管理实践中逐渐认识到,企业劳动生产率低下与工人"磨洋工"有关,之所以出现工人"磨洋工"的现象,一方面是因为人的天性是懒惰的,另一方面是因为管理的落后。泰勒认为,只要通过科学的管理就能解决工人"磨洋工"的问题,从而提高劳动生产率。他根据自身的管理实践经验,总结出四条科学管理原则[1]:

第一,建立一种严格的科学。专门研究工人工作的每一个组成部分,并以此替代原有的单凭经验的办法。

第二,科学地挑选工人。对工人进行培训和教育,使之成长;而在过去,则是由工人任意挑选自己的工作,并根据各自的可能进行自我培训。

第三,管理人员与工人应诚心诚意地进行合作,以保证一切工作都能按照新的科学原则去做。

第四,资方与工人之间应明确分工。要明确资方与工人各自的工作和职责,管理人员承担的应该是他们比工人更能胜任的新型工作,而不像过去那样几乎所有的工作和大部分的责任都推到工人身上。

泰勒认为:"科学管理也不过是一种节约劳动的手段而已。也就是说,科学管理只是能使工人取得比现在高得多的效率的一种适当的、正确的手段而已。这种手段并不会大量增加比工人们现在的负担更大的负担。"[2]这就是说,科学管理是一种能使工人不用增加劳动就能提高工效的手段。

(一)泰勒科学管理的目的

1. 谋求最高的劳动生产率

泰勒指出,最高的劳动生产率是工厂主与工人共同达到繁荣的基础,它能将工人关心的较高的工资与工厂主关心的较低的劳动成本结合起来,从而使工厂主得到最高的利润、工人得到最高的工资,从而进一步提高他们对扩大再生产的兴趣,促进生产的持续发

---

[1] 泰勒.科学管理原理[M].蔡上国译.上海:上海科学技术出版社,1982:22.
[2] 泰勒.科学管理原理[M].蔡上国译.上海:上海科学技术出版社,1982:232.

展以及工厂主和工人的共同富裕,这是确定各种科学管理原理、方法和技术的出发点。

2. 用科学管理代替传统的经验管理

泰勒认为,完善的管理是一门科学,必须采用科学的方法;要把科学的方法应用到一切管理活动中,使管理制度化,建立明确的规定、条例,而不是找"超人"来管理业务,这是提高劳动生产率的关键。因此,要努力建立科学管理的原理,这种原理对于人类的一切行为,从最简单的个人行动一直到最需要合作的公司的日常业务都是适用的。

3. 管理人员和工人实行重大的精神变革

泰勒在国会听证会的证词中指出:科学管理的实质是要求工人和企业主进行一场全面的心理革命。这场伟大的革命就是使资方和工人都把注意力从盈余分配转到增加盈余数量上。当他们用友好合作和互相帮助来代替对抗和斗争时,就能生产出比过去多得多的盈余,从而使工人的工资大幅增加,企业主的利润也同样大幅增加,这样企业主和工人就再也没有必要为盈余分配而争吵。他们会看到,只要双方停止互相争夺,转而肩并肩地朝同一方向迈进,他们共同努力所创造的盈余将多得令人目瞪口呆,从而足够给工人大量增加工资,并同时给企业主大量增加利润。

(二) 泰勒科学管理的主要内容

1. 制定科学的操作方法

在泰勒看来,劳动生产率低下的根本原因在于工人经验性的操作方法,只有实现操作方法的科学化,才能最终解决劳动生产率低下的问题。泰勒通过长期的时间研究和大量的动作研究,制定出标准化的操作方法,即对工人的每一个动作和每一道工序的时间进行测定,并分析研究,除去动作中多余和不合理的部分,把最有效的动作集中起来,确定标准的操作方法,并据此确定工人一天必须完成的标准工作量。通过这种研究,泰勒把传统的经验、技能归纳成规则、程序,并建立起一种科学,以代替过去单凭工人的经验进行操作的方法。

2. 科学地选择"第一流的工人"

泰勒认为,为了提高劳动生产率,必须为工作挑选第一流的工人,以改变过去由工人自由选择工作的做法。第一流的工人包括两个方面:一是该工人的能力最适合做这种工作,二是该工人最愿意做这种工作。这样工人和工作才能实现最佳的结合。因为人的禀赋和才能不同,他们适合做的工作也不同。只要工作对某个人合适,他就能成为第一流的工人。比如,身强力壮的人干体力活可能是第一流的,但干精细活就不一定是第一流的;心灵手巧的女工虽然不能干体力活,但干精细活可能是第一流的。所以,工厂主要根据人的禀赋和才能把他们分配到相应的工作岗位上,使工人的能力与工作匹配;而且要对他们进行培训,教会他们科学的工作方法,激励他们尽最大努力去工作。

3. 实行有差别的计件工资制

泰勒认为,原有的工资制度是不合理的,必须在科学制定劳动定额的前提下,实行刺激性的工资制度。他所主张的刺激性工资制度就是"差别计件工资制",即根据工人完成

定额的不同情况采取不同的工资率。如果工人没有完成定额,就按"低"工资率付给工资,为正常工资率的75%;如果工人超过定额,就按"高"工资率付给工资,为正常工资率的125%,以此鼓励工人完成并超过定额。实行差别计件工资制的前提是制定出科学合理的工作定额或标准。这种工资制度的目的很明确,就是激发工人的劳动积极性,提高劳动生产率。虽然这种工资制度可能会使资方的工资支出增加,但因为劳动生产率的提升幅度大于工资的提升幅度,所以对资方还是有利的。

4. 计划职能与执行职能相分离

泰勒主张将经验工作法转变为科学工作法。所谓经验工作法,是指每个工人用什么方法操作、使用什么工具等,都根据自己的经验来决定。由此工作效率取决于工人的操作方法和工具是否合理,以及个人的技术熟练程度和努力程度。所谓科学工作法,就是在实验和研究的基础上确定标准的操作方法以及采用标准化的工具、设备等。泰勒认为,工人凭经验很难找到科学的工作方法,而且他们没有时间去关心和研究这方面的问题,所以应该把计划职能与执行职能分离开,计划由专门的管理部门负责,而工人负责操作,即按照管理部门制定的操作方法和指示,使用规定的标准工具从事实际操作,不得自行改变操作方法。这样工人与管理部门之间就有了明确的分工,管理部门负责计划,工人负责操作,计划与执行之间不仅可以相互制约,而且能够各负其责。

5. 推行例外原则

泰勒主张在规模较大的企业中应用例外原则进行管理。所谓例外原则,是指高层管理人员为了减轻处理日常事务的负担,把处理一般日常事务的权力授予下级管理人员,高层管理人员只保留对例外事项(非常规、突发的事件)的决策权和监督权,如基本政策的制定和重要人事的任免等。这种例外原则为以后管理的分权和事业部制的产生奠定了思想基础。

📝 管理小故事

泰勒科学管理的来源

泰勒从18岁开始在一家工厂从事基层工作,后来进入费城钢铁厂任职,凭借勤奋和才智迅速晋升至高级管理层。

在工作中,泰勒深刻意识到当时工厂生产效率低下、资源浪费严重以及工人与管理层之间缺乏有效合作的问题。为了解决这些问题,他开始细致观察和记录工人的操作方法,并通过实验来确定最有效的作业流程和工具使用方式。在这一过程中,泰勒进行了多个著名的实验,包括"搬运生铁块实验""铁铲实验"等,实验结果证明了通过精确的时间研究和动作研究可以大幅提高工作效率。

泰勒提倡采用科学的方法分析工作中的每一个动作,去除不必要的冗余动作,标准化操作程序,并设计出符合人体工程学的操作工具。他还提出选择并培训"第一流的工人",让他们按照标准化的操作程序工作,同时实行差别计件工资制以激励工人提高产出。

此外,泰勒主张管理者和工人之间是合作而非对立关系,提倡工作定额制定的科学性,并且认为通过合理分配工作任务、改进工作方法和改善工作环境,可以实现劳资双方利益的最大化。

随着实践经验的积累,泰勒将这些理念整理成一套完整的管理理论,并在 1911 年出版了《科学管理原理》一书,正式提出了科学管理理论体系。这一理论的诞生不但改变了当时的工厂管理实践,而且对整个现代企业管理的发展产生了深远影响。

(三) 泰勒科学管理的意义

泰勒科学管理理论的诞生是人类社会发展史上的重大事件,其意义绝不亚于工业革命。它不仅为当时的资本主义发展做出了巨大贡献,而且对后世的经济发展产生了重大而深远的影响。具体来说,泰勒科学管理的意义主要体现在以下几个方面:

1. 发动了一场深刻的精神革命

从表面上看,泰勒的科学管理是为了解决工人的"偷懒"问题而创立的各种科学方法和措施;但从实质上看,它反映的是劳资双方都必须进行的一场精神革命。对此,泰勒认为:科学管理是任何公司或产业中工人方面的一种切实的精神革命——是这些工人对待他们的工作职责、对待他们的同事、对待他们的雇主方面的一种彻底的革命。它同样也是管理当局方面的人的一种彻底的精神革命——是他们对待职责、对待他们在管理当局中的同事、对待他们所有的日常问题方面的一种彻底的精神革命。如果没有这两者的彻底革命,科学管理就不会存在。科学管理的实质就是这种伟大的精神革命。

2. 开创了管理理论研究的先河

泰勒科学管理的最大贡献在于他倡导的在管理中运用科学方法和他本人的科学实践精神。他认为,劳资双方都必须承认,在一切组织所进行的工作,都要用调查研究和科学知识来代替个人的判断或意见。这既是管理思想上的重要变化,又是用科学的态度研究管理的开端。泰勒在长期的管理实践中所进行的大量观察和一系列试验,不仅为科学管理理论的诞生提供了丰富的素材,还为以后的管理理论研究提供了方法论基础。

3. 创立了一套科学的管理技术和方法

在管理实践中,泰勒采用时间研究、动作研究的科学方法,坚持操作程序、劳动工具、操作环境标准化等科学原则,建立起一套科学的管理技术和方法来代替传统的凭个人经验、技能进行操作的旧方法。这些方法能够在不增加工人劳动强度的情况下最有效地提高效率,从而改变了传统管理中存在的工人劳动和企业主管理的随意性。它不但为工人找到了科学、合理的操作方法以及应采用的标准化工具和设备,而且为管理人员实现科学有效的管理提供了依据,从而使工人与管理者之间、工人与机器之间的关系更为和谐。

4. 奠定了管理学成为科学的理论基础

管理思想的产生源远流长,人类历史上的重大事件无不闪耀着管理思想的火花。但管理从感性上升到理性,从经验上升到科学,则得益于泰勒科学管理的贡献。可以说,正是泰勒科学管理理论的诞生,才使管理学发展成为一门科学。

但是，泰勒的科学管理也不是完美无缺的，受到历史条件和个人经历的限制，泰勒的科学管理也存在诸多缺陷。比如他把人看成单纯的"经济人"，认为人的一切活动都出于经济动机；只重视技术的因素，不重视人的行为；只注重解决作业效率，不注重研究整体效率；等等。

📝 管理小故事

福特发明世界第一条汽车装配流水线

福特汽车公司之所以取得今天的巨大成就，与公司创始人亨利·福特（Henry Ford）推行科学管理是分不开的。1910年，福特开始在高地公园新厂进行工厂自动化试验。他率领一群高效率的专家，检查装配线上的每一个环节，试验各种方法，以求提高生产率。而他最重要的突破就是利用甘特图表进行计划控制，创建了世界第一条汽车装配流水线，实现了机械化的大工业，大幅度提高了劳动生产率，出现了高效率、低成本、高工资和高利润的局面。1914年，福特宣布8小时日工资为5美元（取代了9小时2.34美元的工资标准），这个报酬是当时技术工人正常工资的两倍。福特想：这样，制造汽车的工人就能够成为汽车的拥有者了。5美元日工资的消息一公布，数万人不顾冰冷刺骨的天气，涌到福特的海兰公园制造厂申请工作。福特开创了一个新时代，他独特的汽车装配流水线和为大众服务的经营理念一方面给自己带来了丰厚的利润，另一方面也改变了美国人的消费观念，从此美国成为汽车王国。

二、法约尔的古典组织理论

在泰勒及其追随者以提高生产效率为重点进行科学管理研究的同时，法国则诞生了关于整个组织的科学管理理论，被后人称为"一般管理理论"。理论创始人是亨利·法约尔，他被誉为"欧洲伟大的管理学先驱"。他提出的一般管理理论对西方管理理论的发展具有重大影响。法约尔在管理学上的贡献，主要是把企业经营划分为6种不同的活动，提出了管理的5项职能和14项原则，从而确立了管理普遍性的概念和全面的管理理论。

👤 人物小传

亨利·法约尔（1841—1925）出生在法国的一个资本家家庭，1860年毕业于圣太田国立高等矿业学校。他被培养成一名采矿工程师，1860年进入富香博矿业公司，他的全部职业生涯都是在这个采煤和铸铁联营公司度过的。1860—1886年，他担任公司的工程师，同时他的管理才能也得到人们的承认，很快就被任命为公司的管理人员。1888年，他升任为公司总经理，1918年，任公司董事。在职期间，他表现出作为经理人的卓越管理才能。最明显的一点是，在他出任总经理的当年，公司面临破产边缘，而在1918年他离职时，公司财务状况已极为稳定。法约尔的主要著作是1916年出版的《工业管理与一般管理》。

(一) 企业经营活动的分类

法约尔认为,无论企业规模大小、业务是简单还是复杂,它的各种活动都可以被划分为六大类:

(1) 技术活动,指生产、制造、加工等活动;
(2) 商业活动,指购买、销售、交换等活动;
(3) 财务活动,指资金的筹措和运用等活动;
(4) 会计活动,指货物盘存、成本统计、核算等活动;
(5) 安全活动,指设备维护、职工安全等活动;
(6) 管理活动,包括计划、组织、指挥、协调和控制五项职能。

各种人员应按照他在管理等级中所处的地位和所承担的活动具备相应的能力。在工人这一级,技术能力是最重要的,但随着职位的上升,对人员的技术能力的要求降低,对管理能力的要求则提高,并且随着企业规模的扩大,管理能力显得更加重要,而技术能力的重要性不断降低。

(二) 管理的五大职能

法约尔指出,管理是一种普遍存在于各种组织的活动,这种活动对应着计划、组织、指挥、协调和控制五项职能,并对这五项职能进行了详细的分析和讨论。

(1) 计划:对有关事件进行预测,并以预测结果为根据拟订工作方案。
(2) 组织:为各种劳动、材料、人员等资源提供一种结构。
(3) 指挥:使组织为实现目标而行动的领导艺术。
(4) 协调:连接和调和所有的活动与力量,使组织的各个部门保持一致。
(5) 控制:根据实际执行情况对计划进行检查。

(三) 管理的一般原则

法约尔认为,管理的成功不完全取决于个人的管理能力,更重要的是管理者要能灵活地贯彻管理的一系列原则。但法约尔对原则的概念不像人们想象的那样死板,他很勉强地使用"原则"这个词。

法约尔说:"出于偏爱,我将采用原则这个词,但是我在使用它时丝毫不愿把它同死板联系在一起,因为在管理事务中没有任何东西是一成不变的,或者是绝对的,这完全是一个做事要恰到好处的问题。我们很少把同一原则重复运用于类似的情况,必须考虑到不同的和各种变化的情况。"[①]

法约尔在《工业管理与一般管理》一书中提出了14项管理原则(如表2-1所示),并指出这些管理原则是灵活的,不是绝对的。管理原则的数目可以有多有少,只要被实践证明是有价值的法则和程序,它就会成为原则的组成部分。

---

① 雷恩.管理思想的演变[M].李柱流,赵睿,肖聿,等译.北京:中国社会科学出版社,1997:240.

表 2-1 法约尔提出的 14 项管理原则

1. 分工:实行专业化分工可以提高效率,从而增加产出
2. 权力责任:管理者必须有命令下级的权力,但这种权力必须与责任相匹配,不能责大于权或者权大于责
3. 纪律:全体员工必须服从和遵守组织的规定,领导者要以身作则,使管理者和员工都对组织规章有明确的理解并实行公平的奖惩
4. 统一指挥:组织中的每一个人都应该只接受一个上级的指挥,并向这个上级汇报自己的工作
5. 统一领导:凡具有同一目标的各种活动,都应在一个主管的领导和一个计划的指导下进行
6. 个人利益服从整体利益:任何个人都不能超越组织整体的利益
7. 报酬:对员工的劳动必须支付公平、合理的报酬
8. 集权:决策权是集中于管理当局还是分散给下属,这只是一个适度的问题,管理当局的任务就是要找到在各种情况下最合适的集权程度
9. 等级链:从组织的基层到高层,应建立一个关系明确的等级链系统,使信息的传递按等级链进行。但当信息在等级链传递有延误时,应允许越级报告和横向沟通,以保证重要信息的畅通无阻
10. 秩序:凡事各有其位,并且各在其位,即每一件事有一定位置,每一个人有一定职位,各得其所。每个员工都必须处在他能最好地做出贡献的岗位上
11. 公平:管理者应友善和公正地对待下属
12. 人员稳定:人员的高度流动会造成效率损失,管理者应制订规范的人事计划,以保证组织所需人员的供应
13. 首创精神:在不违背职权和纪律的条件下,应积极鼓励员工发表意见和创造性地开展工作
14. 团队精神:鼓励团队精神,以实现组织内部成员之间的协调和合作

法约尔以高级管理人员的视角,自上而下地考察管理,强调管理能力、管理原则和管理技术在所有组织中的应用,深刻地洞见了管理的内在价值。但是,人们往往容易低估法约尔的工作,常常认为他的管理理论是极为一般的东西。然而事实却是,法约尔的管理理论是能够被学习、传授和实践的,这无疑是管理史上的一个重要的里程碑。法约尔对管理理论的创新之处体现在以下几个方面:

第一,把管理人员的正式权力和个人权力相区别。法约尔指出,正式权力是因管理人员的职务或地位而产生的,而个人权力是由管理人员的智慧、经验、道德品质、领导能力和以往的功绩构成的。权力和责任是相互联系的,责任是权力的基础,权力是履行责任的保证;权力与责任必须对等,没有权力的责任会造成责任难以落实,没有责任的权力则会造成权力的滥用。一个优秀的管理者能以他的个人权力来补充他的正式权力,并清醒地意识到自己在行使权力时所承担的责任。

第二,强调个体利益服从整体利益。个体利益和整体利益是矛盾的统一体。从长期来看,个体利益与整体利益是一致的,没有整体利益的个体利益难以实现,没有个体利益的整体利益就失去了动力;但从短期来看,个体利益与整体利益时常存在不一致。法约尔强调,个人或部门利益不能置于整个组织利益之上,必须坚持个体利益服从整体利益的原则,要做到这一点,就要求组织成员克服愚昧、自私、懒惰和一切企图把个人与小集团利益置于组织整体利益之上的个人情绪。只有这样才能促进组织的健康发展。

第三,重视员工的创造性和团队精神。创造性是完成组织各项活动的强大动力,法约尔主张在一切工作中个人都要充满热情,发挥干劲,并通过团队精神来实现组织成员之间的相互配合与协调。"分裂敌人以削弱其力量是聪明的,但是分裂自己的队伍则是反对公司的一大罪状。法约尔认为,在塑造团队精神时,管理者滥用了书面交流形式,但为了提高交流速度和清晰明了,应当尽可能地使用口头交流方式。正式的书面交流形式,增加了对企业而言有害的工作负担和复杂性,有时耽误了工作,应该避免"[1]。

管理小故事

法约尔古典组织理论的来源

法约尔1841年出生于法国,年轻时就投身工业界,在矿业领域开始他的职业生涯。1860—1872年,他在一家采矿公司担任工程师和技术人员,专注于解决实际的工程问题和提升生产效率。在这一过程中,他积累了丰富的实践经验,并逐渐认识到企业管理的重要性。

1866年,法约尔被任命为高芒特里矿井的矿长,之后成为多家矿井的经理。在此期间,他深入参与企业的日常运营与战略决策,不断思考如何改善企业内部的组织结构和管理方法以提高整体绩效。

面对当时公司的困境,如资源枯竭、工厂经营不善等,法约尔运用自己的管理思想进行了一系列改革。他通过集中生产、购入新矿井以及实施管理创新,成功帮助公司走出破产边缘并实现盈利。

在经历数十年的实际管理后,法约尔从1918年开始将余生投入管理理论的研究和传播。他系统总结了自己的管理理念,提出了著名的"一般管理理论",并将管理职能归纳为计划、组织、指挥、协调和控制五大类。同时,他还提出了适用于所有类型组织的14项管理原则,并强调层级化和专业分工在组织中的作用。

法约尔的著作《工业管理与一般管理》于1916年出版,该书详细阐述了他的管理理论体系,奠定了他作为古典组织理论代表人物的地位。通过创建管理学研究中心、讲学和发表学术论文,法约尔对全球范围内的管理实践产生了深远的影响。

三、韦伯的行政组织理论

行政组织理论是科学管理的一个重要组成部分,它强调组织活动要通过职务或职位而不是个人或世袭地位来设计和运作。这一理论的创始人是德国社会学家马克斯·韦伯(Max Weber),他在社会学的研究中提出了所谓理想的行政组织,被后人称为"组织理论之父"。

人物小传

马克斯·韦伯(1864—1920)出生在德国一个有着广泛社会和政治联系的富裕家庭。

---

[1] 雷恩. 管理思想的演变[M]. 李柱流,赵睿,肖聿,等译. 北京:中国社会科学出版社,1997:244-245.

他对管理理论的思考并非来自管理实践,而是来自社会学的学术研究。他通过对教会、政府、军队和企业所做的经验分析,认为等级、职权和行政管理是全部社会组织的基础。韦伯的主要著作有《新教伦理与资本主义精神》和《社会组织和经济组织理论》。

韦伯的研究重点是大型组织和大规模企业的管理问题。他认为,越是庞大的社会经济组织,越需要严密精细的管理,而对大型组织进行严密精细管理的关键在于建立一种理想的行政组织。所谓理想的行政组织,就是管理活动通过职位而不是个人或"世袭"进行。这种组织具有分工明确、等级清晰、规章制度详尽等特征(如表2-2所示)。在韦伯看来,利用这种理想的行政组织模式可以实现小规模企业管理向大规模企业管理的过渡。

表2-2 韦伯提出的理想的行政组织模式

1. 明确的分工:明确规定每一个成员的权力和责任,并且把这些权力和责任作为正式职责而使之合法化
2. 清晰的等级关系:各种职位均按权力等级组织起来,形成指挥链或自上而下的等级系统
3. 详尽的规章制度:根据明文规定的法规、规章组成组织,行政管理人员都要遵守有关职责方面的严格规则、纪律和制约,而且毫无例外地适用于各种情况
4. 非人格化的相互关系:组织成员之间只是一种职位关系,不受个人思想感情或个性的影响
5. 人员的正规选拔:组织成员通过公开考试选拔,有严格的选拔准则
6. 严格的报酬和权力系统:行政人员不是他所管辖的企业的所有者,他们是专职的公职人员,领取固定的报酬

韦伯认为,权力是任何一个组织存在的前提和基础,如果没有某种形式的权力来指导组织,组织就无法实现目标;权力能消除混乱,带来秩序。韦伯把支撑组织存在的权力分为三种:

(1) 合理合法的权力。这是一种按职位等级合理分配,经规章制度明确规定,并由能胜任其职责的人依靠合法手段而行使的权力。

(2) "世袭"的权力。这是一种因个人占据特定职位而产生的权力。

(3) "神授"的权力。这是一种因信徒对某个人的信任和信仰而产生的权力。

在韦伯看来,理想的行政组织应当以合理合法的权力为基础。因为合理的权力表明,管理人员的权力是按照其完成任务的能力分配的;合法的权力表明,管理人员具有行使权力的法律手段;合理合法的权力都有明确的规定。相比之下,"世袭"的权力将不那么有效,因为领导人不是根据其能力挑选出来的,而且会采取行动来维护过去的传统。同样,"神授"的权力也太感情用事和太不合理,因为它回避规章制度和程序而依靠崇敬的神明和神的启示。

无论是泰勒的科学管理理论,还是法约尔的组织管理理论、韦伯的行政组织理论,虽然研究的侧重点各不相同,但有两个共同的特点:一是把人看作"经济人",认为人的一切行为都是为了获得物质利益,忽视对人的需要及行为的研究,基本上是一种见物不见人

的管理;二是着重研究组织内部的管理问题,没有涉及组织与外部环境的联系,属于一种封闭系统的管理。由于这些共同的局限性,这三大管理理论被统称为古典管理理论。

第二单元　行为科学的创立

行为科学理论之所以产生,是因为科学管理理论尽管在提高劳动生产率方面取得了显著成效,但由于它片面强调对人进行严格的控制和动作的规范,较少关注人的因素,在管理中把人当成机器的附属品,不是人在使用机器,而是机器在使用人,这就激起了工人的强烈不满。到了20世纪20年代前后,一方面,随着工人意识的日益觉醒,工人与企业主之间的矛盾越来越大;另一方面,随着工人收入水平的不断提高,金钱激励的作用也开始减弱。在这种情况下,科学管理已难以适应新形势的要求,需要新的管理理论和方法来进一步调动工人的积极性,从而提高劳动生产率。于是,一些学者开始从生理学、心理学、社会学等方面研究组织中有关人的问题,如人的工作动机、情绪、行为与工作之间的关系等,由此促成行为科学理论的产生。

行为科学一般可以划分为两个时期,即早期的人际关系学说和后期的行为科学。

一、梅奥的人际关系理论

人际关系学说以乔治·埃尔顿·梅奥(George Elton Mayo)为代表。梅奥和一些管理学家通过历时8年的霍桑实验,认识到工人的积极性和生产效率不仅受到工资待遇等物质条件的影响,更重要的是受到社会环境、个人心理等多方面因素的影响。这个结论具有相当重要的意义,它对于原来只重视物质条件而忽视社会环境和个人心理的"科学管理"来说,无疑是一个重大的修正和创新。

人物小传

乔治·埃尔顿·梅奥(1880—1949)是人际关系学说的创始人。他出生在澳大利亚,早年学医,后又学习心理学,曾任教昆士兰大学,讲授伦理学、哲学和逻辑学。后来移居美国,执教于宾夕法尼亚大学的华登金融商业学院。1926年受聘于哈佛大学,任工业研究副教授。

梅奥亲自参与并指导了著名的霍桑实验,在其他研究人员准备宣布霍桑实验失败之际,他却发现了某些不寻常的东西。经过持续深入的研究,梅奥最终发现工人的积极性不仅与物质条件有关,还与社会环境和个人心理有关,并据此创立了一种新的理论——人际关系理论。

梅奥的主要著作有1933年出版的《工业文明的人类问题》和1945年出版的《工业文明的社会问题》。其代表作是《工业文明的人类问题》。

1924—1932年,梅奥应美国西方电器公司的邀请,在该公司设在芝加哥附近霍桑地区的工厂进行了长达8年的实验。这项由美国国家研究委员会赞助的研究计划共分四个阶段进行,即照明实验、福利实验、访谈实验和群体实验。

(一) 梅奥人际关系学说的要点

通过霍桑实验,梅奥等人提出了人际关系学说,其主要论点如下:

1. 工人是"社会人",而不是"经济人"

古典管理理论把人视为"经济人",认为工人都是为了追求较高的工资收入和良好的物质条件而工作,主张用金钱刺激和绝对集中的权力来管理。梅奥等人通过霍桑实验,提出了"社会人"的观点,对人的认识发生了质的转变。梅奥认为,工人除了追求工资收入和物质利益,还有社会、心理等方面的需求,即追求人与人之间的友情、安全感、归属感和受人尊重等。因此,不能单纯从技术和物质条件着眼,还必须从社会、心理等方面鼓励工人提高劳动生产率。只要管理人员能够设身处地地关心工人,注意与工人进行思想感情上的沟通,工人的劳动生产率就会大幅度地提高。

2. 企业中不仅存在正式组织,还存在"非正式组织"

正式组织是为了实现企业目标所规定的企业成员之间职责范围的一种结构。非正式组织是人们在接触过程中,因共同的兴趣或爱好而自发形成的团体。这些团体是自发形成的,团体成员主要靠兴趣、感情来维系,并且通过明确的群体规范来左右成员的行为。

非正式组织是客观存在的,它与正式组织相互依存,并对劳动生产率的提高有很大影响。在正式组织中,人的行为遵循效率的逻辑,即组织成员为了提高效率而保持形式上的协作。在非正式组织中,人的行为往往遵循感情的逻辑,即组织成员的行为靠感情来维系,如对非正式团体的忠诚等。不管是正式组织还是非正式组织,都涉及企业的每一个成员,也就是不仅工人中有非正式组织,管理人员和技术人员中也有非正式组织。

效率的逻辑在管理人员和技术人员中比在工人中占更重要的地位,而感情的逻辑在工人中比在管理人员和技术人员中占更重要的地位。所以,可以认为效率的逻辑是"管理人员的逻辑",感情的逻辑是"工人的逻辑"。假如管理人员和技术人员只根据效率的逻辑来管理,而忽视了工人的感情逻辑,就会使"管理人员的逻辑"和"工人的逻辑"发生冲突,从而影响劳动生产率的提高和组织目标的实现。在采用古典管理理论进行管理时,这种冲突是经常发生的。要解决这种冲突,梅奥认为,管理者要充分重视非正式组织的作用,注意在正式组织的效率逻辑同非正式组织的感情逻辑之间保持平衡,以便管理人员同工人之间、工人相互之间能互相协作,充分发挥各自的作用,提高效率。

3. 新的领导能力在于提高工人的满足度,以提振"士气"

梅奥等人认为,金钱或物质利益刺激在提高工人劳动生产率方面只起次要作用,起首要作用的是工人工作的积极性、主动性与协作精神,即士气。士气的高低主要取决于社会因素,特别是人际关系对工人的满足程度,而这种满足程度又取决于两方面的因素:一是工人的个人情况,即工人由历史、家庭生活和社会生活所形成的个人态度;二是工作场所的情况,即工人相互之间或工人与上级之间的人际关系。

一般来说,工人的满足度越高,士气越高涨,生产效率也就越高。所以,管理人员的主要职责就在于提振士气,建立并保持和谐的人际关系,并努力在正式组织的经济需求和非正式组织的社会需求之间谋求平衡。这样就能解决劳资之间乃至工业社会的矛盾和冲突,取得生产效率和工人感情之间的平衡与协调,从而达到提高劳动生产率的目的。这就要求管理人员转变管理方式,从以"物"为中心的管理模式转向以"人"为中心的管理模式。

（二）梅奥人际关系理论对管理的贡献

梅奥的人际关系理论不仅为管理理论的发展开辟了新的领域,为管理方法的变革指明了方向,更重要的是它引起了管理实践上的一系列变革。概括而言,梅奥人际关系理论对管理的贡献主要体现在以下方面:

(1) 强调对管理者和监督者进行教育与训练,以改变他们的态度和监督方式。

(2) 提倡下级参与企业的各种决策,以此改善人际关系,提振士气;反对采取解雇和制裁等强制性手段迫使工人服从的古典管理方法。

(3) 支持工人对作业目标、作业标准和作业方法提出意见,鼓励上下级之间的意见沟通和交流。

(4) 主张建立面谈与调解制度,以消除工人的不满和争端。

(5) 提出新的领导能力的标准,并注重对管理人员人际关系能力的培养和训练;重视各种非正式组织,尊重工人的感情。

(6) 重视工作环境及各种生活福利设施的建设。

管理小故事

梅奥人际关系理论的起源

梅奥人际关系理论的起源与霍桑实验密切相关,而这个小故事可以从20世纪初美国西方电器公司的霍桑工厂说起。

1924—1932年,哈佛大学教授梅奥及其团队对霍桑工厂进行了一系列关于工作环境、工作条件和员工行为改变对生产效率的影响的研究。实验最初的目的是探讨工作环境的变化如何影响工人的生产效率,包括照明条件、休息时间等因素。

在实验过程中,研究人员发现了一些意想不到的结果。无论工作环境改变与否,工人们的生产效率都有所提高。更重要的是,当工人意识到自己是研究对象并受到关注时,他们的积极性和产出均有所提升。这揭示了社会环境和心理需求对工作效率的影响远超过物理环境。

梅奥等人进一步观察到,员工之间的非正式社交关系、情绪状态以及管理者对待员工的方式对生产效率有重大影响。他们认识到,工人不仅是"经济人"——只受金钱刺激的个体,更是"社会人",其工作表现受到归属感、尊重、沟通交流等多种社会和心理需求的影响。

通过霍桑实验,梅奥总结了人际关系理论的主要观点,即强调管理中的人文关怀,重视满足员工的社会和心理需求，承认企业内部存在的非正式组织的重要性，并倡导新型领导方式，如倾听员工意见、加强上下级沟通等。

因此，可以说梅奥人际关系理论的起源是一个从科学管理探索转向深入理解人性与组织互动过程的故事，这一转变深刻地改变了现代企业管理的理念和实践。

（三）行为科学的创立与发展

自梅奥等人开创性地提出人际关系学说之后，人际关系运动便在实务界和理论界得到蓬勃发展，致力于人的因素的研究成果也不断涌现。1949年，一批哲学家、社会学家、心理学家、生物学家、精神病学家等在芝加哥大学讨论有关组织中的人的行为的理论，并将这种研究人的行为的理论正式命名为行为科学。

行为科学是研究人的行为的一门综合性科学。它主要运用心理学、社会学等理论和方法，探索人的个体行为、群体行为、组织行为、领导行为，目的在于激发人的积极性、创造性，实现组织目标。

行为科学的研究内容主要包括人的本性和需要、行为产生的动机以及人际关系等。其理论成果主要集中在：一是关于人的需要和动机的理论；二是关于"人性"的理论；三是关于领导方式的理论；四是关于非正式组织以及人际关系的理论。

在众多的行为科学理论中，最具代表性的是亚伯拉罕·马斯洛（Abraham Maslow）的需求层次理论、弗雷德里克·赫茨伯格（Frederick Herzberg）的双因素理论、道格拉斯·麦格雷戈（Douglas McGregor）的X—Y理论以及罗伯特·布莱克（Robert Blake）的管理方格理论。

二、马斯洛的需求层次理论

人物小传

亚伯拉罕·马斯洛（1908—1970），犹太人，美国著名社会心理学家，第三代心理学的开创者，提出了融合精神分析心理学和行为主义心理学的人本主义心理学，其中融合了美学思想。他的主要成就包括提出人本主义心理学和需求层次理论，代表作有《动机与人格》《存在心理学探索》《人性能达到的境界》等。

马斯洛在1943年发表的《人类的动机理论》一文中首次提出了需求层次理论。它有两个基本论点：

一是人的行为是由动机引起的，而动机是由人的需求决定的。需求是人的行为的原动力。当人的某一需求获得满足后，这一需求将不再是激励因素，这时他会产生另一种新的需求需要满足。人的需求就是这样不断"产生—满足—再产生—再满足"的连续过程。

二是人的需求有轻重层次之分，需求满足的顺序是由低层次逐渐到高层次。只有当较低层次的需求得到满足后，人们才会产生另一较高层次的需求。通常而言，层次越低的需求越容易得到满足，而层次越高的需求得到满足的可能性越小。

马斯洛将人的需求划分为五个层次：

第一,生理需求。这是人生存的基本需求,包括衣食住行及其他方面的需求。

第二,安全需求。人对生命及财产安全的关注,包括工作安全、财产安全、预防疾病及防止意外事故等。

第三,社会需求。基于人的社会本性而产生的需求,包括友谊、情感、爱情、群体归属等。

第四,尊重需求。人的自尊和受人尊重的需求,包括受人尊敬、爱戴、崇敬、羡慕等。

第五,自我实现需求。这是最高层次的需求,是一种可以发挥人的最大潜能,成就他做成任何事情的需求。马斯洛认为,这种需求就是人希望越变越完美的欲望,人想要实现他所能实现的一切欲望。

马斯洛的需求层次理论对激发工人的主动性和创造性、提高劳动生产率具有重要的促进作用。该理论一经提出,便得到人们的广泛关注和应用。但是,马斯洛的需求层次理论也有一定的局限性。比如,他只是揭示了需求、动机与行为之间的相互关系,并没有提出激励人们行为的具体方法;对人的需求层次也只是做了机械性的排列,并没有考虑其多样性;等等。

管理小故事

一名技术人员的跳槽

助理工程师张剑平,一个名牌大学的高才生,毕业后工作已8年,于4年前应聘到一家公司工程部负责技术工作,工作诚恳负责,技术能力强,很快就成为公司有口皆碑的"四大金刚"之一,名字仅排在公司技术部主管陈工之后。然而,他的工资却与仓管人员不相上下,夫妻小孩三口尚住在初到公司时住的那间平房。对此,他心中时常有些不平。

黄和平,一个有名的识才的老总,孙中山先生的名言"人能尽其才,地能尽其利,物能尽其用,货能畅其流"在各种公开场合不知被他引述了多少遍,实际上他也是这样做的。4年前,张剑平来公司报到时,门口用红纸写的"热烈欢迎张剑平工程师到我公司工作"几个不凡的颜体大字,是黄总亲自吩咐人事部经理落实的,并且交代要把"助理工程师"的"助理"两字去掉,当时这确实让张剑平非常感动。

两年前,公司有指标申报工程师,张剑平属于有条件申报之列,名额却让给了一个没有文凭、工作平平的老同志。他想问一下总经理,谁知未等他去找总经理,总经理却先来找他了:"张剑平,你年轻,机会有的是。"去年,他想反映一下工资问题,这个问题确实重要,来这里的目的之一不就是想得到高一点的工资,提高一下生活待遇吗。但是几次想开口,他都没有勇气讲出来。因为总经理不仅在生产会上大夸他的成绩,而且曾记得有几次外地人来取经,黄总当着客人的面赞扬他:"张剑平是我们厂的技术骨干,是一个有创新的……"哪怕总经理再忙,路上遇见时,总会拍拍张剑平的肩膀说两句,诸如"张工,干得不错""张工,你很有前途"。这的确让张剑平兴奋:"黄总确实是一个伯乐。"此言不假,前段时间,黄总还把一项开发新产品的重任交给他,大胆起用年轻人,然而……

最近,公司新建了一批职工宿舍,听说数量比较多,张剑平决心反映一下住房问题,谁知这次黄总又先找他,还是像以前一样,笑着拍拍他的肩膀:"张工,公司有意培养你入党,我当你的介绍人。"他又不好开口了,结果家没有搬成。

深夜,张剑平对着一张报纸的招聘栏出神。第二天一早,黄总办公桌上放着一张小纸条:

黄总:

您是一个懂得使用人才的好领导,我十分敬佩您,但我决定走了。

张剑平于深夜

三、赫茨伯格的双因素理论

人物小传

弗雷德里克·赫茨伯格(1923—2000),美国心理学家、管理学家、行为科学家,双因素理论的创始人。赫茨伯格在管理学界的巨大声望,是因为他提出了著名的"激励与保健因素理论",即"双因素理论"。他的代表作有《工作的激励因素》《工作与人性》《管理的选择:是更有效还是更有人性》等。

赫茨伯格在其著作《工作与人性》中,正式提出了激励的双因素理论。他认为,影响人的积极性的因素有两类:一类是与工作性质或工作内容有关的因素,称为激励因素(Motivator Factor);另一类是与工作环境或工作关系有关的因素,称为保健因素(Hygiene Factor)。激励因素和保健因素的内容如表 2-3 所示。

表 2-3　激励因素和保健因素的内容

激励因素	保健因素
与工作性质有关 包括六个方面:工作上的成就感,职务上的责任感,工作自身的性质,个人发展的前景,个人被认可与重用,提职与升迁	与工作环境有关 包括十个方面:公司的政策,公司的行政管理,技术监督系统,与监督者个人的关系,与上级的关系,与下级的关系,工作的安全性,工作环境,薪金,人的生活地位

激励因素以工作为中心,它具有调动积极性的功能;保健因素与工作以外的环境关联,它具有增强满意感的功能。

当激励因素具备时,会对人产生很大的激励作用,使人的积极性提高;当激励因素缺乏时,人的积极性就会下降,但不一定使人产生不满意感。当保健因素具备时,会使人产生满意感,但不一定能调动其积极性;当保健因素缺乏时,则会使人产生很大的不满意感。

激励因素与保健因素之间存在四种组合方式,如图 2-1 所示。由此可以看出,在影响人的行为的两类因素中,不管是激励因素还是保健因素,缺少其中的任何一个,都会对工作及人的行为产生不利影响,即要么积极性低下,要么不满意感增加。只有当激励因素和保健因素同时具备时,才能既调动积极性又增强满意感,从而使人们积极主动而又心情愉快地投入工作。

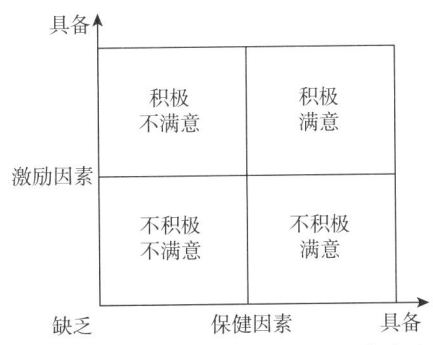

图 2-1 激励因素与保健因素的组合方式

📝 **管理小故事**

双因素理论的来源

赫茨伯格的双因素理论源于他对工作满意和不满意的研究,而这项研究源于他在 20 世纪 50 年代末对大量员工进行的深度访谈和调查。

1959 年左右,赫茨伯格及其同事对美国匹兹堡附近大约 200 名工程师和会计师进行了详尽的访谈,收集了他们对工作中各种因素的感受。通过对这些数据的分析,赫茨伯格发现,影响员工工作态度的因素可以分为两类:

一类是激励因素,这类因素与工作本身有关,如成就感、认可感、责任感、个人成长以及工作本身的挑战性和兴趣等。当这些因素得到满足时,员工会感到满意,并能激发他们的积极性和创造性;反之,即使这些因素不存在,也不会直接导致员工不满,但员工的工作热情和内在动力可能不足。

另一类是保健因素,这类因素与工作环境和条件有关,包括公司政策、管理方式、工资水平、工作安全、人际关系等。保健因素的改善可以减少员工的不满,但如果仅仅关注这些因素而不涉及激励因素,则无法真正提高员工的工作满意度。如果保健因素缺失或处理不当,则会导致员工产生强烈不满。

通过这些开创性的研究,赫茨伯格提出了双因素理论,强调管理者既要关注消除那些造成员工不满的保健因素,同时又要积极创造和发展能够激励员工的工作内容与环境,从而提升员工整体的工作满意度和绩效表现。这个理论后来在《工作与人性》一书中被详细阐述并广泛传播。

四、麦格雷戈的 X—Y 理论

🔷 **人物小传**

道格拉斯·麦格雷戈(1906—1964)是美国著名的行为科学家,1935 年取得哈佛大学哲学博士学位,随后留校任教;1937—1964 年在麻省理工学院任教,其中有六年(1948—1954)在安第奥克学院任院长。在任院长期间,他对当时流行的传统的管理观点和对人的特性的看法提出了疑问。在 1957 年 11 月号的美国《管理评论》杂志上,麦格雷戈发表了《企业的人性方面》一文,提出了有名的"X—Y理论",该文1960年以书的形式出版。

1. X 理论

在麦格雷戈看来,每一位管理人员对工人的管理都基于对人性看法的一种哲学,或者一套假定。他把传统管理理论中对人的"经济人"假定称为"X理论",其要点如下:

(1) 人的天性都是好逸恶劳的,只要有可能就会逃避工作。

(2) 人没有进取心,也不愿意承担责任,一般愿意被指挥。

(3) 人漠视组织的要求,天性就反对变革,把安全看得高于一切。

因为厌恶工作是人的本性,所以必须采用严格的惩罚措施对人进行强迫、控制、指挥与威胁,只有这样才能迫使人努力实现组织目标。

2. Y 理论

麦格雷戈认为,不论是科学管理还是行为科学,其管理方法都是以X理论为依据的,只不过科学管理采用的是"强硬的"管理方法,包括强迫、威胁、严密监督和严格控制等;而行为科学采用的是"温和的"管理方法,包括态度随和、讲求关系融洽等。但从20世纪初开始,从最强硬的到最温和的各种办法都尝试过了,效果却不太理想。因为采用强硬的办法会引起工人的各种反抗,如"磨洋工"、敌对行动、组织好斗的工会等;而采用温和的办法又会导致管理松弛甚至放弃管理,结果大家一团和气,对工作都满不在乎。于是,较为普遍的倾向是采用"软硬兼施"的办法,即"温和地讲话,但手上拿着大棒"。这种"胡萝卜"加"大棒"的方法在人们的生活还不富裕的情况下是有效的,但随着人们生活水平的不断提高,这种管理方法越来越不适用了,因为生活富裕的人的行为动机主要是追求更高级的需求,而不是"胡萝卜"(生理的、安全的需求)了。因而,用指挥和控制进行管理,无论是强硬的方法还是温和的方法,都不足以激励人们的行动。

麦格雷戈提出Y理论,并用它代替X理论。Y理论是建立在对人性和人的行为动机更为恰当的认识基础上的新理论,其要点如下:

(1) 人并不是天生就厌恶工作,工作对人们来讲就像休息和娱乐一样自然。

(2) 外界控制与惩罚的威胁并不是促使人们向组织目标努力的唯一手段。人只要做出承诺去完成一项工作,他就会自我指挥和自我控制。

(3) 对任务所做的承诺与完成任务后所得到的回报成正比。这些回报中最重要的是满足自尊和自我实现的需求,它能促使人们为实现组织目标而努力。

(4) 在适当条件下,人们不但能接受责任,而且能主动地承担责任。

(5) 在解决组织问题时,多数人都具有想象力和创造力。

(6) 人并不是天性反对变革的,他们对组织的要求采取消极或抵制的态度,通常源于他们在组织内的遭遇。

管理的基本任务是安排好组织工作的条件和作业方法,使人们的潜能得以充分发挥,从而更好地为实现组织的目标和个人的具体目标而努力。这是一个创造机会、挖掘潜力、排除障碍、鼓励发展和帮助引导的过程。

行为科学家认为,Y理论给管理人员提供了一种对人的乐观主义看法,而这种乐观主义看法是争取工人的协作和热情支持所必需的。但是,奉行X理论的管理人员对此表示了不同意见。有人指出,Y理论有些过于理想化了。所谓自我指挥和自我控制,并非人人都能做到。人固然不能说生来就是懒惰而不愿负责任的,但是在实际生活中的确有些人是这样的,而且坚决不愿改变。对于这些人,采用Y理论进行管理,难免会失败。同样,对于那些能够做到自我指挥和自我控制的人来说,X理论也未必奏效。那么,X理论和Y理论究竟哪个更好呢?要视具体情况而定,这两种理论似乎都有存在的必要。这一点已被后来的美国管理学家约翰·莫尔斯(John Morse)提出的"超Y理论"证实。莫尔斯认为,X理论并非全错,Y理论也并非全对,实施何种管理方式要根据管理对象的性质和特点进行选择,有些管理对象适用X理论,而有些管理对象适用Y理论。一般来说,素质较低的人适合采用X理论的管理方式,素质较高的人则适合采用Y理论的管理方式。

五、布莱克的管理方格理论

人物小传

罗伯特·布莱克(1918—2004),美国应用心理学家,在管理和组织发展领域开展应用行为科学研究的倡导者,曾任科学方法(Scientific Methods)公司总裁。布莱克的主要成就来自他在行政管理领域所从事的工作,他在1964年出版的《管理方格》一书中提出了管理方格理论。

布莱克认为,科学管理理论以工作为中心,行为科学理论以人为中心,但事实上,以工作为中心和以人为中心仅仅是两种基本的领导类型,而在这两种基本类型之间还存在多种中间形式。以工作为中心和以人为中心这两种类型并不是相互排斥、非此即彼的,它们可以按照不同的程度结合在一起。为此,布莱克设计了管理方格,如图2-2所示。

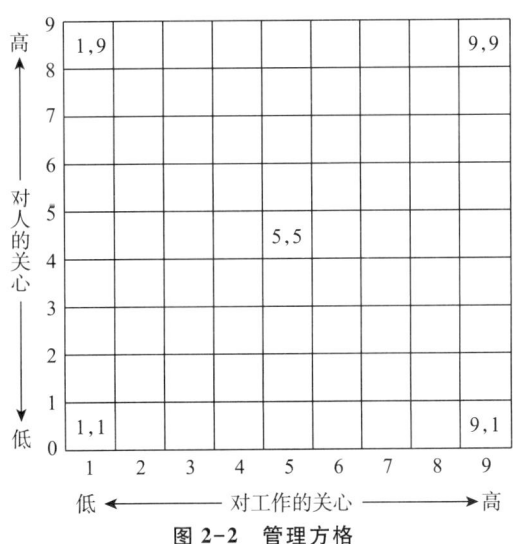

图2-2 管理方格

在图 2-2 中,横向表示对工作的关心,按照关心程度划分为 9 等份;纵向表示对人的关心,同样按照关心程度划分为 9 等份。整个方格共有 81 个格,分别代表不同的领导类型。在评价领导类型时,按照其对人或工作的关心情况在方格中寻找交叉点,这样就把领导行为划分为不同的类型,交叉点就代表领导类型。

布莱克在图中描述了五种典型的领导类型:

(1,1)贫乏型领导。这是一种既不关心工作又不关心人,饱食终日、无所用心、软弱无能的领导,因而是不良的贫乏式领导,类似于自由放任。

(9,1)任务型领导。这是一种埋头业务,只关心生产而不关心人的领导。

(1,9)乡村俱乐部型领导。这种领导只关心人,注意人际关系,对工作任务和效率漠不关心。

(5,5)平庸型领导。这种领导对人的关心一般化,对生产的关心也一般化,属于一般性的平庸型领导。

(9,9)最佳型领导。这种领导既高度关心人,又高度关心工作,能实现组织目标和个人理想的有机结合,使工作任务出色完成,组织成员士气旺盛,属于最佳型领导。

管理方格理论认为,关心工作和关心人是两个不同的方面,而不是一面的两极。关心人并不意味着必定忽视工作;同理,重视工作也不意味着必定缺少对人的关心。领导者可以根据现实需要和可能,对二者或其中一者表示强烈的、较不强烈的或稍有偏重的关心。

此外,行为科学中有关人的需求、动机和激励的理论还有很多,如维克托·弗鲁姆(Victor Vroom)的期望理论、伯尔赫斯·斯金纳(Burrhus Skinner)的强化理论、戴维·麦克利兰(David McClellan)的成就动机理论、约翰·斯塔西·亚当斯(Jone Stacey Adams)的公平理论等。综合行为科学的各种理论可以发现,行为科学理论具有以下特点:一是行为科学的研究重点是人的行为和动机,研究的主要目的在于调动人的积极性和创造性;二是行为科学理论的研究方法具有科学性;三是行为科学的理论基础在于,管理就是通过别人来做工作,管理实际上是行为科学的应用。

第三单元　管理科学的兴起

管理科学是继泰勒的科学管理和梅奥等人的行为科学之后,管理理论与管理实践相结合而发展起来的又一重要管理创新成果。

所谓管理科学,就是采用最新的科学技术和手段,对管理领域中的各个方面进行系统的定量分析,从而做出最优规划和决策的一系列管理思想与管理技术。

管理科学的核心在于最新的科学技术(如计算机技术、系统论、控制论、信息论等)在管理领域中的广泛运用,其目的在于摒弃凭经验、凭直觉、凭主观判断的管理方式,实现管理活动的最优化和精细化。

从管理科学的名称来看,似乎它是有关管理的科学,其实它主要不是研究和探索管理的科学,而是设法把科学的原理、方法和工具应用于管理,降低不确定性,使投入的资源发挥更大的作用、得到最大的效益。

一、管理科学的主要内容

管理科学已经突破操作方法、作业水平的限制，向整个组织的所有活动领域扩展，要求进行整体性、系统性、全面性的研究。其研究内容主要包括运筹管理、系统分析和科学决策。

（一）运筹管理

运筹学是管理科学的基础，是一种分析、实验和定量的科学方法，主要用于研究在一定的物质资源条件下，为达到某一目的，通过数量分析，统筹研究，做出最有效的计划和安排。

运筹管理是实用管理科学的一种形式，是对一个组织在生产和经营活动的各个方面进行管理。运筹管理可以解决管理过程中的许多实际问题（如投资控制等），有助于决策者更加合理、有效地使用企业资源。运筹管理的方法有很多，如网络分析、盈亏分析、规划论、博弈论等。

（二）系统分析

系统分析是指把系统的观点和思想引入管理方法，把管理对象视为一个有机的整体系统。研究管理事物应从系统整体出发，对组织的内外部环境因素进行综合分析，找出事物各环节间的相互促进和制约关系，确保整个组织系统取得最优效果。系统分析的特点是：解决管理问题要从全局出发，有目的、有步骤地分析和研究内外部各种因素之间的关系，从而实现系统的整体优化。企业作为一个系统，在生产经营过程中处于不断变化之中，因此要运用系统分析方法，研究内外部环境的动态变化，在运用先进的科学技术手段进行定量分析的同时也不能忽视定性分析。

管理经典定律

吉德林法则

吉德林法则是由美国通用汽车公司管理顾问查尔斯·吉德林（Charles Jidelim）提出的。该法则认为，当你不清楚一个问题是什么或者怎样解决这个问题时，最好的办法就是把它写下来，写下问题的过程会让你更清楚地看到问题的本质，也能帮你找到解决问题的办法。这是一种很好的思考工具，它能使你将思维可视化，并且让你有机会从不同的角度看待问题。

吉德林法则的应用范围非常广泛。无论是企业还是个人，都可以采用这种方法来解决各种问题。以下是一些建议：当你遇到问题时，不要立刻试图找到解决方案；试着将问题写下来，将问题拆分成更小的部分，这有助于你更清楚地了解问题的本质；分析每个部分，看看它们是如何相互关联的；针对每个部分提出解决方案，然后评估哪种解决方案最有效；实施解决方案，并监测结果；如果结果不尽如人意，则重新审视你的问题分析过程并进行调整。

相关案例故事：

假设你在经营一家小型企业，最近遇到了一些财务问题。你试图弄清楚到底发生了什么，但是每次想到这个问题，你的思绪就会变得一团糟。这时你可以试试吉德林法则，将问题写下来。例如，你可以写下这样的问题："我们的财务状况为什么出现问题？"然后列出你认为可能导致问题的所有原因，比如销售下滑、成本上升、现金流紧张，等等。接下来，你可以分析每个原因，看看哪个最有可能是问题产生的根本原因。通过这种方式，你可能会发现真正的问题是某个供应商提高价格导致成本上升。

（三）科学决策

科学决策是指对大量的资料和数据按照事物内部的联系进行系统分析与计算，依据科学的程序，做出正确的决策。现实中，许多实际问题并不能通过实验的方法找到答案，许多问题在经营过程中又不能或不便于采用实验的方法加以解决，因此在不影响正常经营秩序的情况下，需要用数学模型表示一个系统或多种事物之间的关系。数学模型可以为决策者提供所假定的各种解决方案的数字化运行结果，并能帮助决策者进行定量的可行方案的选择，这就有助于决策者得到有效使用资源的最优方案。

科学决策的关键在于建立数学模型，常用的数学模型一般有两类：描述性模型和规范性模型。这两类模型又可分成确定性模型和不确定性模型两种。流行的管理决策模型有决策理论模型、库存模型、资源配置模型、决策树模型、模拟模型等。

随着科学技术的进步和管理科学的发展，管理科学的研究和应用领域已大为扩展，已经从原来单纯的方法和手段的应用转向对企业整体系统的分析。虽然目前还很难将管理科学的研究范围划出清楚的界线，但它的研究已经呈现以下特点：

第一，以决策为主要着眼点。认为管理的主要问题是决策问题，运用各种决策模型可以实现决策由经验向科学的转化。

第二，以经济效果标准为评价管理行为的依据。为此建立诸如本—量—利模型等以讨论行为的结果和变化。

第三，依靠正规数学模型。这些数学模型实质上是以数学形式表达的解决问题的可行办法。为此，建立合适的数学模型就成为管理行为可行性的前提。

第四，依靠计算机运算。借助计算机等工具，能够计算复杂的数学方程式，从而得出精确的结果。

二、计算机管理系统的创新

管理科学应用的主要工具是电子计算机。可以说，正是电子计算机的出现，才使得原来理论上的数学模型变成了日常的实际决策工具。因为大型的科研攻关与工程技术管理都涉及很多复杂的因素和大量的运算工作，如果没有强有力的运算工具的支持，那么有些问题根本不可能进行研究，即使能够进行手工或机械运算，也难以及时、准确地算出结果。而运用电子计算机技术，能够使原来复杂甚至难以进行的定量运算变得容易且简单。目前，电子计算机的应用范围日益扩大，在企业管理中的作用大体有以下几个方面：

（1）对数据、资料等进行快速运算和统计，使某些事务性工作自动化，以提高工作效率，这是计算机最基本的作用。

（2）存储数据、资料，以便根据需要，随时取出一项工作的历史情况和最新进度的资料。

（3）迅速传递、反馈、处理信息，及时给管理人员提供全面的工作状况信息，以便及时发现问题，采取调整措施，使工作按计划进行。

（4）处理各种数学模型数据，迅速而准确地比较各种工作方案的利弊，帮助管理人员选择最优方案，进行决策。

（5）处理程序化决策，使某些业务工作自动化。目前，在财会、销售、生产、采购等部门，利用电子计算机做日常"决策"正日益普遍。

（6）进行模拟实验。模拟实验可以帮助管理人员在极短的时间里，准确了解他们所确定的决策或方案在执行后会产生什么后果。经过多次实验，即可帮助管理人员拟订出一份完善的决策或方案，以便在执行时能够获得预期的结果。

管理科学不仅丰富了管理理论中定量分析的内容，加快了科学技术成果在管理活动中的应用，而且为管理活动走向科学化、规范化、精确化和数字化开辟了道路。它对于企业管理效率的提高和资源的合理配置都起到十分重要的促进作用，从而使企业的整个管理工作提高到前所未有的水平。

管理小故事

管理科学为超市管理赋能

20世纪90年代，某大型连锁超市集团面临库存管理难题。由于商品种类繁多、销售数据庞大且快速变化，传统的手工记录和预测方法无法准确地把握市场需求动态，导致库存积压与缺货现象频繁出现，严重影响了销售额和顾客满意度。

为了改善这一状况，集团决定引入先进的电子计算机技术来实现库存优化管理。该集团与一家数据分析公司合作开发了一套基于数学模型的库存管理系统。这套系统收集实时销售数据、历史销售趋势以及季节性因素等信息，运用线性规划、统计分析等数学模型进行深度计算和预测。

在新系统的支持下，超市能够精确预估每种商品在未来时间段内的需求量，并据此制订科学合理的订货计划。例如，系统发现某种品牌的牛奶在周末销量会明显增加，在工作日则相对平稳。于是，系统自动调整订货策略，在临近周末时适当增加牛奶的进货量，以减少缺货造成的损失，同时避免过度采购导致的浪费。

此外，这套智能库存管理系统还能监控供应链状态，当供应商的交货时间发生变化或出现异常时，能够及时调整库存预警阈值，确保超市运营的稳定性。

经过一段时间的应用，集团不仅显著降低了库存成本，提高了资金周转效率，还提升了顾客购物体验，因为商品的供应更加稳定和充足。

第四单元　现代管理理论"丛林"

第二次世界大战以后,随着科技的迅猛发展和生产社会化程度的日益提高,企业发展呈现新的特点:企业规模不断扩大,生产技术复杂程度大大提高,产品生命周期越来越短,市场竞争更加激烈。面对企业管理中出现的新情况、新问题、新要求,许多学者开始从不同的角度和层面,运用不同的方法和手段对管理问题进行研究,形成许多新的管理理论和学说,使管理理论空前多样化,这种状况被美国管理学家哈罗德·孔茨称为管理理论"丛林"。

在管理理论"丛林"中,具有较大影响力的管理学流派有管理过程学派、经验学派、社会系统学派、决策理论学派和权变理论学派等。

一、管理过程学派

管理过程学派又称作业学派,学派早期代表人物是亨利·法约尔,后期主要代表人物是美国管理学家哈罗德·孔茨和西里尔·奥唐奈(Cyril O'Donnell)。该学派的特点是把管理理论与管理人员从事工作的过程联系起来,所以被称为管理过程学派。该学派认为,无论组织的性质如何、所处的环境如何,管理人员的职能都是相同的。因此,管理过程学派首先研究的是管理人员的职能,并将这些职能作为管理理论的基础,如法约尔把管理划分为计划、组织、指挥、协调、控制五项职能。此后,各管理学家对管理职能的划分虽不完全一致,但大同小异,如有计划、组织、控制三职能说,还有计划、组织、用人、指挥、协调、报告、预算七职能说等。

孔茨与奥唐奈把管理解释为"通过别人使事情做成的职能"。他们认为,管理人员的职能有计划、组织、人事、指挥、控制五项,并按此分析研究管理理论。他们指出,有人认为这些职能是按顺序执行的,但事实上管理人员是同时执行这些职能的。他们强调,这些职能中的每一项对组织的协调都有所贡献,但协调本身并不是一项独立的职能,而是有效运用这五项管理职能的结果。他们对各项职能按以下几个基本问题进行分析:

(1) 这一职能的性质和目的是什么?

(2) 这一职能结构上的特性是什么?

(3) 这一职能如何执行?

(4) 在这一职能的领域里,主要的原则和理论是什么?

(5) 在这一职能的领域里,最有用的技术是什么?

(6) 执行这一职能有什么困难?

(7) 完成这一职能的环境是怎样形成的?

管理过程学派认为,一切最新的管理思想都能纳入上述结构。管理理论就是围绕这样的结构,把通过长期的管理实践积累起来的经验、知识综合起来,提炼出管理的基本原则。这些原则对于改进管理实践具有明显的价值。孔茨等人还认为,管理理论要吸收社会学、经济学、生理学、心理学、物理学和其他学科的技术与知识,它们是与管理工作有关的;但是不能把这些学科的所有领域都囊括到管理理论中,因为科学的进步要求把知识分门别类,有所区别。

📝 管理小故事

管理变革之路:运用管理过程学派理念重塑企业竞争力

在中国北方的一家大型制造企业中,张总作为新上任的总经理,面对企业内部管理效率低下、市场响应速度慢等问题,决心引入管理过程学派的思想来优化企业管理体系。

在计划职能方面,张总首先组织团队对未来三年的市场趋势进行深度的研究和预测,并据此制定详细的战略规划。他强调滚动式计划的重要性,要求各部门制定季度与月度目标,并确保这些短期目标与长期战略一致。

在组织职能方面,张总对公司的组织架构进行重大改革,以扁平化结构取代原有的层级复杂的管理模式,减少决策层级,提高信息传递效率。同时,他还根据业务需求调整部门设置,强化跨部门协同机制,保证资源合理分配和高效利用。

指挥职能体现在日常工作中,张总积极推行开放式沟通,定期召开员工大会分享公司发展动态及成果,鼓励员工提出创新想法和改进建议。此外,他还亲自参与重要项目的决策和执行,确保关键任务的有效推进。

在协调职能方面,张总推动建立项目管理办公室(PMO),专门负责协调各个部门之间的合作,解决项目执行中的矛盾与冲突;举办固定的跨部门协调会议,及时解决资源配置、进度安排等方面的问题。

在控制职能方面,张总引进先进的企业资源计划(ERP)系统,实现对企业运营数据的实时监控和分析,用以评估各部门的工作绩效并指导未来的工作方向。同时,他还建立严格的内部控制体系,规范各项业务流程,有效防止风险发生。

经过一系列深入的变革实践,集团逐步提升了管理效率,加快了市场反应速度,最终在市场上赢得了更大的竞争优势。

二、经验学派

经验学派又称经理学派。这一学派中,有管理学家、经济学家、社会学家、统计学家、心理学家以及大企业董事长、总经理及其顾问等,代表人物主要有彼得·德鲁克、汤姆·彼得斯(Tom Peters)、欧内斯特·戴尔(Ernest Dale)、威廉·纽曼(William Newman)、艾尔弗雷德·斯隆(Alfred Sloan)等。经验学派把管理视为经验性很强的实务,认为科学管理和行为科学都不能完全适应企业发展的实际需要,应该从企业管理的实际出发,收集各类企业管理的成功经验与失败教训,并把这些经验加以概括和理论化,从而为企业经理人员从事管理活动提出更加实际的建议和方法。

(一)管理的性质

经验学派十分重视对管理成功经验的总结,着重强调管理理论的实用性,认为管理

是管理人员的技巧,是一个特殊的、独立的活动和知识领域;但在对管理概念的认识上存在不一致的意见,概括起来大致有以下几种解释:

彼德斯认为,管理是一个特定的人群用以确定、阐明和实现其目的与目标的技能。管理的具体概念随应用人群的变化而变化,但其基本内涵不变。例如,政府是公共事务管理;军队是一种特殊形式的公共事务管理;工商业管理是一种专业化的管理;国有企业是一种特殊形式的工商业管理。

德鲁克认为,管理只与生产商品和提供各种经济服务的工商企业有关。管理学是由管理一个工商企业的理论和实务的各种原则组成的。管理的技巧、能力、经验不能移植并应用到其他机构。

纽曼认为,管理就是把个人或团体的努力引导到某个共同的目标。管理者的主要职责是以最少的资源耗费实现预定的目标。纽曼指出,企业的经理人员往往是在他所管理的具体领域中显示出优秀才能的人。比如一个雷达制造公司的副经理可能是一个很好的电子工程师,这说明个人经验和专业知识对一个经理来说是很有价值的。但是要成为一个好经理,仅有个人经验和专业知识是不够的。相反,有些人在所管理的专业领域并没有杰出的才能,同样可以成为一个能干的经理。而且有些经理能够在一些不同性质的企业中都管理得很好,这就证明管理活动有其特殊的内容。

(二) 经理的任务

经验学派认为,经理人员在管理活动中担负着重要的职责,它们承担着别人无法替代的两项特殊任务:

第一,调动各种有效资源。经理人员的主要职责在于将各种有效资源调动起来为企业的目标服务,尤其是要充分发挥人力资源的作用,减少或避免人力资源的浪费。因为人力资源是企业中最宝贵的"第一资源",人力资源的作用发挥得如何,直接决定着其他资源的使用效率和效果。不仅如此,经理人员在调动各种资源的过程中,为了保持企业各项活动的协调性和有序性,还必须从系统的角度动态地考虑问题,既要考虑作为一个整体的企业,又要兼顾所有可能出现的特殊问题。

第二,协调当前利益和长远利益。经理人员在做出每一项决策和采取每一项行动时,都要把当前利益和长远利益协调起来。每一个经理人员都有一些共同的、必须执行的职能。这就是:确立组织目标并决定实现目标的要求,然后把它传达给与实现目标有关的人员;进行组织工作,包括建立机构、分配人员等;进行鼓励和联系工作;对企业的经营成果进行分析,确定标准,并对企业所有的工作进行评价,使员工得到成长和发展。

经验学派的代表人物德鲁克指出,经理人员的任务就是激励、指挥和组织别人去做工作,而不是自己去做。不论经理人员所从事的是哪一种工作,他的工作效果都取决于他的听、说、读、写的能力,他所要做的就是把自己的思想传达给别人以及找到别人在想什么的技巧。

(三) 目标管理

经验学派认为,科学管理强调以工作为中心,忽视人的一面;行为科学强调以人为中心,忽视与工作相结合。其实,以工作为中心和以人为中心并不是矛盾的,完全可以统一起来。目标管理正是将以工作为中心的科学管理和以人为中心的行为科学统一起来的有效管理方法。它能够通过目标的制定和执行,使员工发现工作的兴趣和价值,从工作中满足自我实现需要。

目标管理是这样的一个过程:首先由各级管理人员共同参与制定组织整体目标;然后将整体目标逐级分解,变成部门目标和个人目标,并根据部门和个人所承担的目标,确定其主要职责范围;最后根据部门和个人的目标完成情况对其进行考核与评价。需要注意的是,目标管理的目的并不是用目标进行控制,而是用目标来更好地激励下级。

管理小故事

以实践经验引领传统企业现代化转型

在中国中部地区的一家历史悠久的传统酿造企业,新上任的总经理王总意识到尽管公司拥有悠久的酿酒历史和独特的工艺,但在现代市场竞争中却显得力不从心。

在接手醇香酒业之前,王总曾走访了多个成功与失败的企业,深入研究了它们的经验教训。他发现,成功的企业往往能将传统智慧与现代管理方法相结合,而失败的企业则常常忽视对实践经验的总结提炼。

来到醇香酒业后,王总首先倡导"实践出真知"的原则。他组织团队回顾并梳理过去几十年来公司在产品创新、市场拓展、质量管理等方面的成功做法,并从中提炼有效经验。例如,在一次深入探讨中,他们发现了20年前老一辈师傅改良发酵工艺的秘密,这项技术革新曾一度帮助公司大幅提升酒品质量,但因没有系统地记录和传承下来而逐渐被淡忘。

同时,他也召集各部门负责人共同分析近年来公司的经营困境,包括市场份额下滑、成本控制不当等问题。通过集体讨论,大家认识到过去忽视市场反馈、过于依赖陈旧销售网络等是导致问题产生的关键原因。这些失败教训促使王总决定改革销售模式,引入数字化营销手段,同时优化内部流程以降低成本。

在此基础上,王总要求公司设立专门的经验学习部门,负责定期收集国内外同行的最佳实践和失败案例,结合自身实际情况进行消化吸收。他还鼓励员工积极分享自己的工作心得和遇到的问题,形成一种持续学习和改进的文化氛围。

经过一系列基于实践经验的改革措施,醇香酒业逐步恢复市场竞争力,产品质量稳步提升,品牌形象焕然一新。

三、社会系统学派

人物小传

切斯特·巴纳德(Chester Barnard,1886—1961),社会系统学派的创始人,美国高级管理人员和管理学家,长期从事管理实践工作。1927—1948年,他一直担任美国贝尔电话公司的总经理。在长期的管理实践中，巴纳德从一个企业家的角度，运用社会学和系统论的观点来分析研究高级管理人员的职能。在分析研究中，他把组织特性与人类特性有机地结合起来，为组织理论的创新和发展做出了很大贡献，在管理学界享有很高的地位。其代表作是1938年出版的《经理人员的职能》一书，被誉为美国管理学经典著作。

（一）组织的性质

巴纳德对组织的定义是，"组织不是集团，而是相互协作的关系，是人相互作用的系统"，是"两个或两个以上的人，有意识协调的活动和效力的系统"。组织由人组成，而这些人的活动是互相协调的，由此成为一个系统。系统有级别之分，一个组织内部的各个部门或子系统是低级系统，由许多系统组成的整个社会是一个高级系统。

巴纳德提出，任何一个组织，都要遵循系统的效力原则和效率原则。所谓系统的效力，是指组织系统协作的成功力量。当一个系统协作得很成功时，它的目标就能够实现，这个协作系统就是有效力的。如果一个协作系统的目标没有实现，这个系统就将崩溃瓦解。所以，系统的效力是系统存在的必要条件。所谓系统的效率，是指系统成员个人目标的满足程度。如果协作系统成员的个人目标得不到满足，就会认为这个系统是没有效率的，就会不支持或退出这个系统。可见，协作效率是个人效率的结果。如果一个系统是无效率的，它就不可能是有效力的，因而也就不可能存在。

（二）组织的要素

巴纳德把组织划分为正式组织和非正式组织。他认为，正式组织作为一个协作系统，无论其级别高低和规模大小，均包含三个基本要素：

1. 共同的目标

这是组织存在的基本要素。没有明确的共同目标，成员的协作意愿就无从产生。这种共同目标必须被组织成员接受。管理人员的一项重要任务就是消除组织目标与个人目标的背离，使组织目标与个人目标一致。如果组织目标无法实现，组织就必然趋于崩溃。

2. 协作的意愿

这是实现组织目标不可缺少的要素。所谓协作意愿，是指组织成员愿意为组织目标做出贡献的意志。没有协作的意愿，就无法把个人的努力连接起来，组织目标就无法实现。巴纳德认为，组织成员协作意愿的强度是不同的，想要增强组织成员的协作意愿，就需要使诱因与贡献相平衡，即组织如果要求成员做出贡献，就必须向个人提供适当的刺激以满足他们的需求。巴纳德把这种诱发个人对组织做出贡献的因素称为"诱因"。只有使诱因与贡献取得某种程度的平衡，才能增强组织成员的协作意愿，组织目标才能实现；否则，成员贡献就会减少，甚至要求退出组织。

3. 信息的联系

这是将共同目标与协作意愿连接起来的桥梁和纽带。即使组织有了共同目标，如果不通过信息联系使组织成员对此目标有所了解，共同目标也是没有意义的。同样，为了使组织成员有协作意愿，能合理地行动，也必须有良好的信息联系。所以，一切活动都是以信息联系为基础的。

（三）组织的权力

传统管理理论认为，组织存在的基础是权力，而权力来自从上而下的授予。巴纳德则认为，权力不是来自从上而下的授予，而是要看下级是否接受。只有当命令被下级理解并且相信它符合组织目标和个人利益时，才会被接受，这时权力才能成立。因此，巴纳德主张，一个组织不能单纯依靠少数几个人的权力命令来行事，必须取得组织内全体人员的支持与合作，否则就会像集权制国家那样，脱离人民和社会的支持，最终必将垮台。这就是巴纳德提出的权力接受理论。

（四）非正式组织

非正式组织是相对正式组织而言的，它没有正式的组织机构，也没有明文规定的共同目标，它产生于与工作有关系的联系中，存在一定的共同看法、习惯和准则。它对正式组织既有积极的影响，又有消极的影响。经理人员必须对非正式组织有所了解，善于诱导非正式组织，使其能够对达成正式组织目标发挥积极作用。巴纳德认为，非正式组织可能对正式组织产生某些不利影响，但它对正式组织至少有着三种积极影响：

第一，有些不便于在正式组织内解决的问题，或者难以确定的事情、意见及建议等，在非正式组织中却变得容易解决。

第二，通过对协作意愿的调节，能够维持正式组织内部的团结。

第三，能提高个人的自尊心，缩短人们的心理距离。

巴纳德指出，当个人和正式组织发生冲突时，这些因素对维持一个组织的机能起重要作用。所以，非正式组织是正式组织不可缺少的部分，其活动使正式组织更有效率并促进其效力。

管理小故事

一颗苹果的产业链能有多长？

一颗苹果的产业链能有多长？看完这篇文章，你可能会有答案。

甘肃静宁，这座地处西北的小县城却有个"第一"的头衔——全国苹果规模栽植第一县。这里云集了161家苹果产业链上的企业，涵盖了育苗研发、规模种植等六大板块。小小的苹果是如何串起产业链上的161家企业，又是如何成为静宁县域经济发展的"主引擎"？今天带你一起"云"游静宁苹果产业链。

静宁苹果产业链有多长？从果园到餐桌，静宁苹果还要经历哪些"旅程"？

一是育苗研发。静宁县2家育苗研发企业实现年繁育优质苗木400万株，每年培育高品质脱毒苗木200余万株，改变了传统苹果苗木繁育方式。

二是规模种植。静宁县34家规模种植企业的果园面积超100万亩。

三是储藏营销。截至2023年，已有45家储藏营销企业覆盖全县，现代冷链物流产业园实现年果品保鲜冷藏能力达65万吨。

四是加工升级。静宁县5家企业对果品进行加工升级，实现年加工转化果品12万吨。

五是包装配套。静宁县5家包装配套企业年生产纸箱3.3亿平方米。

六是电商物流。静宁县70家电商企业拥有10多个海外销售网点，果品远销澳大利亚、俄罗斯等多个国家和地区。

静宁县已形成产前、产中、产后相互配套的苹果产业体系，培育、带动果品相关企业160多家。静宁苹果的产业链还在不断延长，产能也在持续释放。《静宁县重点产业链链长制工作方案》提出，要做强创新链，建设中国苹果科技研发中心和信息发布中心；做优供应链，建成中国优质苹果生产基地；提升价值链，建成中国苹果展示展销中心和中国苹果价格发布中心；完善流通链，建成中国苹果物流电商配送中心和中国苹果国际交易结算中心。

一业兴，百业旺。如今，在静宁县，一个以苹果产业为核心，辐射一、二、三产业的产业融合发展画卷正在徐徐展开，助力县域经济高质量发展。

资料来源：央视新闻2023年5月22日发表于北京。

思考：
- 管理的发展变革会受到哪些因素的影响？
- 我们可以发挥优势为区域经济发展贡献什么样的价值？

四、决策理论学派

决策理论学派是以统计学、系统论和行为科学为基础发展起来的一种现代管理理论。它非常强调决策和决策者在管理中的作用，认为决策贯穿于管理的整个过程，决策一旦失误，企业的生产效率越高，造成的损失也就越大。因此，企业必须采用一套决策制定新技术，以实现决策的科学化，减少决策失误。决策理论学派的代表人物是美国卡内基-梅隆大学教授赫伯特·西蒙（Herbert Simon）、詹姆斯·马奇（James March）等人。其中，西蒙的代表作有《管理决策新科学》《经济学和行为科学中的决策理论》等。

（一）管理的性质

决策理论学派对管理的定义最为简洁，认为"管理就是决策"，决策贯穿于管理过程的始终，要提高管理人员的管理水平，首要的是提高他们的决策水平。确实，无论是计划、组织还是协调、控制，各项管理活动的开展都离不开决策。决策是管理活动的基本要素,决策正确与否对企业的生存与发展有着至关重要的影响,正确的决策能够使企业迅速发展壮大,错误的决策则会使企业蒙受严重损失。

(二) 决策的过程及类型

决策理论学派认为,决策过程的各个阶段本身就是一个复杂的决策过程。这个过程往往分为四步:

第一步是"情报活动",主要是探查环境,寻求要求决策的条件;
第二步是"设计活动",也就是创造、制订和分析可能采取的行动方案;
第三步是"抉择活动",即从可利用的方案中选出一套特别行动方案;
第四步是"审查活动",即对选择的行动方案进行分析和评价。
其中的每一步本身又是一个复杂的决策过程。

决策可按照不同的标准划分为不同的类型,如按照决策问题出现的频度,可分为程序性决策和非程序性决策;按照决策条件的不同,可分为确定型决策、非确定型决策和风险型决策。不同类型的决策采用的技术和方法是不同的。

(三) 决策的标准

传统决策理论把人看作"理性的人",认为人的决策都是受"最优化"原则支配的,并且拥有全部的可供选择行动方案。而事实上,决策者处于一个复杂的动态开放系统中,不可能是一个有意识寻求最优化的"理性的人",也不可能拥有决策全部的可供选择行动方案,这就决定了任何一个决策者在决策时,既不希望也不可能达到"最优化"的决策目标,只能选择比较切实可行的满意目标。因此,西蒙认为"令人满意"才是决策的标准。也就是说,管理者在进行决策时,应当只考虑与决策问题有关的情况,而不考虑其他一切可能出现的复杂情况,采用"令人满意"而非"最优化"的准则,以便做出令人满意的决策。

📝 管理小故事

科学决策为企业创造巨大经济效益

在一家全球知名的高科技制造企业,首席执行官李总意识到,在激烈的市场竞争中,企业的一次重大决策失误就可能导致市场份额大幅下滑,甚至影响企业的生存。

面对市场对一款即将推出的全新智能设备的巨大期待,李总带领团队运用决策理论学派的方法论进行了一系列深入细致的研究与决策制定过程:

首先,李总组织了一个跨部门的决策小组,包括产品研发、市场营销、财务分析以及供应链管理等多个领域的专家。他们利用统计学模型预测市场需求,通过大数据分析来预估产品上市后的潜在用户规模和销售趋势。

其次,团队运用系统论方法全面审视了从研发到生产再到市场推广的整个流程,考虑了每一个环节可能存在的风险和不确定性,并制定了应对策略。比如,针对关键零部件供应商的稳定性问题,团队提前寻找备用供应商并签订了保障协议。

最后，为了更好地理解消费者行为，决策小组还采用了行为科学手段，进行了多轮用户调研和焦点小组讨论，了解目标用户群体的真实需求和期望值，确保产品的设计和定价策略符合市场需求。

在这一系列严谨的数据分析和综合评估的基础上，李总最终决定投入大量资源推进这款智能设备的研发与生产，并精心策划一场全球同步的产品发布会。由于决策过程充分体现了科学性和预见性，产品一经推出便大获成功，不仅迅速占据了市场，还赢得了良好的用户口碑，为企业创造了显著的经济效益。

五、权变理论学派

权变管理理论是 20 世纪 70 年代在美国形成的一种管理理论。该理论认为，世界上不存在最好的、能适应一切情况的、一成不变的管理理论、方法和模式，每一种管理理论和方法的提出都有其具体的适用性。这就意味着，管理者在管理实践中，要根据所处的内外部环境条件和形势的发展变化而随机应变，依据不同的情况，寻求最适宜的管理方法和模式。

美国内布拉斯加大学教授弗雷德·卢桑斯（Fred Luthans）在 1976 年出版的《管理导论：一种权变学》一书中系统地概括了权变管理理论。其主要观点如下：

（1）权变管理就是把环境对管理的作用具体化，并使管理理论与管理实践紧密地结合起来。卢桑斯指出，过去的管理理论可分为四种——过程学说、计量学说、行为学说和系统学说，这些学说没有把管理和环境妥善地联系起来，其管理观念和技术在理论与实践上相脱节，不能使管理有效地进行。只有把管理理论与管理实践紧密地结合起来，并充分考虑环境对管理的具体作用，才能实现有效的管理。

（2）在某种环境条件下，要采用与之相适应的管理原理、方法和技术，这将有利于组织目标的实现。在通常情况下，环境是自变量，管理的观念和技术是因变量。这就是说，如果存在某种环境条件，就会存在某种与之相应的管理原理、方法和技术，从而更快地实现组织目标。比如，在经济衰退时期，组织在供过于求的市场中经营，采用集权制组织机构更利于实现组织目标；在经济繁荣时期，组织在供不应求的市场中经营，采用分权制组织机构则可能会更好。

（3）环境变量与管理变量之间的函数关系就是权变关系，这是权变管理理论的核心内容。环境可以分为外部环境和内部环境。外部环境又可以分为两种：一种是由社会、技术、经济、政治、道德、法律等组成的；另一种是由供应者、顾客、竞争者、员工、股东等组成的。内部环境基本上是正式组织系统，它的各个变量与外部环境各变量之间是相互关联的。决策、交流和控制、技术状况等管理变量包括上面所列四种学说所主张的管理观念和技术。

总之，权变管理理论的最大特点就在于：一是把组织视为社会系统中的分系统，要求组织各方面的活动都要适应外部环境的要求；二是强调根据不同的具体条件，采用相应的组织机构、领导方式和管理机制。

📝 **管理小故事**

她自嘲"出了洋相",却迎来了阵阵掌声……

"我这双鞋穿了好多年了,我也没注意……"

在中央电视台《开讲啦》节目录制现场,一个"小事故"打动了无数网友。主持人撒贝宁发现,地板上不断出现黑渣,原来是中国科学院院士、生物化学与分子生物学家王志珍鞋底老化掉落的碎屑。王志珍院士自嘲"出了洋相",现场观众却致以掌声。

王志珍做客中央电视台《开讲啦》节目,分享她的热血科研之路。王志珍院士的母校——中国科学技术大学,可谓中国教育史上的"奇迹"。在节目中,首次披露的中科大建校初始的系主任名单(见图2-3)让现场连连惊呼,钱学森、华罗庚、郭永怀、贝时璋、赵九章……这些顶尖的科学家都曾在这里走上讲台,为学生讲课、布置作业、批改论文。

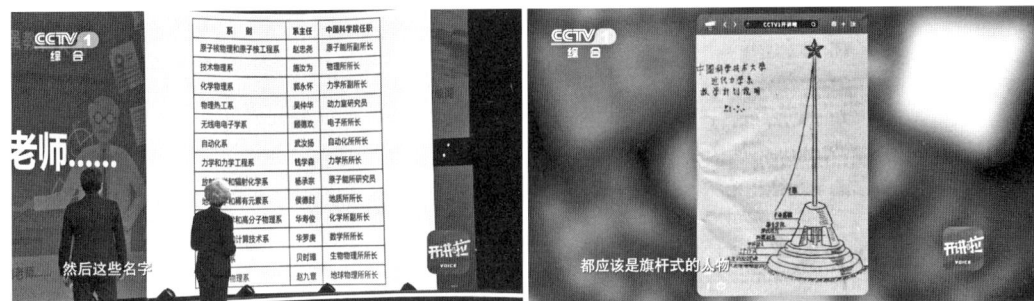

图2-3 中科大建校初始的系主任名单　　　图2-4 钱学森先生的手绘画

王志珍院士现场分享了一张钱学森先生的手绘画(见图2-4)。画中,钱老用一座旗杆,对自己所期待的人才给出了具体注解——"力学系要培养的是旗杆式的人物"。王志珍院士解读道:"旗杆式的人物,就是高高地竖起来,下面有非常坚实的基础。"更让她印象深刻的是,"中外语文"被置于旗杆底座,作为基础之一。王志珍院士说:"中文是母语,是基础,英文是进行国际交流最起码的工具。要学好中文,还要学好英文。"

回忆曾经的艰苦岁月,王志珍院士感慨颇深:"如今大家做实验时使用的仪器装备,只不过是近一二十年才变得'世界一流',更要珍惜改革开放创造的条件,勇于去做'零到一'的突破。"

在此前接受中央电视台《吾家吾国》专访时,王志珍院士曾说,基础研究的突破创新比大多数人想象中更加艰难。这些造福人类、听起来足以让人心潮澎湃的可能性,或许就在不远的将来,也或许遥遥无期,这就是基础研究的魅力。

如今,她依然坚持每天在实验室里工作。"在实验室里我才觉得踏实、快乐、幸福。"王志珍院士用这句最踏实、最朴素的话语,讲述着她奋斗一生的科研事业。

资料来源:央视新闻2023年12月10日发表于北京。

思考:
- 社会的发展需要一代又一代人付出怎样的努力?
- 我们是否也找到了自己想要投入一生能量的热爱呢?

能力综合训练

◆ 能力测评

测评1 你是理性管理者还是感性管理者?

管理领域的一些最新研究提出一个问题:在处理管理问题时,是按有计划的、系统的方式,还是依靠奇迹,巧合和创造性地打破常规来取得满意的效果。很难说哪种方法更有效。两种思想派别各有长处,然而在管理自己及管理他人的过程中,发挥自己的个性和潜力是极其重要的。下列测试旨在找出你最满意的工作方法。对下列各题,请选择一个最能表达你的想法或做法的答案。

1. 现在需要一种对抗不知名病毒的新疫苗,全世界的科学家都在努力寻求答案,最后问题被解决了。请你猜猜看,是什么人想出了解决方法?

(a) 通过对病毒特性做一切可能的分析和实验,系统地、一步一步地筛选,最终发现了有效的疫苗。

(b) 调查了民间传统医术,甚至听取了家传单方的医生的意见。正是这样一位医生提出了正确的方法,这种方法后来经科学实验被证实是正确的。

(c) 一个国际生物和健康专家小组曾徒劳无功。后来纯属偶然,有人在病毒培养基中滴入几滴毫不相干的药水,发现病毒全被杀死了。

2. 某些最新发明导致经济的成功,这些发明中有80%是由下列人员完成的,他们:

(a) 几乎入了迷,相信自己能够成功。

(b) 把顽强精神和技术知识结合在一起。

(c) 在汽车房、车间里摆弄,顽强地探求可能的结果,但没有制订任何真正的计划。

(d) 是受过良好训练的科学家,具有创造性。

3. 你看到某人的桌上有一条标语:"整洁的办公桌是神经病的象征。"对此你有何反应?

(a) 一笑了之,认为这是开玩笑。

(b) 认为这里面有几分道理。

(c) 完全反对这种观点。

(d) 怀疑这是否在为不整洁找借口。

4. 有人向你描述一名下属或助手,如下所述,哪种描述使你感到最满意?

(a) 推一推,动一动。做事较杂乱,但总之是把事情办了。

(b) 把事情分门别类安排好,看起来对一切事都计划周密。

(c) 人有点怪,没有人知道他要干什么。

(d) 依靠直觉,每件事都拖到最后再干,一切都没有经过适当的检验。

5. 你在公司中为某人提供一份新工作,工作职务及职责范围描述如下,你认为哪一种描述能使这个人感到最高兴?

(a) 副总经理,主管想象力开发。

(b) 副总经理,主管工程项目。

(c) 副总经理,主管顾客关系。

(d) 副总经理,主管研究和发展。

得分和评价:

1. (a) = 3　　(b) = 1　　(c) = 2
2. (a) = 1　　(b) = 2　　(c) = 4　　(d) = 3
3. (a) = 2　　(b) = 3　　(c) = 1　　(d) = 4
4. (a) = 2　　(b) = 3　　(c) = 1　　(d) = 4
5. (a) = 1　　(b) = 4　　(c) = 2　　(d) = 3

根据上述答案所给的分数计算出你的得分。

最高可能是19分,最低可能是5分,我们对显示理性管理的答案给予高分。

如果你的得分在15—19分,则表明你属于理性管理者。

如果你的得分在11—14分,则表明你既依靠系统方法,又相信直觉和运气。

如果你的得分在5—10分,则表明你属于感性管理者。

测评 2　你的威信如何?

高级管理者被要求尽可能经常地表扬下属,这些表扬也是一种承认和赞赏。某些领导人希望受人敬畏。作为一名严厉的领导人,你可以获得一个善于处理难事的好名声。受人敬畏则是处于爱和畏之间。你可以从下属处买得爱,但除非爱是自愿给予的,否则意义不大。在衡量的天平上你处于何处?请做下面的测试。

对下列各题,请选择一个最能表达你的想法或做法的答案。

1. 请考虑下列动物:蚂蚁,水獭,狮子,狐狸,大象,老鹰,鼹鼠,马,狗,变色龙,蜘蛛,猫,鼠,白头翁。如果你是其中一种,你愿当哪一种?

(a) 选择一种最像你的动物。

(b) 现在再选择一种动物作为你的下属。如果你认为自己像老鹰,你的下属是同意还是不同意?如此重复几次,询问一些不同的人。

(c) 现在看看你自己的选择和下属的选择相同的有几次。

2. 你办公室的同事们正努力组织一次聚会。在前5名被邀请者中,你认为自己将是第几名?

(a) 第1名　(b) 第2名　(c) 第3名　(d) 第4名　(e) 第5名

3. 你发现了对不同员工进行评价的秘密评价表。哪一类对你最合适?

(a) 锋芒毕露,希望不惜一切代价取得进步,对公司很有价值但人缘不好。

(b) 似乎跟人人都熟,和同事相处得很好。有时过分考虑与人的关系而不考虑工作。

(c) 忧愁,亦有可爱之处,但常常突然间与你争吵起来。工作令人满意但无惊人之处。

4. 你给自己惹了麻烦:你讲某同事的坏话,他听见并找你来了。你的其他同事将会做出什么反应?

(a) 大部分人会大骂你一通。

(b) 两三人会站出来替你讲话。

(c) 大部分人表面上依然友好,但保持一段距离。

得分和评价:

1. 根据你的猜测,如果你的选择和同事的选择相同1—3次,你得3分;相同4—5次,你得2分;相同6次或以上,你得1分。如果所选的动物旨在吹捧你,如水獭、狐狸、狮子和老鹰,则给你的得分加上1分。

2. (a)(b) = 3   (c)(d) = 2   (e) = 1

3. (a) = 1   (b) = 3   (c) = 2

4. (a) = 2   (b) = 3   (c) = 1

根据上述答案所给的分数计算出你的得分。

如果你的得分在10—13分,则表明你被认为是一个可爱的人,也可能是一个好领导。

如果你的得分在7—9分,则表明你受人尊敬,但不一定受人喜爱。

如果你的得分在4—6分,则表明你不在乎是否受人喜爱,而是更努力地完成工作,即使被人认为严厉也不在乎。

测评3　你愿意与下属进行交流吗?

1. 考虑一下三位下属的情况。

(a) 你知道所有三位下属的夫人或家人的名字吗?

(b) 你是否到他们家访问过?

(c) 你是否邀请过一位或几位下属到自己家做客?

(d) 有关他们的情况你知道多少(比如他们出生于何处、何时)?

2. 有关你的下属,你是否愿意:

(a) 在工作之余经常见面(如果你选择本项,则列举1—3位或更多下属的名字)。

(b) 只在上班地方见面。

(c) 节假日聚会等就足够了。

(d) 向他们多谈谈你自己的情况(如果你选择本项,则列举1—3位或更多下属的名字)。

3. 一位重要的下属刚提出辞职,你最可能产生什么感觉?

(a) 现在我必须再训练一个人来代替他。

(b) 我将会想念辞职者的种种优点。

(c) 我作为上级在某些地方可能做得不够。

(d) 没什么了不起。

4. 你的下属找你谈他们的个人问题时,你是怎样想的?

(a) 我最好不要被牵涉进去。

(b) 我尽力去帮助他们。

(c) 我不是这方面的专家,他们最好去找专家。

(d) 这恐怕会影响工作纪律。

5. 一名下属到你的办公室来告某人的状,你会如何处理?
(a) 我告诉他们两人,由他们自己解决争议。
(b) 我把他们请到办公室,仔细倾听各方意见。
(c) 我让这名下属先找某人谈谈,然后再将情况向我报告。
(d) 我告诉其中一人先等一等,看看事情是否会有所改善。

得分和评价:
1. (a) 是 = 4　不是 = 1　　(b) 是 = 4　不是 = 1　　(c) 是 = 4　不是 = 1
   (d) 很少 = 2　一些 = 3　很多 = 4
2. (a) 1 = 2　　2 = 3　　3 或更多 = 4
   (b) = 1　　(c) = 1　　(d) 1 = 2　　2 = 3　　3 或更多 = 4
3. (a) = 2　　(b) = 3　　(c) = 4　　(d) = 1
4. (a) = 1　　(b) = 4　　(c) = 3　　(d) = 2
5. (a) = 1　　(b) = 4　　(c) = 3　　(d) = 2

根据上述答案所给的分数计算出你的得分。

如果你的得分在 26—32 分,则表明你是一位好的交流者并对同事很有兴趣。

如果你的得分在 18—25 分,则表明你的态度较清高,并努力将下属的杂事和工作分开。

如果你的得分在 9—17 分,则表明你对下属私人生活方面的问题不感兴趣。

◆ 习题训练

1. 简述泰勒科学管理的主要内容。
2. 法约尔对管理理论的创新表现在哪些方面?
3. 梅奥人际关系学说的主要观点是什么?
4. 赫茨伯格提出的激励因素和保健因素各包括哪些内容?
5. 简述麦格雷戈的 X 理论和 Y 理论。
6. 试述需求层次理论的要点,并结合自己今后的发展谈谈认识和体会。

◆ 小组任务

工人们为什么不满?

高明最近被总公司委派到下属的油漆厂,担任油漆厂厂长助理,协助厂长搞好管理工作。高明毕业于名牌大学,主修企业管理,来油漆厂之前在公司企业管理处负责人力资源管理工作。这次来油漆厂工作,他信心十足。

到油漆厂上班的第一周,高明深入车间体察"民情"。一周后,他不仅对工厂的生产流程了如指掌,还发现工厂的生产效率低下,工人们怨声载道,并认为在车间工作又脏又吵,工厂对他们的工作环境压根就没有改善性措施,他们常常要忍受气温从冬天的零下10度到夏天的40多度的剧烈变化,而且报酬少得可怜。

在第一周,高明还看到了工人们的有关记录,从中他获得了以下信息:工厂以男性工人为主,约占 92%;50% 的工人年龄处于 25—35 岁,36% 的工人在 25 岁以下,14% 的工人

在 35 岁以上;工人的文化程度低下,小学学历占 66%,初高中学历占 32%,中专、技校学历占 2%;工人的任职时间较短,50% 的工人在油漆厂工作仅 1 年或更短,30% 的人工作不到 5 年,工作 5 年以上的仅占 20%。高明将他一周来所了解的情况向钱厂长做了汇报,同时提出了自己的一些想法:"钱厂长,与车间工人们在一起,我发现他们的某些需要没有得到满足,我们厂要想真正把生产效率搞上去,必须首先想办法去满足他们的需要。"没想到钱厂长却振振有词地说:"要满足工人们的需要?你要知道,他们是被金钱驱动的,而我们是被成就激励的。他们所关心的仅仅是通过工作获得外在的报酬,如能拿到多少工资。他们根本不关心内在的报酬。"钱厂长稍稍停顿了一下,语气更加激愤:"小高,你在车间一周也看到了吧?工人们很懒,他们逃避责任,他们不全力以赴。问题在于,他们对工作本身根本不关心。"

钱厂长的一席话使高明颇为吃惊。他认为钱厂长对工人们的评价不太正确。通过与工人们一周的接触,他觉得自己了解工人,也相信工人。于是,高明准备第二周向所有的工人发放调查问卷,以便确定工人们有哪些需要,并找到哪些需要已被满足、哪些需要未被满足。他希望通过问卷调查结果来说服厂长,重振工人的士气。在问卷中,他根据对工人工作的重要程度排列了 15 个因素,每个因素都涉及特定工作。

调查问卷结果显示,工人们并不认为他们懒惰,只要工作合适,他们并不在乎多做额外工作。工人们还要求工作有挑战性,能运用创造性,并激发他们的潜力。比如,他们希望工作复杂多样,能让他们多动脑筋,并提供良好的回报。此外,工人们表达了工作中需要友情的愿望,他们乐于在良好的合作关系中工作并互相帮助,分享快乐和分担忧愁,同时能了解到怎样才能把工作做得更好。

由此,高明得出了一个简单的结论,即导致工人愤恨情绪和低生产效率的最主要原因是报酬低、工作单调和人情冷漠。

工作任务:

请组建一个小组,讨论高明调查问卷的主要项目,根据问卷结果,分别列出保健因素和激励因素可能包括的项目。

◆ 延伸阅读

霍 桑 实 验

霍桑实验是心理学史上最著名的事件之一。这是一系列在美国芝加哥西方电器公司所属的霍桑工厂进行的心理学研究,由哈佛大学心理学教授梅奥主持。

霍桑工厂制造电话交换机,拥有较完善的娱乐设施、医疗制度和养老金制度,但工人们仍愤愤不平,生产效率很不理想。为了找出原因,美国国家研究委员会组织研究小组开展实验研究。

一、实验阶段

霍桑实验共分五个阶段:

(一)照明实验

照明实验的时间是从 1924 年 11 月至 1927 年 4 月。当时关于生产效率的理论占统治地位的是劳动医学观点,该观点认为影响工人生产效率的是疲劳和单调感等,于是当时的假设便是"提高照明度有助于减少疲劳,使生产效率提高"。可是研究人员经过两年多实验发现,照明度的改变对生产效率并无影响。具体结果是:当实验组照明度增大时,实验组和控制组都增产;当实验组照明度减小时,两组依然都增产,甚至在实验组的照明度减至 0.06 烛光时,其产量也无明显下降;直至照明减至如月光一般、实在看不清时,产量才急剧降下来。研究人员面对此结果感到茫然,失去了信心。从 1927 年起,以梅奥教授为首的一批哈佛大学心理学工作者将实验工作接管下来,继续进行。

(二)福利实验

福利实验的时间是从 1927 年 4 月至 1929 年 6 月。实验目的总体来说是查明福利待遇的改变与生产效率的关系。梅奥等人经过两年多的实验发现,不管福利待遇如何改变(包括工资支付办法的改变、优惠措施的增减、休息时间的增减等),都不影响产量的持续上升,甚至工人自己对生产效率提高的原因也说不清楚。

进一步的分析发现,导致生产效率上升的主要原因如下:①参加实验的光荣感。实验开始时 6 名参加实验的女工曾被召进部长办公室谈话,她们认为这是莫大的荣誉。这说明被重视的自豪感对人的积极性有明显的促进作用。②成员间的良好关系。

(三)访谈实验

研究人员在工厂中开启了访谈计划。此计划的最初想法是要工人就管理当局的规划和政策、工头的态度和工作条件等问题做出回答,但这种规定好的访谈计划在进行过程中大大出人意料,得到了意想不到的效果。工人想就工作提纲以外的事情进行交谈,他们认为重要的事并不是工厂或研究人员认为意义重大的那些事。访谈者了解到这一点,及时把访谈计划改为事先不规定内容,每次访谈的平均时间从 30 分钟延长到 1—1.5 个小时,多听少说,详细记录工人的不满和意见。访谈计划持续了两年多,结果是工人的产量大幅提高。

工人们长期以来对工厂的各项管理制度和方法存在许多不满,无处发泄,访谈计划的实行恰恰为他们提供了发泄机会,发泄过后心情舒畅,士气提振,从而使产量得到提高。

(四)群体实验

梅奥等人在这个实验中选择 14 名男性工人在单独的房间里从事绕线、焊接和检验工作,对这个班组实行特殊的工人计件工资制度。实验者原本设想,实行这套奖励制度会使工人更加努力地工作,以便得到更多的报酬。但观察的结果显示,产量只保持在中等水平上,每个工人的日平均产量都差不多,而且工人并不如实报告产量。实验者深入调查后发现,这个班组为了维护他们的群体利益,自发地形成了一些规范。他们约定,谁也不能干得太多突出自己,谁也不能干得太少影响全组的产量,并且约法三章——不准向管理当局告密,如果有人违反这些规定,轻则被挖苦谩骂,重则被拳打脚踢。进一步的调查发现,工人们之所以维持中等水平的产量,是担心产量提高管理当局会改变现行奖励制度,或裁减人员使部分工人失业,或让干得慢的工人受到惩罚。这一实验表明,为了维护班组内部的团结,工人可以放弃物质利益的引诱。研究人员由此提出"非正式群体"

的概念,认为在正式的组织中存在自发形成的非正式群体,这种群体有自己的特殊行为规范,对人的行为起着调节和控制作用,同时会加强内部的协作关系。

（五）态度实验

这一阶段对两万多人次进行态度调查,规定实验者必须耐心倾听工人的意见、牢骚并详细记录,不反驳、不训斥,而且对工人的情况要深表同情。结果是产量大幅提高。这是因为谈话内容缓解了工人与管理者之间的矛盾和冲突,形成了良好的人际关系,从而得出人际关系比人为措施更有效的结论。

二、实验结论

(1) 工人是社会人,不是经济人。工人除了物质需求,还有社会和心理方面的需求,因此不能忽视社会和心理因素对工人工作积极性的影响。这否定了当时科学管理学派认为金钱是激发工人积极性的唯一动力的说法。

(2) 企业中存在非正式组织。企业成员在共同工作的过程中,相互间必然产生共同的感情、态度和倾向,形成共同的行为准则和惯例,非正式组织独特的感情、规范和倾向左右着成员的行为。非正式组织不仅存在而且与正式组织相互依存,对生产效率有重大影响。

(3) 生产效率主要取决于工人的工作态度以及他和周围人的关系。梅奥认为,提高生产效率的主要途径是提高工人的满足度,即工人对社会因素、人际关系的满足程度。如果满足度高,工人工作的积极性、主动性和协作精神就高,生产效率就高。

三、有关行为科学的理论

行为科学是一个独立的研究领域,基本上可分为两个时期:前期的研究称为人际关系学说,从霍桑实验开始;后期始于首次提出"行为科学"这一名称的 1947 年,1953 年正式定名为行为科学。20 世纪 60 年代,为了避免与广义的行为科学相混淆,出现了"组织行为学"这一名称,专指管理学中的行为科学。组织行为学实质上包括早期行为科学——人际关系学说在内的狭义的行为科学。目前它的研究对象和所涉及的范围主要分为三个层次:

(1) 有关个体行为的理论。这主要包括两方面:一是有关人的需求、动机和激励的理论,又可分为激励内容理论、激励过程理论和激励强化理论三大类;二是有关企业中的人性的理论。

(2) 有关团体行为的理论。这主要包括团体动力、信息交流、团体与成员的相互关系三个方面。

(3) 有关组织行为的理论。这主要包括有关领导力的理论、组织变革和发展理论。有关领导力的理论又包括领导性格理论、领导行为理论和领导权变理论三大类。

现代管理学之父——彼得·德鲁克

彼得·德鲁克(1909—2005),也译为彼得·杜拉克,一生撰写了三十余部具有深远影响的管理学著作,被尊为"大师中的大师",人称"现代管理学之父"。

1909 年 11 月 19 日,德鲁克出生于奥地利的维也纳,祖籍荷兰,其家族在 17 世纪时就从事书籍出版工作。他的父亲是奥地利负责文化事务的官员,曾创办萨尔茨堡音乐节;他的母亲是奥地利率先学习医科的妇女之一。德鲁克从小生长在文化气息深厚的环境之中。

德鲁克先后在奥地利和德国接受教育,于1931年获法兰克福大学法学博士。1937年移民美国,曾在一些银行、保险公司和跨国公司任经济学家与管理顾问,1943年加入美国国籍。德鲁克曾在贝宁顿学院任哲学教授和政治学教授,并在纽约大学研究生院担任了二十多年的管理学教授。

1942年,德鲁克受聘为当时世界最大企业——通用汽车公司的顾问,对公司的内部管理结构进行研究。1954年,他出版《管理实践》,提出了一个具有划时代意义的概念——目标管理;1966年,他出版《卓有成效的管理者》,告知读者管理者的工作必须卓有成效;1973年,他出版巨著《管理:任务、责任、实践》,一本给企业经营者阅读的系统化管理手册,为学习管理学的学生提供了系统化的教科书,被誉为"管理学的圣经";1982年,他出版《巨变时代的管理》;1985年,他出版《创新与企业家精神》;1999年,他出版《21世纪的管理挑战》。

德鲁克一生经历了第一次世界大战、第二次世界大战,从事过的职业包括记者、金融分析师、作家、咨询顾问和大学教授。丰富的人生阅历、渊博的学识和强烈的社会责任感使他成为一位伟大的思想领袖,令他在世界管理学界拥有不可超越的崇高地位。

2005年11月11日,德鲁克在美国加利福尼亚州克莱蒙特市的家中逝世,享年95岁。

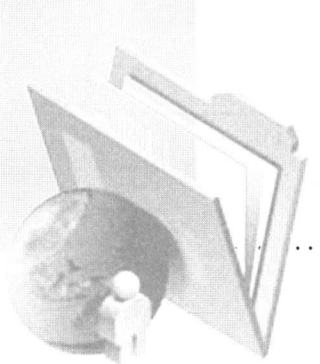

第三模块

管理原理与方法

教学目标

知识目标

通过本章学习,学生应掌握:
- 管理的基本原理
- 管理的基本方法

技能目标

通过本章学习,学生应能够:
- 掌握管理原理的应用场景及效果
- 掌握管理方法的应用场景及效果
- 对比分析不同管理方法的特点和适用场景

素养目标

通过本章学习,学生应具备:
- 对我国传统管理文化的自信
- 理论与实践相结合的意识
- 理解国家法律法规背后的管理逻辑,树立制度自信

思维导图

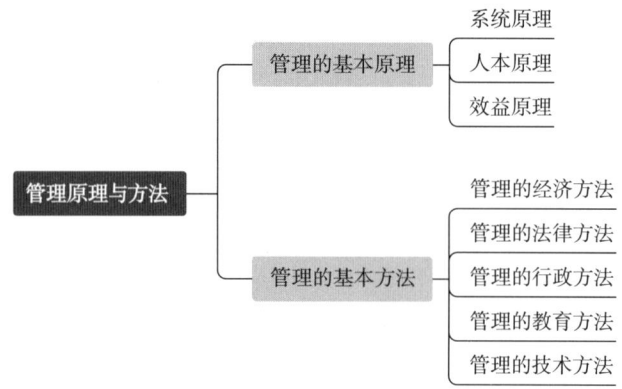

人为本、争第一、零起点

广西玉柴机器集团有限公司(以下简称"玉柴")创建于 1951 年,现拥有 20 多家全资、控股、参股二级子公司,员工 2 万多人,2010 年总资产 251 亿元,被誉为"中国绿色动力之都",居中国企业 500 强排行榜第 227 位,中国 500 个最具价值品牌第 109 位,中国机械 500 强企业第 20 位。

玉柴的前身是广西玉林柴油机厂,1984 年,2 000 多人的工厂、1 000 多台柴油机的产量、年利税 96 万元,是当时玉柴的"历史最高水平"。当时的玉柴在国内同行中排第 173 位。1985 年,玉柴出炉了被玉柴人称为"灵魂"的玉柴精神——"顽强进取、刻意求实、竭诚服务、致力文明",完成了年产 3 010 台柴油机的生产计划,实现了玉柴历史上的一次大跳跃。当年年底,玉柴"跳"过"在国内拿第一"的目标,直接提出要"跻身国际内燃机强手之林"。

伴随着目标追求,诞生了危机哲学:零起点!

1994 年,公司在纽约上市,美国的投资银行、律师事务所在撰写募股说明书时,问及玉柴的管理哲学,董事长王建明回答了 9 个字:人为本、争第一、零起点。1985 年,玉柴在产量突破 3 000 台大关时,告诫自己"零起点";10 年后,玉柴在中国内燃机行业的主要经济技术指标排名跃居第一时,仍然提"零起点";进入 21 世纪,2002 年玉柴已经月生产 2 万台发动机,还是告诫自己"零起点"。当视质量为生命的玉柴实现了柴油机可靠性运行目标达到 3 万公里不出故障时,是"零起点";达到 10 万公里不出故障时,还是"零起点";达到国际标准 30 万公里不出故障时,依旧是"零起点"。玉柴人称之为"三级跳"。于是,2002 年玉柴正式提出:5 年内,玉柴要打入国际前 4 强,闯进半决赛!想要争第一,就永远是"零起点"!

永远零起点的玉柴需要不寻常的人才发挥

玉柴的育人方针是:为每一个岗位的发展创造机会,为每一个层级的攀登创造条件。

玉柴的用人方针是：尊重、爱护、发挥、发展。尊重员工的主体利益，玉柴的人本思想体现为"人本方针"，侧重的是育人、用人；"人本保障"，侧重的是对责任的公正分配。具体落实在：干部的"十字"要求（民主、开朗、顽强、竭诚、约束）和干部的"六项基本功"要对职工说清楚要求——目标机制；要使绝大多数职工愿意达到要求——民主机制；要使每一个岗位的职工懂得如何达到要求——教育机制；使每一个岗位的职工能够达到要求——投入机制；使每一个岗位的职工必须达到要求——责任分配机制；集思广益、反复检讨、周而复始、完善要求——反馈机制。

问题思考

玉柴的管理中体现出管理的哪些原理？

训练任务

1. 为了约束大家上班（上课）中的迟到、早退行为，请你设计一套可行的经济方法。
2. 请你制定一套员工（学生）管理制度。

必备知识技能

第一单元　管理的基本原理

管理原理是对管理工作的实质内容进行科学分析总结形成的基本道理，指的是管理领域内具有普遍意义的基本规律。它是对现实管理现象的一种抽象和管理实践经验的一种升华，是对管理实践的客观规律进行分析和总结而得出的具有普遍意义的道理，对一切管理活动都具有普遍的指导意义。管理原理是对企业实质及其客观规律的表述，是对管理工作客观必然性的刻画，一旦违背就会受到客观规律的惩罚。管理原理不是一成不变的教条，它会随着社会经济和科学技术的发展而不断发展，同时它又是相对稳定的。管理原理和一切科学原理一样，都有确定性和巩固性的特征，不管事物的运动变化和发展的速度多么快，这个确定性始终是相对稳定的。

一般来说，管理的基本原理主要有系统原理、人本原理、效益原理等。

一、系统原理

任何社会组织都是由人、物、信息组成的系统，任何管理都是对系统的管理，没有系统也就没有管理。系统原理不但为认识管理的本质和方法提供了新的视角，而且其提供的观点和方法广泛渗透到其他原理之中。从某种程度上说，系统管理在管理原理的体系中起着统率的作用。

（一）系统的概念

所谓系统，是指由若干相互联系、相互作用的部分组成，在一定环境中有特定功能的有机整体。

在自然界和人类社会中,一切事物都是以系统的形式存在的,任何事物都可以看成一个系统,例如生态系统、人的呼吸系统、复杂的工程技术系统等,还有行政系统、经济系统、教育系统等。系统按组成要素的性质,可分为自然系统和人造系统。自然系统,如生态系统、气象系统、太阳系等,是由自然物质组成的系统;人造系统是人们为达到某种目的而建立的系统,如生产系统、交通系统、商业系统、管理系统、军事预警系统等。

(二) 系统原理要点

1. 整体性原理

整体性原理指系统要素之间的相互关系及要素与系统之间的关系以整体为主进行协调,局部服从整体,使整体效果最优。实际上就是从整体着眼、部分着手,统筹考虑、各方协调,从而达到整体的最优化。

从系统目的的整体性来说,局部与整体存在复杂的联系和交叉效应。大多数情况下,局部与整体的目的是一致的。但有时对局部有利的事,从整体上看并不一定是有利的,甚至可能是有害的。有时,局部的利越大,整体的弊反而越大。因此,当局部和整体发生矛盾时,局部利益必须服从整体利益。

从系统功能的整体性来说,系统功能不等于要素功能的简单相加,而是往往会大于各个要素功能的总和,即"整体大于各个孤立部分之和"。这里的"大于",不仅指数量上大,而且指在各个部分组成一个系统后产生总体的功能,即系统的功能。这种总体功能的产生是一种质变。因此,系统各要素的功能必须服从系统整体的功能;否则,就可能会削弱整体功能,从而也就削弱系统功能。

在现实情境中,经常可以看到一个系统中重局部、轻全局,特别是局部之间不协调、互相扯皮,从而损害了全局的利益。在这种情况下,子系统的功能虽好,但不利于达到整体目标,效果当然不会好;相反,有时候子系统的效益虽然低一些,但有利于实现系统功能,有利于达到整体目标,其效果自然是好的。

📝 管理小故事

物流配送中心的智能化转型

在一个大型电商平台的物流配送中心,经理陈先生面对每日剧增的订单量,面临配送效率低下、库存管理混乱等一系列问题。他了解到管理学中的系统原理后,决定从整体系统着手,对物流配送中心进行彻底的改革升级。

首先,陈经理引进了先进的自动化分拣系统,通过物联网技术使订单信息与货品条码联动,实现自动扫描、快速分拣,极大地提升了分拣效率、减少了人为错误。同时,他还优化了库区布局,采取 ABC 分类法管理库存,根据商品的销量、周转率等因素,合理安排存储位置,减少搬运距离和时间。

其次,陈经理采用大数据分析技术,精确预测销售趋势,以此为基础调整库存,降低库存积压风险。他还建立了完善的供应链信息系统,实现上下游企业间的信息共享,实时追踪货物运输状态,提前做好入库准备。

最后,陈经理还在配送环节引入了智能调度系统,根据配送员的位置、路况、订单紧急程度等因素,动态优化配送路线,快速响应客户需求。同时,他也注重员工培训,提升团队整体素质,打造了一支高效协作的物流队伍。

经过这一系列的系统性改进,物流配送中心的运营效率明显提升,客户满意度也大幅提高,订单准时送达率达到前所未有的高度。

2. 动态性原理

系统作为一个运动着的有机体,其稳定状态是相对的,运动状态则是绝对的。系统不仅作为一个功能实体而存在,而且作为一种运动而存在。系统内部的联系就是一种运动,系统与环境的相互作用也是一种运动。系统的功能是时间的函数,因为不论是系统要素的状态和功能,还是环境的状态或联系的状态都是变化的,运动是系统的生命。例如,企业是社会经济系统中的子系统,它为了适应外部社会经济系统的需求,必须不断地完善和改变自己的功能,而企业内部各子系统的功能及相互关系也必须随之发展变化。企业系统就是在这种不断变化的动态过程中生存和发展的,因此企业的产品结构、工艺过程、生产组织、管理机构、规章制度、经营方针、管理方法等都具有很强的时效性。

掌握系统动态性原理,研究系统的动态规律,有助于我们预测系统的发展趋势,树立超前观念,减少偏差,掌握主动,使系统向期望的目标顺利发展。

3. 开放性原理

严格地说,完全封闭的系统是不可能存在的。实际上,不存在一个与外界完全没有物质、能量、信息交换的系统。任何有机系统都是耗散结构的,系统只有与外界不断交换物质、能量和信息,才能维持生命;并且只有当系统从外部获得的能量大于系统内部消耗散失的能量时,系统才能克服熵而不断发展壮大。所以,对外开放是系统的生命。在管理工作中,任何试图封闭本系统与外界隔绝的做法,都只会导致失败。明智的管理者应当从开放性原理出发,充分估计外界对本系统的各种影响,努力从开放中扩大本系统从外部吸入的物质、能量和信息。

4. 环境适应性原理

系统不是孤立存在的,它要与周围事物发生各种联系。与系统发生联系的周围事物的全体,就是系统的环境,环境也是一个更高级的大系统。如果系统与环境进行物质、能量和信息的交换,能够保持最佳适应状态,则说明这是一个有活力的理想系统;反之,一个不能适应环境的系统是无生命力的。

系统对环境的适应并不都是被动的,也有主动的,这就是改善环境。环境可以施加作用和影响于系统,系统也可以施加作用和影响于环境,如构成社会系统的人类具有改造环境的能力。这种主动地适应和改造环境的可能性,受到一定时期人类掌握的科学技术(包括组织管理)、知识和经济力量的限制。作为管理者,既要有勇气看到主动改变环境的可能,又要冷静地看到自己的局限,只有这样才能实事求是地做出科学的决策。

5. 综合性原理

所谓综合性,就是把系统的各部分、各方面和各种因素联系起来,考察其中的共同性和规律性。任何一个系统都可以视为以许多要素为特定目的而组成的综合体,社会、国家、企业、学校、医院以及大型工程项目几乎都是非常复杂的综合体。

系统的综合性原理有三层含义。

第一,是指系统目标的多样性与综合性。系统最优化目标的确定,是各种复杂甚至对立的因素综合的结果。由于大系统涉及一系列的复杂因素,如果这些因素能够在分析的基础上得到有效的综合,系统目标设定恰当,各种关系协调一致,就能大大发挥系统的作用。反之,如果综合得不好,不适当地忽略系统中的某个目标或因素,则有时会造成极为严重的后果。比如,环境污染就是一个易被忽略的目标和因素,甚至会致使工程报废。

第二,是指系统实施方案选择的多样性与综合性,即同一问题可以有不同的处理方案。为了实现同一目标,有各种各样的途径与方法,管理者必须进行综合研究,选出满意方案。

第三,是指由综合而创造。现在一切重大尖端科学技术无不具有高度的综合性,世界上没有什么新的东西不是通过综合而得到的。比如,日本松下彩色电视机的三百多项技术都是世界各国已有的,但经过综合造出的电视机却是其他公司没有的。量的综合导致质的飞跃,产生了新的事物。综合的对象越多、范围越广,所产生的创造力也就越大。

正因为复杂的系统都是由许多子系统和单元综合而成的,所以任何复杂的系统又都是可以分解的。系统整体看上去可能十分复杂,但如果将其分解为各个子系统和单元,就可能变得非常简单。所以管理者既要学会把许多普普通通的东西综合为新构思、新产品,创造出新系统,又要善于把复杂的系统分解为最简单的单元去管理。系统原理各要点的关系如图 3-1 所示。

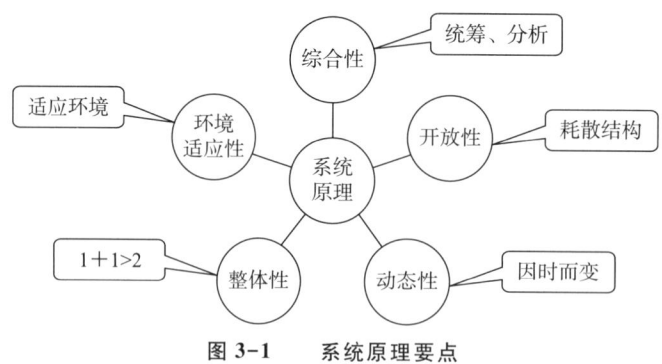

图 3-1　系统原理要点

管理经典定律

麦肯锡 7S 模型

麦肯锡 7S 模型是由麦肯锡公司的两位顾问汤姆·彼得斯(Tom Peters)和罗伯特·沃特曼(Robert Waterman)在 1980 年提出的。他们通过对多家成功企业的研究,总结出 7S 模型,用于帮助企业理解和改进组织的内部结构与管理实践。7S 模型包括七个相互关联的元素:战略(Strategy)、结构(Structure)、制度(Systems)、技能(Skills)、员工(Staff)、风格(Style)和共享价值观(Shared Values)。管理者可以使用这个模型来识别和解决七个元素之间的不一致,确保它们相互协同并支持企业的整体战略。

麦肯锡7S模型

1. 战略:企业的整体战略方向和目标。
2. 结构:企业的组织架构和汇报关系。
3. 制度:企业的运作流程和程序。
4. 技能:企业员工的知识和能力。
5. 员工:企业的人力资源构成。
6. 风格:企业的领导风格和文化。
7. 共享价值观:企业的核心价值观和信仰。

相关案例故事:

有一家制药公司正在经历快速的增长和扩张,但发现公司内部运作效率低下,员工士气低落。公司决定采用麦肯锡7S模型进行诊断和改进。首先,他们检查了现有的战略是否与市场需求匹配,并对组织结构进行了优化以适应增长速度。接着,他们对内部流程进行了梳理和完善,确保符合法规要求并提高效率。同时,他们开展了一系列培训项目,以提升员工技能。此外,公司聘请了一位人力资源专家来改进招聘和留任策略,同时强化公司文化以反映其核心价值观。经过这些努力,公司成功提高了内部效率,提升了员工士气,并继续稳健发展。

二、人本原理

人本原理就是以人为中心的管理思想。这是管理理论发展到20世纪末的主要特点。

人本管理理论的提出,使人们在管理实践中发现,在构成企业生产的诸要素中,人的要素具有较大的可塑性,含有巨大的潜能,这种能量一旦释放出来,企业的活力将得到极大的增强。

人本管理思想不再把企业员工看成单纯的劳动力,而是当成企业的主体,是"社会人"和"文化人"。人本管理思想主要表现在以下三个方面:其一,人是组织的主体(of the people);其二,组织是由人来管理的(by the people);其三,管理是为人服务的(for the people)。企业经营管理的主体是全体员工,办企业必须靠全体员工的智慧和力量,实行"全员经营"。"全员经营"有利于调动每位员工的积极性,保证经营决策的正确和经营目标的实现。因此,人本管理也简称"3P"管理。

(一) 人是组织的主体

人们是逐步认识组织中人的作用的,这个认识过程大体经历了三个阶段。

1. 要素研究阶段

早期对劳动力在生产过程中的作用的研究基本上把劳动者视为生产过程中的一种

不可缺少的要素。比如,管理科学奠基人泰勒的全部管理理论和研究工作的目的,都是致力于挖掘作为机器附属物的劳动者的潜能。他坚信,工人只要按照规范程序去作业,就能实现最高的劳动生产率,从而获得最多的劳动报酬。泰勒之后的几十年中,所有关于劳动和劳动力的研究大多未摆脱这种把人视为机器附属物的基本观点与方法。

2. 行为研究阶段

第二次世界大战前特别是战后,一部分管理学家和心理学家开始认识到,劳动者的行为决定企业的生产效率、质量和成本。他们通过研究发现,人的行为是由动机决定的,而动机又取决于需求。劳动者的需求是多方面的,经济需求只是基本内容之一。他们强调,管理者要从多方面去激发劳动者的劳动热情,引导他们的行为,使其符合企业的要求。这一阶段的认识有科学合理的一面,但其基本出发点仍然是把劳动者作为管理的客体。

3. 主体研究阶段

20世纪70年代以来,随着日本经济的崛起,人们通过对日本成功企业的经验剖析,进一步认识到职工在企业生产经营活动中的重要作用,逐渐形成以人为中心的管理思想。现代管理观点认为,职工是企业的主体,而非客体;企业管理既是对人的管理,也是为人的管理;企业经营的目的绝不是单纯的产品生产,而是为包括企业职工在内的人的社会发展服务的。

(二) 组织是由人来管理的

企业职工,从厂长经理到普通工人,都是依靠向企业让渡自己的劳动力的使用权而谋生的劳动者。只有企业全体职工共同努力,才能使企业各项资源(包括劳动力本身)得到最合理的利用,才能使企业创造出产品、利润和财富。所以,企业全体职工都有权参与企业管理。企业职工中的一部分(经营者和管理人员)的职业就是管理。所以要特别重视非专职管理的职工(普通工人、职员和技术人员)参与企业管理的问题。具体的途径和形式是多种多样的,但以下三种形式应当是最基本的:

(1) 由职工代表大会选举代表参加企业的最高决策机构——管理委员会或董事会。职工代表在管委会和董事会中应占一定比例,并具有与其他代表同等的权利和义务。

(2) 由职工代表大会选举代表参加企业的最高监督机构——监事会。职工代表在监事会中应占较多名额,并与其他监事一样,享有监督企业生产经营活动的职权。

(3) 广泛参加日常生产管理(如质量管理、设备管理、成本管理、现场管理等)活动。因为劳动者最了解自己直接参与的那部分生产经营活动的实际情况,所以他们在参与日常生产管理活动时应有更大的发言权,并且能取得更好的效果。

事实上,任何管理者在管理过程中都会影响下属人性的发展;同时,管理者的行为本身又是管理者的人性的反映。因此,只有管理者的人性达到比较完美的境界,才能使企业职工的人性得到完美的发展。社会主义精神文明建设实质上是新时代人性的塑造,在实施每一项管理措施、制度、办法时，不仅要看到实施所取得的经济效果，同时还要考虑它们对职工精神状态的影响，要分析它们是促进职工的精神状态更加健康、人性更加完美，还是起相反的作用。

在管理活动中，既要明确各岗位职工的责任，又要使其有动力去发挥全部的潜能。为了实现管理的效率和效益，管理者应在合理分工的基础上，明确规定各部门和每个人必须完成的工作任务与必须承担的相应责任；同时，要灵活运用各项激励政策，使职工有充足的动力完成相应的工作。主要的动力激励元素有物质动力和精神动力两种，在管理工作中要灵活运用。

（三）管理是为人服务的

管理过程的起点必须是人，必须将满足人的物质需求和精神需求、实现人的全面发展、使人的才能全面发挥作为管理活动的终极目标。管理是以人为中心的，是为人服务的，是为了实现人的发展。这个"人"当然不仅包括在企业内部参与生产经营活动的人，而且包括存在于企业外部的、企业通过提供产品为之服务的用户。

为社会生产和提供某种物质产品（或服务）是企业存在的理由。在市场经济条件下，用户是企业存在的社会土壤，是企业利润的来源。作为商品生产者，企业生产的目的不是企业自己或企业职工对某种产品的直接使用或消费，而是通过这些产品的销售来获得销售收入，在补偿生产过程中的各种消耗后实现利润。只有实现销售收入和销售利润，企业才能获得生存和发展（在更大规模上生存）的条件。销售收入和销售利润的实现是以市场用户愿意接受并购买企业的产品为前提的，而用户是否愿意接受并购买企业的产品则取决于这些产品的消费和使用能否满足他们的需求。因此，为用户服务、满足用户的需求，是企业实现其社会存在的基本条件。因此，企业需要研究市场需求的特点及发展趋势，据此确定企业经营和产品发展的方向；提供符合消费者需求的产品和服务，使消费者能够充分利用有限的货币购买力获取更多的物质产品，满足更多的需求；研究产品或服务功能充分实现的条件，为了保证产品的使用价值能充分体现，消费者不仅要求企业提供符合自身需求的产品，而且要求企业提供与产品使用有关的各种服务。

综上所述，尊重人、依靠人、发展人、为了人是人本原理的基本内容和特点。

管理小故事

海尔的人本管理

张瑞敏主张人本管理。他为海尔设计、缔造了以人为本的企业文化，一切以人为中心，把人当成主体，在企业内部营造一种尊重人、信任人、关心人、理解人的文化氛围，让每个员工都成为创新的主体，让每个员工都以百倍的热情投入海尔事业的发展，使管理的艺术和心灵的需求更加和谐、完美地统一起来。

1. 以人为本的核心是让员工成为企业的主体

企业所有的价值都是由人创造的。张瑞敏认为，人是现代化的主体，员工是企业的

主体,企业文化的功能就在于营造一种宽松、和谐的氛围,使员工创造性地开展工作,从而最大限度地挖掘员工的潜能以及发挥员工的主动性和积极性。

在海尔,各岗位上的员工都能够用心去做自己的工作;一线的普通工人为了提高生产效率,搞技术改革,许多人甚至拿自己的钱用业余时间去做。在海尔,创新的明星数不胜数,像"晓玲扳手""云燕镜子""启明焊枪""申强挂钩""迈克冷柜"等。海尔的新型分离式250升冰箱的上下箱体一直用螺丝连接,不便于消费者拆卸,容易损害箱体。在进行工艺改造时,新来的大学生马国军仅用两天时间,便设计出在下箱体安放定位垫块方案,使上下箱体连接又快又稳。仅此一道工序改进,就使企业年节省费用近30万元。海尔把这项发明命名为"马国军垫块",马国军还因此而获得了海尔银奖。海尔人把自己的荣誉、事业、智慧和企业结合在一起,进行创造性劳动,这使海尔每天都有新的进步和超越。

2. 以人为本的关键是真诚地对待员工

张瑞敏在接受《中国经营报》记者采访时说:"企业上下级之间最大的问题就是信任,被管理者需要管理者的信任,管理者也非常需要被管理者的信任。管理者和被管理者建立不起信任,就容易'一级糊弄一级'。我要求管理者自己做不到的事情不要说,或者是你说到什么程度就必须做到什么程度。"

海尔思想政治工作的原则是"三心换一心",即解决疾苦要热心、批评错误要诚心、做思想工作要知心,用这"三心"换来员工对企业的"铁心"。

海尔有一个运转体系,专门帮助员工解决生活上的实际困难。员工手册有《排忧解难本》,员工如果有困难,只要填一张卡或打一个电话,排忧解难小组就会随时派人解决。这就是被海尔人称为"上班满负荷,下班减负荷"的排忧解难工程。

3. 以人为本的目标是激发员工的活力

张瑞敏把企业比作大河,把市场和用户比作小河,而员工就是大河的源头。他认为,员工的积极性应该像喷泉一样喷涌而出,而不是靠压出或抽出来的。员工有活力,必然会生产出高质量的产品,提供优质的服务,用户必然愿意购买企业的产品,涓涓小河必然汇入大河。他的"源头论"是"源头喷涌大河满,源头无水大河干"。所谓"喷涌的源头",就是把每个员工的积极性、主动性、创造性都调动起来,也就是激发员工的活力。

"源头论"强调员工的首创精神。"源头论"作为激发员工活力的机制,它强调时效,要求广大员工理解、支持、参与。如海尔制定《职工发明奖酬办法》,实施"合理化建议卡"等。无论制度、管理、工作、生活等任何方面,员工有什么想法都可以提出来。海尔对合理化建议会立即采纳并实行,同时对提出人给予物质和精神奖励。员工们敢于说出自己的心里话,满足了个人成就需求,并在企业内部形成了"比学赶帮超"的良好局面。

管理经典方法

全面质量管理

全面质量管理(total quality management, TQM)是一种组织管理哲学和方法论,它强调在企业的所有层面和所有过程中实施对质量的持续改进。其核心目标是通过全员参与、系统化的方法和工具的应用,确保产品、服务以及业务流程满足或超越顾客期望,并最终达到提高组织效率、降低成本、增强市场竞争力的目的。全面质量管理要求企业关注从市场调研、产品设计、采购、生产制造、检验、销售到售后服务等全生命周期的质量控制,实现全过程、全方位的质量保证。

全面质量管理

在实际应用中,全面质量管理通常包括以下几个关键要素:

- 以顾客为中心:始终关注并满足顾客需求。
- 全员参与:所有员工都参与质量改进活动,从高层管理者到底层操作工,都承担着质量责任。
- 过程导向:通过对业务流程的系统管理和改进,而非仅仅关注结果,确保每个环节都能提供高质量的产品或服务。
- 数据驱动决策:使用统计工具和技术进行数据收集、分析与解读,基于事实做出决策。
- 持续改进:通过PDCA(plan,计划;do,执行;check,检查;act,行动)循环等工具持续改进所有流程,追求卓越。
- 系统性方法:将组织看作一个整体系统,任何一个部分的变化都会影响整个系统的性能,因此需要协调一致地改进所有相关领域。

全面质量管理不仅仅局限于制造业,它同样适用于服务业、政府部门以及其他各类组织机构,以提升其整体运营绩效和客户满意度。

三、效益原理

效益是与效果和效率既相互联系又相互区别的概念。效果是指投入经过转换而产出的成果,其中有的效果是有效益的,而有的效果是无效益的。

效益是有效产出与投入之间的一种比例关系,可以从社会和经济这两个不同的角度去考察,即社会效益和经济效益,两者既有联系又有区别。管理应把讲求经济效益和社会效益有机结合起来。经济效益可以用若干经济指标来计算和考核,而社会效益则难以计量,必须借助其他形式来间接考核。

在追求效益的基础上,要考虑到社会伦理对效益的影响。伦理是指人与人相处的各种道德准则。一个组织并不是孤立存在的,它总是以这样或那样的方式与组织内外的个人和其他组织发生联系,因此组织行为不可避免地涉及伦理问题。在当今世界,一个组织要想维持足够强的生命力,不仅要遵守法律,还要遵守伦理规范,这就要求管理者在管理活动中正视组织行为所引起的伦理问题。对伦理的正视,有助于经济组织取得较高的经济效益。

(一) 效益的评价

效益的评价可由不同的主体(如首长、群众、专家、市场等)从多个不同的角度进行,没有一个绝对的标准。不同的评价标准和方法得出的结论也会不同,甚至相反。有效的管理首先要求对效益的评价尽可能客观和公正,因为评价结果直接影响组织对效益的追求和获得。结果越是客观和公正,组织追求效益的积极性越高、动力越大,客观上产生的效益也就越多。

一般说来,首长评价有一定的权威性,对全局性掌握得较好,其结果对组织的影响也较大,但可能不够细致和具体;群众评价一般比较客观和公正,但可能需要花费较多的时间和费用才能获得最后的评价结果;专家评价一般比较细致、技术性强,但可能只注重直接效益而忽视间接效益;市场评价的结果与市场发育程度有很大的关系,越成熟、越规范的市场,其评价结果就越客观、越公正,而发育不成熟或扭曲的市场,其评价结果可能不客观、不公正,甚至具有很强的欺骗性。市场评价体现的主要是经济效益。显然,不同的评价方法都有自身的长处和不足,应配合运用,以求获得客观和公正的评价结果。

(二) 效益的追求

效益是管理的根本目的,管理就是对效益的不断追求,组织在追求效益的过程中必须关注以下几个问题:

(1) 管理效益的直接形态是通过经济效益而得到表现的。管理系统是一个人造系统,它基本上是通过管理主体的劳动所形成的按一定顺序排列的多方面、多层次的有机系统。尽管其中纷繁复杂的因素相互交织,但每一种因素均通过管理主体的劳动而活化,并对整个管理运动产生影响。综合评价管理效益必须首先从管理主体的劳动效益及其创造的价值来考虑。

(2) 影响管理效益的因素很多,其中主体管理思想正确与否占据相当重要的地位。在现代管理中,采用先进的管理方法、建立合理的管理制度无疑是必要的,但更重要的是管理系统高级主管所采取的战略。管理解决如何"正确地做事",战略告诉我们怎样"做正确的事"。企业产品不适销对路,即使质量再好、价格再低,也毫无意义。

(3) 追求局部效益与追求整体效益协调一致。整体效益是一个比局部效益更为重要的问题。如果整体效益很差,局部效益就难以持久。当然,局部效益也是整体效益的基础,没有局部效益的提高,整体效益的提高也是难以实现的。当局部效益与整体效益发生冲突时,管理者必须把整体效益放在首位,做到局部服从整体。

(4) 管理应追求长期稳定的高效益。企业每时每刻都处于激烈的竞争中,如果只满足于眼前的经济效益水平,而不以新品种、高质量、低成本迎接新的挑战,企业就会随时有落伍甚至被淘汰的风险。所以,企业经营者必须有远见卓识和创新精神,只有不断增强企业发展的后劲,积极进行技术改造、技术开发、产品开发和人才开发,才能保证企业有长期稳定的高效益。

（5）确立管理活动的效益观。以提高效益为核心，追求效益的不断提高，应该成为一切管理工作的出发点。企业管理者要克服传统体制下"以生产为中心"的管理思想。追求效益要求企业管理者学会自觉地运用客观规律，例如学会运用价值规律，随时掌握市场情况，制定灵活的经营方针，灵敏地适应复杂多变的竞争环境，满足社会需求。

管理小故事

王明经理的改革措施

在一个繁忙的制造工厂里，经理王明注意到生产线上的部分员工经常加班但生产效率并未显著提高。仔细观察后，他发现在原材料搬运环节存在大量无效劳动和等待时间，原因是仓库位置离生产线较远，且手动搬运过程耗时较长。

基于效益原理，王明决定采取一系列改革措施：首先，重新规划厂内布局，将仓库迁移至更靠近生产线的地方，大大缩短了原材料运输距离和时间；其次，引入自动化物料搬运设备，减少人力搬运造成的疲劳和错误；最后，推行精益生产理念，实行准时制（just in time，JIT）库存管理，确保原材料在需要时正好到位，避免过度库存和浪费。

经过这些调整，工厂不仅提高了生产效率，降低了运营成本，而且员工的工作满意度有所提升，因为加班现象减少了，工作流程更加顺畅了。整个工厂的效益由此明显提高，证明了管理决策应当始终围绕如何提高效益这一核心原理展开。

第二单元　管理的基本方法

管理方法是在管理活动中为实现管理目标，保证管理活动顺利进行所采取的工作方式、方法和手段的总称。管理方法是管理理论、原理的自然延伸和具体化、实际化，是管理原理指导管理活动的必要中介和桥梁。在管理实践中，管理目标的实现必须借助一定的管理方法和手段，它的作用是一切管理理论、原理本身所无法替代的。

按照不同的划分标准，管理方法有不同的分类，这些不同分类的管理方法组成了管理方法体系，如图3-2所示。

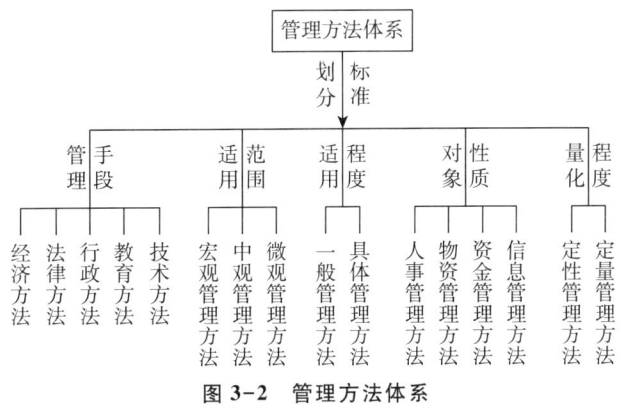

图3-2　管理方法体系

管理方法按其普遍性程度,一般可以分为两种:

第一种是专门管理方法,是对某个资源要素、某一局部或某一时期实施管理所特有的专门方法,是为解决具体管理问题而采用的管理方法。比如,计算机信息管理是以信息资源为主要管理对象的具体管理方法,激励管理是以人力资源为管理对象的具体管理方法。

第二种是通用管理方法(或称根本方法),是以不同领域的管理活动都存在某些共同属性为依据而总结出的管理方法。比如,不论是政治活动还是经济活动,管理者都要做好决策以及为协调各方面的活动而进行组织和控制,以保证预定目标的实现。这种存在于各种管理活动中的共同属性,决定了某些管理方法的通用性。

管理方法还可以分为定性方法和定量方法。一般认为,确定事物内部和外部各种数量关系的方法叫作定量方法,确定事物及其运动状态的性质的方法叫作定性方法。在现代管理中,定量管理已成为很重要的方法和手段,有助于管理水平的提高。

我们重点分析按照管理手段划分的几种主要管理方法。

一、管理的经济方法

(一)经济方法的内容与实质

经济方法是管理中最常用的,它主要运用各种经济手段,调节不同经济主体之间的关系。这里所说的各种经济手段,主要包括价格、税收、信贷、工资、利润、奖金、罚款及经济合同等,具有利益性、关联性、灵活性、平等性等特点。不同的经济手段在不同的领域中发挥各自不同的作用。

经济方法的特点是充分利用经济杠杆的作用来刺激管理对象,其实质是以物质利益为动力。

(二)经济方法的正确应用

经济方法与其他方法一样,必须正确运用才能充分发挥其价值。

(1)注重物质利益激励和提高精神文明素质的配合使用。人们除了物质需求,还有更多的精神和社会方面的需求。在现代生产力迅速发展的条件下,物质利益的激励作用将逐步减弱,人们更需要接受教育以提高知识水平和思想修养。再者,如果单纯运用经济方法,则易导致讨价还价和"一切向钱看"的不良倾向,造成本位主义、个人主义思想。所以,经济方法也必须结合教育方法,搞好精神文明建设。

(2)各项经济手段要配合运用,发挥合力。既要发挥各种经济杠杆各自的作用,又要重视整体上的协调配合。如果忽视综合运用,孤立地运用单一杠杆,则往往不能取得预期的效果。例如,价格杠杆对生产和消费同时产生方向相反的调节作用。提高价格一方面可以促进生产,但另一方面会抑制消费。在经济生活中,有些产品具有特殊的性质,仅凭单一的价格杠杆难以奏效,必须综合运用一组杠杆。

📝 **管理小故事**

果园老赵的管理手段

在一个大型果园中,园主老赵面临水果滞销和劳动力短缺的问题。他深知不能单纯依赖降价促销来解决长期问题,于是开始运用多种经济手段,配合发挥合力,以改善果园的经营状况。

首先,老赵引入了市场预测和定价策略。他密切关注市场需求变化,对各类水果品种进行差异化定价。比如,在某种水果上市高峰期,提前预估市场饱和度,适当调低价格以快速回笼资金;反之,在供应较少时提高价格,保证利润空间。

其次,老赵推行了绩效工资制度。他根据采摘量和水果品质,设定阶梯式计件工资标准,鼓励工人们提高工作效率和水果品质。他还设立了年度优秀工人奖,对表现突出的员工给予丰厚的奖金,进一步调动了工人们的积极性。

再次,老赵利用金融工具,向银行申请了农业贷款,扩大了果园规模,并引进了先进的种植技术和灌溉设施,提高了果园的单位面积产量和水果品质。

最后,老赵联合其他果农共同建立了线上销售平台,通过网络营销拓宽了销售渠道,降低了销售成本,同时也提高了品牌知名度;并且,他还推出了果树认养、观光采摘等增值服务,吸引城市居民参与,实现了多元化的收入来源。

通过上述各种经济手段的配合运用,老赵成功地破解了果园面临的困境,不仅提升了水果的销量和价格,而且优化了人力资源配置,增强了果园的竞争力,实现了经济效益和社会效益的双重提升。

二、管理的法律方法

法律是由国家制定或认可的,体现统治阶级意志,以国家强制力保证实施的行为规则的总和。法律方法是指国家根据广大人民群众的根本利益,通过各种法律、法规、条例和司法、仲裁工作,调整社会经济的总体活动和各企业、各单位在微观活动中产生的各种关系,以保证和促进社会经济发展的管理方法。法律方法具有以下特性:

(1)法律为大多数人的利益服务,具有利益性;
(2)法律条文可以反复运用,具有概括性;
(3)法律规定人们可以做什么、不可以做什么,具有规范性;
(4)法律有普遍的约束力,有专门机构强制实施,具有强制性;
(5)法律不针对特定的人和事,不受时间、地点的影响,具有稳定性;
(6)法律条文是明文规定的,人们在进行某种行为之前可先与之对照,估量自己或他人的行为是否合法,具有防范性。

(一)法律方法的内容与实质

法学上根据法律所调整的社会关系的不同将其分为不同的类别,并形成相互联系、相互协调的统一的法律体系。管理的法律方法中,既包括国家正式颁布的法律法规,又包括各级政府机构和各个管理系统所制定的有法律效力的各种社会规范。

法律方法的内容不仅包括建立和健全各种法规,而且包括相应的司法工作和仲裁工作。这两个环节是相辅相成、缺一不可的。只有法律而缺乏司法和仲裁,会使法规流于形式,无法发挥效力;法律不健全,司法工作和仲裁工作则无所依从,容易造成混乱。

法律方法的实质是体现人民的意志,并维护他们的根本利益,代表他们对社会经济、政治、文化活动实行强制性的、统一的管理。法律方法既要反映广大人民的利益,又要反映事物的客观规律,调动企业、单位和群众的积极性、创造性。

(二)法律方法的运用与适用范围

在管理活动中,各种法律法规要综合运用、互相配合,因为任何组织的关系都是复杂的、多方面的。就企业管理而言,法律方法不仅要求企业掌握和运用企业法以及与企业生产经营活动直接相关的经济法律,而且要求企业掌握和运用民法赋予的权利与义务。

法律方法原则上适用于社会管理、企业管理的各个领域,但由于法律方法具有概括性、稳定性的特点,它只适宜处理某些共性问题而不宜处理特殊的个别问题。法律可以规定人们可以做什么、不可以做什么,但不强制人们可以想什么、不可以想什么,它不适宜处理人们的思想意识问题。

📝 管理小故事

靠制度管理提升口碑和品牌形象

一个知名的连锁餐饮集团旗下的一些餐厅曾因食品安全卫生问题引发消费者投诉,严重影响了品牌形象和业务发展。为彻底扭转这一局面,集团高层痛定思痛,决定从源头抓起,全面升级食品安全卫生管理制度。

新的管理制度主要包括以下几个方面:一是强化食材采购验收环节,所有食材必须具备合格证和溯源信息,严禁不合格食材进入厨房;二是严格规定食品加工过程,要求员工严格按照食品安全操作规程进行,定期进行食品安全知识培训和考核;三是设立专门的食品安全监督岗位,定期进行内部检查,发现问题立即整改;四是公开透明化管理,接受监管部门和消费者的监督,定期公布食品安全自查报告。

在新制度执行初期,餐厅员工普遍反映操作更为严谨,工作节奏有所放缓。随着时间的推移,全体员工逐渐适应了新的管理制度,并深刻认识到食品安全卫生的重要性。在短短半年内,集团旗下所有餐厅的食品安全卫生状况得到显著改善,消费者投诉大幅减少,门店客流稳步回升,口碑与品牌形象也得到了重建和提升。

三、管理的行政方法

(一)行政方法的内容与实质

行政方法是指依靠行政组织的权威,运用命令、规定、批示、条例等行政手段,按照行政系统和层次,以权威和服从为前提,直接指挥下属工作的管理方法。行政方法的实质是通过行政组织中的职务和职位进行管理。行政方法特别强调职责、职权、职位而并非个人的能力或特权,具有权威性、强制性、垂直性、具体性、无偿性等特点。行政方法的内容大体包括指令性计划、行政命令、行政法规、指示、通知、各种规定、条例、准则、制度和办事细则等。

（二）行政方法的运用与适用范围

行政方法直接地组织、指挥和控制管理客体,要求企业职工行动一致,符合企业目标,个人服务整体,近期服务长远,并且对管理客体的整体和局部发生作用。行政方法越强化,其正、负效应越明显。

行政方法是管理方法中最古老、最基本的,也是实施各项管理职能的基本手段。它简单易行,作用范围广,适应性强。但行政方法不宜单独使用,而应与其他方法相结合。

管理小故事

"打工妹"一万+小时的锤炼,获世界金牌

初中毕业后南下打工,之后进入河南化工技师学院求学……如今,她不仅成为该校最年轻的教师,还夺得世界技能大赛特别赛化学实验室技术项目金牌。2023年3月,20岁"打工妹"姜雨荷逆袭成为世界冠军的故事走红网络。

"一万小时的锤炼,是任何人从平凡变成世界级大师的必要条件。"

姜雨荷来自河南南阳农村,初中毕业后,她便开始打工,但由于缺乏知识和技能,可以做的工作的技术含量相对较低。于是,她进入河南化工技师学院继续求学,希望学习一门技术。在这里,她加倍努力,参加学院集训,一路从省赛、国赛奔向世界技能大赛的舞台。

姜雨荷回忆,备赛时她会把一个动作重复上万遍,每天训练十四五个小时;为了完成英文实验报告,"几乎只记得26个字母"的她随身携带单词本,无论吃饭、睡觉、走路,都随时背诵。

比赛中,要求使用"化学滴定法",单次滴入溶液的量要精确到0.01毫升,极轻微的手抖都可能前功尽弃。在一个月的集训中,**姜雨荷每天坚持训练到半夜两点。据她估计,几年下来的训练总时长超过14 000小时**。

在2022年世界技能大赛特别赛中,长期训练形成的肌肉记忆让她迅速进入状态并圆满完赛。最终,她以优异成绩完成长达11页的英文实验报告,获得化学实验室技术项目金牌,**实现我国该项目金牌"零"的突破**。

原来,奋斗的青春可以这样美。

资料来源:央视新闻2023年3月27日发表于北京。

思考:
- 日常生活和学习工作中有哪些可以作为管理助力的切入点呢?
- 我们可以在成长的道路上坚持做哪些事儿呢?

四、管理的教育方法

(一) 教育方法的实质和任务

教育是按照一定的目的、要求,对受教育者从德、智、体诸方面施加影响的一种有计划的活动。

管理的人本原理认为,管理活动中人的因素是第一位的,管理最重要的任务是提高人的素质,充分调动人的积极性、创造性。而人的素质是在社会实践和教育中逐步发展、成熟起来的,通过教育,不断提高人的政治思想素质、文化知识素质、专业水平素质,是管理工作的主要任务。现代社会科学技术的迅猛发展导致人的知识更新速度加快,因此全面提高人的素质,对组织成员不断进行培养教育,就必然成为管理者管理活动的一项重要内容。

(二) 教育的主要内容

教育的目的是提高人的素质,教育的内容也就涉及与人的素质完善有关的各方面。

1. 树立正确的人生观、价值观,培养爱国主义精神和集体主义精神

要教育职工树立共产主义远大理想,培养职工全心全意为人民服务的精神;要教育职工遵守社会公德及职业道德,钻研业务,忠于职守。

要引导人们正确认识我国的历史和现状,了解中华民族的苦难史和革命斗争史,从而更加热爱和珍惜社会主义的今天;要进行集体主义教育,着重引导干部、群众正确处理国家、集体、个人之间的利益关系;在集体生活中发挥团结、友爱、互助精神,要热爱集体,关心集体。

2. 民主、法制、纪律教育

民主体现在职工有权对企业的经营活动进行监督,有权维护自己的合法权益,有权对企业管理工作提出批评建议,也有权参与企业管理。但应当实事求是地承认,受到信息和能力的限制,职工参与的程度与方式是有限度和有条件的。

企业在扩大民主的同时,还应大力加强社会主义法治建设,加强劳动纪律和工作纪律,规范和约束人们的行为,制裁和打击各种不法行为与违纪行为,并与种种压制和破坏民主的行为作斗争,只有这样才能保证企业生产经营活动的正常进行,才能使职工的根本利益得到保障。

3. 科学文化教育

科学技术是第一生产力,普及和提高科学文化知识是提高职工思想道德觉悟水平的重要条件,也是企业进行生产经营活动的重要条件。在当今的新技术革命浪潮中,科学技术越来越成为推动企业生产发展、提高企业竞争力的重要力量。企业应当在战略的高度下大决心、花大力量进行智力投资,有计划、有组织地开展科学文化教育,根据工作的需要,对各类人员逐步进行系统培训和职业训练,尽快提高职工队伍的业务素质。

4. 组织文化建设

文化是一个社会的核心价值观、信仰、规范、知识、道德、法律和行为标准的总和,具体表现为一个社会群体的行为模式和生活方式。文化包括各种外显和内隐的行为模式,它们是人类文明传承的重要内容和形式。组织文化是组织在长期的实践活动中逐步形成的,并为组织成员所普遍认可和遵循的价值观、团体意识、行为规范和思维模式的总和。它是组织成员内在的思想观念与外在的行为方式和物质表现的统一。组织文化具有指导、约束、凝聚、激励、辐射的功能。

企业文化主要包括以下内容:① 从直接意义上说,主要包括企业共同价值观、企业精神、企业民主、企业惯例、企业道德规范等企业的纯精神、纯观念因素,也可称为隐性文化。② 从间接意义上说,可分为两种情况:一种是在企业制度、企业规章、企业形象、企业典礼仪式、企业组织领导方式及其他一切行为方式中所体现的精神因素,可称为行为精神因素,也可称为半显性文化;另一种是在企业产品和服务、企业技术和设备、企业外貌和标志形象、企业教育与文化活动等一切有形物质因素中所体现的精神因素,即物化精神因素,也可称为显性文化。

组织要通过组织文化建设来创造促进组织成员素质不断完善的精神环境。在组织文化建设的指导思想上,必须突出管理的人本原理,坚持"以人为本"的指导原则。组织文化的主体是组织成员,组织成员是物质财富和精神财富的创造者,要坚持把人作为第一要素,把尊重人、关心人、理解人、培养人、合理使用人、全方位地提高组织成员的素质作为组织文化建设的主要内容。

管理小故事

景德镇的陶溪川

这是一个规划面积也就差不多一平方千米的文创园区。

来自世界各地的艺术家,国籍不同、行业不同,但他们现在都汇集在景德镇陶溪川。像这样的艺术家,这里有2万多人。

艺术家聚集,不稀奇。

但是,明确提出"去大师化",不要大腕、大艺术家。

陶溪川不请大师,只吸引年轻手艺人来这里创业和创作。

把一无所有的年轻人留住,让普通人看到希望,也会长出生意的机会。

那么一个年轻的艺术家到这里会有什么样的机会呢?

首先,景德镇多年积累下来的产业优势大大拉低了创业的门槛。这里有的是工艺精湛的拉坯师傅,有的是随处可见的公共窑炉。花3块钱就能买到一个做好的坯,

更重要的是,这里做出来的产品更容易卖掉。

陶溪川给新来的艺术家免摊位费,别看这点小钱,这对于刚刚起步的艺术家就能解燃眉之急。

陶溪川还设计了防偷懒机制,免费的摊位最多只能连续给你6个月。而且,每个月

你都得提交一次申请,告诉主办方我有新作品。谁来批准呢?陶溪川让这些年轻人组建了一个自治委员会,自己来评我们中哪些人有资格摆摊。你要凭自己的本事才能留下来。

艺术家还得成长。在陶溪川这片文创园区,最好的地段是不出租的,而是拿出来做文化、做公益,一年做 400 多场活动。远离了大城市,逛美术馆、逛博物馆、听音乐、看演出、看展览、听讲座可不能少。

待在这儿,自给自足并不难。比如这位,杨帆,25 岁,湖北黄冈人,从景德镇陶瓷大学毕业就留在景德镇,现在是一名陶瓷首饰手艺人,年收入 36 万元左右。

如果有能力创建自己的工作室,就可以活得更滋润一点。比如这位,陈建,29 岁,广东湛江人,是一家金属手工艺品的品牌主理人,年收入 200 万元左右。

做到头部是什么样呢?比如这位,墨墨,35 岁,景德镇本地人,一开始在陶溪川摆摊,然后成为抖音主播(@缘起墨舍陶瓷收藏),和上百个窑口合作,现在直播间一年能做到 2 个多亿元流水,净利润 2 000 多万元。

在陶溪川,门槛可以很低,但天花板可以很高。没有参天大树,但地衣苔藓、花草灌木立体生长,千姿百态。

资料来源:罗振宇 2024 年"时间的朋友"跨年演讲文稿。

五、管理的技术方法

(一)技术方法的内容与实质

技术的进步直接导致管理手段的现代化。对于当今社会的各种类型组织的管理者而言,想要在日益复杂和多变的环境中对组织中包括人力资源在内的各种资源进行有效的协调,以维持、巩固和增强组织的活力,单凭传统管理手段是远远不够的。相反,环境的多变性和组织自身的复杂性决定了管理者必须善于运用业已发展起来的、被管理实践证明行之有效的各类技术,以提高管理的效率和效果。

实践已经证明,有效的管理离不开技术,尽管不同的管理者,尤其是组织中不同层级的管理者,对技术的依赖程度可能不一样。可以说,在当今社会,不使用技术,就谈不上真正的管理。

基于这样的认识,我们提出管理的技术方法,以突出技术在管理中的重要性或者说技术与管理的不可分性。技术方法是指组织中各个层级的管理者(包括高层管理者、中层管理者和基层管理者)根据管理活动的需要,自觉运用自己或他人所掌握的各类技术。管理的技术方法主要包括信息技术、决策技术、计划技术、组织技术和控制技术等,具有客观性、规律性、精确性、动态性的特征。从这种划分中我们可以看出,不同的技术在管理中的作用是不一样的。有些技术与管理的前提和本质有关,我们称之为信息技术和决策技术。有一些技术与管理过程的每个阶段有关,根据阶段的不同,我们把这样的技术划分为计划技术、组织技术和控制技术。细心的读者也许会发现其中少了"领导技术",

这是因为，领导的对象是有感情的人，领导的有效性主要取决于领导者影响下属的能力或力量，而能力或力量主要来自职位与权力、人格魅力以及所掌握的技巧，与技术基本无关。最后，作为管理轴心的创新（包括技术创新），这要求管理者必须了解或掌握一些基本的技术，以便正确地指导组织中的技术创新，而且管理者所了解或掌握的技术同样需要创新，应随着时代的进步、外部环境和内部条件的变化而不断更新。通过上述分析，我们可以得出这样的结论：无论是管理的前提和本质还是管理的各项职能（除了领导），都需要技术。技术在管理中的重要性由此可见一斑。

管理的技术方法的实质是把技术融入管理，利用技术来辅助管理。善于使用技术方法的管理者通常能把技术与管理很好地结合起来，具体体现在两个方面：一是根据不同的管理问题，选用不同的技术；二是在了解每种技术的适用范围的前提下，尽可能地把所掌握的技术用到实处，发挥技术的积极作用。技术与管理的有机结合是技术渗透到社会生活各个领域的必然结果。可以说，不注重技术方法的管理者必定是落伍者，终将被淘汰。

（二）技术方法的正确运用

管理者要想正确运用技术方法，必须注意以下几点：

首先，技术不是万能的，并不能解决一切问题。在某些场合，技术可能很管用，但在其他场合，技术可能不管用。比如对单只股票价格的预测，技术有时就没有经验判断和直觉准确。这就是说，技术有一定的局限性和一定的适用范围。管理者既不能否定技术的重要性，又不能盲目迷信技术。

其次，既然技术不是万能的，管理者在解决管理问题时就不能仅仅依靠技术方法；相反，管理者应该把各种管理方法结合起来使用，"多管齐下"，争取收到较好的效果。

最后，管理者使用技术方法有一定的前提，即他本人必须或多或少掌握一些技术，知道技术的价值所在和局限所在，并在可能的情况下，让组织内外的技术专家参与进来，发挥他人的专长来弥补自身某些方面的不足。

能力综合训练

● 能力测评

测评1 你是怎样的管理者？

对下列各题，请选择一个最能表达你的想法或做法的答案。

1. 某事可能做错了或做得不好，对此你的第一反应可能是什么？
   （a）要是我自己做就好了，它就不会出问题了。
   （b）我将首先检查自己的档案记录，它可能是我的错。
   （c）我当初应该把我的要求解释得更清楚些。
   （d）或许有人能找出错在哪里。

2. 激励下属最有效的方法是告诉他们：

（a）你对工作的兴趣不如以前大了，你必须更加努力。

（b）如果你对任务还有不清楚的地方，请再来找我核对一下。

（c）不要改变我的要求，除非你肯定你的方法更好。

（d）努力靠自己完成这项工作。如果你真正努力去做，是完全能做好的。

3. 你刚刚提拔了一个下属。现在你对其他下属的反应很感兴趣，说："这个人选得再合适不过了，你肯定会同意吧？"然后你注意到你的话被某个员工反复讲给其他员工听，对此你最可能的反应是什么？

（a）这个员工想让人知道他也是合适的人选。

（b）这个员工可能很妒忌并努力掩饰自己的真实情感。

（c）这个员工想和被提拔的人交个朋友。

（d）这个员工觉得这次提拔对改善公司人员的情绪有好处。

得分和评价：

1. （a）= 1　　（b）= 2　　（c）= 3　　（d）= 4
2. （a）= 1　　（b）= 3　　（c）= 2　　（d）= 4
3. （a）= 1　　（b）= 4　　（c）= 3　　（d）= 2

根据上述答案所给的分数计算出你的得分。

如果你的得分在 9—12 分，则表明你能运用正确的方法调动下属的积极性。

如果你的得分在 6—8 分，则表明你已经准备好放权，但在内心深处，你害怕下属会干得比你好并威胁你的地位。

如果你的得分在 3—5 分，则表明你对同事的评价很低，你无法进行有效的交流。

测评 2　你对工作的态度如何？

对下列各题，请选择一个最能表达你的想法或做法的答案。

1. 闭上眼睛，忘记那些苦恼吧，不要去想另找工作或重新安顿下来去学习一门新技术，你目前的工作是令你感到高兴的。看看下列回答哪一点对你最适合。

（a）新工作和我目前的工作完全不同。

（b）新工作和我目前的工作相同，但它是兼职的。

（c）新工作将能使我对目前的工作了解更多，工作相同但好些。

（d）对目前的工作我很高兴，我不想变动。

2. 有人告诉你，一位朋友原来是艺术指导，现在改行当发型师。对变动工作的原因他提出如下几点，哪一点你最能接受？

（a）我变动工作只是因为能多挣钱。

（b）我是独立的，无人可以决定我该干什么。

（c）这样我和人可以保持频繁的接触，而不是被困于一隅。

（d）给人做发型像是在做一件件雕塑品。

3. 你因继承了一笔巨款而无须再工作了,接下来你最有可能做什么?

(a) 像以前一样继续工作。

(b) 在某种爱好上多花一些时间,但仍从事部分以前的工作。

(c) 泰然处之,除运动和玩乐外,什么事也不干。

(d) 学习某样完全不同的技术,改变职业。

4. 下面有一些图形,你觉得哪种图形与你目前的工作最相似?

(a)

(b)

(c)

(d)

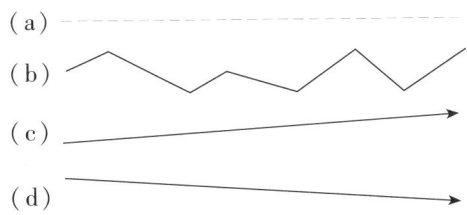

5. 你最理想的工作是什么?

(a) 很像我目前的工作。

(b) 比目前的工作更有挑战性。

(c) 比目前的工作有更大的独立性。

(d) 应是我所期望的工作。

6. 回忆一下在从事目前工作的过程中某些最愉快的时光并将它们列出来,有多少?

7. 回忆一下在从事目前工作的过程中某些最不愉快的时光并将它们列出来,有多少?

8. 你通过种种方法挣了一大笔钱,无须再工作了,接下来你最有可能做什么?

(a) 终止我目前的工作,然后优哉游哉,吃喝玩乐。

(b) 发展几项爱好,或许将之发展成一项工作。

(c) 保持我目前的工作,可能再学一些新技术。

(d) 将工作紧张程度降一个档次,多一些休息时间,将工作让位给新员工。

得分和评价:

1. (a) = 1　　(b) = 2　　(c) = 3　　(d) = 4

2. (a) = 1　　(b) = 2　　(c) = 3　　(d) = 4

3. (a) = 4　　(b) = 3　　(c) = 2　　(d) = 1

4. (a) = 2　　(b) = 3　　(c) = 4　　(d) = 1

5. (a) = 3　　(b) = 4　　(c) = 2　　(d) = 1

6. 1—3 = 2　　4—7 = 3　　7 以上 = 4

7. 1—3 = 3　　4—7 = 2　　7 以上 = 1

8. (a) = 1　　(b) = 2　　(c) = 4　　(d) = 3

根据上述答案所给的分数计算出你的得分。

如果你的得分在 22—31 分,则表明你的工作让你感到非常高兴,能愉快地工作。

如果你的得分在 14—21 分,则表明当工作中没有激动人心的事时,你可能会产生一种平庸单调感。工作激动人心与否在很大程度上取决于工作类型。有时某项工作确实不能给人多大的压力紧张感，但压力紧张感是人的一种感觉反应，不一定就是工作本身的情况。

如果你的得分在9—13分，则表明你的工作让你很不高兴。我们建议，在找出使你不高兴的因素后，努力使目前的工作更有挑战性，或者更换工作。原因可能是你必须和人打交道，也可能正好相反，即不和人打交道。

◆ 习题训练

1. 什么是系统原理，它对我们的现实管理有何指导意义？
2. 试述管理方法创新在现代管理中的必要性。
3. 管理的经济方法的内容是什么？在现代管理中应如何运用经济方法？
4. 什么是"以人为本"的管理原理？
5. 系统原理、人本原理和效益原理这三者之间有无联系？为什么？

◆ 案例分析

海尔的人本管理

在现代市场经济条件下，企业竞争的本质是人才的竞争，是员工素质的竞争。海尔的兴旺与成功，来源于海尔人的活力与成长。人本管理，就是"以人为本"的管理。海尔人本管理的核心是让海尔人才辈出，让更多的海尔人成为创新的主体，让更多的海尔人在创新中与海尔共同成长。

一、让人人都成为老板

张瑞敏提出要把每一名员工都变成一个合格的"小老板"，让每一个"小老板"经营一个"微型公司"，以"微型公司"老板的意识和方式进行日常工作，做到大型企业微型化，从而保持小企业的快速反应速度。他说："我们这样做是希望每个细胞都动起来，每个细胞都相当有活力。"

1. 实行"赛马不相马"

海尔一开始提出"人人是人才"和"先造人才再造名牌"，后来张瑞敏又提出"赛马不相马"理论，这是在选人、用人机制上对传统人力资源开发模式的变革。

海尔赛马机制的含义是：给每一个人比赛的场地，给每一个人参赛的资格，比赛的标准公开化。所以，想要跑在别人前面，就得努力前行。

海尔赛马机制包含三条原则：一是公平竞争，任人唯贤；二是职适其能，人尽其才；三是合理流动，动态管理。其中，有"三工并存，动态转换"机制，有干部分类考核、干部职位不固定、竞争上岗、届满轮换、海豚式升迁等制度。

张瑞敏认为，企业领导者的主要任务不是去发现人才，而是去建立一个可以赛出人才的机制，并维持这个机制健康持久地运行。这种人才机制应该给每个人相同的竞争机会，把静态变为动态，把相马变为赛马，充分挖掘每个人的潜质，每个层次的人才都接受监督。只有压力与动力并存，才能适应市场的需要。

2. 用人要疑,疑人要用

张瑞敏指出,"用人不疑,疑人不用"是中国传统文化的糟粕。用人不疑,有可能把信任变成放任,把好人放纵到坏的边缘,最终给企业带来巨大的损失;疑人不用,则有可能使工作阻力增大、局面难以打开,结果使企业的人才越来越少。企业十有八九会困于人才问题,人的危机是企业最大的危机。

张瑞敏的用人观是:用人要大胆,在位要监控。对于人才,既要大胆使用,又要严密监控,这是现代管理的精髓。海尔由小到大、由弱变强的飞速发展,和它拥有一支廉洁高效的干部队伍是分不开的,和它的用人之道是分不开的,和它一直坚持这种人才监控观是分不开的。

"在位要监控"有两层含义:一是干部主观上能够自我控制、自我约束,有自律意识;二是集团要建立控制体系,控制工作方向、工作目标,避免犯方向性错误。另外还要控制财务,避免违法违纪。

《海尔报》在讨论用人监督问题时指出:通过赛马赛出了人才就要用,但用了的人不等于不需要监督。市场在变,人也会变。人的可塑性很强,其思想是现实环境的产物。管理层也是凡人,也有自身弱点,当大权在握又缺乏有效监督时,很有可能受到社会不良因素的影响和诱惑,随心所欲,最终坠入歧途。所以,必要的监督、制约对干部是一种真正的关心和爱护。在市场经济条件下,权力失去了监督就意味着腐败;道德约束、自身修养、提升素质在利益面前,往往要低头三尺。因此,越是有成材苗头的干部,越是贡献突出的干部,越是委以重任的干部,越要加强监督。

有了严密的监督,就可以"大胆用人"吗?不是,海尔的人才是在实践中通过"赛马"和"相马"而产生的。人不可能没有缺点,有个性的人才缺点会更突出。要在监督的前提下大胆用人。

针对各部门、各工种的实际情况,海尔制定了一系列相互制约的规章制度,考核员工工作态度和成效,这就可以在约束和规范的同时,发挥被用者的长处,抑制其短处,让人才的本性、知识、能力和对企业的忠诚度显山露水,并减少人才的埋没和流失,使海尔形成了广阔的人才空间。

用人要疑,疑人要用,是放中有管。在"放"和"管"中寻求最佳的平衡,使企业管理中的激励机制与监督制约机制和谐运转、并行不悖,避免了"用人不疑"导致放任自流的弊端。

海尔规定,任何在职人员都要接受三种监督,即自检(自我约束和监督)、互检(所在团队或班组内互相约束和监督)、专检(业绩考核部门的监督)。

海尔认为:"疑人"要"疑"在事前,要"疑"在明处,要"疑"得公正。"疑人制度"并不可怕,可怕的是经不住监督和不想监督。能正确地运用手中的权力,达到一种在组织规范内运用权力的自由境界,这才是海尔真正的人才!

二、三工并存,动态转换

十九年前,海尔着手解决内部"大锅饭"和"铁饭碗"问题。《三工并存动态转换管理办法》下发讨论后,引起了员工的强烈反响。赞成的说:"市场经济了,就得练内功。"反对

的说:"为什么正常上班、轻松拿钱就不行呢?"而多数人害怕丢掉十分宝贵的"饭碗"。经过大量的说服和解释工作,员工们终于明白了,"三工并存、动态转换"并不是置谁于死地,而是让大家共同承担把海尔建设得更好的义务和责任。海尔用工制度改革增强了员工的危机感和进取精神,事后,海尔最流行的一句话是"今天工作不努力,明天努力找工作"。

"三工并存"是指全体员工分为优秀员工、合格员工、试用员工,三种员工并存。三种员工分别享受不同的三工待遇(包括工龄补贴、工种补贴、分房加分等)。

"动态转换"是指根据员工的工作业绩和贡献大小进行动态转换。海尔的三工是如何转换的呢?

业绩突出者进行三工"上"转。海尔有一套完善的绩效考核制度,如果员工获得了省部级以上奖励,或连续两次获市级奖励,或连续三次获厂级先进及表彰;或者及时发现质量或设备隐患并积极采取补救措施,为企业避免万元以上损失;或者挺身而出,揭发或抓获盗窃犯罪分子,挽回损失万元以上;那么试用员工可转为合格员工,合格员工可转为优秀员工。

如果员工犯了错误或不符合条件,则要进行三工"下"转。由固定工转为合同工,或由合同工转为临时工。对于不能胜任本职工作、连续两个月完不成任务者,即使没有违章行为,也不能继续留任,要随时从现"工位"上退下来,甚至退到劳务市场,内部待岗。退到劳务市场的人员无论原先是何种工种,均下转为试用员工。试用员工必须在单位内部劳务市场培训3个月方可重新上岗。

海尔各部门按月向人力资源管理部填写《三工转换建议表》,提报符合转换条件的员工,经人力资源管理部审核后在全厂公布。海尔三工比例保持在4:5:1,三工动态转换与物质福利待遇挂钩。在社会保障体系尚不完善的情况下,海尔允许有10年厂龄的员工不在辞退之列;对确有困难和老弱病残者给予照顾;等等。

海尔的"三工转换"制度,使员工的工作表现被及时加以肯定,解决了员工短期内得不到升迁、积极性受到影响的问题。

海尔内部还采用竞争上岗制度,空缺的职位都在公告栏统一贴出来,任何员工都可以参加应聘。海尔建立了一套较为完善的激励机制,包括责任激励、目标激励、荣誉激励、物质激励等,这对处处感到压力的海尔员工来说无疑是一种心理调节器,调动了员工的工作积极性。

刚毕业的大学生首先到生产一线、市场一线部门锻炼,为期一年,一年中都是试用员工。试用期满后,由人力中心公布事业部所需人数及条件,本人根据实际情况选择岗位。经考核合格,可以正式定岗,转为合格员工。在合格员工的基础上,历时3个月,如果为企业做出很大贡献,被评为标兵、获希望奖等,则可以由部门填写《三工转换建议表》,提交到人力资源管理部审核,审核合格后转为优秀员工,并在当月兑换待遇。

一名中年师傅曾获得国家专利和省部级奖励,经自己的努力成为优秀员工,不久后,因一时疏忽而未将出口与内销冰箱的"跟单号"分开,致使冰箱重号而造成质量事故。于是,他被取消了优秀员工的称号。后经一年努力,他又发明了一项"发泡注料嘴"和一种新型焊枪,获得国家专利,才又恢复为优秀员工。

任全晓原来是个农民合同工,他从工人、班长一步步扎扎实实做起,学习海尔文化和管理,终于成为海尔"赛马场"上的一匹"黑马",被聘为车间主任。任全晓认为,是企业文化把他们变为海尔人,当 OEC(overall every control and clear,全方位优化管理)、企业精神、合理化建议等新名词进入他的脑子时,他才知道不单是埋头苦干就能干好工作,要动脑筋才能把工作干好、干巧。于是,他学会了"想",提合理化建议,进行小改小革,使冰箱壳体溢料指标下降了45%,确保了产品的精细化。于是,任全晓在一群农民合同工里脱颖而出。

"高质量的产品是高素质的人做出来的。"海尔广泛开展干部轮训、员工培训、竞争上岗、点数工资、计效联酬、双向选择、海豚式升迁等措施,全面提升员工素质,实施"人才战略"。这是海尔最大的成功!

讨论问题:

1. 海尔的哪些管理方法体现了"以人为本"?
2. 结合你所在的企业或学校,请你列出"以人为本"的内容、方式和方法。

◆ 延伸阅读

人本管理的内涵、精髓和机制

一、人本管理的内涵

所谓人本管理,不同于"见物不见人"或把人作为工具、手段的传统管理模式,而是在深刻认识人在社会经济活动中的作用的基础上,凸显人在管理中的地位,实现以人为中心的管理。具体来说,主要包括以下几层含义:

1. 依靠人——全新的管理理念

在过去相当长的时间内,人们曾经热衷于片面追求产值和利润,却忽视了创造产值、创造财富的人和使用产品的人。在生产经营实践中,人们越来越认识到,决定一个企业、一个社会发展能力的,主要并不在于机器设备,而在于人们拥有的知识、智慧、才能和技巧。人是社会经济活动的主体,是一切资源中最重要的资源。归根到底,一切经济行为,都是由人进行的;人没有活力,企业就没有活力和竞争力。因而,组织必须树立依靠人的经营理念,通过全体成员的共同努力,创造辉煌业绩。

2. 开发人的潜能——最主要的管理任务

生命有限,智慧无穷,人们通常都潜藏着大量的才智和能力。管理的任务在于最大限度地调动人们的积极性,释放其潜藏的能量,让人们以极大的热情和创造力投身于事业之中。解放生产力,首先就是人的解放。

3. 尊重每一个人——企业最高的经营宗旨

每一个人,无论是领导者还是普通员工,都是具有独立人格的人,都拥有做人的尊严和做人应有的权利。无论是东方还是西方,人们常常把尊严看成比生命更重要的精神象征。我国是社会主义国家,理所当然地应当使人受到最大的尊重,使人的权利得到更好的保护,不允许任何侮辱人格、损害人权的现象存在。一个有尊严的人,会对自己有严格的要求,当他的工作被充分肯定和尊重时,他会尽最大努力去履行自己应尽的职责。

作为一个企业,不仅要尊重每一名员工,更要尊重每一个消费者、每一个用户。因为企业之所以能够存在,是因为它为消费者所接受、所承认,所以企业应当尽一切努力,使消费者满意并感到自己是真正的上帝。

4. 塑造高素质的员工队伍——组织成功的基础

一支训练有素的员工队伍对企业是至关重要的。每一个企业都应把培育人、不断提高员工的整体素质作为经常性的任务。尤其是在急剧变化的现代,技术的生命周期不断缩短,知识的更新速度不断加快,每个人、每个组织都必须不断学习,以适应环境的变化并重新塑造自己。提高员工素质,也就是增强企业的生命力。

5. 关注人的全面发展——管理的终极目标

改革的时代,必将是亿万人民精神焕发、心情舒畅、励精图治的时代,必将为人的自由而全面发展创造出广阔的空间。进一步地说,人的自由而全面的发展是人类社会进步的标志,是社会经济发展的最高目标,从而也是管理所要实现的终极目标。

6. 凝聚人的合力——组织有效运营的重要保证

组织本身是一个生命体,组织中的每一个人都是有机生命体的一分子,所以管理不仅要研究每个成员的积极性、创造力和素质,还要研究整个组织的凝聚力与向心力,形成整体的强大合力。从这一本质要求出发,一个有竞争力的现代企业应当是齐心合力、配合默契、协同作战的团队。如何增强组织的合力,把企业建设成现代化的、有强大竞争力的团队,也是人本管理所要研究的重要内容之一。

二、人本管理的精髓

1. 点亮人性的光辉

只有顺应人性的管理,才是最好的管理。从一定意义上说,人类文明的历史就是更人性化的过程,是人的本性不断升华的过程。人有光辉的一面,也有懒散、消极、阴暗的一面,问题在于如何引导。点亮人性的光辉是管理的首要使命,即激发人对真善美的追求。所谓真,就是要做一个真实的人、真诚的人、真正的人。既真实地对待自己,说真话、办真事、追求真理,又真诚地对待别人。所谓善,就是要有一颗善良之心、仁爱之心;不仅自尊自爱,而且爱别人、爱企业、爱国家;关心人、关心集体、关心大局。所谓美,即对美好的理想、愿望、事物和事业的追求。真善美的统一,是人的本性的最高境界,也是人的追求的最高层次。

2. 回归生命的价值

对于人生的价值,不同的人有不同的理解。金钱、权力、奢侈、淫欲可能是有些人的追求,但绝不是有意义的人生。人生的真正价值可以归纳为:

(1) 回归生命的尊严。尊严被看成人性重要的特征之一,每一个员工都是具有独立人格的人,理应受到尊重。当一个人被尊重、被肯定时,他就会产生一种自尊的意识,会尽最大努力去履行自己应尽的职责。

(2) 合理的人生定位。社会是由许多人构成的,他们分别扮演着不同的角色,每个角色都是不可缺少的。谁活得更有价值,取决于他是否尽职尽责地扮演好那个角色。对于企业与员工关系来说,员工不是工具而是人,是应当受到尊重的人;精心设计每一个员工最能发挥专长的岗位,使人尽其才,各得其所。

(3) 实现自身的价值。把自己融入工作与事业,干出一番成就。有这种追求的人,常常视事业为生命、视工作为乐趣。

(4) 积极奉献于社会。人生不仅应追求个人需求,追求自身的生存和发展,更应积极回报社会,为社会、为别人奉献自己的力量。生命的最高价值在于奉献,生命的最大快乐也在于奉献。正如著名作家萧伯纳所说:生命中真正的喜悦,源自你为一个自己认为至高无上的目标献上心力的时候。

3. 共创繁荣和幸福

企业是人的集合,是由全体人员共同经营的。在一个企业里,如果每个员工都有一种"这是我们的公司"的意识,如果企业经营者把员工看成同舟共济的伙伴并"以感恩之心创造和谐",那么这个企业必定是一个成功的企业,是一个共同创造繁荣和幸福的企业。

一个企业能否把个人生命价值与企业价值融为一体,取决于企业领导者本身的品格、才能和形象。首先,勤奋、正直、真诚待人、受人尊敬的领导者本身就是一种动力,他能使员工心甘情愿地努力工作;其次,通过各种方式,让员工了解企业的目标和产生的种种问题,使每一个员工和领导者一样,思考并寻求解决问题的途径,不仅为企业贡献劳动而且贡献智慧,形成"千斤重担千人担,千人工厂千人管"的管理格局;最后,让员工与企业共生共长,让员工分享企业的经营成果,真正形成命运共同体,在共同创造的繁荣中获得共同幸福。

点亮人性的光辉,回归生命的价值,共创繁荣和幸福,这三者是一个整体,全面地体现了人本管理的目标和宗旨。

三、人本管理的机制

有效地进行人本管理,关键在于建立一整套完善的管理机制和环境,使每一个员工不是处于被管的被动状态,而是处于自行运转的主动状态,激发员工奋发向上、励精图治的精神。人本管理主要包括如下相互联系的机制:

1. 动力机制

旨在形成员工内在追求的强大动力,主要包括物质动力和精神动力,即物质激励机制和精神激励机制。二者相辅相成,不可过分强调一方而忽视另一方。

2. 压力机制

包括竞争压力和目标责任压力。竞争经常使人面临挑战,使人有一种危机感;正是这种挑战和危机感,使人产生一种拼搏向前的力量。因此,在选人、用人、工资、奖励等管理工作中,企业应充分发挥优胜劣汰的竞争机制的作用。目标责任制在于使人有明确的奋斗方向和责任,促使人去努力履行自己的职责。

3. 约束机制

包括制度规范和伦理道德规范,使人的行为有所遵循,使人知道应当做什么、如何去做以及怎样做是对的。制度是一种有形的约束,伦理道德是一种无形的约束。前者是企

业的法规,是一种强制约束;后者主要是自我约束和社会舆论约束。当人们的精神境界进一步提高时,这两种约束都将转化为自觉的行为。

4. 保证机制

包括法律保证和社会保障体系的保证。法律主要是保证人的基本权利、利益、名誉、人格等不受侵害,社会保障体系主要是保证员工在病、老、伤、残及失业等情况下的正常生活。在社会保障体系之外的企业福利制度,则是作为一种激励和增强企业凝聚力的手段。

5. 选择机制

主要指员工有自由选择职业的权利,有应聘、辞职和选择新职业的权利,以促进人才的合理流动;与此同时,企业也有选择和解聘的权利。实际上这也是一种竞争机制,有利于人才的脱颖而出和优化组合,有利于企业建立结构合理、素质优良的人才队伍。

6. 环境影响机制

人的积极性、创造性的发挥,必然受环境因素的影响。这里主要指两种环境因素:一是人际关系。和谐、友善、融洽的人际关系会使人心情舒畅,在友好合作、互相关怀中愉快地工作;反之,则会影响人的工作情绪和干劲。二是工作本身的条件和环境。人的大半生是在工作中度过的,工作条件和环境的改善必然会影响到人的心境与情绪。改善工作条件和环境,首先是指工作本身水平方向的扩大化和垂直方向的丰富化;其次是指完成工作任务所必备的工具、设备、器材等的先进水平和完备程度;最后则是指工作场所的宽敞、洁净、明亮、舒适程度,以及厂区的绿化、美化、整洁程度等。创造良好的人际关系环境和工作条件环境,让所有员工在欢畅、快乐的心境下工作和生活,不仅会促进工作效率的提高,还会促进人们文明程度的提高。

第四模块

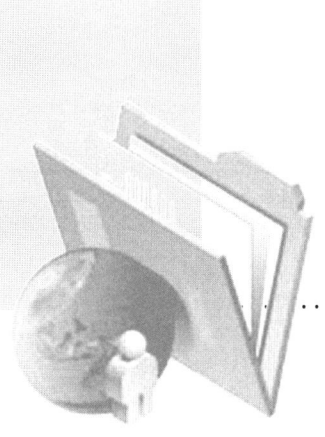

计 划 管 理

教学目标

知识目标

通过本章学习,学生应掌握:
- 计划的内涵和分类
- 计划的编制步骤
- 预测的基本原理和程序
- 计划实施的方法
- 目标管理的特点和程序

技能目标

通过本章学习,学生应能够:
- 运用计划的基本步骤正确制订计划
- 运用滚动计划法制订计划
- 运用盈亏平衡法制订计划
- 运用目标管理法制订并管理计划
- 运用预测的基本方法进行科学预测

素养目标

通过本章学习,学生应具备:
- 计划管理的意识
- 科学的时间观念
- 秩序和效率的意识

思维导图

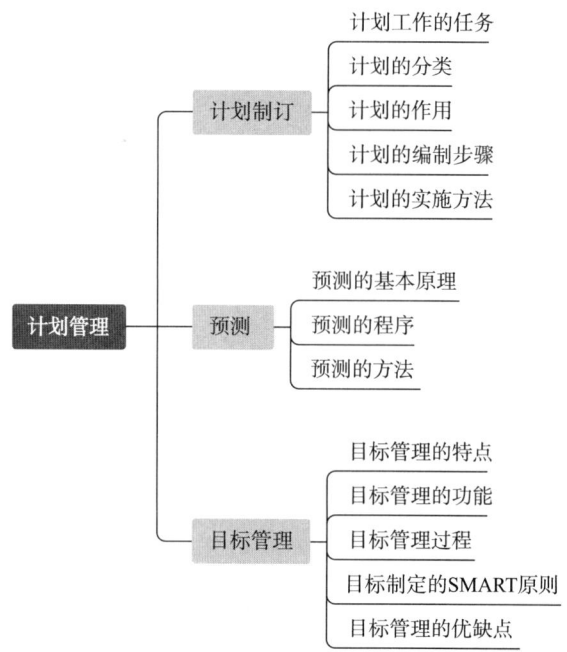

导入案例

杨总经理的一天

胜利电子公司是一家拥有 200 多名员工的小型电子器件制造企业。除了三个生产车间，企业还设有生产技术科、供销科、财务科和办公室四个部门。总经理杨兴华任现职已有四年，此外还有两个副总经理张光和江波，分别负责生产技术、经营及人事。几年来，公司的经营呈现稳定增长的势头，职工收入在当地遥遥领先。

年底将至，杨总经理一上班就平息了两起"火情"。首先是关于张平辞职的问题。张平是一车间热处理组的组长，也是公司的技术骨干，工作积极性一向很高，但今天一上班他就气呼呼地来到总经理办公室递上一份辞呈。经过了解，张平并非真的想辞职，而是觉得受了委屈。原因是头一天车间主任让他去参加展览中心的热处理新设备展销会，而未能完成张副总经理交办的一批活，受到了张副总经理的批评。经过杨总经理说服后，张平解开了疙瘩，收回了辞呈。

张平刚走，又来了生产技术科的刘工。刘工是厂里的技术"大拿"，也是技术人员中工资最高的一位。刘工向杨总抱怨自己不受重视，声称如果继续如此，那么自己将考虑另谋出路。经过了解，刘工是不满生产技术科的奖金分配方案。虽然生产技术科在各科室中奖金总额最高，但科长老许图省事决定平均分配，从而使自认为为企业立下汗马功劳的刘工与刚出校门的小李、小马等人所得一样。结果是小李、小马等欢天喜地，而刘工却感到受到冷落。杨总经理对刘工进行了安抚，并告诉刘工明年公司将进一步开展和完善目标管理活动,"大锅饭"现象很快就会克服。事实上,由于年初制订计划时,目标定得比较模糊和笼统,各车间在年终总结时均出现了一些问题。

送走了张平和刘工后,杨总经理开始翻阅秘书送来的报告和报表,结果上个月的质量情况令他感到不安,不合格品率上升了6个百分点。车间和生产技术科在质量问题上的相互推诿也令人恼火。他准备在第二天的生产质量例会上重点解决这个问题。此外,用户的几起投诉也需要格外重视。

处理完报告和报表后,杨总经理决定到车间巡视一下。在二车间的数控机床旁,他发现青工小王在操作时不合乎规范要求,当即予以纠正。随后他又到由各部门人员协作组成的技术攻关小组,鼓励他们加把劲,争取早日攻克这几个影响产品质量和生产进度的拦路虎,并顺便告知技术员小谭,公司会尽量帮助解决他妻子的就业问题。此外,杨总经理又透露公司做出的一项决定:今后无论是工人还是技术人员,只要有论文发表,公司将承担其参加学术会议的全部费用。大家备受鼓舞。

中午12点,根据预先的安排,杨总经理同一个重要的客户共进了午餐。下午2点主持了公司领导和各部门主管参加的年终总结会,会上除生产技术科科长与供销科科长为先进科室的称号又一次争得面红耳赤之外,基本顺利。散会以后,他与一个外商进行了谈判,签下了一份金额颇大却让两位副总经理忐忑不安的订单,因为其中一些产品本公司并没有生产过,短时间内也没有能力生产。但杨总经理心中自有主意,因为他知道一家生产此类产品的大型企业正在四处找米下锅,而这份订单不仅会使这家大型企业愁眉轻展,也将使胜利电子公司轻轻松松稳赚一笔。

下班时间到了,但杨总经理丝毫没有回家的意思。年底将至,他得想想明年的事情了。

问题思考

杨总经理为什么繁忙?请从管理职能的角度对杨总经理一天的活动进行评价。

训练任务

1. 请你查阅资料,仔细研究企业的销售计划或学校每学期的课程表,然后列出计划的构成要素。
2. 请你制订6个月的工作计划或学习计划。

必备知识技能

第一单元 计 划 制 订

计划是管理的首要职能,任何管理活动都必须制订计划。古人所说的"运筹帷幄",就是对计划职能的形象概括。

所谓计划,就是对未来活动要达到的目的和结果所进行的事先安排与部署。

由于计划是预先制订的行动方案,而客观环境不仅事先难以准确把握,还有可能随时发生变化,这就要求计划既要具有一定的预见性,又要根据环境的变化不断更新和调整。

一、计划工作的任务

计划工作是以企业经营决策为起点,通过计划的编制、执行和控制,挖掘内部潜力,把企业的生产经营活动科学地组织起来,把企业的经营目标落实到各有关部门及职工,使企业的生产经营活动协调地、有节奏地进行,保证计划工作任务的全面完成。计划工作的基本任务,就是通过系统分析,基于企业目标与外部环境,根据内部条件动态平衡的原则,选择最佳方案,编制先进合理的计划,并通过计划的执行、检查、控制和调整,充分调动广大职工的积极性,保证企业的人力、物力、财力和各种资源得到充分、合理的使用,以实现全面的经济效益。具体来说,计划工作的任务主要表现在以下几个方面:

1. 确定工作目标

为协调全体职工的行动,明确努力方向,企业应当在分析外部环境和内部条件的基础上,确定企业在不同时期的经营目标,并激励职工为实现目标而奋斗。企业的目标还要进一步分解为内部各单位乃至每个职工的目标,以使企业目标具体化。提出切实可行的目标是计划工作的主要任务。

2. 选择最佳方案

为实现一定的目标,往往有多种方案可供选择。为促进企业经济效益的提高,计划工作要在技术经济评价的基础上,比较各方案的经济性,权衡利弊,选择在本企业条件下经济效益最好的方案作为安排计划的依据。这一步是通过计划来保证提高经济效益的关键,是计划的中心工作。

3. 分配各种资源

计划的实施需要一定的条件,包括人力、物力、财力、信息、时间等。在计划工作中,充分挖掘内部潜力,使各种资源得到充分、合理的使用,并按照"不留缺口"的原则,根据各单位承接任务的大小和轻重缓急,合理地分配各种资源,落实实现计划的保证措施,是计划工作的又一重要任务。

4. 搞好综合平衡

企业的生产经营是一个复杂的过程,既有人与人之间的分工协作关系,又有人与物之间的关系,既有企业内部各生产环节之间的关系,又有企业与外部环境之间的关系,只有各方面的工作都协调进行,才能使企业的生产经营活动获得较好的效果。所以,企业要通过计划安排,正确处理各方面的关系,使其保持合理的比例,也就是要搞好综合平衡,这是计划工作的重要任务和核心内容。

5. 计划实施

编制计划是手段,实现计划才是目的。为此,企业应当在计划执行的过程中,充分调动广大职工的积极性,结合目标管理方法,落实经济责任制,并注意加强统计分析工作,及时发现实际进度与计划目标之间的偏差,深入分析产生的新情况和出现的不平衡,采

取有效措施加以解决,促进各单位、各部门都能按计划进行工作,保证各自计划的实现。若确系客观条件变化较大,不能按原计划进行,则企业应对计划做出调整。

> 📝 **管理小故事**

石匠的故事

有个人经过一个建筑工地,问那里的石匠们在干什么,三个石匠有三个不同的回答。

第一个石匠回答:"我在做养家糊口的事,混口饭吃。"

第二个石匠回答:"我在做整个国家最出色的石匠工作。"

第三个石匠回答:"我正在建造一座大教堂。"

三个石匠的回答给出了三种不同的目标。

第一个石匠说自己做石匠是为了养家糊口,这是短期目标导向的人,只考虑到自己的生理需求。

第二个石匠说自己做石匠是为了成为全国最出色的匠人,这是职能思维导向的人,做工作考虑本职工作,考虑要成为什么样的人,从工作本身的专业性考虑问题;较少考虑为完成组织的目标自己需要做哪些改变,能做哪些贡献。

第三个石匠的回答说出了目标的真谛,一个人或一个组织首先要有大目标,然后围绕大目标做事情,成就一番事业。这是经营思维导向的人,这些人在思考目标时会把自己的工作与组织的目标相关联,从组织价值的角度看待自己的发展,这样的员工会获得更大的发展。

第三个石匠才是一个管理者。他用自己的工作影响着组织的绩效,他在做石匠工作时看到自己的工作与建设大教堂的关系,这种人的想法难能可贵!

思考:

■ 目标和计划的关系是什么?

■ 我们的小目标可以为组织提供什么价值贡献?

二、计划的分类

计划的种类很多,从不同的角度可以将计划分为不同的类型。

(一) 按计划的具体形态分类

根据计划的具体形态,可以将计划分为宗旨(使命)、目标、政策、程序、规则、预算等。

1. 宗旨

组织的目的或使命称为宗旨,它是组织存在的意义,是组织的根本任务。也就是说,宗旨表明组织是干什么的、应该干什么。例如,企业的基本宗旨是向社会提供有经济价值的商品或劳务;大学的宗旨是提供教育,培养高级人才;福利机构的宗旨是提供社会福利。

2. 目标

一定时期的目标或各项具体目标是在宗旨的指导下提出的,它具体规定了组织及其各个部门的经营管理活动在一定时期内要取得的具体结果。目标从确定开始到目标分解,直到最终形成目标网络,不仅本身是一个严密的计划过程,而且是构成组织全部计划的基础。

3. 政策

政策是表现在计划之中的文字说明或协商一致的意见,以此指导或沟通决策过程中的思想和行动。政策把所要拟定的决策限制在一定的范围内,以保证决策和目标的一致。既然政策是决策时考虑问题的指南,它就必须允许有某些斟酌决定的自由,否则它就成了规则。在某些情况下,政策处理问题的余地很大,但多数是很小的。因此,我们可以把政策看成鼓励自由处理问题的进取精神的一种手段,但必须有一定的限度。

4. 程序

程序是对所要进行的活动规定的时间顺序,因此程序也是一种计划。它规定了处理那些重复发生的例行问题的标准方法。程序还是一种经过优化的计划,它是对大量日常工作过程及工作方法的提炼和规范化。组织中所有重复发生的管理活动都应当有程序。管理的程序水平是管理水平的重要标志,制定和贯彻各项管理工作的程序是组织的一项基础工作。

5. 规则

规则就是根据某种具体情况做出的采取或不采取某种行动的规定。规则与程序有关,但它不规定时间顺序。事实上,可以把程序看成一系列的规则,但规则可以是也可以不是程序的组成部分。比如"禁止吸烟"是一个与任何程序都无关的规则。规则与政策也有不同,政策的目的是指导在决策过程中如何去考虑问题,并留有自由处理的余地;规则虽然也起指导作用,但在应用中不准留有自由处理权。就其本质而言,规则和程序旨在抑制思考、照章办事,所以规则和程序自然只有在管理者不希望组织成员运用自由处理权的情况下才被采用。

6. 预算

预算是用数字表示预期结果的一种报告书。预算有各种类型,比如有关于经营方面的费用预算,有反映资本支出的基本建设预算,还有说明现金流动情况的现金预算,等等。

预算也是一种控制手段,但制定预算属于计划的内容,它是计划的一项基本工作。一个预算也可能包括整个企业的规划,因为它是以数字的形式出现的,所以它能使计划工作做得更加精确。

(二) 按计划制订的层次分类

根据计划制订的层次,可以将计划分为战略计划、战术计划和行动计划。

1. 战略计划

战略计划是由高层领导机构制订,并下达到整个组织执行和负责检查的计划。它是对本组织事关重大的、带有全局性的、时间较长的工作任务的筹划。比如远景规划就是对较大范围、较大规模的工作,较长时间的总方向、大目标,主要步骤和重大措施的设想蓝图。这种设想蓝图虽然有重点部署和战略措施,但并不具体指明有关的工作步骤和实施措施;虽然有总的时间要求,但并不提出具体的、严格的工作时间表。企业单位的战略计划一般叫经营战略。

2. 战术计划

战术计划是中层管理机构制订、下达或颁布到有关基层执行并负责检查的计划。战术计划一般是专业计划或业务计划。专业计划或业务计划是实现战略计划的具体安排,它规定基层组织和组织内部各部门在一定时期内需要完成什么、如何完成,并筹划人力、物力和财力资源等。

3. 行动计划

行动计划是基层执行机构制订、颁布和负责检查的计划。行动计划一般是执行性的计划,主要有作业计划、作业程序和规定等。行动计划的制订首先必须以计划的要求为依据,保证战术计划和战略计划的实现。同时,行动计划还应在高层计划许可的范围内,根据自身的条件和客观情况的变化灵活地做出安排。

总之,战略计划、战术计划和行动计划强调的是组织纵向层次的指导和衔接,它们应在统一计划、分级管理的原则下,合理划分管理权限,既要充分发挥战略计划对战术计划和行动计划的指导作用,又要通过战术计划和行动计划的实施保证战略计划目标的实现。

(三) 按计划的期限分类

根据计划的期限,可以将计划分为长期计划、中期计划和短期计划。

1. 长期计划

长期计划的期限一般在 10 年以上,又称长远规划和远景规划。长期计划期限的确定主要考虑以下因素:一是为完成一定的战略任务大体需要的时间;二是人们认识客观事物及其规律的能力、预见程度,制订科学的计划所需的资料、手段、方法等条件具备的情况;三是科技的发展及其在生产上的应用程度等。长期计划一般只是纲领性、轮廓性的计划,它只是一个比较粗略的远景规划设想。由于长期计划的期限较长,涉及的不确定因素较多,况且有些因素人们事先也难以预料,因此它只能以综合性指标和重大项目为主,还必须有中短期计划来补充,把计划目标加以具体化。

2. 中期计划

中期计划的期限一般为 5 年左右,由于期限较短,可以比较准确地衡量计划期内的各种变动及其影响。所以,在一个较大的系统中,中期计划是实现计划管理的基本形式。它一方面可以把长期的战略任务分阶段具体化,另一方面又可以为年度计划编制基本框架,因而成为联系长期计划与年度计划的桥梁和纽带。随着计划工作水平的提高,五年计划也应列出分年度的指标,但不能代替年度计划。

3. 短期计划

短期计划包括年度计划和季度计划，以年度计划为主要形式。它是中长期计划的具体实施计划、行动计划。它根据中期计划具体规定本年度的任务和有关措施，内容比较具体、细致、准确。短期计划有执行单位，有相应的人力、物力、财力的分配，为贯彻执行提供了可能，为检查计划的执行情况提供了依据，从而使中长期计划的实现有了切实的保证。

值得注意的是，一些外部环境变化很快、本身发展迅速的企业，长期计划、中期计划和短期计划的时间期限会短些，甚至年度计划就是长期计划。

长期计划、中期计划、短期计划的有机协调和相互配套，是每一个组织生存和发展的保证。在实践过程中，一般的经验是，长期计划可以粗略一些、弹性大一些，短期计划则要具体一些、详细一些。同时，还应注意编制滚动式计划，以解决好长期计划与短期计划之间的协调。

▶ 课堂训练

以小组为单位，拟订一份计划书，主题及内容自定，要求计划书包括以下要素：计划的目的，计划的内容，计划的时间和地点，参与人员，计划实施的条件，计划的有关要求或措施。

三、计划的作用

随着生产技术的日新月异以及生产规模的不断扩大，组织分工与协作的程度空前提高，每一个社会组织的活动不但受到内部环境的影响，而且受到外部多方面因素的制约，组织要不断地适应这种复杂、多变的环境，只有科学地制订计划，才能协调与平衡多方面的活动，求得本组织的生存与发展。具体地说，计划的作用可以归纳如下：

1. 计划是实现决策目标的保证

计划是为了实现一定的决策目标，而对整个目标进行分解、计算并筹划人力、物力、财力，拟定实施步骤、方法和制定相应的策略、政策等一系列管理活动。任何计划都是为了实现某一个决策目标而制订和执行的。计划管理的一个重要功能就是把注意力时刻集中于决策目标，如果没有计划，实现目标的行动就会成为杂乱无章的活动，那样决策目标就很难实现。计划能使目标具体化，为组织或个人在一定时期内需要完成什么、如何完成给出切实可行的途径、措施和方法，并筹划人力、物力、财力等资源，因而能保证决策目标的实现。

2. 计划是应对变化、降低风险的手段

将来的情况是变化的，特别是当今世界正处于一种剧烈变化的时代中，社会在变革，技术在发展，人们的价值观念也在不断变化，市场形势更是瞬息万变，如果没有预先估计到这些变化，就可能导致组织的失败。计划是针对未来的，这就使计划制订者不得不对将来的变化进行预测，研究这些变化将对达成组织目标产生何种影响，在变化确实发生

时应该采取什么对策,并制订出一系列备选方案。一旦出现变化,组织就可以及时采取措施,不至于无所适从。实际上,有些变化是无法事先预知的,而且随着计划期的延长,这种不确定性相应增大,但通过计划工作进行科学的预测,可以把将来的风险降到最低程度。

3. 计划是减少浪费、提高效益的重要途径

计划工作要对各种方案进行技术经济分析,选择最适当的、最有效的方案来实现组织目标。此外,由于有了计划,组织中成员的努力将合成一种组织效应,这将大大提高工作效率从而带来经济效益。计划工作还有助于用最短的时间完成工作,减少迟滞和等待的时间,减少盲目性所造成的浪费,促使各项工作均衡稳定地发展。计划将组织活动在时空上进行分解,对现有资源进行合理分配,规定组织的不同部门在不同时间应从事何种活动,告诉人们何地需要多少数量的何种资源,从而为组织资源筹集和供应提供依据,使组织的可用资源充分发挥作用并降低成本。总之,计划能够协调各方面的关系,合理利用一切资源,有效防止可能出现的盲目性和紊乱,使管理活动取得最佳效益。

4. 计划是管理活动的实施纲领

任何管理都是管理者为了实现一定的目标对管理对象所实施的一系列的影响和控制活动,包括计划、组织、指挥、控制等。计划是管理过程中一切实施活动的纲领,是企业生产经营活动的依据,也是实施监督与控制的依据。企业只有通过计划,才能使管理活动按时间、有步骤地顺利进行。离开了计划,其他职能的作用就会减弱甚至不能发挥,当然也就难以进行有效的管理。

计划的编制是一种协调过程,将企业的目标活动在时间和空间上进行详细分解,从而为科学分工提供依据,给每个管理者和非管理者指明方向。这样就能保持各项活动的有序性,使人们知道该做什么、不该做什么,给每个员工提供发挥积极作用的舞台,使全体员工统一思想、统一步调,共同为实现企业计划目标努力奋斗。

5. 计划是联结当前目标与未来目标的桥梁

计划是勾画未来发展蓝图的过程,不仅要通过改变内部条件、适应外部环境来寻求实现企业目标的途径,安排近期的具体活动计划,还要高瞻远瞩,预测未来,粗略安排未来一定时期的生产经营活动,编制长远发展规划。这样就能使人们把近期目标与长远目标联系起来,立足当前,放眼未来,在做好当前工作的同时,为将来的发展创造条件、积蓄力量,加快企业发展速度,创造更加美好的明天。

管理小故事

腾讯的"敏捷开发"

腾讯是中国乃至全球知名的互联网科技公司,在全球市场上的成功在很大程度上得益于高效的计划管理。

腾讯实施一种名为"敏捷开发"的管理模式。在这种模式下,公司把所有的产品和项目都视为迭代与优化的过程,每个阶段都有自己的目标、任务和反馈等要求。通过敏捷

的团队协作和用户反馈机制,公司可以对产品的设计、开发和运营等各个环节进行快速调整与改进,确保产品的质量和竞争力。

腾讯推行了一种名为目标与关键成果法(objectives and key results,OKR)的目标管理方法。在这种方法下,公司每年都会制定明确且可衡量的战略目标,并通过关键结果的跟踪和评估来确保目标的实现。这种方法使得公司的计划管理更加透明和责任化,每个员工都能明确自己的角色和贡献,共同推动公司战略的执行。

腾讯还利用先进的信息技术进行计划管理。公司建立了全面的信息化系统,包括ERP(企业资源规划)、CRM(客户关系管理)、BI(商业智能)等。这些系统可以实时收集和处理各种业务数据,为公司的计划管理提供精准的信息支持和决策依据。

腾讯在计划管理中采用了跨部门和跨地域的合作模式。以游戏产品研发为例,通过OKR系统,公司可以设定清晰和富有挑战性的游戏研发目标,并通过关键结果的跟踪与反馈来优化游戏的设计、开发和测试等工作;同时,通过设立全球化的研发网络和团队,公司能够快速响应市场的变化和需求,不断推出创新和高质量的游戏产品。

通过这些方式,腾讯成功地进行了高效的计划管理,使得公司在激烈的市场竞争中始终保持领先地位。这个案例告诉我们,推行敏捷和目标导向的管理模式,实施跨部门和跨地域的协同合作,利用先进的信息技术和全球化资源,都能够有效提高企业的运营效率和竞争力。

四、计划的编制步骤

计划是企业管理者通过对过去和现在的资料进行分析,对将来可能发生的情况进行估计,以确定实现预定目标的行动方案。计划领先于其他职能,是所有企业管理活动的基础。计划最重要、最基本的作用在于使员工了解他们所面临的目标和应完成的任务,以及为完成任务和实现目标所应遵循的指导原则。归纳起来,编制计划有以下几个步骤:

1. 估量机会

虽然机会的选择要在编制实际计划之前进行,严格地讲,不属于计划编制过程的一个组成部分,但是时刻留意外部环境和企业内部潜在的机会是编制任何一个计划的真正起点。企业应该分析将来可能出现的机会,并清楚而全面地了解这些机会;应该知道企业自身的优点和弱点、企业所处的环境;还应该知道企业目前期望得到什么。企业能否确立切合实际的目标,取决于对上述种种情况的认识。编制计划需要实事求是地对影响机会的各种因素进行分析和判断,结合企业的优势和劣势,避开威胁,抓住机遇。

2. 确立目标

编制计划的第二步是确立企业的整体目标,然后确立每个下属工作单位的目标,包括长期和短期的目标。企业目标指明主要计划的方向,主要计划又根据反映企业目标的方式来规定各个主要部门的目标,而主要部门的目标又依次控制下属各部门的目标。沿着这样一条线依次类推，形成企业完整的目标体系。

目标确定预期结果，说明要完成哪些工作，工作重点应放在何处，要取得怎样的成果。企业所有的努力和活动都是为了实现目标，目标指明了企业努力的方向，是控制过程的重要依据。企业为全体员工制定目标，可以协调整个企业的活动，使员工保持高度的积极性，促使他们去实现自身目标和企业目标。

3. 拟定前提条件

计划的前提条件就是计划在未来实施时预期的内外部环境。编制计划只有弄清计划对象的实际情况，才能做到有的放矢，提高计划的科学性。要通过周密的调查研究，全面积累数据，充分掌握资料，经过认真分析，掌握客观过程发展变化的规律性，据以预测未来发展趋势及数量表现，拟定编制计划的关键性前提条件。这包括：产品将面临怎样的市场，市场总体销量有多大，应定什么样的价格，市场需要什么样的产品，技术开发处于怎样的层次，成本有多高，政策环境和社会环境如何，如何才能筹集到足够的资金，中长期趋势将会怎样，等等。

由于计划涉及的条件十分复杂，想要把一个计划的未来环境的每个细节都做出假设，将是徒劳的或者说不切实际的。因此，对于一个实际问题，前提条件限于对计划来说是关键性或具有战略意义的假设，也就是限于那些最能够影响计划贯彻实施的假设条件。

4. 制订可行方案

实现目标的途径多种多样，可能的工作方案也有很多，编制计划的第四个步骤就是寻求可供选择的行动方案，特别是那些不是马上就能明了结果的行动方案。经常会出现这样的情况，编制一个计划但没有几个看起来非常合理的可供选择的方案，而实际上一个不是很显眼的方案最后往往被证明是最佳的。在实际工作中，要注意剔除那些可以证明不可行的方案，以便分析最有成功希望的方案。计划工作者通常必须进行初步检查，以便为执行者筛选出最有成功希望的方案。

5. 评价选择可行方案

在找出各种可供选择的行动方案并了解各自的优缺点后，下一步就是根据前提条件和目标，权衡彼此的轻重，对方案进行评价。如果唯一的目标是在某项业务范围内取得最大限度的当前利润，而且未来的环境是确定的，公司的现金是充裕的，大多数因素可以转化为确定数据，那么评估将是相对容易的。但是，由于计划工作者要面对很多不确定性因素、资金短缺问题以及各种各样的干扰因素，评估工作通常是很困难的，甚至看似简单的问题也是如此。在方案评价的基础上，可以通过比较，从中选择较好的方案予以采用。

6. 综合平衡，确定计划

工作方案确定之后，主体计划已经形成，而主体计划肯定需要派生计划的支持。此外，不平衡的计划必然会增加系统的无序性与内耗，因此在制订企业计划时，必须对计划的各个组成部分、计划对象与相关系统的关系进行统筹安排，不仅要兼顾各方面的利益，还要考虑产出与投入的平衡，人、财、物等各种资源的平衡，研发、生产、销售等各项活动能力的平衡以及时间的衔接等。也就是说，只有经过综合平衡，才能形成一个相互配套、相互保证的计划体系。

在确定计划后，还要把计划转变为预算，使计划数量化。企业的全面预算要求体现计划所涉及的收入和支出的总额、预期的利润以及主要资产负债表项目的预算（如现金支出与资本支出的预算）。预算如果编得好，就可以成为汇总各种计划的一种手段，同时也就确定了可以衡量计划实施好坏的重要标准。

管理小故事

目标不是拍脑袋就可以定下来的

在一堂培训课上，有个同学举手问老师："老师，我的目标是一年内赚100万元！请问我应该如何计划我的目标呢？"

老师便问他："你相不相信你能达成？"他说："我相信！"老师又问："那你知不知道要通过哪个行业来达成？"

他说："我现在从事保险业。"老师接着又问他："你认为保险业能不能帮你达成这个目标？"他说："只要我努力，就一定能达成。"

"我们来看看，你要为自己的目标做出多大的努力，根据提成比例，100万元的佣金大概要做300万元的业绩。一年300万元的业绩，一个月是25万元的业绩，平均到每一天则大约是8 300元的业绩。"老师说："每一天8 300元的业绩，大概要拜访多少个客户？"

"大概要50个。"同学回答。老师接着分析："那么一天拜访50个，一个月就要拜访1 500个，一年呢就需要拜访18 000个客户。"

这时老师又问他："请问你现在有没有18 000个A类客户？"他说没有。"如果没有的话，就要靠陌生拜访。面对一个陌生客户，你平均要谈上多长时间呢？"他说："至少20分钟。"

老师说："每个人要谈20分钟，一天要谈50个人，也就是说你每天要花16个多小时在与客户交谈上，还不算路途时间。请问你能不能做到？"

他说："不能。老师，我懂了，这个目标不是凭空想象的，而是要凭着一个能达成的计划而定的。"

这个故事告诉我们，**目标不是拍脑袋就可以定下来的**。目标不是孤立存在的，目标的达成需要成熟的工作思路和明确的工作计划的支撑，而工作计划的有效性决定着目标能否实现。

很多企业在制定目标时喜欢拍脑袋，喜欢按照过去的经验做事，去年销售收入增长了50%，今年要求增长100%，理由仅仅是"去年都增长了50%，今年增长100%有什么难度？"

实际上，这样的说辞一点都不具备说服力。空洞的说辞背后显示了管理者管理技能的欠缺，他们没有很好的分析框架和分析思路来引导下属理清达成目标需要做的工作和可能遇到的障碍。没有这些分析作为支撑,无论你提出的目标值是多少,都是错误的。

所以,作为管理者,在目标制定过程中,你的任务不是作为一个上级对下属的目标高低做出判断,而是作为下属的绩效合作伙伴,帮助下属分析目标是什么、目标值是多少、为什么、如何做。

做到了这些,你才是一个帮助员工和组织成长的高绩效管理者;否则,你就是和下属在一起制造平庸。

思考:
- 如何通过有效计划的制订来推进目标的实现?
- 我们可以为组织/个人目标的实现制订什么样的可落地行动方案?

五、计划的实施方法

(一)滚动计划法

所谓滚动计划,是按照"近细远粗"原则制订一定时期内的计划,然后根据计划的执行情况和条件的变化,调整和修订未来的计划,并逐期向前移动,把短期计划和长期计划结合起来的一种计划方法。滚动计划的基本原理如图4-1所示。

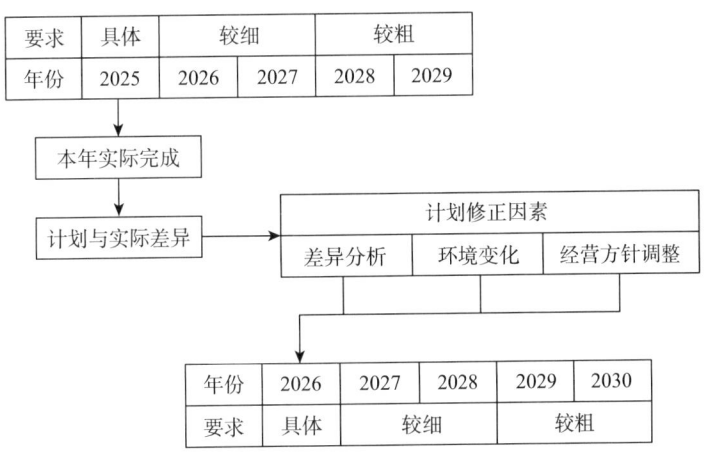

图4-1 滚动计划

滚动计划是一种比较灵活、机动、有弹性的计划形式。滚动计划法可以变静态计划为动态计划,根据外界环境的变化、企业生产经营的实际情况和各方面条件的变化,不断地对计划进行调整和修正;保证计划期内的衔接性和连续性,使企业始终有一个切合实际的长、中、短期计划来指导生产经营活动,在适应外界环境变化的同时保持生产稳定和均衡的计划管理,做到在新情况下,各个生产环节、各项工作都能协调而有节奏、有秩序地进行,从而加强计划的严密性和灵活性。此外,滚动计划法的采用还有助于逐步加深对生产条件变化规律的认识,既可以保证计划的衔接,又可以使计划符合客观条件的变化,具备可靠性。

滚动计划法的实施步骤如下：

第一，确定滚动期和编制间隔期。滚动期是编制滚动计划的时间长度，即编制多长时间的滚动计划。长期滚动计划的滚动期一般要和国家的长远规划衔接，短期滚动计划的滚动期一般要和企业主导产品的生产周期衔接，建设项目和施工企业的滚动期应与项目建设周期衔接。间隔期多与计划期一致，按年、季、月考虑，长期计划为一年，年度计划为季，短期计划为月。

第二，编制初始滚动计划并组织实施。按照编制计划的程序和方法，遵循近细远粗原则，制订一定时期的计划，并用于指导企业的生产经营活动。应注意建立完善的信息反馈系统，掌握和积累生产经营中的各种信息，作为控制计划实施和编制下期计划的依据。

第三，找出差异，分析计划修正因素。当一个计划执行期终了时，搞清计划执行的结果。要进行以下三方面的分析：一是差异分析，即计划实际完成情况同计划的对比分析，应找出差异，查明原因，总结经验，提出改进措施；二是客观条件变化分析，即企业外部环境和内部条件的变化，应通过调查和预测，搞清近期变化程度，掌握未来变化趋势；三是经营方针调整分析，即分析企业的经营目标、方针、策略发生了怎样的变化。

第四，编制下一期滚动计划。在上述分析的基础上，对原计划进行必要的调整和修正，并将最近一期计划具体化，补充最后一期的粗线条计划，将计划向前滚动一个计划期。

📝 管理小故事

电商公司运用滚动计划法优化营销策略

在一家高速发展的电商公司，市场部总监王女士面临年度营销计划难以精确预测未来市场变化的问题。她意识到，要想在竞争激烈的电商市场中脱颖而出，必须有一种灵活且适应性强的计划方法。

于是，王女士决定引入滚动计划法来调整市场营销策略。最初，她制定了一个覆盖全年的大致营销框架，其中包括新品发布、促销活动、广告投放等多个环节。但不同于以往的一次性制订全年详细计划，她采用每季度滚动更新的方法。

第一季度，按照原定计划成功推出了春季新品，并根据市场反馈进行了首次滚动修正，调整了第二季度的营销重点，增大了对热销品类的推广力度。进入夏季，由于气温异常炎热，空调、风扇等制冷电器的需求激增，王女士团队迅速捕捉到这一市场变化，再次运用滚动计划法，临时追加了暑期特惠活动，并调整了第三季度的广告预算分配。

在第四季度，由于前三个季度的滚动计划执行良好，公司提前完成了年度销售目标。但王女士并未松懈，反而根据当年市场走势和年终节日消费特点，提前规划了新年、春节等重大节庆期间的营销活动，并预留了足够的弹性空间以应对不可预见的变化。

通过滚动计划法的运用，市场营销策略变得更加敏捷、灵活，不仅能及时响应市场变化,还能有效利用有限资源,最大限度地提高营销效益。这种方法不仅帮助电商公司在激烈的市场竞争中稳住了阵脚,还为其未来的长远发展打下了坚实的基础。

(二) 备用计划法

所谓备用计划,也可称之为应急计划,是基于经营环境的变化,预先假定发生的可能性较大而且对企业经济效益影响很大的意外事件,做好应对变化的准备,做出相应的计划并编入经营计划。也就是说,对于发生变化可能性最大的环境,根据预测制订基本计划。对于发生可能性比较大、影响程度也很大的情况,虽说不一定会发生这种变化,但要提出一旦发生意外事件,适合这种预测情况的行动计划——应急计划。在计划执行过程中,若意外事件不发生则执行基本计划,一旦意外事件发生就停止执行基本计划,迅速启用应急计划,如图 4-2 所示。

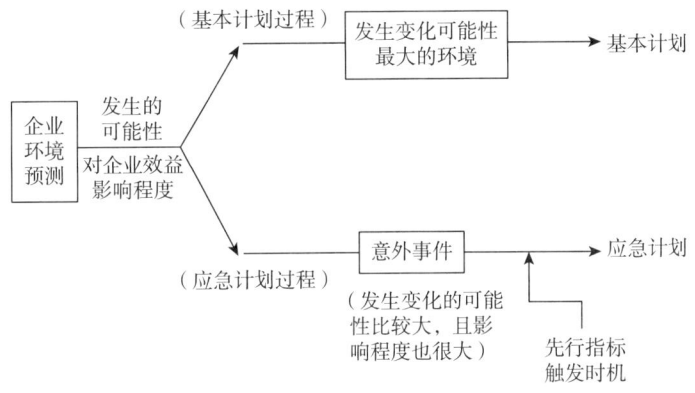

图 4-2 应急计划示意图

制订应急计划的程序是:

第一,选定意外事件。在对经营环境进行调查研究和预测的基础上,将发生可能性较大但不一定发生且对企业经济效益影响显著的事件确定为意外事件,并预测其发生的概率。

第二,编制应急计划。假定意外情况发生,为保持企业经营稳定,最大限度地减少损失、增加盈利,应采取的对应行动计划,包括调整经营方针、修订计划目标、调整价格、节能降耗等。

第三,确定实施应急计划的时机。虽然预先制订了应对意外事件的计划,但对某些情况而言,意外事件发生后再觉察就晚了,有必要事先觉察意外事件发生的前兆,在事件发生前采取解决措施。为此,需要确定能够早期发现意外事件的先行指标和执行应急计划的触发时机。在实际工作中,企业应随时关注先行指标的变化,一旦到达触发时机就应开始采取应急措施。

第四,测定对经营结果的影响程度,即比较执行应急计划后的结果与执行基本计划的结果,通过预测影响程度,为企业较长期的计划调整提供依据。

📝 管理小故事

备用计划助力物流公司度过物流高峰

在一家名为速捷物流的公司,总经理赵先生每年都要面临双十一购物狂欢节带来的物流高峰挑战。他知道,巨大的包裹量可能导致运输车辆故障、人员短缺、仓库爆仓等诸多问题,因此他始终坚守备用计划法,提前做好应急预案。

首先,赵先生在车辆调度上预备了额外的外包车队作为备用运力。在双十一来临前,他与几家信誉良好的运输公司签署紧急合作协议,一旦自有车队出现故障或无法满足需求,即可迅速启用备用运力。

其次,针对可能发生的人员短缺问题,赵先生提前进行临时工招聘和内部员工培训,确保在高峰期每个员工都能胜任多个岗位,同时设立加班奖金激励机制,鼓励员工在关键时刻贡献力量。

最后,赵先生还对仓储系统进行了优化扩容,除了常规存储区域,还租赁了附近闲置仓库作为临时储备空间,并采用先进的库存管理系统,确保在高峰期也能准确掌握物品流动情况,及时调整仓库容量。

双十一当天,尽管面临前所未有的物流压力,但由于赵先生早早采用了备用计划法,对可能出现的各种问题提前做了充分预案,速捷物流在繁忙的物流高峰期内依然保持了高效稳定的运营,成功将消费者购买的商品快速、准确地送达他们手中。这次成功的实践进一步证明了备用计划法在物流管理中的重要作用。

(三) 盈亏平衡分析法

盈亏平衡分析是业务量—成本—利润分析的简称,又称量本利分析、保本点分析、盈亏临界分析等。它是根据业务量、成本及利润之间相互依存的关系,研究业务量、成本的变化对目标利润的影响,从而帮助企业采用正确的经营决策,确定最佳的经济规模,以促进企业目标利润的实现。

盈亏平衡分析既直观又方便,已成为技术经济分析的一项重要内容,也是企业经营管理中应用范围很广的一种管理方法。

为正确判断企业经营状况的好坏,可以从三方面进行分析。

1. 确定实际业务量(产量或销量)在量本利分析图中所处的位置或区域

首先找出企业的盈亏平衡点,确定保本点销售额与销售量。若实际的业务量大于保本点业务量,则实际业务量处于盈利区;反之,则在亏损区;等于保本点的业务量则不亏不盈。

2. 计算企业的盈亏平衡点作业率

计算公式为:

$$\text{盈亏平衡点作业率} = \text{盈亏平衡点业务量} / \text{实际业务量} \times 100\%$$

企业的生产率只有超过盈亏平衡点作业率,企业才可能有盈利。

3. 测算企业的经营安全率

经营安全率是反映企业经营状况的一个重要指标,它衡量企业当前销售额(或业务量)与盈亏平衡点销售额(或业务量)之间的距离,用公式可以表示为:

经营安全率 =(现实业务量 - 盈亏平衡点业务量)÷ 现实业务量 × 100%

经营安全率越大,表明企业经营状况越好;反之,则表明企业经营状况越差。一般可根据表 4-1 来判断企业经营的安全状态。

表 4-1 经营安全率等级

经营安全率	30%以上	25%—30%	15%—25%	10%—15%	10%以下
经营安全状态	安全	较安全	不太好	要警惕	危险

📝 管理小故事

咖啡馆的盈利密码:盈亏平衡分析法的应用

在一个热闹的街区新开了一家名为"醇香时光"的咖啡馆,老板小明热衷于咖啡文化,但对财务管理不是特别擅长。开业初期,咖啡馆的生意火爆,但几个月下来账面上并未体现出理想的盈利状况。

困惑不解的小明请教了一位资深的财务顾问,后者向他介绍了盈亏平衡分析法。首先,他们一起计算了固定成本,包括租金、工资、水电费等每月固定支出;接着,统计了变动成本,如咖啡豆、牛奶、糖等原料费用;然后,明确了每杯咖啡的平均售价。

通过盈亏平衡公式[盈亏平衡点销售额=固定成本÷(单位售价-单位变动成本)],他们得出咖啡馆每天要卖出一定数量的咖啡才能达到收支平衡。小明这才恍然大悟,原来自己之前并未清晰地把握盈亏平衡点的含义,即在实际销售额超过盈亏平衡点销售额之前,所有的收入是在填补固定成本缺口。

随后,小明利用盈亏平衡分析法进行了精细化管理:一方面,通过提高单品价格、优化菜单组合来提升单位售价;另一方面,通过节能降耗、集中采购来降低变动成本;同时,开展主题活动吸引更多客流,确保每天的销量超过盈亏平衡点销量。

经过一番调整,"醇香时光"咖啡馆的经营状况逐渐好转,终于扭亏为盈,走上了稳定发展的道路。这个小故事生动地展示了盈亏平衡分析法在企业管理中的重要性,它帮助经营者明确了什么状态下能实现盈利,为决策提供了有力的数据支撑。

第二单元 预 测

预测就是根据过去和现在估计未来,根据已知推断未知。现代企业外部市场环境千变万化,竞争十分激烈,而且内部条件复杂多变,企业为了生存和发展,必须对市场形势和生产条件进行科学的预测,制定相应的经营战略和市场营销计划,以便掌握市场竞争的主动权。

一、预测的基本原理

1. 连贯性原理

事物发展的各个阶段具有连续性,它的现在是从过去演变而来的,未来的变化又是以现在和过去为基础的。因此,在预测中需要把事物的未来同它的过去和现在联系起来,根据预测对象过去的统计资料和现在的实际状况,并考虑事物发展的偶然性因素影响而产生的随机性,利用历史数据进行统计分析,科学地分析研究其发展趋势,推测未来发展状况的可能结果。

一般地说,事物的发展过程有两种倾向:一是继承性,即事物的某些特性在相当长的时期内保持不变,持续地发生作用;二是变异性,即某些特性在短期内突然变化,发生转折。当继承性占主导地位时,事物的发展呈现平稳状态,其主流趋势将会延续下去;当变异性占主导地位时,各种因素的内在联系会重新组合,形成支配事物发展的新机制。正确区分两种状态,是成功地进行预测的必要条件。

2. 类推性原理

科学研究表明,当事物的内部结构具有相似或相同特征时,它们的发展变化也会表现出类同性。类推性原理就是根据事物间的相似性或类同性,由一事物推断另一事物的发展趋势;同样,也可以把正在发展中的事物与历史上的"先导事件"相类比,预测该事物的未来情景。这样就使得人们有可能对处于突变状态的市场进行预测。比如,在社会文化构成相似的地区之间,以经济发达地区的消费水平类推相对落后地区未来的市场状况,是预测这些地区市场变化方向的有效方法;在预测新产品的扩散过程时,也可以从类似产品的发展变化中得出有借鉴意义的推论。

3. 相关性原理

事物变化往往牵涉许多因素,它们之间存在相互依存、相互推动或相互制约的关系。这些关系在一定时期内相当稳定,并且在逻辑上表现为因果关系,在数量上表现为函数关系。相关性原理就是把各种因素之间的关系作为预测的依据,根据一些因素的已知形态对另一些因素的未知形态进行推测。如果能够从错综复杂的现象中找出各种因素的关系,测定它们相互作用的程度和范围,就可以使用定量方法推断事物未来的发展趋势。在数据资料完备的情况下,运用相关性原理进行预测能够得到比较准确的数值结果,比如预测中所用的因果分析法就是根据相关性原理而来的。

4. 系统性原理

在预测中应用系统性原理,就是要求从系统的观点出发,把预测对象作为系统加以考察,始终把握住系统的目的,从整体与部分之间以及整体与外部环境之间的相互联系、相互作用、相互制约的关系中,综合地、准确地考察预测对象,从而进行系统的分析和预测。例如,在市场预测中,可以采用系统的观点,把顾客、购买力、购买动机与行为、销售渠道以及企业促销情况等影响市场需求的因素综合起来,进行系统的分析和预测,从而达到最佳的预测效果。

二、预测的程序

1. 找出问题,分析差异,提出设想

预测问题是客观事物发展的矛盾表现,是指客观事物发展的实际状态和应有状态之间的差距。这种差距,有些是事物本身的发展出于某种原因偏离了常规和惯例,是客观方面的因素造成的;有些是人们为了谋求某种期望的状态而与实际状态发生偏离,是主观方面的因素造成的。要对预测问题给予确切的说明,需要划定问题本身同周围事物的关系,初步分析造成这种差异的原因,提出预测的基本设想。

2. 确定预测目标,明确预测内容

明确规定预测目标,首先要明确预测的具体目的,对预测问题进行系统分析,说明问题的重点与范围。在此基础上,即可着手确定预测目标,即预测达到什么要求,解决什么问题,预测对象是什么,预测的范围、时间、指标、精度等。

企业预测主要是市场预测,企业可以根据经营管理的需要,把市场预测目标分为产品层次目标、空间层次目标和时间层次目标。

3. 收集与分析数据和资料

开展预测必须掌握大量适用的数据和资料。要按照预测目标,广泛收集影响预测对象未来发展的可控与不可控的一切资料,即内部条件和外部环境的历史资料与现状资料,包括国家统计部门的资料、情报部门整理的参考资料、本企业的历史统计资料等。

对于已有的资料,要进行周密的检查,如对统计指标的口径、指标核算方法、统计时间、计值价格以及计量单位等,必须检查其前后是否一致,一旦发现不可比就要适当地做出调整。对于历史资料,要检查其是否完整,一旦发现有残缺就要通过调查研究,采用估算、换算和查阅有关档案资料等方法进行填平补齐,保持资料的完整性和连续性。

对已有的资料进行检验后,还必须进行综合分析,也就是进一步加工、整理、筛选、归纳已有的资料,检验资料的可靠性,去粗取精、去伪存真,并经过判断、推理,使感性认识上升为理性认识,由事物的现象深入事物的本质,从而预测事物未来的发展变化趋势。

4. 选择预测方法,得出预测结果

这是预测程序的核心。在确定预测值时,一般要经过以下过程:

第一,选择预测方法,要根据预测的目的、预测对象的特点、已有资料的情况、预测费用以及预测方法的应用范围等条件来决定。例如,对新产品的短期预测,由于缺少有关数据,一般运用分析判断方法来确定预测值;对数据比较全的老产品的中长期预测,则要运用数量分析方法来确定预测值。

第二,确定预测模型。凡是运用数量分析方法进行预测的,都必须根据预测目标和历史数据的变化类型来选择数学模型,确定各变量之间可能存在的联系,并对有关数据进行运算,求得各有关参数值,建立预测模型。为提高预测的准确性,要利用已有的数据进行试算，检验模型与预测对象变化规律的符合程度，也可同时采用两种以上方法，以比较和鉴别预测结果的可信度。必要时，应对预测模型进行修正和完善。

第三，确定预测值。这是运用预测模型的过程。只需将有关数据代入方程进行求解，便可求出预测值。

5. 对预测结果进行分析和评价

预测是根据过去和现在推测未来，由于客观事物的动态性和多变性，预测值与未来实际值相比往往会有一定的误差。预测误差产生的原因主要有：预测方法不当，建立的预测模型与实际变动规律不符；历史统计资料不完整，或有虚假因素；外部的政治、经济、技术条件发生重大变化；预测人员的经验、分析判断能力的局限性；等等。因此，一般要对预测结果进行分析和评价，即分析各因素的变化对预测结果可能产生的影响，并测定预测误差，确定预测的可信度，对产生误差的原因做出分析和判断。

6. 修正预测结果

在上述分析的基础上，要根据误差大小及其产生的原因，对预测值进行必要的修正，以便提高预测的准确度。随后，应将预测结果和趋向性意见采用报告的形式向决策机构反映。

管理小故事

电商的库存预测与精准营销

一家国内知名电商平台的运营总监张总面临一个棘手的问题：由于对市场需求预测不准确，经常出现热销商品断货或者滞销商品占用大量库存的情况，这直接影响了平台的销售业绩和用户体验。

为解决这个问题，张总决定引入一套先进的预测程序进行库存管理和营销策略制定。他与技术团队密切合作，首先对历史销售数据进行了深度挖掘和分析，结合季节性、节假日、促销活动等因素，建立了商品销售预测模型。

通过这套预测程序，平台能够较为准确地预估未来某一时间段内各类商品的销量，从而提前做好库存管理，在防止热销商品断货的同时，合理清理滞销商品，降低库存成本。不仅如此，预测程序还与精准营销系统对接，根据预测结果定制个性化的推广活动和优惠政策，提高用户的购买转化率。

在一次"618"大促前夕，预测程序显示防晒霜和空调扇将会迎来销售高峰，于是张总立即组织团队加大这两类商品的采购和库存准备，并策划了主题为"清凉夏日，防晒必备"的促销活动。结果，大促期间，防晒霜和空调扇的销量超出预期，由于库存充足且提前准备充分，发货速度快，用户体验良好，进一步提升了平台口碑和销售额。

通过科学预测和精准施策，企业能够在复杂的市场环境中抢占先机，实现资源的高效利用和业绩的稳步提升。

三、预测的方法

由于预测的目的、内容和期限不同,出现了多种多样的预测方法。目前,预测方法已达 150 多种,其中广泛使用的有三十多种,经常使用的只有十几种。尽管预测方法多种多样,但大体上可归类为定性预测法和定量预测法。

(一)定性预测法

1. 专家预测法

专家预测法也叫直观预测法,或分析判断预测法。它是由预测者根据已有的历史资料和现实资料,依靠个人经验和综合分析能力,对事物未来的变化趋势做出判断,并以判断为依据做出的预测。这种方法一般在历史资料缺乏,或影响因素复杂又难以分清主次,或对主要影响因素难以定量分析的情况下使用。这类方法包括:

(1)综合判断法。这是指由不同层次(或类型)的预测人员就某一预测问题分别提出经验性的判断意见,然后由预测负责人员综合这些意见,形成最终预测结果。

(2)德尔菲法。这是一种反馈性的函询调查方法。它是将预测问题和有关资料用通信的方式向专家们提出,得到答复后,归纳、整理各种意见后反馈给专家,进一步征询意见。如此反复多次,直到预测问题得到较为满意的结果。采用德尔菲法进行预测需注意以下几个问题:一是做好调查表的设计。预测调查表的设计要合理,调查问题必须明确,问答形式尽量简单。发给专家的第一轮调查表不要带任何框框,只提出预测任务,以便专家们各自独立地思考问题。二是合理地选择专家。在对某一项目进行预测时,选取的专家通常应是在这方面具有丰富经验的专业人员,同时也要适当选择相关学科的人员。专家人数一般以 10—15 人为宜。三是做好专家意见的汇总和整理工作。做好专家意见的汇总和整理工作是取得预测结果的关键一环。在对专家意见进行汇总和整理时,应采用一些统计处理方法,即根据统计原理对专家意见进行表述。

(3)主观概率法。这是指先请专家对预测事件发生的概率做出主观估计,然后计算它们的平均值,以此作为事件预测结果。

2. 典型分析法

这是根据典型调查结果分析来推测事物发展趋势的方法。在使用此方法时,要选择有代表性的典型。所选择的典型可以是重点单位、重点地区、主要用户、某目标市场或国际市场,根据预测的目的和要求而定。例如,把市场的销量划分为高、中、低三种标准后,想要了解市场的平均销量,则选择中等销量的几个市场作为典型来分析;想要了解产品销量的发展趋势,则选择销量最高的几个市场作为典型来分析;想要全面掌握市场情况,则从高、中、低三部分市场中各选出几个市场作为典型来分析。

在使用典型分析法时,应注意以下几个问题:一是在选择典型时,应先确定典型的标准,是选高水平的典型还是选低水平的典型;二是选择典型的多少,应视所要解决问题的难易程度和涉及范围而定;三是在典型分析中要实事求是,既要保证调查材料的真实性,又要保证分析的正确性。

(二) 定量预测法

1. 时间序列预测法

时间序列预测法就是以历史时间序列数据为基础,运用一定的数学方法使其向后延伸,预测事物未来的发展变化趋势,因而也称趋势外推法或历史延伸法。因为时间序列法是以过去的时间序列统计资料为基础,花费不大,简便易行,所以在国内外普遍受到重视和应用。这类方法主要包括以下几种:

(1) 简单平均法。简单平均法假设某种事物的发展变化是平稳的,因此可以用资料期各实际值的平均值作为下一期的预测值。

(2) 加权平均法。由于近期数据对预测值的影响大,远期数据对预测值的影响小,为了区别对待,对历期实际数据赋予不同的权数,然后算出加权平均值作为下一期的预测值。

(3) 指数平滑法。指数平滑法根据近期数据对预测值影响大而赋予较大权数的原则,只需最近一期的实际数据和预测值并确定平滑系数,便可计算下一期的预测值。

(4) 季节指数法。反映季节变动的指数可以采用几种方法计算,其中最简单的方法是根据若干年的统计数据计算出时间序列中每一季度的平均值和年度平均值,然后将每一季度的平均值和年度平均值的比值作为该季度的季节指数。当已知年度预测值时,使用季节指数乘以年度预测值就可以得到相应季度的预测值。

2. 直线趋势法

直线趋势法也称直线回归法,它是一种趋势外推方法,将预测结果以一条直线展示,其斜率表示增长趋势。其预测方程为:

$$Y = a + bX$$

系数 a、b 的计算公式为:

$$a = \bar{Y} - b\bar{X}, \quad b = \frac{\sum (x_i - \bar{x})(y_i - \bar{y})}{\sum (x_i - \bar{x})^2}$$

3. 回归分析预测法

根据事物变化的因,预测事物变化的果,就是因果预测。因果预测最主要的方法是回归分析预测。

在运用回归分析预测法时,需要先从变量的历史数据或实验数据统计资料中找出其内在联系,建立变量之间的经验公式(回归方程),再用自变量数值的变化去有效地预测因变量未来可能的取值范围。

回归分析预测法主要有一元线性回归分析和多元线性回归分析。运用回归分析预测法的关键在于建立回归方程,求解方程得到回归系数的值,然后就可以利用回归方程进行预测。

> **管理小故事**

小模型带来大效益

一家新兴电商平台的自营品牌因库存管理不当,经常遇到爆款商品断货,而部分非畅销品却又大量积压,影响了整体运营效率和利润空间。为解决这一问题,平台运营团队引入了先进的数据分析和预测模型。

他们首先收集并整理了历年的销售数据,包括商品类别、价格、季节、节假日等因素对销量的影响,并结合市场动态、竞品分析以及消费者购买行为的变化趋势,构建了一套精细的产品销量预测模型。

通过该模型,平台能够提前数月乃至一年预测各类商品未来的销售走势,据此优化库存结构,合理安排采购和生产计划,确保爆款商品的充足供应,同时减少非畅销品的库存积压,降低仓储成本。

在实施这项举措后,平台的库存周转率显著提高,爆款商品不再轻易断货,库存压力得到有效缓解,整体运营效率和盈利能力得到了大幅提升。

第三单元 目 标 管 理

目标管理最为广泛的应用是在企业管理领域。企业目标可分为战略性目标、策略性目标以及方案、任务等。一般来说,经营战略目标和高级策略目标由高级管理者制定;中级目标由中层管理者制定;初级目标由基层管理者制定;方案和任务由职工制定,并同每一个成员的应有成果相联系。自上而下的目标分解和自下而上的目标期望相结合,使经营计划的贯彻执行建立在职工的主动性、积极性的基础上,把职工吸引到企业经营活动中。

一、目标管理的特点

目标管理的具体形式各种各样,但基本内容是一样的。所谓目标管理,是指一种程序或过程,它使组织中的上级和下级一起协商,根据组织使命确定一定时期内组织的总目标,由此决定上级、下级的责任和分目标,并把这些目标作为组织经营、评估与奖励每个单位和个人贡献的标准。

目标管理与传统管理方式相比,具有以下特点:

1. 重视人的因素

目标管理是一种参与的、民主的、自我控制的管理制度,也是一种把个人需求与组织目标结合起来的管理制度。在这一制度下,上级与下级的关系是平等、尊重、依赖、支持的,下级在承诺目标和被授权之后是自觉、自主和自治的。

2. 建立目标体系

目标管理通过专门设计的过程,将组织的整体目标逐级分解,转换为各单位、各职工

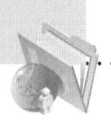

的分目标。从组织目标到经营单位目标,再到部门目标,最后到个人目标。在目标的分解过程中,权、责、利三者已经明确,而且相互对称。这些目标方向一致、环环相扣、相互配合,形成协调统一的目标体系。只有每个成员完成了自己的分目标,整个企业的总目标才有完成的希望。

3. 重视成果

目标管理以制定目标为起点,以目标完成情况的考核为终结。工作成果是评定目标完成程度的标准,也是人事考核和奖评的依据,是评价管理工作绩效的唯一标志。至于完成目标的具体过程、途径和方法,上级并不过多干预。所以,在目标管理制度下,监督的成分很少,而控制目标实现的能力却很强。

管理小故事

护士长的目标管理

在某大型公立医院的内科病房,护士长发现护理工作存在一定的效率低下和质量不均的现象,患者满意度也受到影响。为提高科室护理服务水平,护士长决定引入目标管理,进行全面改进。

首先,护士长组织全体护士开会讨论,明确了科室在未来一年内的护理质量改进目标,包括缩短患者等待时间、提高输液安全率、提升患者满意度等具体指标,并将这些目标分解到每月、每周甚至每日的工作计划中。

其次,护士长制定了一套详细的护理工作流程和标准操作程序,确保每位护士明确自己的职责和操作规范。同时,她设立了数据追踪系统,实时监控各项护理服务指标的完成情况,并定期召开护理质量分析会议,针对不足之处进行针对性的培训和改进。

最后,在实施过程中,护士长还特别注重激励机制的建设,对那些能按时完成目标、提供优质护理服务的护士给予表扬和奖励,极大地调动了团队成员的积极性。

经过一段时间的努力,内科病房的护理服务质量明显提升,患者满意度调查结果也有了显著的改善。通过明确目标、细化责任、实时监控和激励反馈,有效推动了科室护理工作的高质量运行。

二、目标管理的功能

目标管理是超前性的管理、系统整体的管理和重视成果的管理以及重视人的管理,具有以下功能:

1. 克服传统管理的弊端

传统管理方式主要有两大弊端:一是工作缺乏预见和计划,没事的时候尽可悠闲自得,一旦意外事件发生就忙成一团,成天在事务中兜圈子;二是不少组织中的领导者信奉传统官僚理论,认为权力集中控制才能使力量集中、指挥统一和效率提高。

2. 提高工作成效

目标管理不同于以往的那种只重视按照规定的工作范围和工作程序及方法去工作

的做法,而是在各成员目标明晰、成员工作目标与组织总目标直接关联的基础上,鼓励组织成员去完成目标。同时,目标与客观的评价基准和奖励相配套,有利于全面提高管理的绩效。

3. 使个体的能力得到激励和提高

在管理目标建立的过程中,组织成员可以各抒己见、各显其能,有表现才能、发挥潜能的权利和机会;组织成员为了更好地履行职责和实现个人目标,必然会加强自我训练和学习,不断充电,提高能力;目标管理的确定,既根据个人的能力,又具有某种挑战性,成员想要实现目标,必须努力才有可能。

4. 改善人际关系

根据目标进行管理,组织的上下级沟通会有很大的改善,原因在于:第一,目标制定时,上级为了让下级真正了解组织希望达到的目标,必须和下级商量,进行良好的上下沟通并取得一致意见,这就容易形成团体意识。第二,目标管理理念是每个组织成员的目标,是组织为达成整体目标并根据整体目标而制定的。

三、目标管理过程

目标管理过程包括制定目标、分解目标、实施目标、总结和评估、考核及奖惩五个关键环节。

1. 制定目标

这是目标管理最重要的环节,可分为四个步骤:

第一,高层管理预定目标。这是一个暂时的、可以改变的目标预案,既可以先由上级提出,再同下级讨论;又可以先由下级提出,再经上级批准。无论哪种方式,必须由上下级共同商量决定。领导者必须根据企业的使命和长远战略,估计客观环境带来的机会和挑战,对本企业的优劣势有清醒的认识,对本企业应该和能够完成的目标心中有数。

第二,重新审议组织机构和职责分工。目标管理要求每一个分目标都有确定的责任主体。因此在预定目标之后,企业应重新审视现有组织机构,根据新的目标分解要求进行调整,明确目标责任者和协调关系。

第三,确定下级的目标。首先明确组织的规划和目标,然后商定下级的分目标。在讨论过程中,上级要尊重下级,平等待人,耐心倾听下级的意见,帮助下级发展一致性和支持性目标。分目标要具体、量化、便于考核;分清轻重缓急,以免顾此失彼;既要有挑战性,又要有实现的可能。每个成员和部门的分目标要与其他分目标协调一致,支持本单位和组织目标的实现。

第四,上级和下级就实现各项目标所需的条件以及实现目标后的奖惩事宜达成协议。分目标制定后,要授予下级相应的资源配置的权力,实现权责利的统一。由下级写成书面协议,编制目标记录卡片,整个组织汇总所有资料后,绘制出目标图。

2. 分解目标

公司整体目标分解为部门目标，部门目标分解为个人目标，并量化为经济指标和管理指标。企业首先可以在营销部门、生产部门、采购部门实施全员目标管理，其他后勤支持部门先推行部门级目标管理。比如，企业销售额目标可以分解为销售大区、省、市、县的销售额目标，企业成本下降目标可以分解为采购成本下降指标、生产成本下降指标、货运成本下降指标和行政办公费用下降指标等，采购成本下降指标又可以再分解为原料成本下降指标、包材成本下降指标、促销助材成本下降指标等，从而建立起企业的目标网络，形成目标体系图，通过目标体系图把各部门的目标信息显示出来，就像看地图一样，任何人一看目标网络图就知道工作目标是什么，遇到问题时需要哪个部门来支持。

3. 实施目标

企业要经常检查和监控目标在实施过程中的执行情况与完成情况，如果出现偏差，则应及时从资源配置、团队能力和管理系统等方面寻找原因，及时补充或强化，在确有必要的前提下调整目标。

4. 总结和评估

达到预定的期限后，下级首先进行自我评价，提交书面报告；然后上下级一起考核目标完成情况，决定奖惩；同时讨论下一阶段目标，开始新的循环。如果目标没有完成，则应分析原因并总结教训，切忌相互指责，以保持相互信任的氛围。

5. 考核及奖惩

按照设定的指标、标准对各项目标进行考核，将目标完成的结果和质量与部门、个人的奖惩挂钩，甚至与个人升迁挂钩。

管理小故事

从迷失到聚焦：家具厂的蜕变

在一家小型家具厂中，总经理王先生一直头疼于工厂的生产效率低下和员工工作积极性不高。他意识到，问题的关键在于企业没有明确的目标管理。于是，他决定引入目标管理方法来改变现状。

首先，王先生与各部门主管一起确定了公司整体年度目标，即提升产品质量，提高生产效率30%，并在年内新增两个系列产品。然后，他将这些大目标层层分解，转化为每个部门的具体目标，如生产部门必须提升生产效率25%，设计部门必须研发两款新品并完成样品制作。

接下来，王先生组织各部门主管与员工一起商议，为每个员工确定了个人目标，如木工车间的师傅必须在规定时间内完成指定数量的高品质家具组件，设计师则必须在两个月内提交新品设计方案。

为了让员工更好地理解和接受目标，王先生还组织了目标共识会议，确保每个人都明白自己的目标是如何与公司整体目标挂钩的。同时，他建立起一套目标跟踪和反馈机制,每月进行一次目标完成情况的评估和反馈,对表现突出的员工给予奖励,对存在问题的员工则提供辅导和支持。

通过这一系列目标管理过程,家具厂逐渐走上了正轨。员工们有了明确的工作目标和动力,生产效率明显提升,新品研发也按计划推进。短短一年后,家具厂不仅超额完成了年初设定的目标,还在业内获得了良好的口碑和更高的市场份额。

四、目标制定的 SMART 原则

1. 具体化原则

S(specific)是指目标要具体明确,尽可能量化为具体数据,如年销售额 5 000 万元、费用率 25%、存货周转一年 5 次等;不能量化的则尽可能细化,如对文员工作态度的考核可以分为工作纪律、服从安排、服务态度、电话礼仪、员工投诉等。

2. 可测量原则

M(measurable)是指目标可测量,要把目标转化为指标,指标可以按照一定的标准进行评价。比如,主要原料采购成本下降 10%,即在原料采购价格波动幅度不大的情况下,同比采购单价下降 10%;完善人力资源制度可以描述成"1 月 30 日前完成初稿并组织讨论,2 月 15 日前讨论通过并颁布施行,无故推迟一星期扣 5 分"等。

3. 可达成原则

A(attainable)是指目标可达成,要根据企业的资源、人员技能和管理流程配备程度来设计目标,保证目标是可以达成的。

4. 相关性原则

R(relevant)是指目标具有相关性,各项目标之间有关联,相互支持,符合实际。

5. 时效性原则

T(time-based)是指目标完成时间的限制,各项目标要有明确的完成时间或日期,便于监控和评价。

管理经典定律

帕金森定律

帕金森定律又称帕金森法则,是指工作会自然地扩展以填补所有可用的时间。换言之,无论分配多少时间来完成一项任务,人们都会将时间全部用完。该定律由英国历史学家兼作家西里尔·诺斯科特·帕金森(Cyril Northcote Parkinson)1955 年在其文章《帕金森定律》中首次提出。

帕金森定律揭示了人们对时间管理的认知偏差,在组织和政府部门中尤为明显。以下是应用帕金森定律的一些原则:

(1)设置明确的目标和期限。确保每一项任务都有明确的目标和截止日期,以避免工作无限期地拖延。

（2）合理分配资源。根据任务的重要性和紧迫性合理分配时间与资源,避免不必要的浪费。

（3）提高效率。通过优化流程、提高技能等方式提高工作效率,减少无谓的工作消耗。

（4）定期审查进度。定期检查项目的进展情况,确保工作按计划进行,并及时调整策略。

（5）抵制官僚主义。在组织内部倡导简洁高效的沟通和决策模式,避免过度烦琐的流程和形式主义。

相关案例故事：

一个典型的符合帕金森定律的例子发生在一家大型企业中。公司计划开发一个新项目,并预计将在三个月内完成。然而,在项目开始后的几个月里,项目组发现有很多细节需要处理,会议次数增多,报告文档变长,进度似乎永远无法达到预期目标。最后,原本预计三个月的项目花费了一整年。

五、目标管理的优缺点

目标管理在全世界产生了很大的影响,但在实施中也出现了许多问题。因此,必须客观分析其优劣势,扬长避短,只有这样才能收到实效。

1. 目标管理的优点

（1）带来良好的绩效。对于那些在技术上具有可分解性的工作,由于责任、任务明确,目标管理常常会起到立竿见影的效果;而对于在技术上不可分解的团队工作,则难以实施目标管理。

（2）有助于改进组织机构的职责分工。由于组织目标的成果和责任力图划归一个职位或部门,容易出现授权不足与职责不清等问题。

（3）有助于调动职工的积极性、主动性、创造性。目标管理强调自我控制和自我调节,将个人利益与组织利益紧密联系起来,提振了士气。

（4）有助于促进意见交流和相互了解,改善人际关系。

2. 目标管理的缺点

在实际操作中,目标管理也存在许多明显的缺点,主要表现在：

（1）目标难以确定。组织内的许多目标难以定量化、具体化;许多团队工作在技术上不可分解;组织环境的可变因素越来越多、变化越来越快,组织内部的活动日益复杂,使组织活动的不确定性越来越大。这些都使得组织的许多活动要确定数量化目标是很困难的。

（2）目标管理的哲学假设不一定存在。Y理论对人类的动机做了过分乐观的假设,实际中的人是有"机会主义本性"的,尤其在监督不力的情况下。因此,在许多情况下,目标管理所要求的承诺、自觉、自治气氛难以形成。

（3）目标商定可能增加管理成本。目标商定要上下沟通、统一思想,这是很费时间的;每个单位、每个人都关注自身目标的完成,很可能忽略了相互协作和组织目标的实现,滋长了本位主义、临时观点和急功近利倾向。

(4) 有时奖惩不一定能与目标成果相配合,也很难保证公正性,从而削弱了目标管理的效果。

鉴于上述分析,实务中在推行目标管理时,除了掌握具体的方法,还要特别注意把握工作的性质,分析目标分解和量化的可能;提高员工的职业道德水平,培养合作精神,建立健全各项规章制度,注意改进领导作风和工作方法,使目标管理的推行建立在一定的思想基础和科学管理的基础上;要逐步推行、长期坚持、不断完善,从而使目标管理发挥预期的作用。

能力综合训练

◆ 能力测评

测评1 你的工作有计划性吗?

现代管理者应该是高效率、有经验、有计划的。对下列各题,请选择一个最能表达你的想法或做法的答案。

1. 你发现助手写日记以半小时为单位,对此你有何反应?

(a) 假如能坚持,这是个好主意。

(b) 也许他只是偶尔记一记,我曾记过,但后来没有坚持。

(c) 我认为这是浪费时间,事情的变化太快,记不胜记。

(d) 真可笑,这样就不能私下做什么事了。

2. 你使用日历吗?

(a) 我只用它来看看今天是几号。

(b) 使用,我还有明年和后年的日历。

(c) 我只挂当月的日历,其余的不保留。

(d) 我连日历都没有!

3. 你计划去访问一家公司,但没有地图指示如何到达那里,通常你会怎么做?

(a) 寻找详细的指南,并在地图上做出标记。

(b) 按照自己的记忆驱车到那里,但常常会迷路。

(c) 中途停几次车,询问方向。

(d) 我的方向性很好,在陌生的地方几乎不会迷路。

4. 你计划在某一特定的日期或星期完成某项工作。

(a) 我通常会按计划做事。

(b) 我的计划几乎不起作用,总会出差错。

(c) 我在计划时总会留有余地,以防发生变化。

(d) 我几乎没做过计划。

5. 你需要完成下述任务,请做出安排,以便在最短的时间内完成所有的工作,并且不出差错。

(a) 取包裹,包裹很重,取货时间截至上午 11 点。

(b) 买冰激凌带回家。

(c) 中途去银行取钱。

(d) 中途在加油站停车加油。

(e) 修理眼镜,假如按时取,眼镜商保证在 1 小时内修好。

(f) 去火车站接朋友,火车中午到达。

(g) 取眼镜。

得分和评价:

1. (a) = 3 　　(b) = 2 　　(c) = 4 　　(d) = 1
2. (a) = 2 　　(b) = 1 　　(c) = 4 　　(d) = 3
3. (a) = 2 　　(b) = 1 　　(c) = 4 　　(d) = 3
4. (a) = 3 　　(b) = 2 　　(c) = 4 　　(d) = 1
5. (a)(b)(c)(d)(e)(f)(g) = 1
   (a)(e)(g)(c)(d)(b)(f) = 7
   (a)(c)(d)(b)(e)(f)(g) = 3
   (a)(c)(d)(b)(e)(g)(f) = 4
   (a)(b)(c)(d)(e)(g)(f) = 2
   (e)(g)(a)(c)(d)(b)(f) = 5
   (e)(g)(a)(d)(c)(b)(f) = 6

根据上述答案所给的分数计算出你的得分。

如果你的得分在 16—21 分,则表明你的工作有很强的计划性,能够做到有条理、效率高。

如果你的得分在 10—15 分,则表明你工作的计划性较为一般。

如果你的得分在 9 分以下,则表明你没有计划性,工作随意性很大。

测评 2　你善于处理问题吗?

控制、厌恶感、时间。你善于处理这些问题吗?如何处理这些问题,以及在这些问题导致情况恶化后如何应对?做下面的小测试,然后看看这些问题对你有什么影响。

对下列各题,选择一个最能表达你的想法或做法的答案。

控制

1. 把自己所在公司看成一个金字塔。下面的图形哪一个正确地表达了你的处境?

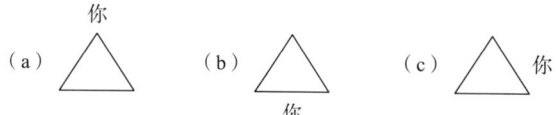

2. 回忆一下上个月的工作。

(a) 我总是提前完成工作。

(b) 我勉强按时完成工作。

(c) 工作似乎越积越多。

(d) 在大多数情况下,我完成所有的工作。

3. 想一想你与工作的关系:一个正方形代表你自己,另一个代表你的工作。

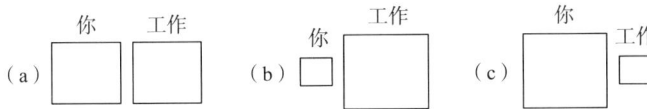

厌恶感

4. 下述句子中,哪一个最能表达你对待工作的感情?

(a) 每天像有16个小时。

(b) 一天工作结束时我感到十分高兴。

(c) 为完成每天的工作,我感到工作时间不够用。

(d) 我总能发现有激励性的工作。

5. 这里有几个能使你的下属对职业和工作更加感兴趣的方法。你可能选择哪一种方法?

(a) 给他们一些时间去做额外的工作。

(b) 给他们紧张的工作日程表。

(c) 开展竞赛活动。

(d) 用有趣的事情使他们吃惊。

时间

6. 在安排时间时,你常常采用哪项原则?

(a) 我先做最难的或最令人不快的事。

(b) 我先做最喜欢做的事。

(c) 我交替处理简单的和令人不快的事。

(d) 我先做最先出现的事。

7. 在上星期的正常工作时间中,你浪费了多少时间?

(a) 一分钟也没有浪费。

(b) 每天一小时处理无意义的琐事。

(c) 半天或更多的时间进行令人愉快的闲谈或消遣。

(d) 我做一些无用之事,但不认为是在浪费时间。

8. 根据自己的分析,你最经常使用哪项规则来安排和管理时间?

(a) 我总是先列出应先处理的事,但只是当天的安排。

(b) 我列出应先处理的事,但先做那些能尽快完成的事。

(c) 我努力安排日程。我在电话机旁放一只手表,在办公室设有备忘录。

(d) 我随意安排自己的时间,不愿置身于严格的时间安排之下。

9. 在时间日程表上你同意加入哪一项?

（a）一小时幻想。

（b）一小时留给自己,不做事情。

（c）每天利用一小时或更多的办公时间进行体育锻炼。

（d）置时间于不顾,和下属们闲聊天。

得分和评价:

控制

1. （a）= 3　　　（b）= 1　　　（c）= 2
2. （a）= 4　　　（b）= 2　　　（c）= 1　　　（d）= 3
3. （a）= 2　　　（b）= 1　　　（c）= 3

根据上述答案所给的分数计算出你的得分。最高为 10 分,最低为 3 分。

如果你的得分在 8—10 分,则表明你很少失去控制。

如果你的得分在 5—7 分,则表明你和大多数人一样,在大多数情况下能符合要求。

如果你的得分仅在 3—4 分,则表明你既不能很好地组织时间(见时间测试),又对工作不是很有兴趣(见厌恶感测试)。

厌恶感

4. （a）= 1　　　（b）= 2　　　（c）= 3　　　（d）= 4
5. （a）= 4　　　（b）= 1　　　（c）= 3　　　（d）= 2

按上述答案所给的分数计算出你的得分。最高为 8 分,最低为 2 分。

如果你的得分在 6—8 分,特别是当控制测试也得到高分时,则表明你工作热情高。

如果你的得分在 3—5 分,则表明你需要更多的工作热情。

如果你的得分在 1—2 分,则表明你的工作可能对你吸引力不足。

时间

6. （a）= 4　　　（b）= 3　　　（c）= 2　　　（d）= 1
7. （a）= 2　　　（b）= 3　　　（c）= 1　　　（d）= 4
8. （a）= 2　　　（b）= 3　　　（c）= 4　　　（d）= 1
9. （a）= 3　　　（b）= 4　　　（c）= 2　　　（d）= 1

根据上述答案所给的分数计算出你的得分。最高为 16 分,最低为 4 分。

如果你的得分在 13—16 分,则表明你存在浪费时间的现象。

如果你的得分在 7—12 分,则表明你的时间安排得比较合理,既不紧张也不悠闲。

如果你的得分在 4—6 分,则表明你的时间安排得过于紧张,常常受时间束缚。

◆ 习题训练

1. 计划工作的任务有哪些?
2. 企业的计划有哪些类型?
3. 计划的作用有哪些?
4. 计划的编制步骤是怎样的?

5. 滚动计划和备用计划的作用是什么？

6. 简要说明开展目标管理的工作程序。

7. 某机械厂甲产品的售价为每件125元，单位变动成本为75元，每年固定成本总额为60万元。若年销量为15 000件，试据此判断企业的经营状况。

8. 红星采油厂某年目标原油产量为40.5万吨，计划原油商品量为36.5万吨，若原油单价为120元/吨，年固定成本总额为1 851万元，单位变动成本为60元/吨，目标利润为424万元，请计算盈亏平衡点产量并确定单位变动成本控制值。

◆ 案例分析

顾军的打算

进入12月后，宏远实业发展有限公司（以下简称"宏远公司"）总经理顾军一直在想两件事：一是年终已到，应好好总结一年来的工作；二是好好谋划一下明年怎么干，更远的是该想想以后5年甚至以后10年怎么干。上个月顾军抽出身，到省财经学院工商管理学院旁听了三场关于现代企业管理知识的讲座，教授精彩诙谐的演讲对他触动很大。公司成立至今，转眼已有十多个年头了。十多年来，公司取得了很大的成就，其中有运气、有机遇，当然也有自身的努力。仔细琢磨，公司的管理全靠经验，特别是顾军自己的经验，遇事都是由他拍板，从来没有公司通盘的目标和计划。可现在公司已发展到几千万元资产，300多人，再这样下去可不行了。顾军每当想到这些，晚上都睡不着觉，到底该怎样制定公司的目标和计划呢？

宏远公司是一家民营企业，是改革开放的春风为公司的建立和发展创造了条件。15年前，顾军三兄弟来到省里的工业重镇滨海市，借了一处棚户房落脚，每天出去找营生。在一年的时间里，他们收过废旧物资、贩过水果、打过短工。兄长顾军经过观察和请教，发现滨海市的建筑业发展很快，但建筑材料（如黄沙和水泥）却很紧缺。他想起在老家镇边上，表舅开了一家小水泥厂，由于销路问题，不得不减少产量。三兄弟一商量，决定做水泥生意。他们在滨海市找需要水泥的建筑队，讲好价，然后到老家租船借车把水泥运出来，去掉成本每袋水泥能赚几块钱。利虽然不厚，但积少成多，一年下来他们赚了几万元。3年后，他们从家乡组建工程队开进了城，当然水泥照样贩，算是两条腿走路了。一晃15年过去了，顾军三兄弟已经成为拥有数千万元资产的宏远公司老板了。公司现有一家贸易公司、一家建筑装饰公司和一家房地产公司。兄长顾军当公司总经理，两个弟弟做副总经理，顾军妻子的叔叔任财务主管，表舅的儿子做销售主管，顾军拥有绝对的权威。去年，顾军代表宏远公司拿出50万元捐给省里的贫困县建希望小学，这使顾军声名大振。不过，顾军心里明白，公司近几年的日子也不太好过，特别是今年，建筑装饰公司任务还可以，但由于成本上升，只能勉强维持，略有盈余。贸易公司今年做了两笔大生意，挣了点钱，其余的生意均没有成功，而且仓库里的存货很多，无法出手，贸易公司的日子也不好过。房地产公司更是一年不如一年，生意越来越难做，留着的几十套房子把公司压得喘不过气来。

面对这些困难，顾军一直在想如何摆脱这种状况，如何发展。发展的机会也不是没

有。上个月在省财经学院工商管理学院听讲座时,顾军认识了滨海市一家大型国有企业的领导,得知这家公司正在寻找在非洲销售其当家产品——小型柴油机的代理商,据说这种产品在非洲很有市场。这家公司的领导很想与宏远公司合作,以利用民营企业的优势抢占非洲市场。顾军深感这是个机会,但该如何把握呢?10月1日,顾军与市住房城乡建设委的一位处长一起吃饭,这位老乡告诉他,市里规划从明年开始着手江海路拓宽工程,江海路两边都是商店,许多大商店都想借这一机会扩建商厦,但苦于资金不够。这位处长问顾军,有没有兴趣进军江海路,如果想的话,他可牵线搭桥。宏远公司早就想进军江海路了,现在诱人的机会来了,但投入也不少,该怎么办?随着住房分配制度的变化,顾军想到房地产市场一定会逐步转暖,而宏远的房地产公司已经有一段时间未正常运作了,现在是不是该动了?

总之,摆在宏远公司老板顾军面前的困难很多,但机会也不少,新的一年到底该干什么、怎么干?以后的5年、10年又该怎么干?这些问题一直盘旋在顾总的脑海中。

讨论问题:

1. 你如何评价宏远公司?如何评价顾总?
2. 宏远公司是否应制订短、中、长期计划?为什么?
3. 如果你是顾总,你该如何制订公司发展计划?

第五模块

组 织 管 理

教学目标

知识目标

通过本章学习,学生应掌握:
- 组织的含义及功能
- 组织设计的程序
- 组织机构常见的类型及特点
- 非正式组织的特点和类型

技能目标

通过本章学习,学生应能够:
- 设计简单形式的组织机构
- 制定岗位说明书和职位说明书
- 制定简单的管理制度

素养目标

通过本章学习,学生应具备:
- 尽职尽责的职业精神
- 团队分工协作的能力
- 制度化与人性化的基本意识
- 遵守制度规则的职业素养

思维导图

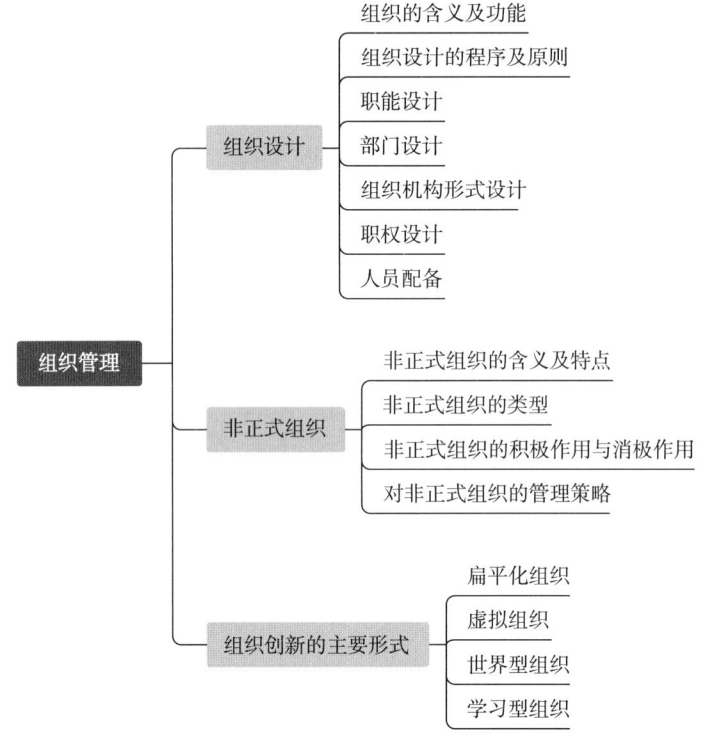

东原公司的组织问题

东原公司是一家新兴企业，6年前以房地产开发业务起家，公司初创时只有几个人，资产1 500万元，发展到现在有1 300多人，资产达5.8亿元，业务拓展为以房地产开发为主，集娱乐、餐饮、咨询、汽车维修、百货零售等业务于一体的多元化经营格局。

随着公司的不断发展，人员开始膨胀，部门设置日益复杂。比如，总公司下设五个分公司及一个娱乐中心，娱乐中心下设嬉水、餐饮、健身、保龄球、滑冰等项目；总公司所属的房屋开发公司、装修公司、汽车维修公司和物业公司又都自成体系。管理层次也不断增加，总公司有三级，各分公司又各有三级以上的管理层，最突出的是娱乐中心，管理层次多达七级。职能部门重叠设置，总公司设有人力资源部门，而下属公司也相应设有人力资源部门，管理混乱。事实表明，在多元化经营的复杂业务格局下，原有的直线职能制组织机构已不适应公司的发展了。

公司的财务管理也很混乱，各个分部独立核算后都有自己的账户，总公司可控制的资金越来越少。因此，公司有必要在财务上实行集权制。但是，组织变革意味着利益的重新分配，可能引起管理层的震荡。因此，东原公司的领导层面临考验。

问题思考

1. 产生当前问题最主要的原因是什么?
2. 东原公司当前管理的中心应该是什么?
3. 多元化经营是目前企业广泛采用的一种经营方式,结合案例信息,你如何看待这种经营模式的应用效果和应用范围?
4. 本案例中导致管理层次过多的原因可能是什么?
5. 直线职能制组织机构形式一般适用于哪种类型企业?

训练任务

1. 新学期开始了,新生报到入学要组建一个新的班级,请你设计出班级的组织机构。根据班级组织机构,请你确定每个班委会成员的主要职责。
2. 假设你是公司某一部门的经理,请你制定一套管理本部门人员的制度。

必备知识技能

第一单元 组 织 设 计

一、组织的含义及功能

(一)组织的含义

在现代社会里,每一个人几乎都属于特定的组织。就一般意义而言,组织是指在一定环境下,为实现共同的目标,在分工与协作的基础上,按照一定的责任制度构成的有机整体。这里包含以下含义:

(1)组织是由人群构成的有形实体。在这一群体内,按照一定的分工与协作原则划分职权关系,以确定组织成员与项目活动之间的关系。

(2)有共同的目标。目标是组织存在的理由,也是维系组织凝聚力的纽带。无论哪一类组织,都必须围绕既定目标进行资源配置活动,以是否达成目标为衡量组织绩效的标准。

(3)一定的职权关系与责任制度。这是组织职能特有的内容,由分工与协作原则决定,是达成组织目标的重要保证。

应当强调的是,组织在不同层面、不同意义上的表述和理解多种多样,有时代表"机构",有时则代表某种活动过程。

(二)组织的功能

组织是由人群构成的有形实体,而事实上作为独立个体的人与作为组织成员的人在行为特征上有极大的差别,所以不能将组织的功能简单地理解成个体行为的累加。例如作为军队中的士兵,勇猛杀敌立战功是共同的追求,但这并不意味他们每个人都有相似的勇猛性格,并且喜欢做这类事情,对于许多人而言,那也许只是在特定组织氛围下截然不同的表现。这正是组织所追求的特殊功效:利用一定的制度和文化,通过对个体力量的有效整合,寻求一种放大效应。组织的具体功能表现为:

1. 简单聚合功能

这是组织形成初期的功能。在早期分工条件下,当人们因个人能力的局限而无法达到目的时,即产生将分散的个体聚合成集体实行协作的要求,于是组织便应运而生。例如作坊手工业时代,人们聚集在工场共同劳动,一来可以学习、掌握专门技艺,二来可以提高工具使用效率。这种简单聚合功能表现为分工日益深化和规模日益扩大。可见,聚合是组织的基本功能。

2. 力量放大功能

在简单聚合功能的基础上,通过进一步的职权关系与责任制度的设置,组织还可以产生比简单聚合更大的力量——实现产出大于投入的效应,这就是组织的力量放大功能。随着时代的发展和生产力的进步,这种功能日益充分、巨大,进而推动社会生产力的进步。所以,力量放大是组织发展壮大的核心功能。

 管理小故事

"江南破烂王"的逆袭之路

"叮叮嘡,叮叮嘡,破铜烂铁来换糖,鹅毛鸭毛要干爽,牙膏瓶子也是宝……"

20世纪60年代,丰城人肩挑箩担、手敲糖铲槌,走乡串户,吆喝着"鸡毛换糖"。他们走遍全国,用麦芽糖等物品换取居民的鸡毛、玻璃、旧书、拖鞋、收音机等废品。到了80年代,一路吆喝"鸡毛换糖"的丰城人走遍了全国各地。丰城于2002年启动建设围里废品市场,并于2004年建成。仅数年时间,围里废品市场就发展成为总面积超386亩、经营户超200家的规模,成为江南地区最大的废旧物品集散地。"江南破烂王"发展壮大,但随之也产生一系列问题。比如,废品乱堆乱放、垃圾成山、气味难闻……围里废品市场脏乱差的环境,严重影响周边居民的生活,也不利于城市未来发展。

为解决这些问题,丰城人选择"三步走"。

第一步,搬迁加修复,摘去"脏乱差"帽子。

丰城市委、市政府决定将围里废品市场整体搬迁至丰城循环园区。在政府的引导下,一小部分经营业主已经开启新事业,大部分经营业主则响应政府入园号召进行全面改造,加上国家给予的绿色循环产业政策,企业逐步迈上发展正轨。

同时,相关部门也对已搬迁一空的围里废品市场进行全面改造,共拆除11万平方米的厂房和清除3.3万立方米其他垃圾。为保障围里废品市场周边居民用水安全,丰城投入255万元改造、完善雨污处理系统,全面疏通管道沟渠,并进行地下水修复工作。

第二步,探索集约化发展模式。

自2007年起,丰城以围里废品市场搬迁为契机,改粗放式发展为可持续发展,全面整合循环产业资源,搭建起丰城市循环经济产业园区,将一批批废旧家电、报废汽车、废

旧塑料等"城市垃圾"吃干榨尽、变废为宝。走进位于丰城循环经济产业园的江西今飞轮毂有限公司,毗邻的三个车间内,机器轰鸣,工人正在生产线上紧张地忙碌。百余米内,三条生产线接续运行,进去的是废料,出来的是轮毂,不仅节约了成本,还减少了环境污染。园区聚集了280多家企业,有格林美等一批行业龙头企业。

第三步,着力延链补链,不断增强产业竞争力。

丰城构建了从废旧资源回收、拆解、分选、熔炼再到精深加工的完整循环产业链,形成了再生铝、再生铜、再生塑料、稀贵金属四大特色产业集群。

资源有限,循环无限。在丰城人的眼中,垃圾只是放错了地方的宝贝。一堆堆废铜烂铝变成铜丝、铝锭,一批批电子废弃物被提炼出金、银等贵金属……丰城**循环经济可持续发展**,不断为城市发展垒起一座座金山银山。

资料来源:央视新闻2023年7月22日发表于北京。

思考:

■ 组织的变革受到哪些因素的影响?
■ 我们可以为经济可持续发展做些什么事?

二、组织设计的程序及原则

组织设计就是对组织活动和组织机构的设计,是把任务、责任、权力和利益进行有效组合与协调的活动过程。

组织设计的核心是组织机构设计,基本功能是进行组织内部横向的管理部门设置、纵向的管理层次划分,协调和整合组织中人与事、人与人之间的关系,以最大限度地发挥组织效率,达成组织目标。

(一) 组织设计的程序

第一,确定组织目标。围绕组织工作任务确定组织总目标。

第二,确定业务内容。围绕组织目标确定业务内容,对管理业务流程进行总体设计,如将企业的工作任务划分为产品开发、质量管理、市场营销等。

第三,确定组织机构。选择组织机构的具体类型,确定具体的管理幅度与管理层次,实施部门化、层次化分工。

第四,定岗定编。针对每一岗位进行工作分析,描述工作规范与合理的管理操作程序,并明确岗位名称与职责、权限。

第五,制定各部门工作规范和各部门间的沟通与协调制度,保持组织机构的整体性。

(二) 组织设计的原则

1. 分工明晰原则

分工过程就是为实现一定的组织目标,对必要的组织工作或组织职能进行细化,并确定不同的职位及其承担者。分工的实质是将一项工作细分为若干单元,分别由不同的人去完成。

组织内的分工方式有两种类型:一种是纵向分工,将组织划分为不同的层次;另一种是横向分工,将组织划分为不同的职能部门。对于企业,这样做的好处是,一方面可以提高每一岗位的操作熟练程度,减少因工作变化而损失的时间,带来更高的工作效率;另一方面可以区分不同岗位的熟练程度,把具备不同技能的人员放在适当的岗位上,这样既可以发挥其专长,又可以适当降低成本。这是因为在具体工作中,往往有些岗位要求高技能的操作者,而有些岗位未经训练者即可胜任。如果不加区分,就会出现以高工资雇用的熟练工人做简单工作的现象,产生无谓的高成本,而分工可以帮助企业解决这一问题。

毋庸置疑,作为组织设计的重要原则,合理的专业化分工可以提高生产效率,但同时也要注意分工过于细化带来的人性不经济造成的副作用。分工过于细化造成的工作单调、无聊,累积的疲劳和压力最终可能抵消它带来的好处,这已成为现代企业在考虑专业化的经济性时必须注意的问题。

2. 指挥链原则

在组织设计中,关于指挥链有两方面的要求:一是统一指挥。法约尔指出,无论什么工作,一个下级只能接受一个上级的指挥。如果两个或两个以上的上级同时对一个下级或一件工作行使权力,组织就会出现越级指挥、越级请示现象,长此以往,会导致中间管理层消极、混乱的局面。二是连续分级。为避免出现多头指挥状态,组织中自上而下每一个职位的职权线必须是清晰和连续的,禁止越权指挥。这意味着组织必须同时遵循决策的权责对等原则。

3. 权责对等原则

权责对等原则是指在进行组织的职位设计时,应赋予管理者自主完成任务所必需的职权和相应对等的职责。职权指赋予某种管理职位的特定的资源整合指挥权。职责指该职位对完成相应的组织目标所负的责任。它们是组织的产物,是组织力量的来源。但是,当某种职位设计只有职权而没有职责或两者不对等时,即可能造成滥用权力或根本无法完成任务的后果。事实上,大量出现的相关事件均说明组织设计存在漏洞,所以在组织设计中必须强调权责对等原则。在实际操作中,组织应在组织机构图中明确展示具体职位的职权、职责规范及章程,使每个担任此职务者有遵从的依据。

4. 目标明确原则

目标是组织存在的理由,组织设计必须有利于组织目标的实现。为此,组织应当围绕组织工作任务确定组织总目标及派生目标,实施目标的层层分解,直至每一个岗位。目标体系完善、明确的设计可以为组织建立相互协调的层级制度打下良好的基础。

5. 层幅适当原则

层幅适当原则是指在组织设计中要处理好管理幅度与管理层次之间的关系。

管理幅度是指每一个领导者能够直接指挥和监督的下属人员数量。其中,领导者与每个下属的沟通程度与其直接领导的下属人员数量成反比,这一规律决定了管理幅度的有限性。一般而言,管理幅度的宽窄受上级与下级双方素质高低、外部环境稳定与否、组织内部授权是否充分等因素的影响。

管理层次是指组织从最高层至最低层的纵向等级数量。正是由于存在管理幅度的有限性,当组织规模不断扩大时,组织就会选择不断增加管理层次。但是在同等规模下,管理幅度与管理层次成反比。

三、职能设计

(一) 职能设计应解决的问题

1. 确定组织的基本职能

凡是组织总体战略目标所必需的职能均属于基本职能,例如作为工业企业,其基本职能可以分为生产、物流、市场、人事、财务、公共关系等。组织根据基本职能来划分、设置管理部门。确定组织基本职能时应注意做到界限明确,否则容易使部门间职能混淆,产生互相推诿、扯皮的现象。

2. 确定各职能间的关系

确定各职能间的关系要解决的是每一个部门内部包括哪些职能。这样进行职能设计要先判断组织的工作性质,将工作目标、工作技能相似的工作划归同一部门,不宜分开,再将有相互制约关系的职能分开,防止产生职责不清的现象。

3. 确定各职能中的关键职能

这一问题要解决的是每个部门、部门中的每个岗位在组织机构中的地位,承担关键职能者即为关键部门、关键岗位,其他部门、其他岗位则处于配合与辅助地位。明确关键职能有助于防止形成组织机构的多中心。

(二) 职能设计的步骤

第一,基本职能的细分化。对于某些工作差异较大且输出、输入活动频繁的基本职能,必须进一步进行职能细分,以便有明确的管理层次划分和部门设置。例如一些大型联合企业中的生产部门,涉及复杂的能源、生产原材料、半成品、产成品及外部协作调配等综合协调、生产、运输职能,涉及范围广、工作量大,因此应将原材料和产成品管理、能源管理、运输管理、设备管理等设置为相关的独立职能,形成部门内分工。

第二,各项职能归类。在细分基本职能之后,为了防止不必要的复杂化,可以考虑将那些虽分属于不同部门但工作性质接近或业务量很少的工作予以归类、合并至相关部门。例如热电厂,由于其客户具有特定性,销售职能相对简单,因此一般将这一职能直接归入生产部门或财务部门。

四、部门设计

部门是指将组织内的工作进行专业分工并加以归类而设置的特定的工作范围。部门设计就是按照不同的专业分工标准,将组织内的工作加以区分、归类并设置相应的管理部门。以下是按常用的部门设计标准划分部门的一些方式。

(一)按人数、时间划分部门

1. 按人数划分部门

这是最简单、最原始的划分部门的方法,适用于单纯的劳动密集型企业和军队等组织类型,其特点是组织活动的结果直接受人数的影响,效率差别较小。在现代企业中,这种划分方式仍用于基层生产组织。

2. 按时间划分部门

这也是一种古老的划分部门的方法。一些工作需要长期实行轮班制,因此要按时间划分部门。这种组织或是因为服务的要求必须连续、不间断地全天候营业,例如一些公共服务部门如医院、公共交通企业;或是因为设备和工艺的要求必须连续生产,例如一些大型化工联合企业、钢铁联合企业等。在这类组织中,应按轮班制的班次(两班制或三班制)设置相应的部门。

(二)按产品、地区、顾客划分部门

1. 按产品划分部门

实行多元化经营的大型企业组织往往采用按产品或产品系列划分组织部门的方式,如事业部制。如果是服务类组织,则可以按所提供的服务类型划分部门,如银行可以按储蓄、信贷、理财及咨询、银行卡等业务项目设置部门。按产品或产品系列划分后的部门成为新的经营单位,在每一个部门内部再进一步划分具体职能,形成与产品相关的制造或服务组织。

2. 按地区划分部门

按地区划分部门的方式适用于跨国或跨地区分布的组织。其好处在于产品制造、市场营销的区域针对性更强,有利于获得本土化经营优势,有利于培养高级管理人才。其局限性则在于会造成部门重叠,导致管理人员增加、管理费用提高。

3. 按顾客划分部门

对于从事商业服务的企业组织而言,按客户类型选择服务方式可以提高服务效率。例如对于大型律师事务所,按公司客户或个人客户区分业务是重要的部门划分方式,因而将顾客作为部门设置的又一依据。

(三)按设备、工艺阶段或技术划分部门

组织可以将同种产品的制造设备、工艺阶段或技术作为划分部门的依据。例如钢铁联

合企业按生产工艺划分的炼铁厂、炼钢厂、轧钢厂等,医院按设备划分的放射科、CT室等。

这种划分部门的方式的好处是可以较充分地提高设备使用效率,便于实施专业化设计、维修和管理;缺陷是会相应地增加原材料或产成品的搬运量。

五、组织机构形式设计

组织机构是部门划分、管理幅度与管理层次间的关系,以及具体的职权关系划分与配合等一系列管理决策的结果。而在组织所处环境、组织规模、组织战略、组织所处发展阶段、组织采用的技术等因素的综合作用下,组织在组织机构的选择上会显现不同的形式。

(一)直线制

组织机构形式是不断演变的,而直线制结构是最古老、最简单的形式,如图5-1所示。

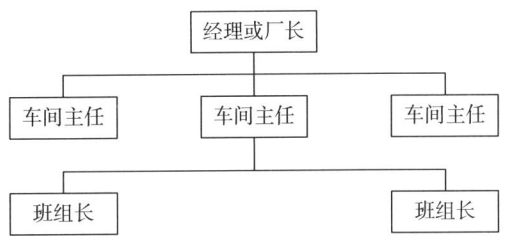

图5-1 直线制组织机构示意图

直线制组织机构的特点是:组织按自上而下的垂直体系领导,上级对下级统一指挥,每个下级只接受一个上级的领导;不设专门的职能机构。

直线制组织机构的优点是:结构简单、权力集中、决策迅速、行动快捷。

直线制组织机构的缺点是:高层管理者负担较重、工作繁忙,管理简单粗放、不专业。直线制组织机构只适用于规模较小,业务、技术单一的小型组织。

(二)职能制

职能制组织机构设计的初衷是实行职能分工,通过设置职能部门的办法来弥补直线制的缺陷,其最大特点是让专业的管理者分担直线领导者的工作,起参谋作用,即在各级领导层之下设置专业的职能部门并授予相应的职权(见图5-2)。这意味着职能部门的领导者在各自职权范围内拥有向下级发布命令的权力。在职能制结构下,每个下属要接受上级主管和职能部门的双重领导。

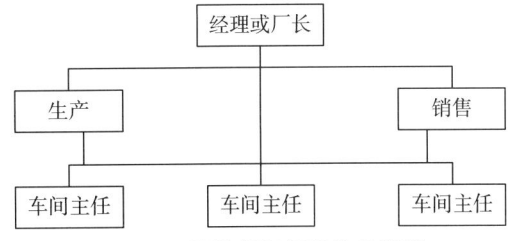

图5-2 职能制组织机构示意图

职能制组织机构的优点是利用专业分工的优势去适应管理、技术的复杂化趋势。但是,其突出缺点是多头领导。多头领导往往造成组织职责不清、相互扯皮,从而形成内耗。因此,在实践中,单纯的职能制结构适用性较差。

(三) 直线职能制

针对职能制组织机构的明显缺陷,直线职能制组织机构实现了进一步改进(见图 5-3)。直线职能制以直线制组织机构为基础,将组织机构及人员分成两类:一类是直线职权及其管理者,他们对实现组织目标负直接责任并按照统一指挥原则,拥有监督、指挥下级的权力;另一类是参谋职权和职能机构,他们对实现组织目标负协助责任,对组织工作有建议权,但无指挥权。

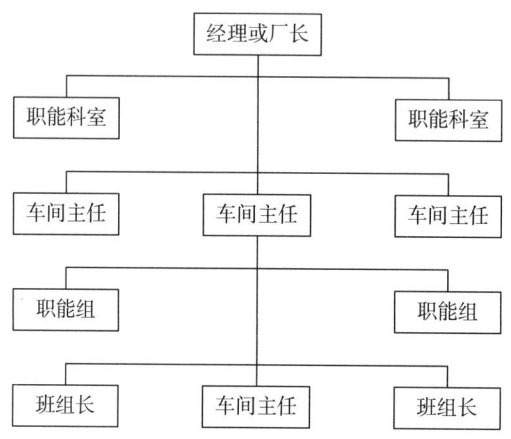

图 5-3　直线职能制组织机构示意图

直线职能制组织机构的特点是既保留了直线制组织机构指挥统一、权力集中的优点,又为各级直线领导者配备了参谋和助手,强化了专业化管理,呈现更高的组织效率和稳定性。其缺点表现为组织机构的复杂化使各部门间的横向沟通效率较低,上级主管的协调工作量加大,下级部门积极性的发挥受到一定限制,导致组织弹性减小。

直线职能制组织机构目前在我国应用较为广泛,主要适用于环境变化较快及业务活动并不复杂的中小型企业。

(四) 事业部制

事业部制组织机构由通用汽车公司前总裁艾尔弗雷德·斯隆首创于 1920 年,所以又称"斯隆模式",如今已成为大型企业普遍采用的组织机构模式(见图 5-4)。

事业部制组织机构的本质是在产品部门化基础上建立起来的分权制组织,强调集中决策、分散经营。其主要特点是:

第一,将企业组织按产品、地区划分部门,设立事业部。

第二,重大决策权集中于公司总部,各事业部实行独立经营、自负盈亏、单独核算,是一种高度自治的分权制组织。

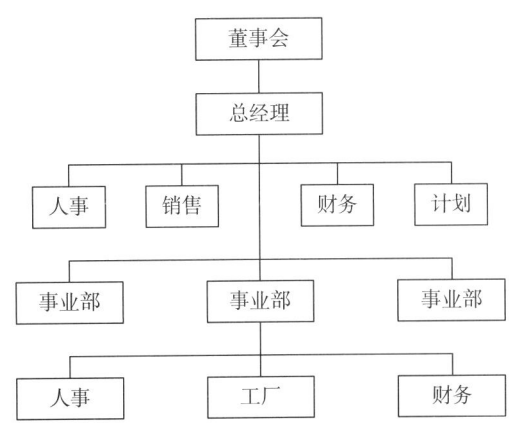

图 5-4 事业部制组织机构示意图

第三,每一个事业部都是上一级公司经营目标下单独的"利润中心",承担完成各自经营目标的全面责任。

1. 事业部制的优点

(1) 企业市场应变能力强。通过发挥每个事业部机动灵活的优势,有利于增强企业的市场应变能力。

(2) 有利于培养全面管理人才。每个事业部都相当于一个小企业,事业部总经理必须对本事业部产品或服务的经营负全面责任,有利于培养高级管理人才。

(3) 便于考核事业部的业绩。每个事业部独立核算,事业部之间按市场价格进行结算,有利于考核各个事业部的业绩。

(4) 能够调动各事业部的积极性。公司总部与各事业部间权责明确,事业部享有高度的自治权,自主经营,有利于调动各事业部的积极性。

(5) 有助于企业内部开展竞争。将市场机制引入企业内部,每个事业部都是一个利润中心,各事业部独立核算,能够打破事业部之间的平均主义,实现事业部之间的有效竞争。

2. 事业部制的缺点

(1) 机构设置重叠,导致管理人员增加、管理费用提高。每个事业部都按一个独立企业的要求设置部门,导致机构重叠,管理人员增加。

(2) 横向沟通和协作困难。每个事业部都相当于一个独立的小企业,事业部独立核算,事业部之间按市场价格进行结算,导致内部横向沟通和协作困难。

事业部制组织机构一般适用于经营规模大、产品品种多且差异性较大、市场变化快、需求较复杂的大型企业。

📝 **管理小故事**

传统制造企业向事业部制的华丽转身

在中国南方的一家老牌制造企业,董事长周总面临一个棘手的问题:集团旗下产品线繁多,但各部门各自为政,资源分散,无法形成合力,新产品研发和市场响应速度慢,盈利能力逐年下滑。

为改变现状,周总决定对企业组织机构形式进行大胆改革。他参考了许多国外成功企业的经验,提出将集团改造成事业部制。在新的组织架构下,原先的各个独立部门将被打散重组,按照产品类别组建为五个独立核算、自负盈亏的事业部,每个事业部都有自己的研发、生产、销售等部门,形成相对独立而又相互关联的经营实体。

在实施事业部制后,集团各个事业部开始专注各自的产品线,管理层可以根据市场变化迅速调整战略方向,同时内部资源的配置也更加合理,新产品研发和市场响应速度大幅提升。事业部间的良性竞争促使各事业部不断创新以追求更高的效益,集团整体业绩在短期内显著回暖。

这一转变使得集团成功克服了原有体制下的诸多弊端,充分发挥了组织优势,实现了企业运营效率的大幅提升和长期稳定的盈利增长。

(五)矩阵制

按职能进行的组织机构设计可以带来分工的好处,但往往会忽略组织整体的适应性与最佳效益;事业部制可以更好地解决这个问题,但又会产生资源重复配置的问题。而能够将两种优势结合在一起的组织机构形式就是矩阵制。

矩阵制体现了组织机构设计的二维思考方式,也有人称之为"非长期固定性组织"。它将组织划分为纵向、横向两个系列,即把按职能划分的部门和按产品(服务、项目)划分的项目结合形成一个矩阵(见图5-5),形成项目小组。项目小组是为完成一定的管理目标或某种工作项目而临时设立的,其人员从各职能部门中抽调,接受项目经理领导,同时与原职能部门保持业务联系,待任务完成之后,他们仍回到各自的部门。

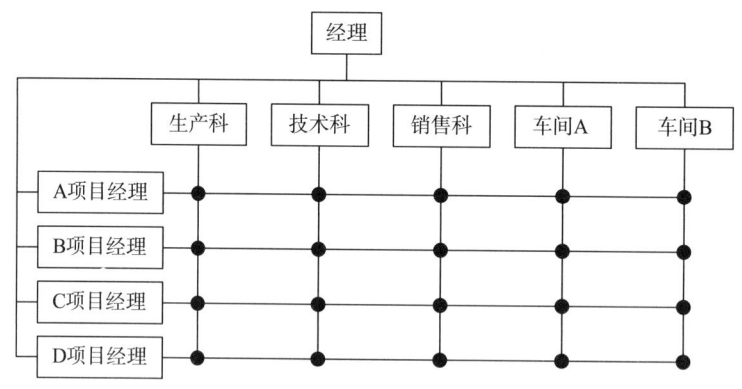

图5-5 矩阵制组织机构示意图

1. 矩阵制组织机构的优点

(1)具有高度的机动性与适应性。矩阵制打破了传统组织的一贯模式,人员归属与组合的机动创新性地解决了组织机构稳定性和业务多变性的矛盾,增强了组织的横向沟通能力。

(2)提高组织效率。设立项目小组,将项目在各职能部门间的协调转化为项目小组内部的协调,大大降低了协调成本;同时,设立项目小组也使资源利用有更强的针对性。

(3)项目成员决策参与程度高,是执行一些临时性、跨专业、高水平攻关项目的良好组织管理模式。

2. 矩阵制组织机构的缺点

(1)项目小组成员接受双重领导。项目小组成员接受项目小组与职能部门的双重领导,如果处理不好,就会造成相互推诿、责任不清,进而影响效率。

(2)组织关系复杂且不稳定。对项目管理者及项目小组成员的适应性要求更高,如果处理不好,就会使项目小组成员产生临时任务观念,影响其工作责任心。

矩阵制组织机构特别适用于工作任务变动较频繁且各类技术人员密集的大规模的特殊工程项目,有利于把组织的各项活动分隔为在人才与资源分配上彼此竞争的项目,从而绩效方面取得较好的平衡。

(六)立体多维组织

立体多维组织又称立体组织,是系统论在组织机构设计方面的具体运用,是对矩阵制的进一步发展。"多维"是借用数学概念,意指多种因素、立体形态。立体多维组织机构一般包括三个维度(见图5-6):

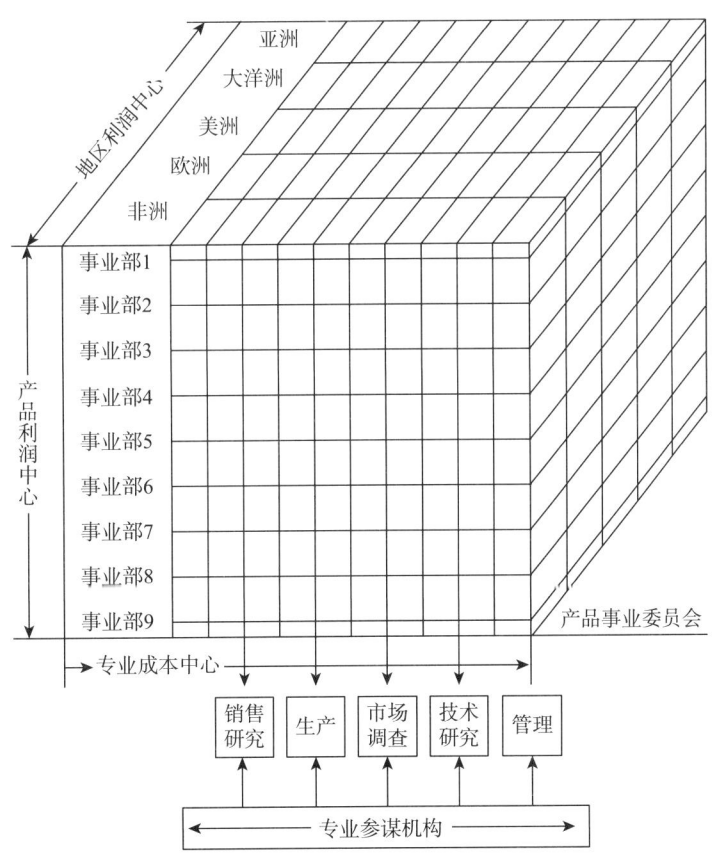

图5-6 立体多维组织机构示意图

（1）以产品划分的事业部——产品利润中心；
（2）以职能划分的专业参谋机构——专业成本中心；
（3）以地区划分的管理机构——地区利润中心；

立体多维组织机构最大的特点是：在这种组织机构形式下，任何机构都不能单独决策，而要由以上三方代表组成的产品事业委员会共同协商进行。这一方面从制度的规定性上要求以产品或地区划分且以利润为中心的管理部门必须与以成本为中心的职能管理部门相结合；另一方面促使组织中的每个部门从整体利益协调的角度提出问题、解决问题，尽量减少摩擦。

立体多维组织机构由美国道-科宁化学工业公司于1967年首先采用，是适用于大规模的跨国或跨地区公司的组织机构形式。

六、职权设计

职权是指特定的管理职位所规定的采取行动或指挥别人行动的权力。职权属于正式权力，是与组织中特定职位相关的权力。例如，我们经常发现组织中的下级有时会被迫执行不利于自己或本人不同意的命令，这就是职权的力量。所以，一个没有职位的管理者也就失去了相应的力量和作用。

组织的职权设计就是关于组织内不同职位间的职权关系的设计，涉及每个职位的权力来源与权力大小等问题。

（一）直线职权与参谋职权

组织分工将组织机构划分为纵向与横向两类。

1. 直线职权

我们将纵向的、由管理层次形成的体系称为直线组织，直线组织对实现组织目标负有直接责任。与直线组织中每一层次的职位相对应的权力即为直线职权，指上下级之间的指挥与命令权力。直线职权体现出组织内自上而下的指挥链的关系，它遵循统一指挥原则，是组织管理人员之间的主要关系。组织设计的主要内容之一便是规定和规范这种关系。

2. 参谋职权

参谋职权是指对实现组织目标负有协助责任的权力。参谋职权的职责是协助直线职权有效地工作，由此派生的职能称为参谋职能，它遵循专业化原则，如计划、财务、人事等。随着现代企业规模扩大化、战略复杂化，参谋机构日益扩张，地位日趋重要。参谋职权作为直线职权的助手，只有筹划权、建议权，不具备指挥权。

在组织职权设计中，能否处理好直线职权与参谋职权的关系，直接决定着组织的效率，为此应做到以下两点：

（1）明确权责划分。直线职权与参谋职权是两种不同性质的职权，但又必须相互配合，只有明确职责及各自的地位，才能更好地相互配合。

（2）必要的授权。直线主管为了更好地调动参谋人员的积极性，同时也为了减轻自己的负担，应向参谋人员进行有限度的授权。

（二）授权

授权是指领导者将自己的部分决策权转移给下级的过程。授权是形成指挥链的手段，随着组织规模的扩大，授权会不断地进行。授权可以减轻领导者过重的负担，还可以成为激励因素，调动下级的积极性。

1. 授权的原则

（1）符合组织目标。这包括是否授权、授权方式、权限大小等。

（2）权责对等。当授权不完整或权责不对等时，可能出现滥用权力或根本无法完成任务的后果。

（3）授权的绝对性。权力可下授而责任不可下授，这也避免了上级随意授权的行为。

2. 授权的方式

（1）按照授权程度，分为充分授权与不充分授权。这主要视上级对下级能力的认可程度和所授权力的重要性而决定，信任程度越高，授权越充分。

（2）按照制约授权方式，将所授职权加以分解，分别授予不同的下级，以产生权力制约而形成相互监督，避免失误，如财务管理中的会计与出纳间的制约关系。

授权过程中应注意的问题主要是对下级的信任程度：一方面要避免因对下级不信任而造成缩手缩脚，不敢或不愿放权；另一方面也要避免因过于放权而造成失控。

管理小故事

从微观管控到授权激活：零售连锁店的新生

在一家全国范围的大型零售连锁企业中，总经理王总长期以来对门店的运营细节过于关心，事无巨细都要亲自过问，导致他个人工作压力巨大，而门店经理们却因缺乏自主权，积极性和创新性受到抑制，连锁店整体运营效率不高。

一天，王总受邀参观了一家同样做零售业务但运营非常高效的同行企业。他发现对方采用授权式的管理模式，总部只设定总体战略和业绩目标，而具体的门店运营决策几乎全部下放到一线门店经理手中，他们被赋予极大的自主权。

深受触动的王总回到公司后，决定大胆改革组织设计，实施授权管理。他首先明确了各级门店的年度销售目标和客户满意度指标，然后取消了大部分烦琐的审批流程，赋予了门店经理更大的权限，包括进货选择、促销活动策划、员工培训与发展等。

实施授权管理后，各门店经理纷纷展现出极高的工作热情和创新思维，他们根据各自店铺的特点和周边市场环境，因地制宜地调整商品结构，策划富有创意的促销活动，员工培训也更加贴近实际需求。不久之后，各门店的业绩均显著提升，客户满意度也创历史新高。

通过此次组织设计的授权改革,企业不仅摆脱了过度微观管控带来的低效,还让各级管理者和员工感受到了信任与尊重,释放了组织的内在活力,实现了企业的转型升级。

(三) 集权与分权

集权与分权是用于描述决策权在组织中不同管理层次上的集中程度的概念。集权是指决策权在组织中较高层次上的相对集中;分权则是指决策权在组织中较低层次上的相对分散,分权同时也是授权的过程。

1. 集权的好处

集权成为组织普遍追求的倾向,主要源于以下好处:

(1) 有助于保持组织整体决策的一致性。

(2) 可以保证雷厉风行地执行决策。

2. 集权的弊端

过分集权也有明显的弊端,主要表现在以下方面:

(1) 导致决策质量降低。权力过分集中于高层会致使信息传递失真和传递不及时,从而影响决策质量。

(2) 影响员工的积极性。实践证明,集权程度与员工满意度密切相关,低集权程度组织的员工决策参与程度高,满意度相对高;反之亦反。

正确掌握集权与分权的程度、适度分权对组织运行的有效性有重要影响。首先,在现代组织中,对规模经济的追求导致组织规模扩大,要求增加管理层次,使分权倾向日益明显;其次,组织活动的分散性也使分权成为必要,尤其是跨国、跨地区的部门主管要求自主决策的意愿更加强烈;再次,组织的创新性也同样要求组织分权化;最后,现代计算机和信息技术的发展也使分权成为可能,因为现在即便是普通员工也能迅速获取从前只有高层管理人员才能得到的信息。当然,集权与分权是相对概念,分权程度本身也会受到集权优越性的限制,超过一定限度的分权会破坏组织的统一性。不仅如此,组织内是否拥有足够数量、受过良好训练的基层管理者也是限制分权程度的决定性因素,不具备相应素质的管理者可能会使分权效果适得其反。所以,要提高员工的工作绩效和满意度,就必须全面考虑员工素质与组织性质之间的关系。

管理小故事

"今年要帮一万个求职者找到工作!"

最近,直播带岗这种招聘方式在各地兴起,成为社会招聘的一条重要渠道。直播带岗的主播则是一种新兴的职业,叫**互联网招聘师**。他们是如何推销"岗位",为求职者介绍工作的呢?

吉良元曾是一名电镀工人,工作之余常和工友一起拍短视频,展示蓝领工人的日常。一次,工厂领导找到他说:"你这么多粉丝,帮厂里招招人吧?"抱着试试看的想法,吉良元开始直播带岗,半个月招来了七八十个人,这让吉良元有些惊讶,也确定了以后要做直播带岗。

吉良元表示,每个要介绍的工厂他都会直接去实地考察,看看现场情况。**"视频里看到的工作是啥样,实际工作就啥样,工友有什么问题,可以直接在线提问。"**

因为做过蓝领工人,吉良元非常熟悉工人和企业的需要,他会把工作环境、工资待遇、吃住条件都讲得很细,让求职者更踏实一些。

每隔一段时间,吉良元和团队还会**回访求职者**,"不管是离职还是求职成功,都要回访。只有知道离职的原因,才能更好地给下一批求职者介绍,以提高在职率。"

做互联网招聘师一年多来,吉良元已经给两三千个工友找到了工作。他觉得自己是一架桥梁,帮着企业"抢人",也帮着蓝领追梦。**吉良元和团队还制定了一个目标:今年要帮一万个求职者找到工作!**

现在,**吉良元的固定合作企业有7家,招聘旺季会同时给几十家企业直播招聘。**"我觉得这是时代给我的机会,我会本着诚实、真实的原则做下去,**对工友负责**,实打实的,这样才能长久。"

直播带岗蕴藏就业新空间。随着用工需求的多元化,对于多层次人才,线下招聘形式正在往线上转移,直播带岗越来越多地成为各地"招贤纳士"的选择。

直播带岗形式也让互联网招聘师成为一个新的就业方向。业内人士指出,从互联网招聘师的构成来看,有地方人社部门、人力资源机构,也有非人力资源专业的普通群众。

2023年全国两会上,多名全国人大代表、全国政协委员提出**适时考虑将互联网招聘师纳入国家新职业**,并建议完善人才评价标准、建立行业或组织标准、规范主播服务流程等。

资料来源:央视新闻2023年5月3日于北京。

思考:
- 组织可以为人才发展提供哪些平台?
- 我们可以为区域高质量发展过程中的人才队伍建设做些什么事儿?

七、人员配备

(一) 人员配备的必要性

人员配备是指为了配备合适的人员去充实组织中的各个职位,以保证组织活动的开展和组织预定目标的达成。它的任务是对人员进行恰当而有效的选拔、培训和考评,为各个岗位配备合适的人员。

在企业管理中,人员配备是关系到企业经营目标能否实现的重要内容。曾经有一个企业家,经营得很成功,于是决定跨地区开分公司。但开了几家之后,有一个现象令他感到很困惑:有他坐镇时,分公司能够盈利,一旦他撤回总公司,分公司就开始亏损。事实上,这个问题的根源在于他没有充分意识到当企业发展到一定阶段时,人员配备水平必然会影响到整个企业的运作水平。一个成功的企业家应该通过恰当的人员配备,将自己的成功经验转化为企业一批人的经验。

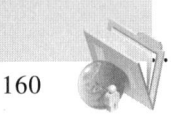

人员配备的必要性表现在,人员配备尤其是企业管理层的人员配备是实现组织目标的保证,即通过选拔、培训、储备人才为组织发展做准备。企业通过选拔、培训、储备人才维系成员对企业的忠诚度。

(二)人员配备的内容

1. 确定人员需求数量

人员需求数量主要根据组织规模、组织机构的复杂程度、组织设计的要求等因素来确定,还要综合考虑环境变化、人员流动等动态因素。

2. 人员的招聘与选拔

人员的招聘与选拔主要有两种方式:一种是外部选拔、招聘,即所谓"空降"模式;另一种则是从企业内部产生。后者的好处是企业与选拔对象相互了解,能够迅速开展工作,有较高的企业忠诚度,但有时选拔的范围较窄。"空降"模式选拔人员的范围较广,可以为企业管理带来新思路,避免近亲繁殖,但是也会面临与企业原有利益结构、组织文化产生冲突的问题。然而,不管采用哪种方式,企业在进行人员的招聘与选拔时,都必须客观、公正地考察个人能力并赋予相宜的工作责任。这一点对调动组织成员的工作积极性是非常重要的。

3. 人员考评

人员考评是为了确定各个岗位的工作人员是否符合组织要求的标准,以便为组织确定是否进一步培养以及确定薪酬、奖惩提供依据;同时,人员考评也是组织内部沟通的过程。人员考评的方式可以根据贡献大小进行能力考评,也可以由考评主体进行自我考评以及上级考评和群众考评。

4. 人员培训

人员培训一方面是为了提高企业员工素质和个人能力,另一方面也是企业内部信息沟通、针对某些具体问题改变员工态度、更新观念的需要。具体培训内容包括思想政治教育、管理业务知识、管理技巧等。培训方法有理论培训、职务轮换、晋升、在副职岗位上培训等。具体培训形式有在职学习、脱产学习。

管理经典定律

彼得原理

彼得原理,是管理学家劳伦斯·彼得(Laurence Peter)在其著作《彼得原理:为何事情总是会变得如此糟糕?》中提出的。他指出:"在一个等级制度中,每一个职工趋向于上升到他所不能胜任的地位。"每一个职工由于在原有职位上工作成绩表现好(胜任),就将被提升到更高一级职位;其后,如果继续胜任,则他将进一步被提升,直至到达他所不能胜任的职位。由此得出的彼得推论是:"每一个职位最终都将被一个不能胜任其工作的

彼得原理

职工占据,层级组织的工作任务多半是由尚未达到不胜任阶层的员工完成的。"

相关案例故事:

王先生是一位技术精湛的软件工程师,在自己的职位上表现得非常出色。他的领导注意到他的努力和成就,决定提拔他为项目管理者,尽管王先生并没有相关的管理经验或兴趣。在新的职位上,王先生发现自己并不擅长处理团队冲突、制订项目计划以及与客户沟通等管理工作。他的技术才能并不能弥补他在管理技能上的不足,由此导致项目进度滞后、团队士气低落、客户满意度下降。

这个案例说明,在评价员工的表现和决定是否提升他们时,不仅要考虑他们在当前职位上的成就,还要评估他们是否具备担任更高职位所需的技能和才能。此外,提供适当的培训和发展机会也是至关重要的,以确保员工能够成功地过渡到新角色。否则,这可能导致组织效率下降,甚至陷入僵化和混乱的状态。

第二单元　非正式组织

一、非正式组织的含义及特点

(一)非正式组织的含义

所谓非正式组织,是指由拥有共同兴趣和爱好的人自发形成的群体,如棋友、舞友、球友等。非正式组织出于情趣一致或爱好相仿,利益接近或观点相同,以及彼此需要等原因把人们联结在一起,并且依靠心理、情感的力量来维系。非正式组织对正式组织既具有积极的作用,又具有消极的作用。研究非正式组织的目的在于正确引导非正式组织,发挥其积极作用,抑制其消极作用,避免其破坏作用。

(二)非正式组织的特点

1. 非正式组织是自发形成的

非正式组织是相对于正式组织而言的,它不是由正式组织组建的,而是自然或自发形成的。一般来说,非正式组织没有章程,没有确定的权利和义务。

2. 非正式组织依靠爱好、情感来维系

对于非正式组织来说,维系群体存在的主要原因不是来自外部,而是来自成员间的情趣一致或爱好相仿,以及彼此的心理、情感需要及力量等。

3. 非正式组织的领导者具有极强的吸引力

非正式组织一般都有自己的"领袖"人物。这样的"领袖"人物不是由组织任命的,而是自然形成的。或者是"领袖"本身的力量把成员"吸引"到自己身边,或者是群体在形成过程中自然拥戴出"领袖"人物。因此,非正式组织的"领袖"常常比正式组织的领导者更具权威性,对成员的影响更大。

4. 非正式组织有自己的群体规范

非正式组织一般都有自己的群体规范。这种规范主要是从非正式组织成员的共同利益、共同需要、共同情趣和爱好出发,规范非正式组织成员的行为,调节非正式组织内部的关系。虽然它是不成文的、无形的,但对非正式组织成员具有很强的约束力。

5. 非正式组织的凝聚力较强

非正式组织是因成员情趣一致或爱好相仿,利益接近或观点相同,以及彼此需要等而形成的,一般来说具有较强的凝聚力,容易出现"抱团"现象,并且具有自卫性和排他性的特点。

6. 非正式组织的内部信息传递畅通

非正式组织具有明显的情感色彩,它以共同的感情为基础,以感情为判断是非好恶的标准,这使得非正式组织的内部信息传递具有渠道畅通和传递快速的特点。

二、非正式组织的类型

(一) 按非正式组织的形成原因分类

(1) 利益型。因成员利益的一致性而形成,凝聚力最强,作用明显,是不是非正式组织也容易判定。

(2) 信仰型。因成员有共同的信仰和价值观而形成,凝聚力较强,但由于是思想上的结合,在信仰、价值观以外的问题上组织作用并不十分明显。

(3) 目的型。因成员要达到一定的目的而形成,这种目的和动机可能各不相同,但一旦达到目的,非正式组织就可能解体。

(4) "需要互补"型。因成员在某些方面(如品质、性格)有相似或相近之处而同类相聚,或者虽不相同但能互补。这样的非正式组织比较松散。

(5) "压力组合"型。因外在压力的作用而形成,如果外力消失或改变,组织本身就可能发生变化。

(6) "家族亲朋"型。因成员有家庭亲朋关系而形成,凝聚力强,内部相互帮助和共同对外防卫的作用明显。

(7) "娱乐"型。因成员兴趣、爱好相同而形成,凝聚力不是很强,组织作用也不明显。

(二) 按非正式组织的群体作用性质分类

(1) 积极型。对组织目标、正式组织的建设及成员的成长起积极作用。

(2) 消极型。对组织目标、正式组织的建设及成员的成长起消极作用。

(3) 中间型。对组织目标、正式组织的建设及成员的成长没有明显的积极作用或消极作用。

(4) 破坏型。对组织目标、正式组织的建设及成员的成长有明显的破坏、干扰作用。

这里需要指出两点:一是非正式组织的群体作用性质不是固定不变的,可以发生转变。比如,起积极作用的非正式组织,如果引导不当或者对其采取不正确的态度,则可能导致其作用发生转化;同样,起消极作用的非正式组织,经过适当的工作,也可能转变为起积极作用的非正式组织。二是非正式组织的作用往往不是绝对地积极或绝对地消极,比如有些非正式组织对本身内部是不利的,但对正式组织可能有一定的积极作用。

管理小故事

攀枝花的芒果?

许开成,四川攀枝花人,26岁,以前他在省城成都打工。成都,妥妥的新一线大城市啊!但是现在,他在攀枝花干家庭农场,种芒果卖芒果,一年的流水达120万元,净收入为22万元,是他在成都打工收入的3倍。

攀枝花这个地方,过去是靠矿产资源支撑的。这里虽然气候不错,但因为是山区,耕地面积小,发展农业很难有规模效应。直播卖攀枝花的芒果,怎么比海南岛还出风头呢?

许开成在攀枝花干家庭农场可不是单打独斗,而是结成了行动联盟,有成套的打法。这个网络,由当地的6 172个家庭农场构成,是过去5年发展起来的。

我们来看看许开成种芒果会遇到哪些困难?又是怎样解决的?

水从哪里来?

攀枝花山多,落差大,把金沙江的水引到山上,可不是一家一户能干的。在这里,政府统一调度,把水抽到高处的水库,然后从上往下给不同的片区放水,得提前协商好顺序。

没品牌怎么办?

当地打造出攀枝花水果的共用品牌"攀果",只要许开成符合规定的标准,就可以加入。这里有专门的人运营品牌,投广告,拓渠道,参加农博会,谈大型商超和企业的订单。谈好的条件大家一起享受。这是农户单打独斗很难做到的。

品牌维护怎么办?

芒果必须在树上达到七八成的糖化才能保证口感,要是有人提前采摘催熟,就会破坏攀枝花芒果的口碑。加入联盟,许开成就得遵守统一的采摘时间。在大规模上市的季节,约定好芒果下树的日子,吹了哨才能行动。

更妙的是,家庭农场还联手实现了时间上的规模效应。攀枝花海拔落差大,位于不同海拔的农场种不同的品种,芒果上市的时间就能错开。大家不用挤着同时上市,还能让6—12月的中国芒果市场都有攀枝花整个产区霸屏,影响消费者的购买决策。

劳动力不足怎么办?

家庭农场一般也就两三个劳动力,但芒果一熟就是几万斤。不怕,收获的时候所有联盟成员互助。农业合作社排好日期,今天许开成家摘芒果,就组织全社四五十人去帮忙。一天摘完,明天许开成也要去帮别人家。

快递贵怎么办?

集体议价啊!芒果分量重又容易烂,散发快递费用很高、货损也大。家庭农场联盟谈判就有了议价能力,不但邮费便宜不少,而且能拉通全国不同地方的费用,比如10块钱跑全国。

卖不完怎么办?

摘下来的水果不能及时卖出去可是要坏的啊!就地处理,引入水果冷库和冻干厂,根据使用情况各家分摊费用。

想创新怎么办?

盯着邻居家啊!总有一些家庭除了芒果,还愿意试试百香果、牛油果、夏威夷果。他们一旦成功,咱们就一起学,反正是一起做大攀枝花水果的品牌。

现在,许开成一家人可以在一起,陪着孩子长大,照顾老人的起居。妈妈管理果树,爸爸对接国外订单,他和媳妇通过抖音直播、接订单和打包。

许开成回到的,其实是一个崭新的、高效率的合作网络。 这个网络既有政府的功劳,又有6 172个家庭农场的自发合作。

复杂科学的代表人物杰弗里·韦斯特(Geoffrey West)研究过一个城市的经济总量、专利数量、专业人才数量与人口规模的关系。简单来说,**一个城市的创造力与人口数的 1.15 次方成正比。**

做事的人必须到事情正在发生的地方去。

如果你看到别人从大城市走了,那不一定是人家撤了,也可能是他看到了一个你没有看到的新中心,加入了一个你还没有发现的新的合作网络。

资料来源:罗振宇2024年"时间的朋友"跨年演讲文稿。

三、非正式组织的积极作用与消极作用

(一)非正式组织的积极作用

非正式组织有可能帮助正式组织完成大量的工作,可以作为"补丁"来弥补正式组织的缺点和不足,还能满足正式组织成员社会与心理方面的需求,有利于保持良好的气氛;此外,还能促进积极的信息沟通。具体来说,非正式组织的积极作用主要表现在以下几方面:

1. 满足职工情感方面的需求

非正式沟通的产生可以说是人们天生的需求。例如,人们出于安全感的需求,乐于去刺探或传播有关人事调动或机构改革之类的消息,而好友之间彼此交流和沟通则意味着相互的关心与友谊的增进,由此更可以获得社会需求的满足感。

2. 弥补正式组织的不足

任何一个组织机构无论其政策与规章制度制定得如何严密,总难巨细无遗,好友之间的相互关心是任何组织机构也代替不了的,非正式组织则可与正式组织相辅相成,弥补正式组织的不足。尤其是非正式沟通在做后进转化工作上有特殊功效,因为非正式组织本身的特点,特别是其领袖人物的影响力,在做后进转化工作上往往有着正式组织达

不到的功效。此外,非正式组织可使员工在受到挫折或遭遇困难时有一个"排气阀"——发泄的通道,从而获得社会的安慰与满足。

3. 了解员工真正的心理倾向与需求

通过非正式渠道进行沟通,员工可以畅所欲言地吐露内心的看法和真实思想,而不会像在正式沟通中那样心存戒备,从而让管理者可以从不同的侧面捕捉到员工的真实需求。虽然非正式组织有时也可能传播一些具有蛊惑人心、混淆视听的副作用的小道消息,但某些小道消息也从一个侧面"折射"出员工的真实心态和想法。

4. 有利于加强沟通,提高工作效率

在非正式组织中,成员之间或者兴趣爱好相同,或者性格脾气相投,因此他们不仅沟通通畅、无话不谈,而且能够建立起相互信任与关心的关系,从而更好地调动非正式组织成员的积极性,提高工作效率。

(二) 非正式组织的消极作用

非正式组织的消极作用往往发生在与正式组织发生冲突上,主要表现在以下几个方面:

第一,目标冲突。当非正式组织的利益或目标与正式组织的利益或目标发生冲突时,非正式组织会对正式组织的利益或目标起破坏和干扰作用,有碍正式组织目标的实现。

第二,抵制变革。非正式组织往往会形成一种力量,为了维护自身既得的利益,它们会刺激成员产生抵制改革的心理。

第三,滋生谣言。谣言在非正式组织中极易牵强附会、以讹传讹,把错误的东西辗转传开,令人信以为真。

第四,阻碍努力。某些人员在工作上特别尽力,有时会受到非正式组织中其他成员的讥讽,于是使人不敢过分努力。

第五,操纵群众。非正式组织中的领袖人物往往可以利用其地位,对群体成员施以压力、从中操纵,易形成小集团、小圈子,影响人心的稳定与团体的凝聚,尤其是非正式组织的领袖人物与正式组织的领导者发生冲突的情况,这种冲突可能是个人的成见或摩擦,也可能是工作上的分歧。

四、对非正式组织的管理策略

非正式组织的存在具有客观必然性,就像海洋中的冰山有水上和水下部分,正式组织与非正式组织是组织存在状态的两种形式,管理者不可能凭借好恶废除非正式组织,但可以学会与之共处并对之施加影响。

1. 思想上要正确对待非正式组织

对非正式组织要坚持实事求是的态度,既不能夸大非正式组织的作用,又不能对非正式组织持漠视态度,要敢于正视、承认非正式组织的存在,并把它与"小宗派""小集团"区分开。对非正式组织的积极作用要鼓励和支持,对其消极作用要积极引导,争取把非正式组织的作用引导到有助于实现正式组织的目标上。

2. 对非正式组织进行目标引导

对于非危害性的非正式组织,领导者不应对其限制过严、事事干预,而应尊重它们的集体性,实行目标管理。例如,领导者可以根据正式组织与非正式组织的关系,为非正式组织分配具体的工作任务,为它们不断提供更高层次的目标,并引导它们逐步向更高的目标发展。但需要注意的是,引导不是妥协、退让、迁就,引导的目的是把非正式组织引导到有利于组织目标、任务的实现及完成,有利于正式组织建设的轨道上。引导是要使非正式组织的积极因素得到发挥、消极因素转化为积极因素。

3. 对非正式组织进行感情维系

领导者应尊重员工的感情,沟通正式组织与非正式组织之间的信息,不断消除二者之间的矛盾,使二者保持平衡。在制定工作目标和标准时,不能只顾效率、不顾感情,要使领导者与员工之间平等相待、密切协作。

4. 对非正式组织进行核心控制

非正式组织的"核心人物"会对非正式组织的结构、性能和行为方式产生至关重要的影响。控制非正式组织的"核心人物"是控制非正式组织的关键。因此,领导者应做好"核心人物"的工作,在实现正式组织目标的过程中取得他们的支持,调动他们的积极性,利用他们的影响力、威信和能量来引导非正式组织。

第三单元　组织创新的主要形式

一、扁平化组织

受管理幅度的限制,企业传统的金字塔型组织结构是一种趋于多层次的高耸结构,无法适应现代多变的市场环境对企业管理效率及创造性的要求。因此,自20世纪90年代以来,西方企业掀起"企业流程再造"运动,意在打破传统的自上而下、重视层级体系和部门界限的管理模式,将这种金字塔型组织结构扁平化。

企业组织结构扁平化具体表现为减少管理层次,加大管理幅度,提高组织信息传递的有效性。具体形式是将大企业分割成许多规模较小、承担独立经济权责的单位,各单位独立运营,各自负责特定市场或产品的经营活动。在这种分权体制下,高层管理工作以协调各单位关系为主,改变了以往那种层层发号施令、效率低下的状况。

扁平化要求组织具备一定的基本条件:一是现代化管理控制技术,能迅速、有效地进行信息处理与传输,有效取代被减少的管理层次;二是员工具备一定的独立工作及自我控制能力,能承担相应的授权责任。

扁平化组织的好处如下:

(1) 减少管理层次可以改进沟通效率;

(2) 减少管理层次可以减少管理人员的数量并因此而降低管理费用;

（3）加大管理幅度要求管理者提高分权程度，客观上能激励员工提高自我控制水平。

但扁平化相应地提高了对组织控制能力的要求。这种组织结构的适用面较广，在现代化管理控制条件下，即便是传统企业也可以实行不同程度的扁平化组织变革。

二、虚拟组织

虚拟组织也称虚拟企业或虚拟经营，是指企业在组织结构上突破有形的界限，虽有设计、生产、营销、财务等功能，但企业内部没有完整的执行这些功能的组织机构，组织机构有实有虚。也就是说，企业在有限的资源条件下，为了取得竞争优势，只保留企业中最关键的功能组织，而将其他功能虚拟化，通过各种方式借助外界力量进行整合弥补，目的是在竞争中发挥企业有限的资源优势。

虚拟组织的兴起与当今市场激烈竞争、科学技术飞速发展有着密切的关系。随着科学技术的飞速发展，新产品的技术含量不断提高，产品的生命周期不断缩短，新产品与多种科学技术结合的趋势不断扩大。在这种形势下，企业单靠自己的资金和技术力量迅速推出系列化、多样化和复杂化的新产品就显得力不从心，难以达到快速占领市场的目的。由于获得利润的机会稍纵即逝，因此一些企业采用联盟的形式，将各自的资源优势、技术优势和资金优势结合起来，便拥有了市场竞争优势。虚拟组织在国外早已十分普遍，像耐克、锐步根本就没有自己的工厂，其运动鞋产品却畅销全球。分析起来，正是由于国外虚拟组织将一些劳动密集型产业的生产部分虚拟化，并把它转移到劳动力成本比较低的发展中国家生产，才有了"三来一补"，也才有了许多企业的发展。实际上，许多世界名牌产品都是由发展中国家的一些企业生产出来的。

虚拟组织突破了传统管理只重视企业自身拥有的资源的管理方式，而将管理的重点转移到对整个社会资源的整合和调动上，其基本精神在于突破企业自身的行政界限，拓宽资源配置的思路和空间，借用外力加速自身的发展。

（一）虚拟组织的基本形式

传统的组织是实体组织，即组织功能与机构存在一一对应的关系，组织有什么样的功能，就设置什么样的机构，由此形成的组织是"大而全""小而全"。实践证明，这样的实体组织不仅没有增强功能，反而背上了沉重的负担，比较优势更难显现。而虚拟组织打破了功能与机构之间一一对应的关系，即组织机构有实有虚。也就是说，在虚拟组织中可能并没有某些机构，但具有该机构的功能。虚拟组织注重企业内部资源与外部资源的有效整合，是一种把优势做大做强的资源配置思路。

虚拟组织在运作过程中具有多种多样的虚拟形式，其中最常用的形式有虚拟生产、策略联盟、虚拟营销、虚拟后勤。

1. *虚拟生产*

虚拟生产是虚拟组织的初级形式，其主要方式是外包加工。在虚拟生产条件下，企

业只掌握产品生产的核心部分,如关键配方和关键工艺等,而将一般生产环节以承包或租用生产场地等方式虚拟出去。这样,企业就可以在没有生产设备、厂房投资的情况下实现强大的生产功能。比如珠海天年生物,1992年自筹资金1 000万元,瞄准国际尖端技术、国内空白的功能纤维,开发出改善人体循环的系列产品,自己只掌握产品的核心部分——技术配方,生产环节则采用租用车间的方式分布于全国各地,产品就地销售,既节约了生产设备和厂房投资,又降低了运输费用和市场壁垒,只用了3年时间产值就达到2亿元。这种以科技为核心实现快速发展的运作模式,体现了少量复杂劳动等于多量简单劳动的市场交换法则。

2. 策略联盟

策略联盟是指几家企业拥有不同的关键资源,而彼此的市场又存在某种程度的区隔,为了彼此的利益进行策略联盟。其基本思想在于创造更大的竞争优势,通过资源共享实现利益共同扩张。比如世界著名的康柏电脑公司,为了迅速进入不熟悉的个人电脑市场,一开始就与数十家知名的软硬件公司(如微软等)进行策略联盟,再加上康柏电脑的大部分零件均采用外包加工方式生产,本身仅掌握快速的研发能力及营销网络,使得康柏电脑迅速攻占个人电脑市场,最终成为个人电脑市场的主要品牌。

策略联盟按照组织接触程度和潜在竞争程度的不同可以分为四种类型:

(1)亲竞争性联盟。这是指在产业和价值链中有纵向关系的企业之间的联盟,如生产商与供应商、分销商之间的联盟。此种联盟的目的在于实现价值链的增值。

(2)非竞争性联盟。这是指在同一产业内相互不存在竞争关系的企业之间的联盟。此种联盟的目的在于同业之间的相互学习。

(3)竞争性联盟。这是指联盟者之间存在直接的竞争关系。此种联盟的目的在于保护和增强联盟双方的核心竞争优势。

(4)潜竞争性联盟。这是指为了开发新技术,在互不关联的企业之间结成的联盟。此种联盟的目的在于获取超前竞争优势。

3. 虚拟营销

虚拟营销是指企业仍具有营销的功能,但不设有营销机构或使原有营销机构的功能弱化。常用方法有两种:一是改变企业与下属营销机构的隶属关系,即将下属营销机构的"产权"关系解放出去,使其成为具有独立法人资格的营销公司。营销公司作为独立的利润中心直接面向市场,既要承担原有企业的营销业务,又要开拓其他营销业务市场。这样既能节约总公司的精力与费用,又能激活原有营销机构的潜能。企业采用这种形式必须具备的前提是,企业拥有的产品市场前景广阔,并能以自身的品牌与技术更新优势保持稳定性,否则就会失去对营销公司的吸引力,导致营销公司另择他路。二是借用外部已有的营销网络来实现自身的营销功能,即企业只制定营销规划和营销策略,具体的营销活动则由大量的经销商和代理商执行。在这种形式中尤以传销最具代表性。

4. 虚拟后勤

虚拟后勤就是企业将后勤辅助、服务部门社会化。常用方法有两种：一是分离企业后勤行政部门，使其成为独立的服务公司，变原来的隶属关系为平等的业务关系；二是将后勤行政业务对外发包，由市场中独立的服务公司来承担，企业与外部服务公司之间既是利益共同体，又是一种松散的联合关系。

虚拟组织的精髓是将有限的资源集中在高附加值的功能上，而将低附加值的功能虚拟化，目的是以高弹性化来适应市场的快速变化。虚拟组织已经成为21世纪企业资源优化配置的潮流和企业竞争制胜的有力武器。

（二）虚拟组织的实施要点

虚拟组织的核心在于通过借力和借智来弥补自身资源的欠缺，在更广阔的空间上优化配置社会资源。为了保证虚拟策略的成功运用，在实施过程中还要注意把握以下要点：

第一，建立并不断增强自身的核心竞争优势。任何虚拟形式都是建立在自身核心竞争优势基础之上的，企业只有以自身的核心竞争优势为依托，通过虚拟化来获取外界资源和力量的配合，才能达到优势互补的目的。如果企业本身一无所长，则虚拟策略很难奏效，即使实现了某种形式的虚拟，也难以取得理想的虚拟效果。

第二，准确定位虚拟方向，发现并识别合适的虚拟对象。企业在实施虚拟策略时，不应漫无目的地胡乱虚拟，而应详细分析自身所处的内外部环境，弄清自身优势及外界资源状况。一般来说，企业内部劣势之所在往往成为可考虑的虚拟方向，即企业借用外力来改善自身状况或弥补自身不足；而外部环境中技术标准、生产规范较稳定的成熟产业则适宜被选作虚拟对象。

第三，了解虚拟对象的真实需求，选择恰当的虚拟方式。虚拟方式是多种多样的，只有当虚拟方式适合企业自身及虚拟对象的现实需要时，虚拟策略才能取得满意的效果。选择正确的虚拟方式，其中最关键的是掌握虚拟对象的真实需求，弄清虚拟对象所期望实现的目标。只有这样才能准确地判断虚拟对象是否适合企业自身的需要，并选择恰当的虚拟方式。

第四，重塑文化基础，消除企业内部的抵触情绪。企业不管是借力还是借智，在引进外部资源的同时，都会伴随外来文化的输入，这样在企业内部极易产生对外来文化的消极的抵触情绪。因此，重塑企业文化，努力减少不同文化的摩擦并使之互相融合，也就成为实施虚拟策略的成功保证。

第五，建立强有力的信息支持系统。想要将同一公司不同部门以及不同公司的资源优势迅速集成一个虚拟组织，为此要掌握本公司和相关公司的产品市场情况、销售渠道、人员素质、研发能力、产品结构、工艺特征、设备情况、制造能力等大量信息。该系统除能及时提供上述有关信息外，还应提供快速选择虚拟对象的方法。

> **管理小故事**
>
> **跨国性的人工智能研发团队**
>
> 在一个全球化背景下的高科技公司中,有一个专注于人工智能产品研发的虚拟组织。团队成员来自世界各地,包括硅谷的算法工程师、北京的产品经理、印度的测试专家以及欧洲的设计团队。他们虽然未曾面对面共事,但是紧密地围绕同一项目协同工作。
>
> 项目经理 Tom 在云端搭建了一个高效的工作平台,通过项目管理软件进行任务分配、进度追踪,并利用视频会议工具定期沟通。团队成员遵循敏捷开发模式,每日在线会议分享工作进展、解决问题,利用文档共享工具同步更新设计文档和技术白皮书。
>
> 尽管存在时差,团队还是达成了灵活的工作时间约定,确保关键时刻能够及时对接。他们充分利用数字化工具的优势,高效地完成了原型设计、代码编写、功能测试等各个环节的任务。
>
> 一次,团队面临关键技术瓶颈,美国的工程师与北京的团队深夜连线进行了长达数小时的深度探讨,最终攻克难关。虽然团队成员身处异地,但共同的价值观和目标让他们像实体团队一样团结协作,最终成功推出了在市场上广受欢迎的人工智能产品。

三、世界型组织

世界型组织于20世纪90年代中期兴起,是一种以持续不断创新、力求最佳目标为特征的组织形式。世界型组织以一些企业超越学习型组织并迈向新阶段为特征,不仅注重企业内部的创新发展,而且更加关注企业所在领域领导地位的确立。概括起来,世界型组织主要具有如下特征:

1. 以顾客为根本的定位

世界型组织最重要的特征是以市场为导向,以顾客为中心,组织不仅将顾客放在质量方案的中心位置,而且所有部门及员工必须组织起来服务于直接或间接的顾客。世界型组织结构高度扁平化,这样组织内每个人都能与顾客保持尽可能近的距离,并能经常收集顾客当前或未来的需求信息。这种以顾客为中心的指导思想,奠定了组织认知、组织策略、组织结构和工作设计的基础。其结果是,企业对自身的要求比顾客的要求更严格,并不断创造新的产品来满足顾客需求、引导市场消费。

2. 不断改进工作

世界型组织的精神是不断改进,追求卓越,它着眼于全球,充分利用全球网络化的合作关系、联盟及信息共享等战略,努力比竞争对手做得更快和更有效率。世界型组织不断改进的主要方面包括:使工作趋于规范化,积极采用标准模式或最佳模式,业务流程重组,对员工授权,制定有关企业知识资产的长远发展规划,合理利用外部资源,形成以创新为核心的激励机制。

3. 灵活多变的组织形式

世界型组织对环境变化反应敏捷、果断且明智、行动及时,这与其经常采用灵活多变的组织形式有关。世界型组织主要依靠外部资源并与外部组织结成临时联盟,因而具有及时把握时机、降低成本、结盟抗敌以及与其他企业共担风险等优势。这种联盟通常是暂时的、有期限的,当联合体对现实不再有价值时即宣告解散。世界型组织也通过培养员工掌握多种技能来增加组织的灵活性。世界型组织的主要特征有虚拟组织、标准化组织、矩阵式组织、多功能组织、并行工程、多技能工人、分权与授权、交叉培训、工作轮换制、工作扩大化等。

4. 全面、合理地管理人力资源的各种方法

世界型组织中的人力资源管理的显著特征有:协同解决问题,管理层的积极贯彻和参与,所有管理层及职能部门通过交流形成一致目标,奖励与表彰措施的积极运用等。此外,世界型组织还强调不断地激发全体员工的积极性,从而打破全面质量管理型组织与学习型组织的局限性。

5. 平等的组织文化氛围

世界型组织的另一特点是营造平等的组织文化氛围。这是指对组织及其参与者的公平回报,尊重组织内部的每个成员以及他所服务的顾客与社会。平等的组织文化氛围具有以下重要特征:共享愿景或信息,公开交流,行为准则明确,尊重企业内各类团体的独立性,促成员工之间友好相处的机制,培养员工间的合作精神,员工参与,结成公共团体,形成个人、团体间的良好关系,促成利益一致的发展规则。

6. 强大的技术支持

大多数有创意、创新且有效的世界型组织都离不开计算机辅助设计和计算机辅助制造、电子信息网络、专家决策系统、统计数据库系统、交叉组织信息系统、多媒体系统以及决策支持系统等先进技术的支持。在当今全球范围的市场竞争中,速度、信息、差异特点及灵活性是取得竞争优势的本质因素,此时技术上的支持显得尤为重要。

从世界型组织的以上特点可以看出,触角敏锐、行动快捷、积极创新的世界型组织将会成为企业组织创新的首选。

管理经典定律

动态能力理论

动态能力理论是由美国学者戴维·蒂斯(David Teece)、加里·皮萨诺(Gary Pisano)和埃米·舒恩(Amy Shuen)在1997年发表的文章《动态能力与战略管理》中提出的。该理论认为,组织的竞争优势并不在于静态的资源或能力,而在于其动态能力——组织快速调整自身战略和资源配置以适应市场变化的能力。这种能力主要包括资源重组能力、资源整合能力和战略更新能力。

动态能力理论对企业的战略规划和发展具有重要指导意义。以下是理论具体应用的说明:

(1) 识别核心能力。企业需要明确自身的竞争优势所在,了解哪些能力是支撑其持续发展的核心要素。

（2）构建学习型组织。鼓励创新和学习，培养员工的学习能力，使组织能够在快速变化的环境中持续改进和发展。

（3）加强资源整合。优化资源配置，确保资源的有效利用，提高组织的效率和效益。

（4）强化战略灵活性。制订灵活的战略规划，以便快速应对市场变化和竞争威胁。

（5）重视合作伙伴关系。建立稳定的供应链和合作伙伴关系，加强跨组织的学习和资源共享，共同应对市场变化。

（6）注重技术创新。紧跟技术发展趋势，推动技术创新，以保证产品和服务的竞争力。

通过运用动态能力理论，企业能够更好地应对不确定性，抓住机遇，抵御风险，从而取得可持续的竞争优势。

相关案例故事：

苹果公司就是一个典型的运用动态能力理论的例子。面对激烈竞争和技术变革的环境，苹果公司不断调整产品线和战略方向。从最初的 Apple II 电脑到 Macintosh 电脑，再到 iPod、iPhone 和 iPad 等产品，苹果公司始终保持着对市场的敏锐洞察力和快速反应能力，成功实现了多次战略转型，成为全球最具价值的品牌之一。

四、学习型组织

自进入20世纪90年代以来，随着信息技术革命和知识经济的兴起，企业所处的环境日益动荡和复杂，未来的不可预知性、环境的不确定性、技术的日新月异、经济的全球化、竞争的国际化等所有这一切都充分表明，传统管理理论已越来越不能适应环境急剧变化的需要，企业迫切要求建立一种能适应周围环境急剧变化的一系列管理理论和行为模式。在这种背景下，美国麻省理工学院的彼得·圣吉（Peter Senge）及其团队在系统动力学的创始人杰伊·福瑞斯特（Jay Forrester）的指导下，将系统动力学与组织学、创造原理、认知科学、群体深度对话和模拟演练相融合，创造出一种崭新的企业管理模式——学习型组织。

（一）学习型组织的特点

所谓学习型组织，是指通过培养弥漫于整个组织的学习气氛，充分发挥员工的创造性思维能力而建立起来的一种有机的、高度柔性的、扁平化的、符合人性的、能持续发展的组织。与传统组织相比，学习型组织具有如下特征：

1. 组织成员拥有共同的愿景

圣吉认为，"愿景"是指一个特定的结果、一种期望的未来景象或意象。它是人们真心追求的终极目标，而非达到目的的手段；它源自人们的内心，而非外在的强制。组织的共同愿景来自成员个人愿景而又高于个人愿景，它是组织中所有成员共同愿望的具象，是他们的共同理想，能将不同个性的人凝聚在一起朝着组织共同的目标前进。

2. 组织由多个创造型团体组成

在学习型组织中,团体是最基本的学习单位,团体本身应理解为彼此需要他人配合的一群人。组织所有的目标都是直接或间接地通过团体努力来实现的。

3. 组织善于不断学习

这是学习型组织的本质特征。所谓"善于不断学习",主要有四层含义:一是强调"终身学习",即组织中的成员只有养成终身学习的习惯,才能形成良好的组织学习气氛,促使其成员在工作过程中不断学习;二是强调"全员学习",即企业组织的决策层、管理层、操作层都要全心投入学习,尤其是经营决策层,他们是决定企业发展方向和命运的重要阶层,因而更需要学习;三是强调"全过程学习",即学习必须贯彻于组织运行的整个过程,不是把学习和工作分割开,而是强调边学习边准备、边学习边计划、边学习边推行,突出从干中学、从用中学;四是强调"团体学习",即不但重视个人学习和个人智力的开发,更强调组织成员的合作学习和群体智力的开发。学习型组织正是通过这种不断学习,及时铲除发展道路上的障碍,不断突破自身的成长极限。

4. 组织结构扁平化

传统的企业组织是金字塔形的科层结构,其突出特点是机构重叠,效率低下,官僚主义严重。决策层与操作层之间由于层次众多,难以直接互通信息,更难以互相学习和整体互动思考。学习型组织则最大限度地将决策权下放到离最高管理层或公司总部最远的地方,即决策权向组织机构的下层移动,让底层也拥有充分的自主权并对自身造成的结果负责,从而形成扁平化的组织结构。在这样的组织里,由于组织机构大为减少,下层能够直接体会上层的决策思想和意图,上层能够亲自了解下层的动态,汲取第一线的经验教训。这样既实现了高层与基层之间的快速、高效沟通,又实现了企业内部的相互学习和整体互动。目前发达国家的一些大企业,随着内部交换网络的建立,已将中间层取消,建立了决策层、管理层、操作层处于同一平面的扁平化管理模式。

5. 自主管理

学习型组织理论认为,每个人都是一个充满智慧又完整的实体,都愿意为崇高的使命发挥自己的精神力量。但遗憾的是,人们常常忽视这种精神力量,或者轻率地切断组织与这种精神力量的联系。通过自主管理,员工能够自觉地挖掘这种创造未来的精神力量,形成组织不断创造未来的能量源泉。具体做法是让组织成员自己发现工作中存在的问题,自己选择伙伴组成团队,自己选定改革进取的目标,自己进行现状调查,自己分析问题原因,自己制定解决对策,自己组织实施,自己检查效果,自己评定总结。这种"自主管理"模式,能使团队成员形成共同的愿景,以更加开放求实的心态互相切磋学习,不断追求创新,从而增加组织快速应变、创造未来的能量。

6. 员工家庭与事业的平衡

学习型组织认为,家庭和事业不是矛盾的,而是统一的,完全能够使丰富的家庭生活与充实的工作生活相得益彰。所以,学习型组织支持每位成员充分地自我发展,同时成员也要回报以为组织的发展尽心尽力。这样个人与组织的界限将变得模糊,工作与家庭

的界限也将逐渐消失,两者之间的冲突必将大为减少。由此,家庭和事业就能融为一体,员工的家庭生活质量就能不断提高。

7. 领导者的新角色

在学习型组织中,领导者是设计者、服务者和教师。领导者的设计工作是对组织要素进行整合的过程,它不只是设计组织结构和组织政策、策略,更重要的是设计组织和个人发展的基本理念。领导者的服务者角色表现为他对实现愿景的使命感,并自觉地接受愿景的召唤。领导者作为教师的首要任务是确定真实情况,协助组织成员正确、深刻地把握真实情况,提高他们对组织系统的了解能力,促使组织和个人不断学习。

就本质而言,学习型组织是一个具有持久创新能力的创造未来的组织。它就像一个有生命的有机体,在内部建立起完善的"自学习机制",将成员与工作持续地结合起来,使组织在个人、工作团队、整个系统的三个层次上共同发展,形成"学习—持续改进—建立竞争优势"的良性循环。

(二)建立学习型组织的"五项修炼"

圣吉在进行大量实证研究和深入思考的基础上,发现在许多团体中,每个成员的智商都很高,在 120 以上,而团体的整体智商却很低,只有 62,原因是这些团体正遭受一系列的学习障碍,使组织被一种看不见的巨大力量侵蚀,从而在竞争中丧失机遇。如何使这些学习不力的组织变为学习型组织,使其保持优势并取得创新性发展,圣吉提出了以系统思考为核心的"五项修炼"。

第一项修炼:自我超越

自我超越是个人成长的学习修炼,是学习型组织的精神基础。这种修炼是指通过学习不断理清与加深个人的真正愿景,培养组织中的个人不断追求自己终极目标的能力,向自我的极限挑战。由于整个组织的学习意愿与能力建立在每个成员的学习意愿与能力的基础之上,因此组织应充分认识到个人成长对组织成长的重要性,积极创造鼓励个人学习和成长的组织环境。

第二项修炼:心智模式

所谓"心智模式",是指根深蒂固于心中,影响人们如何了解世界以及如何采取行动的假设、成见、印象或图像。在管理过程中,有许多好的构想往往无法付诸实施,是因为它与人们根植于心中、对周围世界如何运作的看法和行为相抵触。学习能转变人们的心智模式,有助于改变人们对周围世界如何运作的既定认识。对于建立学习型组织而言,这是一项重大的突破。不仅个人存在心智模式,组织内部也存在一种共同心智模式。改善心智模式的修炼,要求组织对通常表现为局部或静态思考方式的心智模式进行检查和修正,并向以注重互动关系与动态变化的思考方式为主的共同心智模式转变,要把"镜子"转向自己,发掘内心的图像,并以开放的心态接纳别人的意见。

第三项修炼:共同愿景

所谓"共同愿景",是指组织成员共同拥有的愿望和景象,它源于个人愿景并高于个人愿景,是个人愿景的汇聚和融合。共同愿景能够把组织成员凝聚在一起,将组织的共同目标转化为个人奋斗的目标,并成为组织成员为之奋斗的强大精神动力。为此,管理者必须注意与员工进行广泛的交流,支持并鼓励个人愿景,并努力将个人愿景转化为能够鼓舞组织的共同愿景。只有这样才能使员工以主人公的心态投身到共同愿景的实现之中,进而达到工作和生活的和谐。一旦组织成员拥有了共同愿景,就能够极大地激发他们追求卓越和主动献身的热忱,从而造就组织的强大生命力。组织成员只有有了衷心渴望实现的目标,才会努力学习,追求事业辉煌。不是因为他们被要求这样做,而是因为他们衷心想要如此。

第四项修炼:团体学习

在现代组织中,团体学习是非常重要的,因为现代企业的基本单位就是工作团体。企业不仅要注重个人学习,更要注重团体学习,组织只有拥有众多的会学习的团体,才可能发展成为善于学习的组织。团体学习的修炼要求团体成员能超越自我,克服防卫心理,学会如何工作和相互学习,形成共同的思维。真正的学习型团体能够使其成员更快地成长。

第五项修炼:系统思考

人们往往习惯于把自己与周围的世界分隔开,把问题产生的原因归咎于他人或别的因素。圣吉指出,组织成员必须转变这种片面的、割裂的思维方式,把自己与周围世界联成一体。系统思考的修炼要求人们能综观全局,形成系统思维模式,思考影响我们的诸因素之间的内部关系,而不是割裂这些因素。系统思考是学习型组织的核心技能,它能融其他各项修炼为一体,从而使组织的整体功能大于各局部功能之和。

(三)建立学习型组织的方法和步骤

相对于传统组织理论和组织形式而言,学习型组织是一种彻底性的革命。这种革命的彻底性表现在:学习型组织不是对传统组织理论和组织形式的改良,而是按照新的理论、理念和思路对原有组织的重新认识与再造。从这个意义上说,学习型组织其实并不是一种具体的组织形式,而是基于组织整体的一种管理理念和模式,所以即使那些已经建立了学习型组织的企业,也必须随着环境的变化及时充实内容、丰富内涵。只有这样才能使学习型组织在动态变化的环境中不断提高、发展和完善。虽然学习型组织没有统一不变的固定模式,但人们经过理论研究和实践探索发现,建立学习型组织仍具有共同的规律可循,仍具有共同的方法和步骤可供借鉴。概括来说,建立学习型组织需要遵循以下方法和程序:

第一,评估组织的学习情况。这是建立学习型组织的前提和起点,只有正确认识和了解组织的学习情况,才能有针对性地解决组织在学习过程中存在的问题,为进一步建立学习型组织奠定现实基础。

评估的主要内容包括:一是组织愿景。这包括有无组织愿景,个人愿景与组织愿景是否冲突,能否使个人愿景融入组织愿景,个人能否主动适应组织愿景的需要等。二是组织学习规划。这包括组织有无学习规划,学习规划能否得到正确实施,组织是否愿意在学习方面投资等。三是员工学习的动机。这包括员工是否有主动学习的意识,有无学习的愿望和热情,是要我学习还是我要学习等。四是组织学习氛围。这包括组织学习理念和价值观能否被成员接受,成员之间能否自觉地分享学习成果,能否在沟通的同时组织大家学习等。

第二,建立学习机制。学习型组织强调以系统整体的观念来培养与提升组织的学习能力和创新能力,这是创造组织强大生命力的不竭源泉。而提高组织学习能力和创新能力的关键在于建立学习机制。圣吉认为,个人学习与组织学习在某种程度上是无关的,即使个人始终在学习,也并不表明组织也在学习。因此,要建立学习型组织,不仅要鼓励个人学习,更要鼓励组织学习,只有将个人学习融入组织学习,才能建立起整个组织一起学习的风气与氛围,而这一切又取决于组织学习机制的建立。

一般来说,有效学习机制的主要内容包括:一是动力机制。组织要有学习的动力,这种动力或者来自外在环境的压力,或者来自组织对经济利益的追求,或者来自组织强烈的发展冲动。只有有了强烈的学习动力,组织才能唤醒个人的学习热情和积极性,进而影响和改变个人的行为。二是激励机制。个人和组织的学习动力来自必要的激励,尤其是对个人而言,有效的激励措施、激励方式和手段是激发个人积极学习、努力进取的必要条件。因为激励反映着组织的导向,体现着组织的价值观和管理理念,只有通过激励,才能将组织文化渗透个人的思想,进而转化为个人自觉学习的内在动力。三是竞争机制。竞争不仅是实现技术、资本等有形资源合理配置的主要方式,还是实现学习、知识等无形资源合理配置的主要途径。虽然学习型组织倡导的是一种自觉的、主动性的学习,不是用高压与逼迫的方式,而是以关心与引导的方式动员成员学习,但是在企业向学习型组织转变的初期,采取一定的方法和措施强化竞争意识、危机意识,对于建立学习机制还是十分必要的。

第三,营造学习氛围。宽松与和谐的学习氛围既是建立学习型组织的前提条件,又是学习型组织正常运行的基本"土壤"。只有努力营造出适合学习型组织产生的"土壤"环境,才能使学习型组织健康成长并不断发展、壮大。要营造这样的"土壤"环境,组织不仅要以开放的心态接纳成员的不同意见,做到兼收并蓄,而且要努力使成员成为重要的学习资源,通过对成员学习资源的挖掘来实现组织和个人的共同发展。要在组织中建立冒险文化、倡导冒险精神,鼓励成员在学习的基础上敢于去想、勇于挑战。要把学习引入工作,通过教育使成员掌握获得成功的方法,将重点放在提高成员解决问题的能力上,而不是帮成员做事。要引导成员通过学习来共同勾画组织愿景,并将组织愿景融入个人工作和生活,只有这样才能使组织愿景转化为成员个人的自觉行动。要教育成员学会系统思考,用动态、整体的观念来看待周围的一切,从看部分转变为看整体,从看结果转变为看过程,从看别人转变为看自己。只有这样才能使人们从对现状的被动反应转变为主动地创造未来。

管理小故事

学习型组织变革使企业涅槃重生

某大型装备制造企业曾经一度陷入严重的经营困境,产品质量下滑,市场份额缩减,员工士气低落。企业决策层意识到,唯有转变思维,从内部改革做起,才能走出困局。

董事长刘总在了解到学习型组织的理念后,决定在全公司范围内推行这一管理模式。他邀请专业咨询团队入驻企业,与高层管理者一起制定了一套涵盖全员培训、团队学习、持续改进、知识共享等多方面的变革实施策略。

首先,公司建立了内部知识库,鼓励员工上传工作经验、技术难点、创新思路等内容,实现知识的累积与传承;同时,开设了线上学习平台,提供各类技能和管理课程,让员工可以随时随地提升自我。

其次,公司组建了跨部门的项目团队,以解决生产中的实际问题为目标,通过团队成员间的深度交流与协作、共同学习和创新,成功地改善了生产流程、提升了产品质量。

最后,公司定期举办"反思与改进"研讨会,无论是高层管理者还是基层员工,都可以在会上分享心得、剖析问题、提出改进建议,形成了一种积极向上的学习氛围。

通过一年多的不懈努力,这家制造业巨头逐渐展现出全新的面貌:产品质量显著提升,市场份额止跌回升,员工士气高涨,团队协作能力得到前所未有的加强。这场学习型组织的变革使得企业在逆境中成功实现了涅槃重生,也为后续的持续发展打下了坚实的基础。

能力综合训练

◆ 能力测评

测评 1 你的合作能力与组织能力如何?

对下列各题,请选择一个最能表达你的想法或做法的答案。

1. 一位合作伙伴提出了一种新想法,这个想法和你将要提出的想法相似,但你还没有信心将其公开提出。根据你以往的情况,这时你最有可能说什么话?

(a)"这很有趣,我正准备提出一个极其相似的想法。"

(b)"这个想法很好,但是无法像所介绍的那样得到贯彻,还有许多工作要做,还要对此认真考虑才行。"

(c)关于我有类似想法的事我只字不提,向提出者表示祝贺。

(d)我鼓励全体与会者来研究新想法,或者提出一些可能与之相反的新建议。

2. 每个人都在参加讨论,但有一个人保持沉默。对他的沉默,你最有可能做出什么反应?

(a)最好不去管他,并非人人都爱说话。

(b)我直接向他提个问题,引他发言。

(c) 就他的沉默我开句玩笑,比如我说:"某某人恐怕不愿将他的伟大思想贡献出来。"

(d) 我对他说:"任何想法都是有价值的,即便一些想法起初听起来有些荒唐。"

3. 你负责在会议室里为下次会议安排座位。几个窗口处的座位光线耀眼,拐角处的座位要受来来往往的人的影响。分析一下你的动机,你最经常采用哪一项行为?

(a) 我肯定坐在一个背对耀眼窗口的位子上。

(b) 我暗地里讨厌比尔,有意给他分配窗口或拐角的座位。

(c) 约翰是新来的,有些害羞,我把最舒适的座位分配给他。

(d) 弗兰克和谢利总是支持我的发言,我把他们的座位安排在我的左右。

4. 一位与会者总是打断别人的发言,对此你感到不快。如何解决这一问题?

(a) 告诉他闭嘴让别人发言。

(b) 用他提出的想法来反驳别人的想法,以此让大家反对或接受他。

(c) 要求扰乱者进一步展开自己的想法。

(d) 限制每人的发言时间。

5. 组成一个团队的最好的方法是什么?

(a) 邀请有同样兴趣的来自同一部门的人。

(b) 邀请来自公司不同部门和工作岗位的人。

(c) 将各类反对者放在一起,他们中有保守派、革新者、"刺儿头"、幻想家和求实者。

(d) 团队成员有技术人员、销售人员、组织人员和长期计划制订人员。

6. 公司要求你来组织一个团队去解决一个问题,除你之外只能选择 5 个人,你将选择哪 5 个人?

(a) 一位技术人员,他是该领域的行家。

(b) 一位生产专家,他知道如何把事情办妥。

(c) 一位懂得市场和竞争的人。

(d) 一位富有创造力的人。

(e) 一位对整个工程提出怀疑,并认为公司根本不应牵涉这一项目的人。

(f) 公司会计。

(g) 公司律师。

(h) 一位计算机和数据专家。

7. 你就职的公司计划新开一家海外办事处。已有一份备忘录散发下来,要求对新办事处有兴趣的人参加一个会议。对此邀请你最有可能做出什么样的反应?

(a) 我无言可发,我对调动不感兴趣。

(b) 我去参加会议,弄不好这还是一次有趣的机会。

(c) 虽然我对调动不感兴趣,但我觉得我能提一些很好的建议。

(d) 会议将有很多人发言,但什么结果也谈不出。如果受到特别邀请我就去,但不积极。

(e) 我不知道还有谁去参加会议,在决定是否参加之前我要先打听一下。

得分和评价:

1. (a) = 1　　　(b) = 3　　　(c) = 4　　　(d) = 2
2. (a) = 2　　　(b) = 3　　　(c) = 1　　　(d) = 4
3. (a) = 1　　　(b) = 2　　　(c) = 4　　　(d) = 3
4. (a) = 1　　　(b) = 4　　　(c) = 3　　　(d) = 2
5. (a) = 1　　　(b) = 3　　　(c) = 4　　　(d) = 2
6. (a)(b)(c)(d)(e) = 4　　　(c)(d)(e)(f)(g) = 3
   (a)(b)(c)(e)(f) = 2
7. (a) = 1　　　(b) = 5　　　(c) = 4　　　(d) = 2
   (e) = 3

根据上述答案所给的分数计算出你的得分。

第1、3、6、7题测试你的合作能力,这4道题的最高分为17分。第2、4、5题测试你的组织能力,这3道题的最高分为12分。

你可以将两组测试分开,看看每组测试的得分情况。整个测试的最高分为29分,最低分为8分。

如果你的得分在22—29分,则表明你的合作能力和组织能力都很出色。

如果你的得分在15—21分,则表明你的合作能力和组织能力较强。

如果你的得分在15分以下,则表明你的合作能力和组织能力都比较低下。

测评2　你有官僚作风吗?

对下列各题,请选择一个最能表达你的想法或做法的答案。

1. 你管理着一家保险公司,你建议员工参加一门由一位哲学教授讲授的伦理课程。据你估计,大部分员工会有什么样的反应?

(a) 这真是个荒唐的主意,我们有更重要的事要做。

(b) 如果我们不参加,上级将会拿它来整我们。

(c) 这将耗费时间,我们希望在上班时间进行。

(d) 这个想法好极了,我们应不断学习新知识。

2. 在欧洲,一个年轻妇女买了一辆摩托车,她想骑着它去地中海旅游,但必须有销售商的签字同意才行。于是她被人差遣着在政府部门间跑来跑去。最后有人说,"傻瓜,你为什么不自己在(文件)上面签个字?"于是她这样做了。对此你可能有什么反应?

(a) 这是非法的,假如人人都这么做该怎么办?

(b) 终于有独立自主做事的人了。

(c) 我们需要更多一些像这样打破常规的人。

(d) 这是可以的。你发现这种人有多少次了? 如果人人都这样,事情就乱套了。

3. 你接到一份投诉书,说一位员工越级报告。对此你的反应是,这种行为可能没什么错,但是

(a) 如果这种事形成惯例,事情就乱套了。

(b) 应先通过正常的顺序进行,尽管这一次是属于不得已的情况。

(c) 应建立一些规章制度来保证员工有意见可以向上反映而不受干涉。

(d) 这个人有胆量,应予提升。

4. 你指示一名下属要他改变所下达命令中的某些程序。对于下列情况,你最喜欢哪一种?

(a) 下属坚持要你将指示以书面形式给他。

(b) 下属要求对改变做出确切的、分步骤的说明。

(c) 下属赞许你做出的改变。

(d) 下属提出一些新建议来补充你的指示内容。

5. 你刚刚长途旅行归来,一名助手主动重新安排了办公程序。对此你最可能有什么反应?

(a) 对此改变我很高兴。

(b) 事先未和我商议,我很生气。

(c) 我感到妒忌,自尊心受到伤害。

(d) 我接受了改变,并对其做了微小的调整。

得分和评价:

1. (a)= 1   (b)= 2   (c)= 3   (d)= 4
2. (a)= 1   (b)= 3   (c)= 4   (d)= 2
3. (a)= 1   (b)= 2   (c)= 3   (d)= 4
4. (a)= 1   (b)= 2   (c)= 3   (d)= 4
5. (a)= 4   (b)= 1   (c)= 2   (d)= 3

根据上述答案所给的分数计算出你的得分。

如果你的得分在16—20分,则表明你给予下属充分的自由。

如果你的得分在10—15分,则表明你常常会创造一种官僚作风,尽管你可能称之为纪律。

如果你的得分在5—9分,则表明你是一位独裁者,你的命令必须得到执行,否则你就会有受到威胁之感。

◆ 习题训练

1. 简述组织的含义与功能。

2. 组织机构的基本类型有哪些?各有什么优缺点?

3. 简述管理幅度与管理层次的关系。

4. 人员配备的内容有哪些?

5. 什么是非正式组织?它有哪些特点?

6. 非正式组织的积极作用与消极作用有哪些?

◆ 小组任务

鼎立建筑公司的管理问题

鼎立建筑公司原本是一家小企业,仅有十多名员工,主要承揽一些小型建筑项目和室内装修工程。创业之初,大家齐心协力、干劲十足,经过多年的艰苦创业和努力经营,公司目前已经发展成为员工过百的中型建筑企业,有了比较稳定的客户,生存已不存在问题,公司走上了比较稳定的发展道路,但仍有许多问题让公司经理胡先生感到头疼。

创业初期人手少,胡经理和员工不分彼此,大家也没有分工,一个人顶几个人用,拉项目、与工程队谈判、监督工程进展,谁在谁干,大家不分昼夜、不计较报酬,有什么事情饭桌上就可以讨论解决。胡经理为人随和,十分关心和体贴员工。由于胡经理的工作作风以及员工有很大的工作自由度,大家工作热情高涨,公司因此快速发展。然而,随着公司业务的发展,特别是经营规模不断扩大之后,胡经理在管理工作中不时感觉到不如以前得心应手了。首先,让胡经理感到头痛的是那几位与自己一起创业的"元老",他们自恃劳苦功高,对于后来加入公司的员工,不管他们在公司的职位高低,一律不看在眼里。这些"元老"们工作散漫,不听从主管人员的安排。这种散漫的作风很快在公司内部蔓延开,对新来者产生了不良的示范作用,在公司里再也看不到创业初期的那种工作激情了。其次,胡经理感觉到公司内部的沟通经常不顺畅,大家谁也不愿意承担责任,一遇到事情就向他汇报,但也仅仅是遇事汇报,很少有解决问题的建议,结果导致许多环节只要胡经理不亲自去推动,似乎就要"停摆"。最后,胡经理还感觉到公司内部质量意识开始淡化,对工程项目的管理大不如前,客户的抱怨也逐渐增多。上述感觉令胡经理焦急万分,他认识到必须进行管理整顿。但如何整顿呢?胡经理想抓纪律,想把"元老"们请出公司,想改变公司激励体系。他想到了许多,觉得有许多事情要做,但一时又不知道从何处入手,因为胡经理本人和其他"元老"们一样,自公司创建以来一直一门心思地埋头苦干,并没有太多地琢磨如何让别人更好地去做事,加上他自己也没有系统地学过管理知识,实际管理经验也欠缺。

出于无奈,胡经理请来了管理顾问,并坦诚地向顾问说明了自己遇到的难题。顾问在做了多方面调研之后,与胡经理一道分析了公司这些年取得成功和现在遇到困难的原因。归纳起来,促使鼎立建筑公司取得成功的主要因素有:①人数少,组织机构简单,行政管理效率高;②公司经营管理工作富有弹性,能适应市场的快速变化;③胡经理熟悉每个员工的特点,容易做到知人善任、人尽其才;④胡经理对公司的经营活动能够及时了解,并迅速决策。对于鼎立建筑公司目前出现问题的原因,管理顾问归纳为:①公司规模扩大,但管理工作没有及时跟进;②胡经理需要处理的事务增多,对"元老"们疏于管理;③公司开销增大,资源使用效率下降。对管理顾问的以上分析和判断,胡经理表示赞同,并急不可耐地询问解决问题的"药方"。这里就请你代替这位管理顾问,向胡经理提出具体可行的改进建议。

任务内容:

这是一个典型的小企业从创业阶段向成长阶段转型过程中遇到的管理问题。请你组建一个小组,根据鼎立建筑公司目前存在的问题,设计一套适合该企业的管理体系。

◆ 案例分析

王教授的建议

宏力股份有限公司的主业是保健品,在其组织机构图中,共有21人向张总经理汇报工作,包括负责人力资源、生产、营销、物流、财务、研发、资本运作业务的7名副总经理,11个保健品部的产品经理,以及公司秘书、法律顾问和投资顾问。公司董事会有3名独立董事,现任职于某财经大学管理学院的王教授就是其中之一。在一次交谈中,王教授希望张总经理通过缩小自己的管理幅度来重新安排公司的组织机构。

张总经理说:"我并不太相信管理幅度原理,国外理论未必适用于我国的管理实践,更何况我们公司拥有一支受过良好教育和培训的工作团队,他们有着一流的业务素质,知道自己该做什么。我的下属会得到我的明确授权,能有效处理各类问题。他们只有在有例外或无法解决的问题时,才需要向我汇报。因此,我们公司的组织机构是合理的,管理幅度也是有效的、可行的。"

讨论问题:

1. 你怎样看待张总经理对王教授所提建议的回答?
2. 如果宏力股份有限公司要调整组织机构设计,请你提出具体方案。

第六模块

领导与激励

教学目标

知识目标

通过本章学习,学生应掌握:
- 领导的内涵和作用
- 领导者的素质及能力
- 领导方式的基本类型
- 常见的激励理论
- 常用的激励方法

技能目标

- 通过本章学习,学生应能够:
- 运用领导理论分析不同风格领导的特点
- 运用激励理论设计适配的激励方法
- 灵活运用各类激励方法激励团队成员

素养目标

通过本章学习,学生应具备:
- 正确的领导观和权力观
- 正确的业绩观和政绩观
- 团结合作、责任担当的意识
- 主动沟通、真诚沟通的意识
- 自我激励、自我成长的意识

思维导图

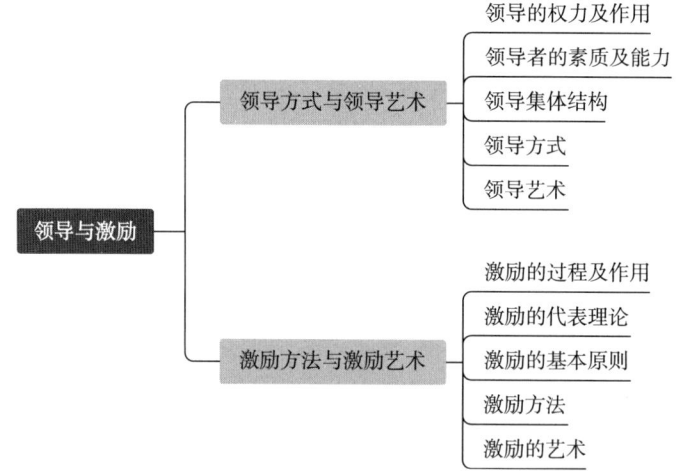

 导入案例

两种不同的管理风格

某市建筑工程公司是个大型施工企业,下设一个工程设计研究所、三个建筑施工队。研究所由50名高中级职称的专业人员组成。施工队有400名正式职工,除少数领导骨干外,多数职工文化程度不高,没受过专业训练,在施工旺季还要从各地招收400名左右外来务工人员补充劳动力的不足。

张总经理把研究所的工作交给唐副总经理直接领导、全权负责。唐副总经理是一位高级工程师,知识渊博、作风民主,在工作中总是认真听取不同意见,从不自作主张、硬性规定,公司下达的施工设计任务和研究所的科研课题都是在全所人员共同讨论、出谋献策、取得共识的基础上做出具体安排的。他注意发挥每个人的专长,尊重个人兴趣爱好,鼓励大家取长补短、相互协作、克服困难。在他的领导下,科技人员的积极性很高,聪明才智得到充分发挥,年年超额完成创收计划,科研方面也取得显著成绩。

公司的施工任务由张总经理亲自负责。张总经理是工程兵出身的复员转业军人,作风强硬,对工作要求严格认真,工作计划严密,有部署、有检查,要求下级必须绝对服从,不允许自作主张、走样变形。不符合工程质量要求的,要坚决返工、罚款;不按期完成任务的,要扣发奖金;在工作中相互打闹、损坏工具、浪费工料、出工不出力、偷懒耍滑等破坏劳动纪律的,都要受到严厉的批评、处罚。一些人对张总经理这种不讲情面、近乎独裁的领导方式很不满意,背地里骂他"张军阀"。张总经理深深懂得,若不迅速改变职工素质低、自由散漫的习气,企业将难以长期发展下去,于是他亲自抓职工文化水平和专业技能的提升。在张总经理的严格管教下,这支自由散漫的施工队逐步走上了正轨,劳动效率和工程质量迅速提高,第三年还创造了全市优质样板工程,受到市政府的嘉奖。

张总经理和唐副总经理两种完全不同的领导方式在公司中引起了人们的议论。

问题思考

你认为这两种领导方式谁优谁劣？为什么他们都能在工作中取得好成绩？

训练任务

1. 请查阅资料，总结不同领导类型的优点和缺点。
2. 请设计出工作或学习过程中你所期望的激励方式和方法。

必备知识技能

第一单元 领导方式与领导艺术

任何组织都有领导，无论这个领导是个人还是集体，它在组织中的地位和作用都大于组织中的其他成员，是关系着一个组织的绩效和生死存亡的关键人物，所以研究领导行为及其管理行为具有十分重要的意义。

一、领导的权力及作用

（一）领导的基本内涵

"领导"一词在现实生活中有着多方面的含义。最一般的理解是：领导（leader）作为名词指的是人，即领导者；领导（lead）作为动词指的是指引、引导和动员他人行为与思想的过程。要理解领导的基本内涵，需要注意把握以下几点：

（1）领导的本质是一种影响力。领导者通过自身的影响力来影响追随者的行为以实现组织目标。影响力是一种追随、自觉和认同，是非制度化的。

（2）领导是一种目的性很强的活动。领导的目的主要包括两个方面：一是影响被领导者为实现组织目标做出努力和贡献；二是使组织成员在工作中得到发展和进步。

（3）领导者与组织中的其他成员在权力分配和地位上是不平等的。领导者拥有相对强大的权力和更高的地位，使他得以影响组织中其他成员的行为；其他成员则没有这样的权力和地位，所以他们心甘情愿地服从或者被迫无奈地屈服于领导者的权力，使自己处于被领导的地位。

（4）领导者一定要与所领导的群体或组织中的其他成员发生联系。这些联系包括直接命令、协商、说服、协调等多种形式。

（5）领导是在一定的客观环境下实施的行为组合和过程。领导行为必然发生在一定的客观环境下，并且因客观环境的不同而不同；领导行为不是孤立的，而是一系列领导行为组合而成的行为系统，这些领导行为之间相互影响、相互作用。

由此可见，领导工作包括三个必不可少的要素，即领导者、被领导者和客观环境。这三个要素可用以下数学模型表示：

$$领导工作 = f(领导者, 被领导者, 客观环境)$$

（二）领导与管理的区别

领导不等于管理，但领导是管理工作中一项重要且具独特性的职能。领导与管理既密切相关，又有明显的区别，是两个不同的概念。领导与管理的关系如表6-1所示。

表6-1　领导与管理的共性与区别

		领导	管理
共性	行为方式	两者都是一种在组织内部通过影响他人的协调活动，实现组织目标的过程	
	权力构成	两者都是组织层级岗位设置的结果	
区别	本质	领导既可能建立在合法的、有报酬的和强制性的权力的基础上，也可能建立在个人的影响力和专长以及模范作用的基础上，是"领"和"导"，是"先导型"	管理是建立在合法的、有报酬的和强制性的权力的基础上的对下属命令的行为，是"驱赶型"
	范围	领导行为仍是管理活动的范畴，范围相对较小	管理活动包括领导行为，范围相对较大
	功能	1. 规划公司和组织发展的方向，设定中长期目标，创造组织发展成长的环境 2. 对组织的全局态势做把握，而不是去处理具体的事务性工作 3. 强调鼓舞激励，使组织目标一致、荣辱与共、协力同心，以"处人为主" 4. 能带来跳跃式的发展和变革	1. 按照组织的既定目标，使用有效的管理手段与方法，推动组织向既定目标前进 2. 对某些具体的事务做细致的部署，并控制实施过程按预期目标发展，使其高效完成 3. 重在管制和调理，重在对现存秩序的保护和捍卫，以"处事为主" 4. 能带来稳定的秩序，使企业高效运转
	对人的要求	领导者： 1. 有远见的，着眼于未来 2. 积极的，创造型 3. 富于想象的思维方式 4. 灵活的、大胆的，乐于尝试新事物 5. 令人鼓舞的，影响力来自个人魅力	管理者： 1. 务实的，着眼于现在 2. 保守的，问题解决型 3. 严谨的思维方式 4. 固执己见的、顾虑重重的，偏爱稳定秩序 5. 权威的，影响力来自职位
	需求环境	变化环境中的变化的组织需要领导者	稳定环境中的稳定的组织需要管理者

（三）领导的权力

领导者影响下属的基础是权力，即指挥下属的权和促使下属服从的力。被领导者在多大程度上愿意服从领导者，根本上取决于领导者对权力的驾驭。

简单地说，权力就是拥有能够支配他人的力量。权力本身是一个中性的概念，它可

以被利用来达到不良的目的,也可以帮助领导者更好地实现组织目标。领导者的权力来自两个方面:

(1) 职位权力(又称正式权力)。职位权力主要包括:一是法定权(合法权),是指领导者因拥有组织中的地位而影响下属行为的能力;二是奖励权,是指领导者通过奖励自己认可的行为来影响他人行为的能力;三是强制权(惩罚权),是指领导者通过惩罚自己不满意的行为来影响他人行为的能力。很显然,职务权力是与职务连在一起的,随着职务的变动而变动,但不因任职者的变动而变动。

(2) 个人权力(又称非正式权力)。个人权力来自领导者个人的素质,如道德品质、技术、个人魅力等,其特点是权力不随职位的消失而消失。个人权力由两项内容构成:一是个人影响权(模范权、个人感召权),是指因具有人们喜爱的某种特质而产生的影响,例如组织内热心帮助他人的成员往往拥有较高的号召力;二是专长权,是指因具有某种技能或特殊知识而影响他人行为的能力。

领导者对下属的影响可以来自以上五种权力,也可能来自这五种权力中的几项。这主要与客观环境和领导者自身的状态密切相关。例如,一名软件开发部的经理尽管拥有法定权、奖励权和惩罚权,但这些权力很难对年轻气盛的软件工程师们产生很大的影响,唯一真正能让他对下属产生影响的方法是拥有比他们更精深的知识和更开阔的视野。

总之,想要成为一个成功的领导者要注意做到:正式权力与非正式权力是不可或缺的;重视发挥、培育自己的个人影响权和专长权。

(四) 领导的作用

领导活动对组织绩效具有决定性的影响。从管理过程来看,领导的这种决定性作用表现在三个方面。

1. 指挥作用

在领导活动中,领导者首要做的就是认清形势,指明组织的战略目标及实现目标的途径,并指挥组织成员最大限度地实现目标。随着竞争日益激烈,组织的外部环境瞬息万变,战略意味着组织的生死存亡,领导者必须随时注意内外环境动向,敏捷地捕捉信息,高瞻远瞩,把握关键,为组织选择正确的战略。组织活动必须服从集中统一的指挥,领导的指挥作用不仅体现在战略决策方面,更重要的是要优化组织机构、制定规则、指挥下属去执行决策,并对执行情况进行检查总结。

2. 激励作用

组织活动中人的因素是由具有不同动机、需求、欲望和态度的个人所组成的,它蕴含着组织所需的生产力。领导工作是激发这一力量的关键。领导活动的一个重要部分就是激励组织成员,表扬他们的贡献,在组织中构建团结向上的企业文化。激励是一种艺术,领导者必须能够最大限度地在工作中帮助组织成员达成各种愿望,提高他们对工作的满意度;同时,又要保证组织成员个人目标的满足与组织共同目标的实现一致。

3. 协调作用

组织的目标是通过许多人的集体活动来实现的,而集体活动总是处于动态之中的,要避免动态中的活动产生矛盾和冲突,或者在冲突产生后能及时处理,就需要领导者做好协调工作。协调工作做得好,组织工作才能顺利进行。协调包括思想上的消除分歧、统一认识,以及行动上的合理配置人、财、物、技术等组织内外部资源。协调往往与监督同时进行,通过监督,保证组织按照预定的行动计划工作,以保持组织活动的协调性。

管理小故事

这位 80 后在非洲给员工开会,一开口有那味了!

近日,一位河南"80后"火了,他在非洲给员工开会时,因一口河南口音的"土味英语"而引发关注,不少网友直呼:太有才了!

图6-1中讲话的大哥名叫胡振兴,河南许昌人,拍摄的场景是他在非洲加纳的工厂办公室开周例会。他觉得,可能是因为自己英语发音比较特别,一个单词一个单词往外蹦,而且带有浓重的河南口音,给大家带去了很多欢乐,网友们没有嘲笑他的口音,反受到启发,要更加自信地表达,这鼓励了他坚持记录、分享。

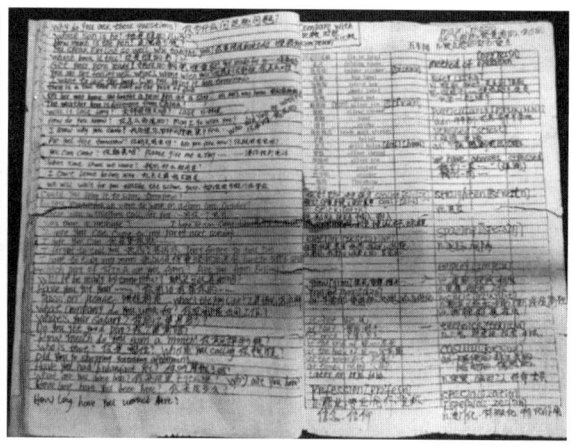

图6-1　从零开始自学英语

事实上,胡振兴是因为外派工作,才开始零基础自学英语。2014年28岁的他从河南去加纳工作,面对数量庞大的非洲员工存在语言交流困难,他听广播、看视频、翻书本,学音标、记单词,请教身边的国际友人以提升外语能力。

为了加快学习进度,胡振兴随身携带笔记本,写下平时常用的单词、句子,想起来了就默写、背诵、诵读,逐渐掌握音标、能写句子。

再后来,胡振兴又开始学习新概念英语、商务英语等,熟练使用口语,现在他已经能和国际友人顺畅交流,还带动几位中国小伙伴一起学习。

胡振兴说,这里没有英语老师,如今自己能用英语无障碍交流,**全凭坚持**。

胡振兴说,感谢强大的祖国,让自己得以在海外安心工作,也感谢公司的信任以及亲人的支持。

目前,他所在的公司在非洲有三家工厂,为当地提供了数以千计的就业岗位,他也从一名普通的管理人员成为工厂经理。

许多网友看过他的视频,纷纷点赞,"讲英语就得这么自信!""我又有动力了!"。

资料来源:《人民日报》2023年10月21日发表于北京。

思考:
■ 你喜欢什么风格的领导?你期待自己成为什么风格的领导呢?
■ 你有什么想做却一直没有勇气开始做的事情呢?

二、领导者的素质及能力

(一)领导者的素质

领导者的素质指的是在一定的时间和空间条件下存在于领导者身上,并在管理活动中对管理工作经常起作用的内在要素和能力,是领导者在先天禀赋的基础上通过后天的学习、实践而逐步形成的智能、品德等的总和。因为领导者的素质与领导绩效的优劣直接相关,并由此成为制约领导者权力的条件,所以领导者的素质也被称为权力资本。

1. 思想品德素质

思想品德素质体现了一个人的人生观、价值观、道德观和法治观念,是其他素质形成和提高的基础,决定着领导者的行为方式,制约着领导能力的发挥。正直、公正、信念、恒心、毅力、进取精神、强烈的领导意识等优秀的人格品质无疑会提升领导者的影响力和个人魅力,从而扩大其追随者队伍。"物以类聚,人以群分",领导者的个人价值观吸引具有同类价值取向的人凝聚于组织,增强对组织的认同感和归属感。孔子说:"为政以德,譬如北辰,居其所而众星拱之。"领导者的人格和价值观还会潜移默化地影响组织成员,成为组织默认的行为标准。具备优秀人格和价值观的领导者使组织成员对其产生敬佩、认同和服从等心态,其个人影响力无疑会提高。

2. 业务素质

领导者的业务素质是领导效能起基础作用的因素。这种素质,概括地说,就是领导者完成领导活动所应具备的知识,包括市场经济的基本运行规律和基本理论,组织管理的基本原理、方法,较广的知识面,所在领域的行业及其相关知识。

3. 身体素质

身体是一切人类活动的基础,领导者要经常承受巨大的压力和繁重的工作,因此良好的身体也是领导者要具备的素质。

(二)领导者的能力

作为领导者,还必须具备良好的能力结构,具体包括以下方面:

（1）观察、分析、判断和概括能力。能够对复杂的社会现象进行科学的观察、分析、综合、判断和概括。

（2）决策能力。能够在科学判断的基础上，选择满意方案，做出整体利益和局部利益统一、长远利益和暂时利益统一的决策。

（3）组织指挥和控制能力。能够运用恰当的交流方式激励和指导下属，使他们完成自己的工作和履行自己的职责，支持和加强下属成员知识与技能的发展，并使大家团结一致，卓越地实现组织的目标。

（4）沟通和协调能力。能够与组织成员平等地交流、协商，更加准确地了解信息，共同开创良好的合作氛围和渠道，促进领导决策的实施；同时，通过沟通和协调增强组织成员的参与感与认同感，从而进一步增强领导的持续影响力。

（5）不断学习、探索和创新的能力。能够用开放的态度广泛地学习，并帮助整个组织逐渐向开放的学习型组织转变；在各种领导活动中善于捕捉新事物的萌芽，提出新设想、新方案，创造性地开展工作。

（6）知人善任能力。能够了解下属的长处和短处，因人制宜，扬长避短，充分发挥他们的作用；公正地评价他们的成败功过，处理好各种矛盾，调动一切积极因素。

三、领导集体结构

领导是一个集体。一个具有合理结构的领导集体，不仅能使每个成员人尽其才，做好各自的工作，而且能通过有效的组合，发挥巨大的集体力量。领导集体结构一般包括年龄结构、知识结构、能力结构、专业结构和气质结构等。

1. 年龄结构

年龄结构是指领导集体应由不同年龄段的人构成。因为不同年龄段的管理者有不同的长处，能起不同的作用。例如，年长者持重稳健，善于把握全局；年轻者朝气蓬勃，勇于探索创新。比较理想的年龄结构应该是由"老、中、青"三代领导者构成。

2. 知识结构

知识结构是指由职责、任务决定的，领导集体中各类专业人员的组成状况。合理的知识结构不仅意味着领导集体中的单个成员具有合理的知识结构，而且意味着领导集体在整体上也具有合理的知识结构，形成一个专业知识的立体结构，总体上具备解决与不同专业相关的各种问题的能力。例如，很多组织的最高领导层应包括有技术、法律、财务背景的成员。

3. 能力结构

领导集体要处理各种各样的工作，同上下左右发生各种各样的联系。因此，在领导集体中，需要具备各种能力的人才，并按一定比例结合成一个有机整体。在一个理想的领导集体中，应该有深谋远虑、远见卓识、当机立断的人，有坚毅果敢、沉着冷静、执行力强的人，有善于处理人际关系、协调矛盾、涵养良好的人。领导集体的能力结构因素主要是管理能力和专业能力。对于负责全面工作的主要领导者来说，重要的是应具备组织指挥能力和管理能力;对于各个具体工作部门的领导者来说,则应具备本行业工作的专业能力和组织管理能力。

4. 专业结构

专业结构是指领导集体中所需各种专业的比例构成。合理的专业结构要求领导集体内拥有各种专长的领导者比例合理。这是由企业的组织目标和领导集体的具体任务所决定的。由于领导成员所处的层次和所担负的具体任务不同,其专业结构的组合也不同。比如,基层领导成员主要履行执行职能,在专业上侧重于技术要求和组织管理要求;中高层领导成员则要懂专业,侧重于决策和高层次管理要求。

5. 气质结构

在一个合理而完整的领导集体结构中,领导成员的性格、气质应当是协调的。不同人的气质和性格迥然不同,每一个人的气质和性格往往既有积极的一面,又有消极的一面。组织在建设一个领导集体时,应该考虑和兼顾人们气质间的差异,把不同气质的人协调地组合在一起,有助于领导集体团结、协调、更好地发挥管理效能。一般来说,一个领导集体中应该有一个主导型人才。这种人才善于深刻认识自己,意志坚强,富有创造性,在群体中是角色的传递者,是对立和矛盾的斡旋人,通过自己的行为影响他人,进而影响集体。

管理小故事

95后快递小哥被认定为"高层次人才"

2020年7月,"95后"快递小哥李庆恒被认定为杭州市高层次人才,并获得杭州市100万元购房补贴,引发了社会关注。

网友表示,"工作不分高低,行行出状元""不唯学历论人才,有眼光"。为什么快递小哥能被评为高层次人才?他有怎样的技能?

快递分拣五年多,他熟背全国城市区号、邮政编码。

李庆恒从事快递分拣员工作已经五年多的时间。每天晚上是他最忙碌的时候。因为分拣员要把收来的快递赶在清晨前分好,只有这样公司才能以最快的速度发送出去。

日积月累、熟能生巧,李庆恒练就了一个本事:无论快件上标的是城市、区号、邮政编码还是航空代码,他都能准确无误地分拣。记者随便报出一个地址,李庆恒马上就能说出地址对应的城市信息。

看到李庆恒有这个绝活,公司开始派李庆恒参加各种技能比赛。李庆恒也不负众望,拿了不少奖。

快递职业技能竞赛拿第一,获杭州市高层次人才资格。

2019年8月,李庆恒再次被公司选为"浙江省第三届快递职业技能竞赛"的参赛者。因为比赛要考投递、包装,没有实操经验的李庆恒开始跟着一线快递员学习快递派送的技巧。

准备比赛那段时间,李庆恒每天早起背诵邮政编码、电话区号、航空代码,下班后再

抽出两个小时练习实际操作。功夫不负有心人,李庆恒最终拿到了"浙江省第三届快递职业技能竞赛"的第一名,为此,浙江省人社厅给他颁发了省级"技术能手"奖状。

按照杭州市高层次人才政策,D 类高层次人才不仅可以优先摇号选房,还可以领取 100 万元购房补贴、3 万元车牌补贴,并享受"杭州人才码"5 大类、27 小类百余项服务。

能被认定为杭州市高层次人才,也让李庆恒对这座城市有了新的认识。他说,这座城市很和蔼,让他感受到了**人人平等**的感觉。

此外,他还有一个更大的目标,希望能评上行业的高级工程师。

行行出状元!为奋斗者点赞!

资料来源:《人民日报》2020 年 7 月 6 日发表于北京。

思考:
- 你期待你的行为为社会带来什么样的影响呢?
- 你期待未来在哪一个行业里全情投入做到极致呢?

四、领导方式

领导方式是指领导者为达到一定的目的,按照领导活动的规律而采取的各种方式、办法、手段、措施、步骤等的总和。领导者的领导才能是以领导方式为载体的。领导方式的分类方法有很多,归纳起来大致有三类。

(一) 集权式领导、分权式领导和均权式领导

根据对权力的控制程度,领导方式可以分为集权式领导、分权式领导和均权式领导。

1. 集权式领导

就是将一切权力集中于领导集体或个体手中,下属没有任何权力。

2. 分权式领导

就是按照各个部门和岗位职责,把权力下放给各个部门和岗位,领导者只决定重大事项。

3. 均权式领导

就是领导者掌握一些重大的权力,把一些处理事务的权力分给下属,领导者与下属都有明确的职责权限。

(二) 重事式领导、重人式领导和人事并重式领导

根据领导活动的侧重点,领导方式可以分为重事式领导、重人式领导和人事并重式领导。

1. 重事式领导

这种领导方式主要关心组织效率,重视组织设计,明确职责关系,确定工作目标和任务。它注重任务的完成,而不注重人的因素,忽视人的情绪和需要,视下属为机器。重事

式领导方式是以领导者的工作行为为中心的。

2. 重人式领导

这种领导方式是以人为中心进行领导活动的,表现为尊重下属的意见,重视下属的感情和需要,把下属视为蕴含丰富想象力、智力和创造力的动力源。领导者关心的是如何建立和发展人际关系,以建立一个宽松、和谐、相互信任的工作环境;如何有效满足人的社会需要,以调动人的积极性。

3. 人事并重式领导

在现实生活中,领导者只有将任务取向的领导方式和人员取向的领导方式实现有机的结合,才能保证领导目标的达成。任何偏重于单一方面的领导方式都只能导致领导的失败,由此产生了人事并重式领导方式。其特点是:既要重视人,又要重视工作,两者不可偏废;既要改善工作条件和环境,充分发挥人的主观能动性,使下属有饱满的工作热情和主动负责的精神,又要对工作严格要求,赏罚分明,使下属保质保量地完成工作计划,创造出最佳成绩。

(三) 独断式领导、放任式领导和民主式领导

根据领导者与被领导者的关系,领导方式可以分为独断式领导、放任式领导和民主式领导。

1. 独断式领导

独断式领导以大权独揽、责任全包的方式对下属进行领导,将决策权高度集中在自己手中,组织领导活动完全由领导者个人说了算,并主要依靠领导者个人的能力、经验和判断进行,因而领导者行事效率较高。下属则完全处于被动地位,没有参与管理的机会,只能服从领导,屈从于权力的压力,主动性和积极性不易发挥,容易产生恐惧和挫折感,满意程度较低。

2. 放任式领导

这是一种注重"无为而治"的领导方式,领导者极少运用权力影响下属,给下属以高度的独立性,以致放任自流。采用这一领导方式的领导者通常注重与下属进行感情交往,关心下属的需要,同下属维持着一种良好的人际关系,但是他们不对决策的执行过程及下属进行有效的检查和监督,导致下属无人领导,缺乏目标,工作效率很低。

3. 民主式领导

这是一种居于以上两者之间的领导方式。其特点是:下属高度参与管理,被领导者经常参与决策过程,决策的执行采用分权方式进行;领导者既注重正式组织机构和规章制度的作用,能够运用个人的权力和威信使下属服从,又不大权独揽,而且领导者能够积极参加团体活动,与下属无心理距离。民主式领导使组织成员关系融洽,下属工作积极主动、富有创造性,因而工作效率很高。

上述几种领导方式各有特点,也各有不同的适应环境。当然,我们并不能说只有某一种领导方式才是科学的,在现代管理实践中,这几种领导方式都在为不同的组织所使

用。一位高明的领导者要根据自己所处的环境和工作的性质以及下属的具体情况,在不同的时空条件下,针对不同的下属,恰当地选择运用合理的领导方式。

 管理经典定律

波特定律

波特定律,是美国行为学家莱曼·波特(Lyman Porter)提出的。具体内容是:只有当一个人感到安全时,他才会冒险学习新事物,即安全感是促进学习和探索的关键因素。

波特定律背后的逻辑是:人们通常会对不确定性和风险感到恐惧,这种恐惧可能阻止他们尝试新事物或接受新想法。因此,为了鼓励人们学习和成长,领导者需要创建一种支持性环境,让人们感到自身的努力是受到认可和支持的,而且不会因犯错而受到惩罚。

相关案例故事:

在一个团队中,经理对一个员工的工作提出了严厉的批评。根据波特定律,虽然员工表面上接受了批评,但在内心深处他可能对自己说:"这不公平,我明明已经尽力了!"或者"经理根本不知道我面对多大的压力!"这样的心理反应可能导致员工对批评产生抵触心理,而不是真正反思和改进自己的工作。为了更有效地提供反馈,领导者应该注意批评的方式和语气,以减少对方的防御心理,并鼓励开放和建设性的对话。

波特定律的应用不仅仅局限于职场环境,还可以延伸至家庭、学校和其他各种社会环境。总体来说,它强调了在促进个人成长和变革的过程中,建立信任和安全感的重要性。

五、领导艺术

领导艺术是一种为实现某一领导目标,在一定知识和实践的基础上,在领导过程中表现出的非模式化、富有创造性的才能与技巧。其实质是领导者内在素质、品德与行为、技巧在领导工作中富有创造性的表现。领导艺术一般可以分为三类:一是履行职能的艺术,主要包括沟通、激励和指导的艺术,以及决策艺术、用权艺术、授权艺术、用人艺术等;二是提高领导工作有效性的艺术;三是人际关系的协调艺术。

领导者的工作效率和效果在很大程度上取决于领导艺术。领导艺术是一门博大精深的学问,其内涵极为丰富。企业的领导者如何掌握领导艺术、实现预期的目标,有五个方面需要注意。

第一,干好领导的本职工作。有些领导者事无巨细、事必躬亲,结果不仅浪费了自己宝贵的时间和精力,还挫伤了下属的积极性和责任感,反过来又会加重自己的负担。而高明的领导者只做领导要干的事,即决策、用人、指挥、协调与激励等,他们从不侵犯下属的职权,也不做不属于自己要做的事情。适当授权、领导下属有条不紊地办事是一门艺术。

第二,善于同下属沟通,倾听下属的意见。没有人际信息的交流,就不可能有领导。称职的领导者应该能够与下属一起讨论问题,征求下属的意见,激发下属的参政意识;抽

时间与下属沟通,进行工作或生活交流,关心下属的工作和生活;交给下属重要任务;重视下属的建议,及时反馈信息。

第三,热爱下属、欣赏下属、激励下属。称职的领导者应该能够充分调动下属的积极性、主动性与创造性,开发下属的潜能,让他们有这样一种意识:领导很看重自己,对自己有很高的期望。这样下属就会倍感肩上责任重大,从而在工作中充满动力,处处留心,处处在意,处处具有与众不同的开拓心、创新心。

第四,争取众人的友谊与合作。领导者不能只依靠自己手中的权力使下属敬服,还必须取得同事和下属的友谊与合作,要建立这种关系,领导者应做到平易近人、信任下属、关心下属、对所有下属一视同仁。

第五,做自己时间的主人。时间是任何活动必需的资源。要做自己时间的主人,首先要科学地组织管理工作,合理地分层授权,把大量工作分给副手、助手、下属去做,以摆脱烦琐事务的纠缠,腾出时间做自己应该做的事。学会管理时间有三个操作阶段:备忘录形式的时间管理、有规划和准备的时间管理、以自我效率为中心的时间管理。

管理小故事

张经理的"导师式"领导艺术

在一家知名制造业企业,张经理以其卓越的领导艺术深得人心。他的领导方式并不只是停留在下达指令层面,而是更注重培养团队成员的能力与自信心。

有一次,新入职的工程师小王接手了一个技术改造项目,面对复杂的技术难题和巨大的压力,小王有些力不从心。张经理敏锐地察觉到这一点,但他并未替代小王解决问题,而是决定扮演导师的角色。

张经理首先与小王一起分析项目难点,引导他学习相关专业知识,并分享自己过去处理类似问题的经验。此外,张经理还主动调整了工作计划,确保小王有足够的时间去研究、试验和试错。每当小王取得哪怕微小的进步,张经理都会公开表扬并给予实质性的奖励,以此增强小王的信心。

经过几个月的努力,小王不仅成功完成了项目,而且在此过程中迅速成长为团队的核心技术骨干。这件事让所有团队成员看到了张经理"授人以渔"的领导艺术,他们学会了独立思考和解决问题,团队整体实力也因此得到了显著提升。从此,张经理的领导风格被赞誉为一种赋能型的领导艺术,成为公司内部推崇的典范。

第二单元　激励方法与激励艺术

一、激励的过程及作用

激励贯彻于管理过程的各个环节。一切管理活动的首要任务,是促使人们发挥潜能,完成组织、部门或其中任何一个组织单位的任务和目标。因此,合格的管理者必须能够掌握和运用正确的激励手段,充分发挥激励的作用。

所谓激励,就是激发人的动机,使人产生动力的过程。激励的目的是调动组织成员的积极性,激发组织成员的主动性和创造性,以提高组织的效率和效益。

（一）激励的基本过程

行为科学研究发现,人的行为具有目的性。目的源于一定的动机,而动机是由人的内在需求决定的,所以需求、动机这些来自个体心理特征上的诱导是人类行为的一般动力,也是激励得以发挥作用的构成因素,如图6-2所示。

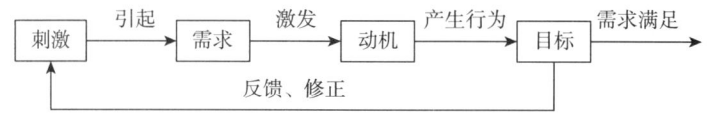

图6-2　人类行为模式

需求是行为的内驱力,是行为的力量源泉,也是行为的终极目标。需求是指人类对所依赖和索取的物质、能量、信息之类的东西的欲求。需求有两个主要层面:一是人的生理状态引发的需求,如饥饿时想吃东西;二是外界刺激引发的需求,如对荣誉和地位的向往。动机是指推动人们从事某种活动并指引这些活动去满足一定需求的心理准备状态。一般情况下,激励表现为外界所施加的吸引力与推动力,即通过多种形式对人的需求予以不同程度的满足或限制。激励的实质是人内在心理状态,即激发自身的动机,这一过程可以概括为:从外在推动力(要我做)到激发人内在自动力(我要做)。

由推动力所激发的自动力与由此产生的行为积极程度成正比关系,而自动力固然与推动力的强度有关,但也离不开人自身因素的影响。同样强度的推动力,对不同的人可能产生强弱悬殊的自动力,从而对其行为产生极为不同的影响。

（二）激励的作用

第一,激励是提高员工积极性、主动性和创造性的重要途径。一般地说,在目标一致、客观条件基本相同的条件下,工作绩效与能力和激励水平之间可用以下数学公式来表示:

$$工作绩效 = f(能力 \times 激励)$$

上述公式表明工作绩效取决于能力和激励水平。能力固然是取得绩效的基本保证,但是不管能力多强,如果激励水平低,就难以取得好的绩效。例如,哈佛大学威廉·詹姆斯(William James)就发现,部门员工一般仅需发挥出20%—30%的个人能力,就足以保住饭碗而不被解雇;如果受到充分的激励,他就可以发挥出80%—90%的个人能力,这50—70个百分点的差距就是激励的作用所致。

第二,激励有利于提高组织成员的素质。从根本意义上讲,人的素质主要取决于后天的学习和实践。学习和实践的方式与途径是多种多样的,但激励是其中最能发挥效用的一种。通过激励来控制和调节人的行为趋向,会对学习和实践产生巨大的动力,从而使个人素质不断提高。

第三,激励有助于增强组织的凝聚力。行为学家通过调查和研究发现,对一种个体行为的激励,会导致或消除某种群体行为的产生。也就是说,激励不仅直接作用于个人,而且间接影响其周围的人。激励有助于形成一种和谐但富有竞争气氛的组织环境,这对促进组织内部各组成部分的协调统一有着至关重要的影响。

二、激励的代表理论

管理学家、心理学家及行为学家从不同的角度提出了各种激励理论,除前面介绍的马斯洛的需求层次理论和赫茨伯格的双因素理论外,有代表性的还有维克托·弗鲁姆的期望激励理论、约翰·斯塔西·亚当斯的公平理论、伯尔赫斯·斯金纳的强化理论等。

(一) 弗鲁姆的期望激励理论

期望激励理论是由心理学家弗鲁姆在20世纪60年代提出的。该理论认为,人们只有在预期他们的行动会给个人带来既定的成果并且该成果对个人有吸引力时,才会被激励去做某些事情以实现这个目标。从激励的角度来看,这一理论可用以下公式表示:

$$激励力量 = 效价 \times 期望值$$

公式中的激励力量是指一个人所受激励的程度;效价是指个人主观做出的对某一预期成果或目标的吸引力(效用)的估价;期望值是指个人经主观认知估计出的通过自身努力可以达到预期成果或目标的概率。期望激励理论说明,促使人去做某件事的激励力量同时取决于效价和期望值这两个因素,而且只有在效价和期望值都较高的情况下,人的激励力量才会大。管理者应认识到,因为组织成员可以自觉地评价自己努力的结果和得到的报酬,所以报酬必须与组织成员为组织所做的贡献紧密相关,并且组织的特定报酬要与组织成员的愿望相符,只有这样组织成员才会真正受到激励。

管理经典定律

皮格马利翁效应

皮格马利翁效应又称期望效应或罗森塔尔效应,是指人们的期望或信念可以影响被期望对象的行为和表现。简单来说,当我们对他人寄予积极的期望时,他们更有可能按这些期望行事,从而取得更好的结果。

皮格马利翁效应得名于古希腊神话中的塞浦路斯国王皮格马利翁,他雕刻了一个美丽的女性雕像,并对她产生了深深的爱意,最终女神阿佛洛狄忒赐予雕像生命,使之成为真正的女人。皮格马利翁效应则是源于两位美国心理学家——罗伯特·罗森塔尔(Robert Rosenthal)和莉诺·雅各布森(Lenore Jacobson)的研究。

在企业管理中,领导者可以利用皮格马利翁效应来激励员工。通过向员工传达积极的期待,领导者可以促进员工的成长和发展,提高其工作效率。

相关案例故事:

1968年,罗森塔尔和雅各布森在加利福尼亚州的一所学校进行了著名的实验。他们告诉老师们,他们已经选出班级中的一些"天才"学生。但实际上,这些学生是随机选取的。经过一年的教学,研究人员发现所谓的"天才"学生在学术表现上确实优于其他同学。研究人员认为,这是因为老师对他们抱有较高的期望,更加关注他们的学习进展,提供了更多的支持,从而使他们取得了更好的成绩。

(二) 亚当斯的公平理论

公平理论是美国心理学家亚当斯在20世纪60年代提出的。亚当斯通过大量的研究发现:组织成员对自己是否受到公平合理的待遇十分敏感,组织成员总是要将自己所做的贡献和所得的报酬同一个与自己条件相当的人的贡献和报酬进行比较,并在比较的基础上感受自己是否受到公平的待遇。如果一个人的内心感受是公平的,其工作积极性(激励水平)就高;反之,人们会通过一些手段对主观估计的自己和他人的所得与付出做重新评估,然后再思考如何调整行为以保持公平感。个人往往会过高估计自己的投入和他人的收入,而过低估计自己的收入和他人的投入。这一理论可用以下公式表示:

$$当 \frac{自己的报酬}{自己的贡献} \geq \frac{他人的报酬}{他人的贡献} 时,$$

个人的感受就是公平的;反之,个人的感受则是不公平的。

公平理论认为,管理者的主要职责就是运用各种方法和手段,使下属处于有公平感的心理状态。

管理小故事

办公室里的薪资风波与公平理论实践

在一个中型企业里,市场部的小王和研发部的小李都是非常出色的员工,两人的工作能力和业绩都非常突出。最近,公司进行了一次薪资调整,小李的薪资涨幅较大,而小王的薪资虽然也有所提升,但涨幅不及小李。这让小王感到十分不满,他认为自己的工作量和成绩并不逊色于小李,为何待遇差距拉大,觉得公司对待自己不公平。

人力资源部的刘经理了解到此事后,决定运用公平理论来解决这个问题。他首先找小王面谈,详细了解小王的职责、工作量以及近期的成绩,并对比小李的情况。刘经理解释说,小李虽然在同一时期内薪资涨幅较大,但这主要是因为他最近主导的一项研发项目为公司创造了显著的经济效益,同时项目的技术攻关难度以及他在项目中投入的时间和精力也较大。

随后,刘经理与小王共同回顾了公司的薪资调整政策,明确指出公司是以绩效、贡献、岗位价值及市场竞争力等多重因素综合考量的,并非单纯依据工作量。同时,刘经理承诺,如果小王在未来也能取得类似的突破性成果,公司同样会给予他相应的待遇提升。

此外,刘经理还向小王展示了公司的职业发展路径和培训计划,鼓励他继续提升自身技能,争取在下一个绩效周期内创造更好的业绩。在深入沟通和理解公平理论后,小王逐渐接受了公司的决策,并表示愿意通过提升自身技能来争取更好的待遇。

在这个故事中,人力资源部刘经理巧妙地运用公平理论,通过透明的沟通和公正的评价体系,消除了小王的不满情绪,同时也维护了公司内部的公平氛围,提升了员工的工作积极性和满意度。

(三) 斯金纳的强化理论

强化理论是美国心理学家斯金纳提出的。该理论认为,人的行为是对所获刺激的一种反应。如果刺激对他有利,他的行为就有可能重复出现;如果刺激对他不利,他的行为就可能减弱甚至消失。在组织管理中,管理者可以通过强化的手段,控制、改造组织成员的行为,使之符合组织的目标。强化的具体方式有四种:

(1) 正强化。这是指奖励那些符合组织目标的行为,使这些行为得以进一步加强,重复出现。科学有效的正强化方法是,保持强化的间断性,强化的时间和数量也尽量不要固定;管理人员根据组织需要和职工行为状况,不定期、不定量地实施强化。

(2) 负强化。这是指预先告知某种不符合要求的行为或不良绩效可能引起的不愉快的后果(如批评、惩罚等),使组织成员为了减少或消除可能会作用于自身的某种不愉快的刺激,从而使其行为符合要求或避免做出不符合要求的行为。

(3) 惩罚。当组织成员出现不符合组织目标的行为时,采取惩罚的办法可以迫使行为少发生或不再发生。

(4) 忽视。这是指对已出现的不符合要求的行为"冷处理",达到"无为而治"的效果。

📝 管理小故事

销售团队的激励之战

在一家快速消费品公司,销售部门近来的业绩一直在低位徘徊,销售总监梁经理意识到需要重新激发团队的斗志和积极性。他决定运用强化理论来改善团队的整体表现。

梁经理首先明确了具体的行为目标,即每个销售人员每周的拜访次数、签单量以及回款额度。他设立了明确的奖励机制,规定凡是在一个月内连续三周达标的员工将获得丰厚的奖金和公司内部表彰;同时,他也强调了惩罚规则,连续三周未达标的员工将接受一对一辅导,并有可能失去某些资源的优先分配资格。

此外,梁经理还在团队内部推行了"榜样力量"计划,每月评选出一位"销售之星",他不仅享有高额的物质奖励,还会在公司大会上受到隆重的表彰,以此正面强化优秀员工的表现,同时激励其他员工效仿。

在实施强化策略后,销售团队的竞争意识明显增强,许多销售人员积极调整工作方法,努力提升自身业绩。不到三个月的时间,整个销售团队的业绩就有了明显的提升,不仅达标率翻倍,而且团队凝聚力得到了巩固。

这个小故事充分展现了强化理论在实际管理实践中的应用效果。通过明确目标、设立奖惩机制、强化正面榜样,有效地激发了员工的积极性和主动性,从而推动了整个团队朝着期望的方向发展。

三、激励的基本原则

正确的激励原则能充分调动人们的积极性,促进组织目标的顺利实现。不正确的激励原则尽管也能调动人们的积极性,但容易偏离方向。因此,组织要在正确的激励原则的指导下制定激励措施。

1. 物质激励与精神激励相结合,以精神激励为主的原则

对于调动组织成员的积极性来说,物质激励和精神激励都是必不可少的。在我国目前经济还不发达、人们的生活水平还不高的情况下,物质激励仍然是重要手段,它对于调动组织成员的积极性有很强的作用。精神激励是另一重要手段,它主要激发人的积极性、主动性,积极性和主动性提高了,人就可以长久地维持高涨的工作热情。因此,精神激励有激励作用大、持续时间长的特点。

物质激励和精神激励是对人们物质需求和精神需求的满足,而人们这两种需求的层次和程度不是一成不变的,而是随客观情况的变化而变化。一般来说,在社会经济和文化发展水平较低的情况下,人们的物质需求比较强烈;而在社会经济和文化发展水平较高的情况下,人们的精神需求的比重会逐步加大。此外,文化程度、职业、思想境界、品德修养等因素也会对人的需求产生一定的影响。

但是,在任何情况下,都应尽可能地将物质激励和精神激励结合起来,使二者相辅相成、相得益彰。片面强调精神激励,忽视物质激励,把精神激励看成万能的,这种倾向脱离了人们的实际需求,脱离了人们的实际生活水平;片面强调物质激励,忽视精神激励,把金钱看成万能的,这种倾向会导致人们目光短浅、冷酷无情和斤斤计较。

2. 正激励与负激励相结合,以正激励为主的原则

正激励与负激励作为激励的两种类型,目的都是对人的行为进行强化,不同之处在于二者的取向相反。正激励起正强化的作用,是对行为的肯定;负激励起负强化的作用,是对行为的否定。在激励中,还要坚持以正激励为主的原则,因为正激励是主动性激励,负激励是被动性激励。就二者的作用而言,正激励是第一位的,负激励是第二位的。同时,惩罚只是手段,目的在于改变行为者的行为方向,使其符合社会需要,因此即使进行负激励,往往也要伴随正激励的因素,即指明何种行为是组织所需要的,并鼓励行为按正确的方向前进。

正激励和负激励是激励中不可缺少的两个方面,它们之间存在效应互补关系。因此,单纯地运用正激励或负激励,效果都不理想,只有把二者结合起来,才能形成激励的合力,真正发挥出激励的作用。小功不奖则大功不立,小过不戒则大过必生。在实际工作中,只有做到奖功罚过、奖优罚劣、奖勤罚懒、奖惩分明,才能在组织中营造公平、合理的环境,真正调动起组织成员的积极性。

3. 内激励与外激励相结合,以内激励为主的原则

按激励形式,激励又可分为外激励与内激励两种类型。外激励与工作任务不同步,

如工资、奖金、福利、人际关系,均属于工作环境方面。内激励是指源自组织成员内心的激励,它与工作任务同步,指满足职工自尊和自我实现的需求。

美国关于内外激励关系的最新理论是"感知理论",认为内外激励是负相关关系,即若外激励过弱则内激励会加强,若外激励过强则内激励会减弱。感知理论的假设被大量的实验证实。基于内外激励呈负相关关系的认识,感知理论指出,由于外激励往往使活动变为指派的任务,使被激励者原有的兴趣荡然无存,自觉性消退,因此应尽量利用提高内激励的一切手段,而必须谨慎控制外激励的使用。只有那些枯燥无味的工作才主要采用外激励。

4. 公平原则

公平原则要求组织在实施激励时,首先应做到组织内部公平,即个人的所得与付出相匹配,与组织内的其他成员相协调。但公平原则并非要求对所有的激励对象一视同仁,而是针对具体的人和事,按贡献大小、重要性强弱和其他因素的综合标准,共同决定实施何种激励方案,体现出因人而异、因事而异的多样性和灵活性。因此,激励的实施必须以考核结果为客观依据,使奖励程度与贡献程度相当。重贡献者重奖,轻贡献者轻奖。对集体奖励要做到主要贡献者重奖,次要贡献者轻奖。

5. 适度原则

能否恰当地掌握激励程度,直接影响激励作用的发挥。

第一,激励的量要适度。从量上把握激励,一定要做到恰到好处,激励的量不能过大也不能过小;否则,不但起不到激励的真正作用,有时甚至会起反作用。例如,过于吝啬的奖励会使人们产生不满情绪;而过分优厚的奖赏会使人觉得奖赏来得轻而易举,用不着付出艰苦的努力。

第二,激励的方向要适度。激励的方向是指激励的针对性,即针对什么样的内容实施激励,它对激励效果也有显著影响。在不同时期、不同人身上,会存在不同的主导需求。组织在实施激励前,必须分析不同时期、不同组织成员的主导需求,对症下药,以满足主导需求,从而取得最好的激励效果。

第三,激励的频率要适度。激励频率是指一定时间内激励他人的次数。在激励工作中,一定时间内激励他人的次数要适度。激励频率与激励效果之间并不是完全简单的正相关关系,频率过高或过低往往都收不到良好的激励效果。一般来说,对于工作复杂程度高、比较难以完成的任务,激励频率应高些;对于工作比较简单、容易完成的任务,激励频率则应低些。对于任务目标不明确、较长时间才见成果的工作,激励频率应低些;对于任务目标明确、短期可见成果的工作,激励频率应高些。对于各方面素质较好的组织成员,不宜采用高频率激励;对于把追求较低层次的需求作为工作动力的组织成员,则要采用高频率激励。当然,上述各种情况不是绝对的,在实际工作中,组织应根据具体情况进行具体分析,灵活运用适当的激励频率。

管理小故事

小公司的大激励智慧

在一个中型软件开发企业——创新科技公司,总经理老刘一直苦恼于如何有效调动员工积极性、提升团队整体绩效。他意识到,必须采用一套科学的激励机制来激发员工的潜能。

第一,遵循公平原则,制定公开透明的薪酬制度和晋升通道,确保每个员工的付出都能得到与之匹配的回报。例如,在设定业绩奖金标准时,他根据项目难度、完成质量和市场反馈等多维度评价员工贡献,确保分配公正。

第二,在制定激励措施时充分考虑适度性原则,既不过度压榨员工,又不过度奖赏。他设置了阶梯式的绩效奖励方案,员工达成不同层次的目标可以享受到不同程度的物质奖励,如年终奖、季度提成、股权激励等,并且在保证基本薪资的基础上,通过适度竞争推动员工自我提升。

第三,物质激励与精神激励相结合。除了提供丰厚的物质奖励,他还设立了"月度最佳员工""年度创新之星"等奖项,获奖者不仅能得到额外的奖金,还会在全体员工大会上获得表彰,增强其职业荣誉感和成就感。

第四,内激励与外激励相结合。一方面优化内部工作环境,定期组织团建活动,增强员工的归属感;另一方面鼓励员工参加行业培训、学术交流会议,为优秀员工提供出国考察学习的机会,提升他们的专业素养和社会地位。

第五,正激励与负激励相结合。对表现优秀的员工进行表扬和奖励,而对未能达成目标的员工采取辅导改进的方式而非简单惩罚,同时建立一定的压力机制,比如连续三个月未达标的员工将接受岗位调整或再培训,以此激发员工的工作动力和危机意识。

经过这一系列激励措施的实施,创新科技公司的团队氛围日益活跃,员工的积极性和工作效率显著提升,公司业务发展也进入快车道,公司在业界逐渐崭露头角,成为激励机制成功应用的典范。

四、激励方法

针对人的不同需求使用相应的激励方法,是激励得以有效实现的主要途径。激励方法有很多,主要有以下几种:

(一)物质激励

在目前的社会经济条件下,物质激励是激励不可或缺的重要手段,它对强化按劳取酬的分配原则和调动组织成员的劳动热情有很大的作用。

领导者在运用物质激励时应注意三个原则:一是绩效与报酬直接挂钩,工作业绩越优,所得报酬越多;二是工作业绩评价力求公正;三是在进行物质激励时,要辅之以精神激励,把人们的追求引向更高的思想境界。

特别应注意的是,为了提高物质激励的精神价值,发挥奖励的作用,颁发奖金、奖品应在良好的心理气氛下进行。这样不但能增强被奖励者的荣誉感、责任感、进取心,而且能通过榜样作用、模仿作用、暗示作用等心理机制,对其他人产生良好的心理感染作用,从而激发他们的荣誉感与事业心而奋起直追、赶超先进。但如果授奖的心理气氛淡薄,或者不举行授奖仪式,激励的效果就会大大减弱。

(二) 感情激励

感情激励是指领导者通过与下属建立一种亲密、友善的情感关系,以情感沟通和情感鼓动为手段,激发下属的士气,从而达到提高工作效率的目的。领导者的重要工作之一就是让下属感觉到自己重要,这会鼓舞他们更出色地表现,为组织目标付出自己的努力。所以,一个善于运用感情激励的领导者应该具备这样的条件:他能够使每个下属都感觉到自己在领导者心目中是最重要的。

要运用好感情激励,领导者应尊重下属的意见,重视下属的感情和需要,强调相互信任的氛围。领导者的关系行为包括建立情谊、互相信赖、交流意见、授权、让下属发挥智慧和潜力并给予感情上的支持。

(三) 榜样激励

俗话说"榜样的力量是无穷的",大多数人不甘落后,但又不知从何做起,或者在困难面前举步不前。通过树立先进典型和领导者的率先垂范,其他组织成员可以找到一个参照并自我鞭策,增添克服困难取得成功的决心和信心。榜样激励主要有两条途径:一是树立先进的典型人物;二是领导者身先士卒,带头示范。

榜样激励对榜样者自己以及对先进成员、一般成员、后进成员都有激励的心理效应。对自己是一个压力,对先进成员是一个挑战,对一般成员有激励作用,对后进成员能产生心理压力。以先进人物为榜样的激励应注意事迹的真实性以及榜样的公认性和权威性。

(四) 领导者行为激励

领导者以身作则,对全体组织成员影响巨大。古人云:"其身正,不令而行;其身不正,虽令不从。"可见,领导者的一个模范行动胜过十次的一般号召。一个领导者要想调动全体组织成员去实现组织目标,不仅需要职权,还需要威信。而威信的树立就需要领导者的言行表现必须是下属的榜样,使他们心悦诚服地接受领导,同心同德地实现组织目标。"教者,效也,上为之,下效也。"这条古训永远适用。

(五) 目标激励

目标激励是指确定适当的目标,诱发人的动机和行为,达到调动人的积极性的目的。目标作为一种诱因,具有引发、导向和激励的作用。一个人只有不断产生对高目标的追求,才能激发自身奋发向上的内在动力。正如古代哲人所说:目标与起点之间隔着坎坷和荆棘;理想与现实的矛盾只能用奋斗去统一;困难,会使弱者望而却步,却使强者更加斗志昂扬;远大目标不会像黄莺一样歌唱着向我们飞来,却要我们像雄鹰一样勇猛地向它飞去；只有不懈地奋斗，才可以飞到光辉的顶峰。

在目标激励的过程中，领导者要正确处理大目标与小目标、个体目标与组织目标、理想与现实、原则性与灵活性的关系；在目标考核和评价上，要按照"德、能、勤、绩、廉"的标准对人才进行全面综合考察，定性、定量、定级，做到"刚性"规范，奖罚分明。

（六）奖励激励和惩罚激励

奖励是对人的某种行为给予肯定或表扬，使人保持这种行为。奖励得当，能进一步调动人的积极性，它是一种正强化手段，可以用于直接激励。奖励激励的心理机制是人的荣誉感、进取心以及物质和精神的需要。为发挥奖励的作用，领导者在实行奖励激励时应注意以下几点：一是要把物质奖励与精神奖励结合起来；二是物质奖励要公平但不要平均，以提高物质奖励的精神价值；三是奖励要适时；四是奖励方式要因人而异；五是要注意奖励方式的不断变化。

惩罚是对人的某种行为予以否定或批评，使人消除这种行为。惩罚得当，不仅能消除人的不良行为，而且能化消极因素为积极因素。惩罚是一种负强化手段，属于间接激励。惩罚激励的心理机制是人的羞怯、过失心理，不愿受到名誉或经济上的损失。惩罚形式也多种多样，如批评、检讨、处分、经济制裁、法律惩治等。为发挥惩罚的作用，领导者在实行惩罚激励时应注意以下几点：一是惩罚要合理，使受惩罚者心服，化消极因素为积极因素，否则易使之产生对立情绪；二是惩罚要与教育结合起来，达到惩前毖后、治病救人的目的；三是要掌握惩罚的时机，及时处理；四是惩罚要考虑原因与动机。

（七）参与激励

参与激励是一种纯粹的精神激励方法，即通过合理化建议、沟通、对话、信息交流等民主管理方式，让组织成员参与管理，上下级平等地商讨企业管理中的问题。组织成员参与管理，可以提高组织成员的工作自觉性和责任感。同时，组织成员参与管理和决策，对工作中的重大问题发表见解，当其建议受到重视或被采纳后，可以满足组织成员期盼被认可的心理需求、成就感以及对企业的归属感，从而激发更强的工作热情。

组织成员参与管理的主要途径是通过设立职工代表大会、企业管理委员会、职工建议制度等参与管理决策，以便随时提出意见和看法。

（八）认同激励

大多数人在取得一定的成绩后，期望得到大家的承认，尤其是得到领导者的承认。所以，当某个组织成员取得一定的成绩后，组织领导者应该在恰当的时间、场合，通过祝贺、表彰、认可、示意等方式，及时承认该成员所取得的成绩，从而满足他的成就感，增强他不断进取的积极性。

领导者及时发现组织成员的成绩并及时表示认同，这是认同激励的关键。例如，许多饭店评选的"每月优秀成员"就属于认同激励。饭店管理者还会经常公布客人对服务人员的表扬信,并及时对这些服务人员予以表彰,从而形成对组织成员的激励。

(九) 培训和发展机会激励

随着知识经济的到来,世界日趋信息化、数字化、网络化,知识更新速度的不断加快使组织成员的知识结构不合理以及知识老化现象日益突出。虽然他们在实践中不断丰富和积累新知识,但领导者仍需要对他们采取等级证书学习、进高校深造、出国培训等激励措施,通过这种培训充实他们的知识,培养他们的能力,给他们提供进一步发展的机会,满足他们自我实现的需求。

管理经典定律

木桶定律

木桶定律又称木桶原理、短板理论或水桶效应,描述一个系统的整体性能受限于其最薄弱环节的现象。简单来说,就是一个木桶能装多少水,不是取决于最长的木板,而是取决于最短的那一块木板。

木桶定律是一种直观的思维方式,旨在提醒人们关注系统的整体性和平衡性。然而,实际操作中也要考虑到资源分配和成本效益等因素,有时可能要接受一定的短板,而不是过度追求完美。

相关案例故事:

一家汽车制造商生产的汽车质量非常好,但是售后服务很差。尽管汽车本身的质量很好,但由于售后服务不佳,顾客的整体体验受到影响,导致公司的市场竞争力减弱。这个例子很好地体现了木桶定律:即使产品的大部分性能都非常好,但如果存在明显的弱点,整个产品的价值就会受到限制。

五、激励的艺术

激励原则和激励方法为开展激励工作提供了指导思想与必要的手段,但现实世界是复杂多变的,僵化地照搬激励原则和激励方法难以取得理想的激励效果。因此,如何灵活有效地运用激励的原则与方法,实现激励效能最大化,是一门值得研究的艺术。

(一) 对不同的成员采取不同的激励方法

激励的起点是满足组织成员的需要,但组织成员的需要存在个体差异性和动态性,因此激励应因人而异、因时而异,并且只有满足最迫切需要的激励措施才是效果最好、强度最大的。在管理实践中,对组织中的个人实施有效的激励,首先要建立在对人的认识的基础之上。只有通过对不同类型的组织成员进行分析,找到他们的激励因素,有针对性地进行激励,才能取得最佳的激励效果。

1. 合理激励先进、后进和中间层

根据组织成员的工作绩效,组织成员可以分为先进、后进和中间层三类。

对工作先进成员的激励除了授予荣誉称号等精神奖励,还要给予必要的物质奖励,并且在一定时期内,在其他方面也要根据先进者的贡献给予一定的照顾。与此同时,还必须严格要求先进者,对他们的缺点和不足要及时予以批评和帮助。此外,管理者应当实事求是地评选"先进",只有这样才能增强评选先进的吸引力,在组织中形成你追我赶、力争上游的局面。

对中间层成员的激励,必须根据他们各自不同的特点采取适宜的办法。一是对那些与先进者差距不大的中间层成员,要帮助他们分析落后的原因,找出改进措施,使其加入先进者行列;二是对那些业务技术能力较强的中间层成员,要为他们提供充分施展自己才干的机会和场所,激发他们的荣誉感和责任心;三是对那些求知欲望强烈的中间层成员,要充分鼓励他们,为他们提供培训机会;四是对那些能力稍差的中间层成员,可考虑分配适宜的工作,让他们也有表现自己特长的机会。

对工作后进成员的激励就是要发掘他们的闪光点,使之发扬光大。管理者要从尊重、爱护后进者的角度出发,努力观察和发掘他们的优点和长处,采用正强化为主、负强化为辅的激励方法。后进者一般自控能力较弱,管理者要注意超前引导他们的行为,及时肯定他们的每一点进步,并给予适当的鼓励。只有这样才能促使他们不断成长进步,逐渐把他们的积极性调动起来。

2. 重视对知识型人才的激励

根据德鲁克的观点,知识型人才是"那些掌握和运用符号与概念,利用知识或信息工作的人"。现实中,知识型人才一般泛指大多数"白领"工作者。在知识经济的今天,组织之间的竞争,知识的创造、利用与增值,资源的合理配置,最终都要靠知识的载体——知识型人才来实现。因此,激发知识型人才的工作积极性是极其重要的。

知识管理专家玛汉·坦姆仆(Mahen Tampope)的研究发现,知识型人才比其他类型的组织成员更重视能促进自身发展的、有挑战性的工作,他们对知识的增长、对个体和事业的成长有着持续不断的追求;他们要求自主权,以自认为有效的方式开展工作,并完成组织交给他们的任务;获得一份与自己的贡献相称的报酬并使自己能分享自己创造的财富。因此,对知识型人才的激励不能以金钱激励为主,而应以个人的发展、成就和成长为主;在激励方式上,应强调个人激励、团队激励和组织激励的有机结合;在激励的时间效应上,应把短期激励和长期激励结合起来,强调激励手段的长期效应;在激励报酬设计上,应突破传统的事后奖酬模式,转变为从价值创造、价值评价、价值分配的事前、事中、事后三个环节出发设计奖酬机制。

(二)分配恰当的工作,使组织成员实现自我激励

自我激励基于这样一个事实:每个人都对归属感、成就感、驾驭工作的权力感充满渴望;每个人都希望自己能够自主,希望自己的能力得以施展,希望自己受到人们的认可,希望自己的工作有意义。随着科学技术的进步和信息时代的到来,人们的工作方式、价值观念和需求层次都发生了变化,人们对工作满意度的追求变得更加强烈。因此,工作作为一种强力的自我激励因素,被国内外管理者广泛用于激励活动。

1. 动态设计工作岗位

动态设计工作岗位是指为了改变工作枯燥乏味的状况,对工作内容进行再设计,使工作具有更高的挑战性,组织成员在完成工作后能获得更高的成就感,工作本身成为一种乐趣,从而激发组织成员的工作积极性。动态设计工作岗位主要包括工作轮换、工作扩大化和工作丰富化。

工作轮换是指组织成员可以按一定的规定轮换岗位。工作扩大化是指横向扩大任务范围,使工作多样化。工作丰富化是指纵向赋予组织成员更复杂的工作,授予组织成员更大的控制权和自主权,提高组织成员的工作自由度,使工作更有挑战性,并带给成员更高的成就感。

2. 合理设计、分配工作

实践证明,当一个人对某件事情感兴趣、爱上这项工作时,他会千方百计地去钻研、去克服困难,努力做好工作。这就要求管理者在设计和分配工作时,事先对每一个组织成员的才能结构和兴趣爱好有比较清楚的认识,这是合理利用人才的前提。然后,从"这个组织成员能做什么"的角度出发考虑问题,尽量做到"把适当的人员安排到适当的位置上"。因为一个人的工作业绩与动机强度有关,所以在设计和分配工作时,还要在条件允许的情况下尽可能地把一个人所从事的工作与其兴趣爱好结合起来。

管理小故事

从困惑到卓越的客服团队

在一家快速发展的电商公司中,客户服务部门是业务流程中的重要一环。然而,由于工作分配不合理,员工的工作积极性和效率一直不高。客服经理陈女士发现这一问题后,决定通过合理分配工作来激发团队成员来实现自我激励。

首先,陈女士对每个客服人员的能力、兴趣及其擅长领域进行了深入评估。她发现,小王擅长处理复杂投诉,具备出色的沟通和解决问题能力;而小张对引导新用户有独到心得,善于提供详尽的产品介绍及操作指导。

于是,陈女士根据人员的特点调整了工作分配方案:将疑难投诉的处理任务交给了小王,这使他在解决棘手问题的过程中获得了成就感,同时提升了自己的专业技能;而新用户的服务工作则主要由小张负责,他能以热情洋溢的态度和专业的服务赢得客户的好评,从而获得满足感。

此外,陈女士还推行了一项轮岗制度,让客服人员有机会体验不同的岗位,发掘自身潜能,同时保持工作的新鲜感。为了鼓励大家持续学习和进步,她设立了"每月最佳客服"奖项,对表现优异的员工进行表彰,并提供进一步的职业发展机会。

经过这次工作内容和工作分配的调整,客服团队的工作氛围显著改善,工作效率和服务质量都有了大幅提升,客户满意度也达到了前所未有的高度。团队成员们在适合自己的岗位上找到了价值和动力,实现了自我激励,整个团队也由此焕发了新的活力与创造力。这个案例生动地说明了恰当的工作分配可以有效激发组织成员的内在积极性,推动团队整体效能的提升。

（三）表扬和批评的艺术

表扬和批评是管理者对组织成员进行激励的两项重要手段。如何使用好表扬和批评，关系到激励是否有成效以及成效大小。

1. 表扬的艺术

第一，表扬要明确具体，切忌含糊其词。因为含糊的表扬常给人一种敷衍的感觉，而具体的表扬则说明管理者对被表扬者的长处和成就很了解、很敬重，会使被表扬者感到表扬是真心实意的，从而表扬的有效性就高。

第二，表扬要选择合适的时机。表扬的效果在很大程度上取决于能否把握表扬的有利时机。一是"开头"表扬。"开头"表扬的侧重点是被表扬者的优良动机，以促进或激励他把这种优良动机转化为行动并贯彻到底。二是"中间"表扬。表扬是为了激励被表扬者前进。一般地说，当组织成员的优良行为处在进行过程中且刚刚取得一点成绩时，要抓紧时机给予表扬。"中间"表扬是"加油站"，有利于被表扬者趁热打铁、再接再厉。三是"结尾"表扬。当组织成员的优良行为告一段落并取得一定成绩时，要给予总结性表扬，具体总结其整体成就，进一步指出继续努力的方向。"结尾"表扬尤为重要，因为在表扬时切勿虎头蛇尾。

第三，表扬要选择合适的方式。表扬要根据不同对象的个性特征而选择不同的表扬方式。例如，对年轻人的表扬，语气上应稍带夸奖的意味；对德高望重的长者的表扬，语气上应带有尊重的意味；对思维敏捷的人，表扬可以抓住重点，三言两语；对有疑虑心理的人，表扬应注意准确，避免曲解和误会。

第四，表扬要选择合适的方法。表扬也要针对不同的对象选择不同的表扬方法。表扬方法主要有：一是当面表扬法。这种方法适用于被表扬者不愿让更多人知道"秘密"的东西，这样表扬能使对方感到表扬者对他的关心，很亲切。二是当众表扬法。心理学调查研究表明，如有必要或有条件，当众表扬他人的作用比个别表扬的作用更大。它能增强被表扬者的荣誉感，更能促使他巩固成绩并继续前进，同时也能起到教育和激励大家的作用。三是间接表扬法。这种方法就是在当事人不在场的情况下背后进行表扬。运用这种方法有时比当面表扬能起更大的作用。一般来说，背后表扬无论是在会议上还是在个别场合进行，都能传达到本人。这除了能起到表扬的激励作用，还能使被表扬者感觉到对其表扬是有诚意的，从而更能增强表扬效果。所以，当我们想表扬一个人但不便当面提出或没有机会向他提出时，可以采用间接表扬法。四是集体表扬法。一般来说，对个人的激励作用而言，集体表扬容易使荣誉分散，所以这种表扬往往不如表扬个人有效。但是，如果集体做出了值得表扬的成绩，也应给予表扬。因为表扬集体除了能起到表扬的作用，还能增强集体凝聚力。

2. 批评的艺术

第一，批评要分清是否批评的界限。在批评他人前，应分清是否批评的界限，斟酌一下是否必须使用批评这一手段。在现实生活中，往往有这样一些情况，例如对于有些缺点和错误不适合使用批评的手段,采取讨论、参观、教育等方式也能加以克服和纠正;本人无法防止的问题,诸如外人造成的人身事故,没有完成超出个人能力的任务等;或者批评也解决不了的问题,需要采取其他措施解决的。对于这些情况,都不应给予批评。批评他人一定要有意义,不能随随便便地批评一个人。

第二,批评要选择合适的时机。批评他人的时机有以下几种:一是及时批评,即在问题发生后马上向他提出存在的不足或所犯的错误,切不可等问题成堆再去"算总账"。二是冷静后批评。有些比较严重的问题发生后,当事人的情绪可能不冷静,等他激动的心情平静下来,对问题仍然记忆犹新时提出批评,对方就容易接受。因为这时提出批评,有利于他冷静地反思问题的经过,寻找问题产生的原因,权衡行为的后果。三是在他人主动征求意见时批评。一般来说,只有当一个人反思自身,感到自己有某些不理想的地方时,才会去主动征求别人的意见。此时他已有思想准备,能够承受批评,此时是批评的合适时机。

第三,批评要选择合适的方式。人的个性对人的需求和行为的影响很大。每个人由于气质、性格、知识、经历等条件不同,对批评的承受能力也有很大的差异。所以,在批评他人时,应根据不同人员的个性特征,选择他易于接受的、收效最大的批评方式和方法。

第四,批评要选择合适的方法。批评他人也要根据每个人的个性差异来选择不同的批评方法。批评方法主要有:一是过渡法,即以称赞或真诚的欣赏开始,先表扬,后批评。这样被批评者会觉得批评者是善意的,对问题的分析是全面的,不会有委屈感,批评意见也容易听进去。二是暗示法,即间接指出被批评者的错误。例如,在与被批评者谈话时,并不指出他的错误,而是告诉他正确的做法。三是引申法,即不仅要指出错误,还要帮助被批评者分析错误的原因并寻找改正错误的办法。四是认同法,即在批评被批评者之前,先谈自己相似的错误。这样可以使批评者和被批评者之间产生"有共同之处"的认同,从而使批评容易被接受。

管理小故事

陶行知的四块糖果[①]

陶行知先生当校长的时候,有一天看到一个男孩用砖头砸同学,便将其制止并叫他到办公室去。当陶行知回到办公室时,男孩已经等在那里了。

陶行知掏出一块糖给这个男孩:"这是奖励你的,因为你比我先到办公室。"接着他又掏出一块糖,说:"这也是给你的,我不让你打同学,你立即住手了,说明你尊重我。"

男孩将信将疑地接过第二块糖,陶行知又说道:"据我了解,你打同学是因为他欺负女孩,说明你很有正义感,我再奖励你一块糖。"

这时,男孩感动地哭了,说:"校长,我错了,同学再不对,我也不能用这种方式。"陶行知于是又掏出一块糖:"你已认错,我再奖励你一块。我的糖发完了,我们的谈话也结束了。"

---

① 张红霞.沟通技巧[M].北京:中国人民大学出版社,2018:232-233.

陶行知先生的四块糖果——第一块,奖赏男孩的信守诺言;第二块,告诉男孩要尊重师长;第三块,赞扬男孩的见义勇为;第四块,奖励男孩的知错就改。我们在批评教育时一定要尊重客观事实,这样的批评才能让对方心悦诚服地接受。

能力综合训练

◆ 能力测评

测评1 你如何激励自己和他人?

对下列各题,请选择一个最能表达你的想法或做法的答案。

1. 你如何提高身体素质?

(a) 我坚持锻炼。

(b) 我注意饮食。

(c) 我很健康,无须再特别去做什么。

(d) 我服用维生素,加强锻炼和注意体重,检查血压。

2. 你如何提高自己?

(a) 我学习一门新语言以及一些新技术。

(b) 我所学的已够我用一辈子,我用不完已经学到的知识。

(c) 我喜欢去发展我的爱好。

(d) 我很难有时间去干额外的事了,我阅读专业书籍。

3. 你和四邻及与工作无关的各种组织的关系如何?

(a) 我不是一个爱社交的人,与上述各方的关系没多大意思。

(b) 我是几个活动小组的成员。

(c) 我已积极发起一个组织或运动。

(d) 我参加选举,还参加了一个俱乐部的活动,但我不参与政治,也不参与讨论社会问题。

4. 你手下的一个员工把工作搞砸了,你必须在几种方法中做出选择以使下次工作做得好些。对此你最可能采用什么方法?

(a) 我指出他犯了多少错误。

(b) 我一点也不提错误,我将做错的地方纠正过来。

(c) 我和他讨论为什么会出错。

(d) 我说:"你肯定还没弄明白我给你的指令。"

5. 你要求下属考虑改善销售的方法并在下次会议中提出建议。然而在会上,他们未提出任何新方法。对此你最可能做出什么反应?

(a) 我的指示是明确的,他们没有好好听。

(b) 这是我的错,我将更仔细地把任务给大家再讲一遍,使他们真正感兴趣。

(c) 我的下属创造性不够强,我要自己来干。

(d) 我将和他们讨论其他推销员的情况,谈谈他们开始遇到的困难以及最终是如何取得成功的。

得分和评价:

1. (a) = 4　　　(b) = 2　　　(c) = 1　　　(d) = 3
2. (a) = 4　　　(b) = 1　　　(c) = 2　　　(d) = 3
3. (a) = 1　　　(b) = 2　　　(c) = 4　　　(d) = 3
4. (a) = 3　　　(b) = 4　　　(c) = 3　　　(d) = 1
5. (a) = 1　　　(b) = 3　　　(c) = 2　　　(d) = 4

根据上述答案所给的分数计算出你的得分。

如果你的得分在 15—20 分,则表明你是一个优秀的领导者,你既了解下属的能力,又知道该如何激励他们。

如果你的得分在 10—14 分,则表明你在管理中常常指责下属,不太注意激励。

如果你的得分在 5—9 分,则表明你太易于满足现状,认为不需要改进。

测评 2　你能虚心接受批评吗?

对下列各题,请选择一个最能表达你的想法或做法的答案。

1. 你穿了一件红条纹衬衣去办公室,衣服颜色红得特别,下属都停下来盯着你看并指指点点。对此你最可能做出什么反应?

(a) 也许他们是对的,这件衣服太显眼。

(b) 这帮人看见好式样不知如何欣赏。我喜爱这件衬衣就要穿,不管别人怎么想。

(c) 也许我应该先问问别人,听听他们对这件衣服的评价。

2. 在另一间办公室里,你的上司正在对你的一个同事发火,你听见后有何反应?

(a) 上司不管是对是错,都应该把声音放低点。

(b) 同事应该为自己辩护。

(c) 这将会帮助同事去学会下一次做得好些。

3. 你的上司要求你制订一份销售计划,计划要反映他的思想意图。你对计划做了几处小小的改动,但是在呈交计划时,你的上司坚持要你按他原来的意思办。对此你会怎么想?

(a) 我将不改变立场,我做得对。

(b) 实在对不起,我会重新制订计划。

(c) 稍加改动后计划要好得多,我将努力陈述其优点。

4. 下列哪一点最符合你的态度?

(a) 大体上说,我觉得我的缺点与一般人差不多。

(b) 我有许多缺点并希望人们给我指出来,这样我好改正。

(c) 我对自己的了解越少越好,否则我可能讨厌自己。

(d) 我觉得自己没有多少缺点,我倒是觉得我这个人挺好。

5. 在一次聚会上,你犯了一个明显的错误——说了一句蠢话,被某人指了出来。对此你最可能做出什么反应?

(a) 我将驳回批评,称其不公正,我说的话一点错也没有。

(b) 我本来就准备道歉的,别人没有必要再插进来。

(c) 我错了,讲话走口了,我不应这样说。

6. 你对某人谈到自己的成功并向他展示自己的作品(新产品、新包装或组织图表等)。听话者一句话也没有说,但似乎不同意你的意见。对此你有何反应?

(a) 我一句话也不说,但感到难过和受到伤害。

(b) 我告诉他其他人怎么说以及他们是如何称赞我的。

(c) 我开始批评自己和贬低自己的作品。

得分和评价:

1. (a) = 3　　(b) = 1　　(c) = 2
2. (a) = 1　　(b) = 2　　(c) = 3
3. (a) = 1　　(b) = 3　　(c) = 2
4. (a) = 3　　(b) = 4　　(c) = 1　　(d) = 2
5. (a) = 1　　(b) = 2　　(c) = 3
6. (a) = 3　　(b) = 2　　(c) = 1

根据上述答案所给的分数计算出你的得分。

如果你的得分在 6—9 分,则表明你不能接受批评,可能即使你错了也不会承认。

如果你的得分在 10—15 分,则表明你能够接受批评——批评没有触及痛处。

如果你的得分在 16—19 分,则表明如果批评符合实际且公正,你可以接受并从中获益。但通常你不随便承认自己的错误。

测评 3　你的批评能力如何?

根据提出批评的方式,完成下面的测试,然后根据自己的得分来判断你的批评能力。

1. 你是否小心谨慎地开始批评,并努力在批评他人之前了解对方的什么举动惹恼了你?

(a) 一直是　　(b) 有时是　　(c) 从不是

2. 你是否将自己的心里话脱口而出,不管自己的话会对他人造成多大的伤害?

(a) 一直是　　(b) 有时是　　(c) 从不是

3. 你是否避免将对方置于防卫之地,并努力控制自己不以一种敌对、非难的方式抨击对方,同时做到不过分直率和坦诚?

(a) 一直是　　(b) 有时是　　(c) 从不是

4. 当你试图改善关系或帮助某人改变不良行为时,你是否注重他人什么事情做得出色,并且以积极的方式提出否定意见?

(a) 一直是　　(b) 有时是　　(c) 从不是

5. 当你提出批评时,是否考虑了积极有效的解决办法?

(a) 一直是　　(b) 有时是　　(c) 从不是

6. 你能否避免在生气、疲惫或愤怒时批评他人?或者当事情发展到对他人比对你更有利时提出批评?

(a) 一直是　　　(b) 有时是　　　(c) 从不是

7. 当你从他人身上看到一些你并不喜欢的特点或者你的父母有时会因某些行为而困扰你时,你能否控制自己不要对他人过于挑剔?

(a) 一直是　　　(b) 有时是　　　(c) 从不是

8. 你是否会找一个安静的、无人偷听的场所提出批评与进行谈话?

(a) 一直是　　　(b) 有时是　　　(c) 从不是

9. 当他人觉得自己没有价值、没有希望和没有用武之地时,你能否避免利用这些攻击对方?

(a) 一直是　　　(b) 有时是　　　(c) 从不是

10. 在事情发生后你是否当即提出批评意见?

(a) 一直是　　　(b) 有时是　　　(c) 从不是

11. 你能否限制你批评的时间,并避免漫无边际的谈话?

(a) 一直是　　　(b) 有时是　　　(c) 从不是

12. 你能否精确、老练地讲话并避免一般化?

(a) 一直是　　　(b) 有时是　　　(c) 从不是

得分和评价:

(a)= 5　　　(b)= 3　　　(c)= 1

如果你的得分在 45 分以上,则表明你在批评别人时非常注意方法和技巧,批评能力较强。

如果你的得分在 36—45 分,则表明你的批评能力一般。

如果你的得分在 36 分以下,则表明你的批评能力较弱,应加强批评技巧的训练。

◆ 习题训练

1. 领导与管理有什么区别?
2. 简述领导方式的基本类型。
3. 领导者需要具备的素质有哪些?你认为哪项最重要?
4. 激励应该遵循哪些原则?
5. 常用的激励方法有哪些?
6. 物质奖励能起到什么样的激励作用?实施物质激励要注意什么问题?
7. 简述批评的艺术。

◆ 案例分析

京东的"京尊达骑士"

京东作为中国领先的电商平台,一直致力于提供优质的购物体验。随着消费者对配送服务要求的提高,特别是购买高端商品的用户期望得到更个性化和优先的配送服务,因此京东物流在 2017 年推出"京尊达"服务,旨在打造超越传统快递配送的一种高端体验。

在这种模式下,公司挑选出一批优秀的配送员,为高端客户提供专属的配送服务,包括穿着正装、驾驶豪华车辆等。这些配送员被称为"京尊达骑士",他们享受着高于普通配送员的待遇和荣誉,同时也提供着更高的服务标准和承担着更大的责任。这种模式不仅提升了客户的服务体验,还让配送员感受到了公司的尊重和认可,提高了他们的工作满意度和忠诚度。

这些骑士经过严格的选拔和培训,不仅具备专业的配送技能,还展现出良好的形象和服务态度。他们身着定制的正装,包括西装、领带及白色手套,以体现服务的专业性和尊贵感。当用户选择"京尊达"服务时,从订单处理到配送过程都会享受到专人、专车的定制化服务。在配送过程中,"京尊达骑士"会驾驶新能源车辆,确保环保且安静地抵达指定的送货地点。在交付商品时,骑士会手捧精美礼盒,以庄重且尊重的方式将商品送达消费者手中。此外,"京尊达"服务还注重细节和用户体验。骑士们在接受培训时被教导如何礼貌地与客户沟通,如何小心谨慎地处理商品,甚至在必要时提供专业的商品使用指导或售后服务。

在一次重要的商务活动中,一个用户在京东商城购买了一款高端电子产品作为礼品。用户选择了"京尊达"服务,希望在活动当天将礼品准时且庄重地送达合作伙伴手中。京东物流接收到订单后,立即指派了一名"京尊达骑士"负责此次配送任务。骑士身着定制正装,驾驶新能源车辆,按照预定的时间抵达用户指定的地点。在交付过程中,骑士手捧精美礼盒,面带微笑,礼貌地与用户和合作伙伴交流。他小心翼翼地打开礼盒,展示商品,并提供简单的使用指导。整个过程充满了尊重和专业性,给用户和合作伙伴留下了深刻的印象。

京东也非常注重员工的职业发展和个人成长。公司建立了完善的人才培养体系,包括内部培训、海外研修、职业发展规划等,帮助员工不断提升自身能力,实现个人价值。同时,京东还鼓励员工提出创新性想法和建议,对于有价值的创新成果,公司会给予丰厚的奖励。

通过这些方式,京东成功地激发了员工的工作热情和创新力,使得公司在激烈的市场竞争中始终保持领先地位。

讨论问题:

1. 你认为京东使用了何种激励理论来调动员工的工作积极性?
2. 为什么京东的方法能有效激励员工的工作?
3. 假如你是企业管理者,你还能想到什么方法更好地激励员工?

◆ 延伸阅读

六种领导风格,你属于哪一类?

一、强制型(命令型)领导风格

在大多数情况下,强制型领导风格是所有领导风格中最无效的一种。首先是在灵活性上,强制型领导者极端的、要求完全服从的决策方式使组织中的新思想不能发挥作用,人们普遍感到没有受到重视,即使有想法也不愿说出来,工作灵活性受到很大的影响。

人们不能按自己的意愿行事,会逐渐丧失责任感,有些人会变得愤愤不平并采取不合作的态度。其次是在报酬系统上,能激励大多数高绩效员工的是挣到更多的钱,他们追求的是完成工作时的满意感,而强制型领导风格会削弱这种满意感。领导者常常可以告诉员工他们的工作对实现公司目标有很大的作用,并通过他们的成功来激励员工,但强制型领导风格使得这种方式不能起到应有的作用。因此,这种领导风格会削弱组织的目的性和员工对组织的承诺,最终使员工偏离他们所从事的工作,并认为这是无关大局的。

虽然说强制型领导风格有很多缺点,但它并不是一无是处的。当企业处于转型期、面临敌意收购或在经历了像地震、火灾等灾难的危急关头,这种领导风格往往可以起到意想不到的作用。它能够改变企业的一些不良习惯,并使人们意识到应该采用一种全新的工作方式,但使用时一定要加倍小心。如果领导者仅仅依靠强制型领导风格,或者在危机过去后仍然继续使用这种领导风格,而不关心其他员工的士气和感觉,那么它的长期影响将是毁灭性的。

二、权威型(愿景型)领导风格

在各种领导风格中,权威型领导风格也许是最有效率的,它能优化企业工作氛围的各个方面。确切地说,权威型领导者是一个理想主义者,他通过让员工们认识到自己的工作是整个组织宏伟蓝图的一部分来激励他们。员工了解自己的作用以及为什么起作用。同时,权威型领导者还能通过在一个宏伟的蓝图中构筑个人的任务,围绕蓝图明确定义各种标准,并根据员工的业绩是否有助于蓝图的实现对其绩效情况进行反馈;使每个员工了解成功及报酬的标准,从而使员工对组织的目标和战略的认同达到最大化。而且,权威型领导者在确定目标时往往会给员工留下足够的保留自己想法的空间,并给予员工创新、体验和冒一定风险的自由,从而使企业保持一定的灵活性。由于它对企业工作氛围的积极影响,这种领导风格在大多数企业中都能取得较好的效果。当企业处于不确定状态时,这种领导风格尤其有效。权威型领导者会设计一个新的方案,从而将员工带入一个新的长远规划中。

但这种领导风格也并不是在任何情况下都起作用。当领导一个专家或更有经验的同龄人时,被领导者也许会认为领导者的架子太大或不可靠近,此时这种领导风格就会失败。同时,如果管理者过于想要成为权威,他必然会削弱高绩效团队所需要的人人平等的精神。即使这样,领导者也应该理智地充分利用权威的规律。它也许并不能保证一次就达到目的,但从长期来看,这种领导风格的确是有帮助的。

三、合作型(关系型)领导风格

合作型领导风格关注的是周围的员工,它更重视个人及其情感,而不是任务和目标。合作型领导者努力使员工心情舒畅,并在员工之间营造和谐的气氛。同时,合作型领导者不会对员工完成工作的方式进行不必要的指责,能给予员工以最合适的方式完成工作的自由,这都有助于灵活组织风格的形成。从认识工作和奖励的角度来看,合作型领导者会给予下属大量积极的评价,这对员工往往有很大的激励作用。合作型领导者也是建立组织归属感的专家,是自然关系的建立者,比如他们会用一个蛋糕来庆祝一个小组的成功从而与员工分享成功的欢乐。合作型领导风格具有的积极作用使得它几乎适用于

任何情形,当领导者在努力营造团队内部和谐、提振士气、改善沟通或修复受损的信任时,这种领导风格会更有效。

虽然合作型领导风格非常有效,但它不应该单独使用。因为它比较强调表扬,有可能使不好的业绩不能被及时改正,员工也可能认为做一个平庸的人在组织中是被允许的。由于领导者很少在怎样改善方面提供建设性的建议,员工必须自己搞清楚应该怎么办。当员工面临复杂的困难而需要清晰的指导时,这种领导风格使他们面临无人指导的困境。如果过于依赖这种领导风格,则可能导致团队的失败,这大约就是许多合作型领导者常使用权威型领导风格的原因。经由权威型领导风格构建蓝图,建立标准,并让员工了解他们的工作是怎样推进组织目标的;再把权威型领导风格转换成合作型领导的关心、培养,就能把它们结合到一起了。

四、民主型领导风格

民主型领导风格的领导者会花费时间听取员工的意见和建议,从而建立起信任、尊敬和忠诚;让员工在影响个人目标及工作方式的决策中发表意见,从而提升组织的灵活性和责任感;倾听员工所关心的问题,从而了解如何保持高昂的士气。员工处于一个民主的系统中,他们在决定自己的目标及衡量成功的标准方面享有发言权,并能清楚地了解什么是可以实现的、什么是不能实现的。这种领导风格在领导者自己并不清楚应该怎么做,并需要有能力的员工的指导和建议时能发挥最大的作用。民主型领导风格对实现目标过程中新的意见和建议的形成也有很大的作用。

然而,民主型领导风格也有缺点,它的一个令人不能容忍的结果是无休止的会议,因为需要深思熟虑,而一致意见又很难形成,唯一可以做的就是安排更多的会议。一些民主型领导者倾向于把关键问题推后讨论,希望经历一系列的失败后就能达到目的,而员工最终会感到迷茫且无人指导。民主型领导风格在有些情况下甚至有可能导致冲突升级,它在员工不胜任或没有得到明确的建议下作用也不大。

五、方向制定型(领跑型)领导风格

方向制定型领导风格也经常被采用,但对它的使用应该有节制。在这种领导风格下,领导者制定相当高的绩效标准并以身作则,他希望把事情做得又快又好,对周围其他人的要求也一样。如果下属不能很好地完成工作,他就会用其他人代替他们,因此这种领导风格常常会破坏工作氛围。许多员工不能容忍方向制定者过高的业绩要求,员工士气会下降。也许在领导者的头脑中,工作的指导方向是明确的,但他往往不会把它清楚地表述出来,因此员工不再是朝着一个明确的方向发挥自己的最大潜力,而是猜测领导者希望怎么做。同时,员工也感到领导者并不相信他们的能力,不允许他们以自己的方式工作,结果是工作的灵活性和责任心下降了,工作成了集中性的任务,并以一成不变的形式进行下去。而且,方向制定型领导者一般不对员工的工作情况进行反馈,当他发现员工的工作滞后时所做的仅仅是跑过去替换他们。如果领导者有事离开,人们就会因习惯于有专家制定规则而感到无人指导。因为人们不知道自己和工作是如何帮助组织实现目标的,他们的责任感将在方向制定型领导者的统治下逐渐消失。

但方向制定型领导风格并不总是起到负面作用。这种领导风格在所有员工自我激

励、高度竞争及需要较少指导或协助的情况下(如研发小组或法律小组)能起到良好的作用。而且,如果需要领导的是一个非常有能力的小组,那么这种领导风格能保证工作按时甚至提前完成。但与其他领导风格一样,方向制定型领导风格也不能单独使用。

六、教练型领导风格

教练型领导风格在改善工作氛围及企业绩效方面有显著的正面作用。教练型领导风格的领导者能帮助员工发现自己的能力和弱点,并能将它们与员工个人的职业发展联系在一起。教练型领导者鼓励员工建立长期发展目标,并帮助他们制订实现目标的计划。他们在员工应扮演的角色及实现目标的方法方面与员工达成一致,并给予大量的指导和反馈。他们擅长指派工作任务,能给员工安排富有挑战性的任务,尽管这项任务不能很快完成。如果失败能对今后有利并能促进长期的学习,领导者也愿意承受短期的失败。这种领导风格需要大量的对话,而对话能促进工作氛围的改善。当一个员工知道领导者在关注着自己并一直关心自己的所作所为时,他会放心大胆地工作,因为他知道自己能得到及时的指导和反馈。

如果员工不愿意学习或不愿意改变自己的工作方式,教练型领导风格就没有任何意义。如果领导者缺少帮助员工的经验,这种领导风格也会失败。现实的情况是,一些公司已经意识到教练型领导风格的作用并在尝试运用它,他们想使用这种方法为员工提供持续的绩效反馈从而激励员工,但往往缺乏进行有效指导的能力。在六种领导风格中,教练型领导风格是最少被采用的一种。许多领导者说,在压力极大的经济环境下,他们根本没有时间去运用这种慢速而又乏味的方式来教育员工并帮助他们成长。但实际情况是,在第一次使用之后,这种方法只会占用很少的时间或根本不占用额外的时间。当然,这种领导风格往往侧重于个人的成长而不是与工作相关的任务。虽然教练型领导风格也许并不能保证最终结果,但它的确有助于实现这个目标。

许多研究表明,一个领导者越能展现出多种风格,他将会越成功。如果一个领导者能掌握四种以上的领导风格,尤其是其中的权威型、民主型、合作型和教练型的领导风格,那么他将会获得最好的工作氛围和绩效。当然,成功的领导者还要学会根据情境灵活选用合适的领导风格。实际上,很少有领导者能同时具备这六种领导风格,能在正确的时间和场合恰当地运用这些领导风格的人就更少了。补救方式可以是领导者与具备他所欠缺风格的人共同组建团队,或者扩展自己的领导风格。

负激励在企业管理中的运用

众所周知,激励制度是现代企业制度的核心内容之一,是确立企业核心竞争力的基石,是企业管理中的精髓。所谓激励,就是激发人的动机,诱导人的行为,使其产生一种内在动力,朝着所期望的目标努力。所谓正激励,就是对员工个体符合组织目标的期望行为进行奖励,促使这种行为更多地出现;所谓负激励,就是对个体违背组织目标的非期望行为进行惩罚(表现为纪律处分、经济处罚、降级、降薪、淘汰等),使这种行为不再发生,使个体积极性朝正确的目标方向转移。在现代企业管理中,企业家们非常重视正激励,而往往忽略负激励的作用,事实上,正激励和负激励在企业管理中的运用是辩证统一的。

负激励是控制员工行为的一条隐性"止步线"。就像逾越法律的界线必然受到法律的惩处,负激励也是如此,企业一般都设有日常的员工行为准则、管理制度等,员工一旦超越这个准则、制度就必然受到一定的制裁。当然,负激励的措施和手段大部分存在于企业相应的管理制度和考核制度中。负激励作为一条"止步线",作为一名企业员工也许很少注意到,但实际上它对控制员工行为起到不可或缺的作用,在日常的潜移默化中,员工自觉或不自觉地已经接受这种负激励制度的约束,无形之中给企业的管理行为带来一种持续的良性循环效应。比如,在劳动纪律制度中规定"上班迟到、早退一次扣款 100 元""连续旷工 15 天可以除名",所有的员工都知道不能迟到、早退甚至旷工,否则会被处罚,正常情况下,员工自然而然地养成了按时上下班的习惯,管理者其实只运用了一条负激励的约束机制就管住了整个企业的劳动纪律。可见,这条隐性"止步线"多么重要。

负激励可以起到以微效尤的作用。员工在违章违纪时必然会受到处罚,而这种处罚的性质是强制性的、威胁性的、起震慑作用的,往往可以起到杀一儆百的作用,真正使员工在心理上产生对企业管理行为的敬意,从而加强对自我行为的管理。例如在一个企业中本月有 3 人上班迟到,企业当月对此 3 人各扣薪 100 元;又如一名员工连续旷工 15 天,企业将其开除并予公告,就会使员工意识到这种负激励手段不是摆设,谁违反制度企业就会按章处置。这样员工就不会以身试法,从而很好地维护了企业的劳动纪律。

负激励对员工心理的影响经常大于正激励。正激励对员工心理的影响会逐步淡化,有调查表明,对于月薪高于 5 000 元的白领阶层,奖励额度在薪酬 10% 以下的激励,绝大多数人员表示"没感觉",原因是相对于其较高的薪酬总额来说,这一点奖励是微不足道的。而负激励的心理影响是巨大的,并且具有双重性。从物质的角度来看,本来正常情况下能得到的却没得到还被处罚,损失是双倍的,更重要的是精神上受打击、心理上受影响,组织正是通过负激励的方式从心理上达到影响成员行为的目的。例如一个员工迟到被扣薪 100 元并予公告,此员工很担心同事会改变对他的认识,这对他的心理影响不是能以金钱来衡量的。

简单地从字面上理解,人们往往会想到负激励起到的是负作用,恰恰相反,我们在企业管理过程中就是要通过负激励产生正效应。上面谈到的"止步线"也好,以微效尤也好,所有的负激励措施或手段无非都是为了规范员工行为,是为企业管理行为服务的。一份研究报告认为,人事管理工作中的"职务能上不能下、工资能增不能减;年度考核只有优秀、称职,没有或极少数不称职"等诸多现象的产生,源于没有负激励制度,最终导致整个集体缺乏激情与活力,创造性和积极性不高。企业在运用负激励时,可能一次处罚对当事人来说是负面的、消极的,但是应该看到,如果没有负激励措施,对员工的错误行为放任自流,那么可想而知企业的命运将会如何。其实负激励只是对少数人的处罚,效果是使大多数人遵守企业的"游戏规则",其正面效应远远大于负面效应,对于当事人来说,负面影响也只是一时的,只要他认识到错误并加以改正,最终的结果也是正面的。

第七模块

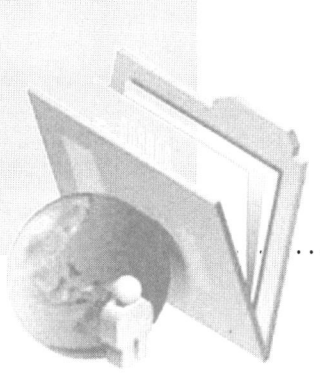

管 理 控 制

教学目标

知识目标

通过本章学习,学生应掌握:
- 控制的内涵和特点
- 管理控制的常见类型
- 管理控制的具体过程
- 管理控制的常用方法

技能目标

通过本章学习,学生应能够:
- 设计日常管理控制过程
- 分析对比不同控制方法的优缺点
- 运用管理控制方法开展常规工作的管理控制
- 分析发现企业过程管理控制问题并提出改进方案

素养目标

通过本章学习,学生应具备:
- 防患于未然的事前控制意识
- 亡羊补牢的事后控制态度
- 反馈、改进、自省、好学的管理精神
- 公平、正直、真诚、担当的管理品质

思维导图

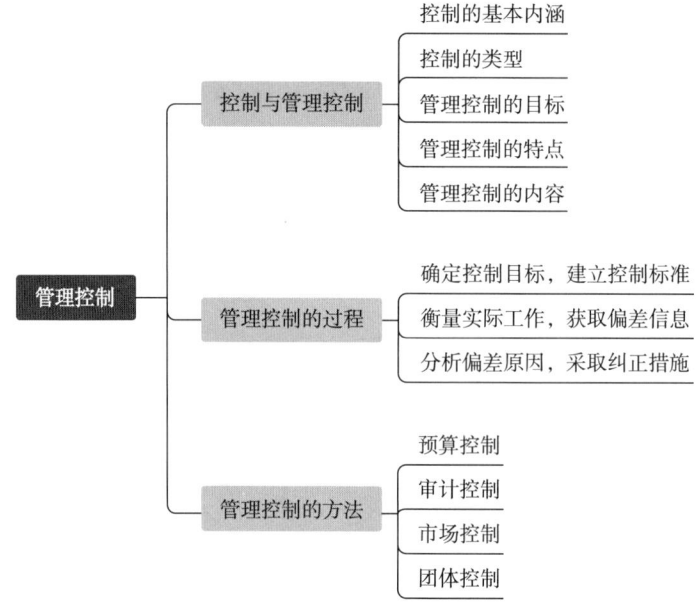

导入案例

张剑的目标与控制

张剑担任一家工厂的厂长已经一年多。他刚看了工厂有关今年目标实现情况的统计资料,厂里各方面工作的进展出乎意料,他为此气得说不出一句话来。他记得就任厂长后的第一件事情就是亲自制定了工厂的一系列计划目标。具体地说,他要解决工厂浪费的问题,要解决职工超时工作的问题,要解决降低废料运输费用的问题。他具体规定:在一年内要把购买原材料的费用降低10%—15%;把用于支付职工超时工作的费用从原来的11万元减少到6万元;把废料运输费用降低3%。他把这些具体目标告诉了有关方面的负责人。

然而,年终统计资料大大出乎他的意料。原材料浪费竟占总额的16%,比上年更为严重;职工超时工作的费用也只降到9万元,远没有达到原定的目标;废料运输费用根本没有降低。

他把这些情况告诉了负责生产方面的副厂长,并严肃批评了这位副厂长。但副厂长争辩说:"我曾对工人强调过要注意减少浪费的问题,我原以为工人会按我的要求去做。"人事部门负责人也附和说:"我已经为削减超时工作的费用做了最大的努力,只对那些必须支付的款项才支付。"而负责运输方面的负责人则说:"我对未能把运输费用降下来并不感到意外,我已经想尽了一切办法。我预测,明年的运输费用可能要上升3%—4%。"

在分别和有关方面的负责人交谈之后,张剑又把他们召集起来布置新的要求,他说:"生产部门一定要把原材料的费用降低10%,人事部门一定要把超时工作的费用降到

7万元;即使运输费用要提高,也决不能超过今年的标准,这就是我们明年的目标。我到明年年底再看你们的结果!"

问题思考

张剑就任后所制订的计划属于什么计划?你认为导致张剑控制失败的原因是什么?

训练任务

1. 假设你是某公司的部门经理,请你设计一套管理控制部门员工的具体办法。
2. 作为学生,请设计一套控制办法来管理你每月的生活费用。

必备知识技能

第一单元　控制与管理控制

一、控制的基本内涵

控制是指对事物的起因、发展及结果的全过程的一种把握,能预测和了解并决定事物的结果。

控制在我们的日常生活中极为常见。比如,航行的船只只有牢牢把握前进的方向,才不会迷失在茫茫大海中;飞机只有拥有精确的导航系统的支持,才能保证飞行的安全;司机只有谨慎地把握方向,随时做出调整,才能安全行驶。这些都是日常生活中极为常见的控制实例。可以想象,失去了控制,结果会是怎样。

控制是一项重要的管理职能,是计划、组织、领导和控制四大管理职能中的重要一环。我们常把管理过程中的控制称为管理控制,以区别于日常所说的其他控制。

所谓管理控制,是指依据组织目标和既定计划,通过对组织实际工作的衡量与评价,针对出现的偏差而采取有效措施,确保组织目标实现的过程。

我们可以从四个方面理解这一定义:第一,控制的目的是确保组织目标的顺利实现;第二,实际工作的衡量与评价、偏差的纠正是实现控制的主要手段;第三,控制是一个内容丰富的复杂过程;第四,控制与计划密不可分。

管理控制既包括按照既定计划标准衡量和纠正工作中出现的偏差,又包括在必要时修改计划标准,使计划更加符合实际情况。因此,从这个意义上讲,计划与控制就像是一个硬币的两面,是一个事物不可分割的两个方面。计划与控制的关系表现在:

第一,计划为控制提供了标准。没有计划,控制就失去了方向,人们也就无从知道应该控制什么,也无从知道应该怎样进行控制。

第二,控制是计划工作得以实现的重要一环。没有控制,计划就失去了实现的根基和可能;没有控制,计划就成了无源之水、无本之木;没有控制,人们就无法知道自己干得怎样,无法知道需要在哪些地方加以改进。

第三,计划与控制互相依存、互相依赖。计划越明确、可靠、完整,控制就越有依据,

控制的效果就越好;控制越科学、有效,计划就越容易得到实施。

第四,控制并不仅仅意味着纠正与计划相比出现的偏差,还意味着要在某些特定情况下自觉打破原先制订的计划,并重新制订新计划,从而使实际工作更加符合客观实际的变化。否则,固守僵化的计划反而会使工作陷入困境,最终无法实现组织目标。

二、控制的类型

控制的类型多种多样,从不同的角度可以对控制做出不同的分类。按照控制点的位置,控制可以分为事前控制、事中(现场)控制和事后控制;按照控制所采用的方式,控制可以分为分散控制、集中控制和分层控制;按照控制的来源,控制可以分为正式组织控制、群体控制和自我控制;按照控制的主体,控制可以分为间接控制和直接控制;按照控制的客观形式,控制可以分为复合控制、动态控制;等等。在此,我们只介绍几种典型的分类。

(一)事前控制、事中控制和事后控制

1. 事前控制

事前控制也称预先控制、前馈控制,是指工作开始之前就做出应对准备,是工作开始之前就进行的控制。这种控制在问题出现之前就可以预先告知管理人员,使他们从一开始就可以采取各种预先防范措施,预防或尽可能地减少偏差和失误的产生,从而把偏差和失误可能带来的损失降到最低程度。事前控制的目的是在工作开始之前就对问题的隐患提前做好准备,未雨绸缪,做到防患于未然。例如,管理者在得到过去和现在的销售情况并进行预测分析以后,知道销售额将降到更低的水平,背离期望的水平,于是管理者制定出新的技术改革和产品引进计划、新的广告宣传计划、新的推销策略,以改善销售的预期结果。事前控制的实例有很多,比如企业为了生产出高质量的产品而对进厂原材料进行检验,对员工进行上岗前培训,制定财务预算,管理部门制定规章制度及相关实施细则,为保证计划和战略的实施而在人才招聘之前拟定对应聘者的具体要求等,这些都属于事前控制。

事前控制的优点是:由于在工作开始之前进行,避免了事后控制对已铸成差错无能为力的弊端,避免了失误带来的巨大损失,节省了修正错误的成本。同时,由于是在工作开始之前针对某项计划行动所依赖的条件进行控制,不针对具体人员,因此不易造成对立性冲突,不易形成对立情绪,易被职工接受并付诸实施,而且这一控制手段执行起来较为容易,容易赢得员工的支持和配合。

事前控制的缺点是:需要及时、准确地掌握相关信息,要求管理人员充分了解事前控制的关键因素,提前预知计划执行中可能出现的问题。一般来说,要做到事先就熟知容易出现的问题、想到可能出现的偏差,在某些情况下并非易事。因此,要充分发挥事前控制"防患于未然"的作用确实有一定难度。

2. 事中控制

事中控制也称现场控制、即时控制、过程控制,是在工作过程中进行的同步控制。事中控制主要有监督和指导两项职能。监督是指按照预定的标准检查正在进行的工作,以保证目标的实现;指导是指管理者针对工作中出现的问题,根据自己的经验指导下属改进工作,或与下属共同商议矫正偏差的措施,以便工作人员能正确地完成规定的任务。事中控制常常是基层管理人员在现场管理中采用的一种方法,主管通过深入现场,亲自监督和检查,可以约束并指导下属的活动。例如,施工现场的指挥、总经理亲临现场视察指导都属于事中控制;再如,驾驶员在行驶中根据路况随时调整方向和速度也是人对物实施的事中控制。

事中控制的优点是:兼有监督和指导两项职能,可以确保工作按照预期计划进行,可以确保工作过程中出现的错误得到及时改正,可以提高员工的工作能力及自我控制能力。

事中控制的缺点是:容易受到管理者自身时间、精力、业务水平的制约。如果管理者无法保证充足的时间投入,无法及时发现现场出现的问题并提出正确的解决办法,事中控制就不会得到很好的贯彻执行。此外,事中控制的应用范围相对有限,由于受到控制执行人员的数量、时间、精力的限制,大规模推行事中控制的成本过高;并且,由于事中控制需要现场对出现的问题直接予以指明并马上做出改正,这容易造成员工心理上的对立,激起员工的对立和不满情绪。从这个意义上说,事中控制很难成为日常性的控制办法,它只能是其他控制方法的一种补充。

3. 事后控制

事后控制也称反馈控制,是一种在工作结束之后进行的控制。这种控制方法是把注意力集中在工作结果的最终取得上,通过对前一阶段取得的工作成果进行衡量、比较、分析和评价,找出工作中的不足,发现存在的问题,以此作为下一次工作改进的依据,为下一次工作水平的提高提供经验和教训。比如,企业发现不合格产品后追究当事人的责任,并且制定防范再次出现质量事故的新规章,发现产品销路不畅而相应做出减产、转产或加强促销的决定,以及学校对违纪学生进行处罚等,这些都属于事后控制。

事后控制的优点是:在某些特定情况下,往往难以做到事前控制与事中控制,此时事后控制常常是唯一能够采取的控制手段。这是因为很多事情只有在发生后才可能看清结果,才可能认识到事情发生的规律和教训,所以事后控制尽管有某些不尽如人意的地方,但往往是最为常见、最为实用的控制手段。此外,事物的发展往往是循环往复的,呈现一定的规律性,因此事后控制能为以后的工作提供信息和借鉴,为以后处理类似事件提供经验和教训以改进工作,从而更好地完成组织目标。亡羊补牢,为时未晚,如果能够汲取前面事例的教训,就可以更好地做好后面的工作,这正体现了"前事不忘,后事之师""吃一堑,长一智"的道理。

事后控制的一个致命的缺点是滞后性。在事后控制中,从结果的衡量、比较、分析到纠偏措施的制定和实施都需要时间,而这容易贻误时机,增加控制的难度,导致惨重的损失。因此,对事后控制来说往往是"事后诸葛亮",不管怎样,事后控制对已形成的损失往往是于事无补了。此外,事后控制是通过对已发生的事做出反馈性行动和采取应对性措施来调整组织行为的,这往往会造成事后控制总是比现实情况慢半拍,这种被动反应的"滞后"式做法,很容易造成对现实环境变化的不适应,给组织带来新的损失。

📝 管理小故事

这个"00后"代表国家出征给出答案

"当主持人喊出我的名字和 CHINA(中国)的时候,我像个'蹿天猴儿',冲上领奖台……"

2022 年世界技能大赛上,"00 后"小伙马宏达获得抹灰与隔墙系统项目比赛的冠军,这也是中国在这个项目上的首金。他是平凡的技术工人,也是世界冠军。

学一门技术,他找到了兴趣爱好。马宏达跟着做木工的父亲在工厂里长大,从小就喜欢做手工。父亲切割剩下的木头,他就拿来做玩具枪。

2017 年,马宏达来到浙江建设技师学院读书。入学不久,马宏达看到学校关于世界技能大赛招募的消息,毫不犹豫报了名。白天认真听课,晚上扎进实训室,与水泥、石膏板为伴,训练服上沾满了腻子粉和粉尘。最终,他成功入选。

2019 年 3 月,在俄罗斯喀山第 45 届世界技能大赛的选拔赛上,马宏达在看到师兄获得银牌,披着国旗振臂高呼那一刻,心里种下一颗"代表国家出征"的种子。

2021 年 9 月,上海第 46 届世界技能大赛抹灰与隔墙系统项目国家集训拉开帷幕,马宏达也进入紧张的备赛期。每天超 7 小时的训练时长,厚重的训练服被汗水浸湿后换了又换,5 厘米厚的钢头鞋更是不到 2 个月就磨破了底。由于世界技能大赛的技术文件都是英文,英语基础薄弱的马宏达就每天挤时间背单词。

2021 年 12 月,马宏达参与的抹灰与隔墙系统项目迎来首次阶段性考核,他顺利晋级。2022 年 10 月,他参加第 46 届世界技能大赛特别赛法国站的比赛,成为**该项目代表中国参赛的唯一选手**。

在比赛最后的创意模块,马宏达的作品需要的技艺最多也最复杂。他构思的是埃菲尔铁塔与蓝天交相辉映,顶部中央一片卷起的白色羽毛被群鸽环绕。"羽毛和鸽群是最大的难点,它们是三维的,细微的地方需要镊子抠出细节。"

不少人认为,抹灰和隔墙看不出技术含量,但在世界竞赛领域,**操作误差往往不能超过一毫米**。从曾经班上最不起眼的少年,到如今的世界冠军,马宏达证明了自己,也证明了这句话:**平凡造就不凡,技能改变命运**。

相比"世界冠军",马宏达坦言"更想做好自己"——**技术的传承与进步是重中之重,想培养更多的技能人才和世界冠军**。

资料来源:央视新闻微信公众号综合 CCTV-9 纪录频道《青春万岁》2023 年 5 月 2 日。

思考:
- 我们可以通过哪些事前、事中、事后控制手段帮自己做好正在做的事情?
- 我们可以发挥优势为技术的传承与进步做些什么事情?

(二) 分散控制、集中控制和分层控制

1. 分散控制

分散控制是指在组织内部建立若干分散的控制机构,再通过这些分散的控制机构相互协作,共同实现组织总目标的一种控制方法。这种控制通常是由各个局部的控制机构分散做出的。各个局部的分散控制机构根据实际情况,按照自身局部最优原则对各部门进行控制。这种控制常常适用于结构复杂、分工较细的组织。

分散控制的优点是:可以通过各个分散的控制机构直接对目标实施过程做出反应,具有反应速度快、应变能力强、控制效率高的特点。

分散控制的缺点是:容易导致各个分散的控制机构各自为政,造成各个分散的控制机构自身目标与整体目标不一致,危及整体目标的控制。

2. 集中控制

集中控制是通过组织内部的一个集中控制机构对整个组织进行控制的一种控制方法。在这种控制中,各种信息都统一传送到集中控制机构,由集中控制机构统一加工处理。在此基础上,集中控制机构会根据整个组织的状态和控制目标,直接发出控制指令,控制和操纵所有部门的活动,统一协调各部门的行动措施,以谋求某些重大而关键目标的实现。比如,有的企业设立的生产指挥部、中央调度室等就属于集中控制。

集中控制的优点是:控制方式比较简单,控制标准也较容易做到协调统一,便于整体协调和整体目标的最优控制。

集中控制的缺点是:由于控制措施是由集中控制机构统一做出的,容易导致控制反应僵化,缺乏灵活性和快速反应,容易造成控制措施的延误;尤其是一旦控制中心发生故障,会造成系统的瘫痪,风险很大。因此,组织在采用集中控制时一定要考虑组织的实际情况。

3. 分层控制

分层控制是把集中控制和分散控制结合起来的一种控制方法。在这一控制方式下,各个分散的控制机构可以结合自身情况,独自采取控制措施,从而保证了对控制需求的灵活、快速反应;同时,在各个分散的控制机构的基础上,还建立了统一的集中控制机构对某些重大或关键事项进行控制,这样就可以对某些重大或关键的控制措施进行统一规划、统一协调,保证了整体控制措施的实施效果。

(三) 正式组织控制、群体控制和自我控制

1. 正式组织控制

正式组织控制是由组织中特定机构或人员进行的一种控制。组织可以设计特定的组织机构对组织的各项活动进行控制,并提出具体的更正措施和建议。正式组织控制可以按照预期目标,确保组织获利,确保组织健康地生存与发展。

2. 群体控制

群体控制是基于非正式组织中群体成员的价值观念和行为准则进行的一种控制,它往往是由非正式组织自发形成和维持的,是基于非正式组织中群体成员的态度进行控制的。非正式组织的行为规范,虽然没有明文规定,但它的每一个成员都十分清楚那些能够起到控制作用的内容和规范,并能够自觉遵守这些规范,从而得到群体组织的奖励,获得群体成员的认可。群体控制可能有利于组织目标的实现,也可能给组织带来危害,所以要对其加以正确引导,不要对群体控制放任自流,这样会给组织目标的实现带来不利影响。

3. 自我控制

自我控制是组织成员个人有意识地按某一行为规范进行的一种控制。这种控制具有自动、自发的性质,成本低、效果好,并且能够对控制做到主动、积极、快速地反应。这一方面要求上级给下级充分的信任和授权,另一方面要求把个人活动与工作奖惩联系起来。自我控制的能力取决于个人自身的素质和组织文化对自我控制的引导。

 **管理经典定律**

蘑菇管理定律

蘑菇管理定律的具体内容是:初学者被置于阴暗的角落(指不受重视的部门,或打杂跑腿的工作),浇上一坨大粪(指无端的批评、指责、代人受过),任其自生自灭(指得不到必要的指导和提携)。

据说,蘑菇管理定律一词来源于 20 世纪 70 年代一批年轻的电脑程序员的创意。当时许多人不理解他们的工作,对他们持怀疑和轻视的态度,年轻的电脑程序员就经常自嘲"像蘑菇一样生活"。电脑程序员之所以如此自嘲,这与蘑菇的生存环境有一定的关系。蘑菇的生长特性是生长在阴暗潮湿的角落,不见阳光,不需要关照,自生自灭。而电脑程序员的工作与此有相似之处,与电脑打交道,在机器和代码间生活,没有外界的关注,没有鼓励,甚至被其他人员质疑。于是这些电脑程序员这样自嘲"像蘑菇一样生活"。

相关案例故事:

卡莉·菲奥丽娜(Carly Fiorina)从斯坦福大学法学院毕业后,第一份工作是在一家地产经纪公司当接线员,她每天的工作就是接电话、打字、复印、整理文件。尽管父母和朋友都表示支持她的选择,但很明显这似乎并不是一个斯坦福毕业生应有的本分。但她毫无怨言,在简单的工作中积极学习。一次偶然的机会,几个经纪人问她是否还愿意干点别的什么,于是她得到一次撰写文稿的机会,就是这一次,她的人生从此改变。这位卡莉·菲奥丽娜就是惠普公司前 CEO(首席执行官),被尊为世界第一女性 CEO。

(四) 间接控制和直接控制

1. 间接控制

间接控制指的是通过建立控制系统,对被控制对象进行控制的一种方法。这种控制通过建立的控制系统来发挥组织的控制职能,其控制主体根据控制的计划和标准检查实际的工作结果,发现工作中的偏差,分析偏差产生的原因,并采取适当的纠正措施。实践中,对于那些由于主管人员缺乏知识、经验和判断力所造成的管理失误和工作偏差,运用间接控制可以及时发现问题并予以纠正。从这个意义上讲,间接控制为帮助主管人员总结教训,增加经验、知识,提高判断力和管理水平,提供了一套可靠的控制系统。

2. 直接控制

直接控制是相对于间接控制而言的,也称预防性控制。直接控制指的是通过行政命令和手段对被控制对象直接进行控制的一种方法。它通过培养更好的管理人员,让管理人员熟练应用管理的概念、技术和原理来直接控制及改善管理工作,从而防止出现因管理不善而造成的不良结果。

直接控制着眼于赋予管理人员控制的能力和意识,让他们在管理过程中直接发挥自己的才能,对自己的管理行为做出科学而正确的设计和安排,这样无形中就避免了可能出现的偏差和失误,做到"未雨绸缪",起到了良好的预防性控制效果。

管理小故事

从瓶颈到畅通:物流公司的转型之路

在一家大型物流公司中,新任赵总经理发现公司内部的运输调度与仓库管理问题频发,直接影响了货物配送的效率和客户满意度。他认识到需要运用直接控制和间接控制的方式来优化业务流程。

直接控制:赵总经理首先对关键环节进行了直接干预。他亲自深入一线,对物流运输过程中的车辆调度、司机行为规范以及突发情况处理等进行严格的监督和指导。例如,他制订了详尽的出车计划,并通过GPS(全球定位系统)实时监控车辆运行状态,确保每一辆货车都能按照预定路线准时到达目的地。此外,他还设立了定期的安全培训会议,以提高驾驶员的职业素养和安全意识。

间接控制:为实现长效管理,赵总经理着手实施了一系列间接控制措施。他重新设计了物流信息系统,使所有运输数据实时同步至后台,方便管理层随时掌握运营状况并做出决策。同时,他引入了一套完善的KPI(关键绩效指标)考核体系,将运输速度、准时率、货损率等关键指标纳入员工绩效评价,激励员工主动提升服务质量。此外,他还改进了仓库管理流程,引入先进的仓储管理系统,合理规划库存布局,以降低拣选错误和提高出入库效率。

通过直接控制和间接控制相结合的方式,赵总经理逐步解决了物流公司存在的诸多问题,不仅提高了整体运营效率,还提升了客户满意度。

三、管理控制的目标

在现代管理活动中,管理控制的目标主要有两个。

(一)"纠偏"

所谓"纠偏",指的是对工作中出现的偏差进行纠正和处理。一般来说,工作中难免会出现一些偏差,难免会出现一些与预期计划不符的失误。虽然这些偏差和失误并不必然给组织带来严重的损害,但如果放任偏差的积累和放大,组织运行一段时间后,偏差就会越积越多,最终对计划目标的实现造成威胁,甚至酿成灾难性后果。防微杜渐,及早发现潜在的错误和问题并采取果断措施加以处理,有助于确保组织按既定计划运行。有效的管理控制系统应当能够及时地获取偏差信息,及时地采取措施纠正偏差,从而防止偏差的积累,防止偏差影响组织目标的顺利实现。因此,控制的首要目标是确保组织实际工作的运行能够符合既定计划,符合预期目标,随时对可能出现的偏差予以纠正和处理,限制偏差的积累。

(二)"调适"

所谓"调适",指的是组织在环境发生变化后,针对变化做出相应的调整,确保组织适应环境的变化,趋利避害,最终实现组织的根本目标。组织的计划和目标在制定出来后,要经过一段时间的努力才能实现。在目标实现的过程中,组织的内部条件和外部环境不可避免会发生一些变化,这些内外部环境的变化不仅会妨碍计划实施的进程,甚至可能会影响到计划本身的科学性和现实性。原先制订的科学合理的计划可能难以适应变化了的新情况、新环境,因此组织需要建立有效的控制系统,科学、准确地预测和把握内外部环境的变化,并对这些变化带来的机会和威胁做出正确而有效的应对,将组织调整到适当的状况,利用环境变化带来的机会,回避环境变化产生的风险,适应环境的变化,顺利实现组织的最终目标。就像我们开车去某地,在整个旅行途中,要根据天气、地形及自身情况随时调整车速、方向及心情,最终顺利到达目的地。

 管理经典定律

海因里希法则

海因里希法则由美国安全工程师赫伯特·威廉·海因里希(Herbert William Heinrich)提出。它揭示了安全事故发生概率与事故隐患数量的关系。海因里希法则表明,每一起严重的安全事故的背后都存在大量的轻微事故、未遂先兆和事故隐患。

海因里希法则的具体表达通常是这样的:

(1) 每一起严重事故的背后,都有 29 起轻微事故;

(2) 每一起轻伤事故的背后,都有 300 起未遂先兆;

(3) 每一起未遂事故的背后,都有 1 000 个事故隐患。

换句话说,每一起重大事故的发生都可以追溯到一系列的轻微事故、未遂先兆和事

故隐患。因此,及时发现并消除事故隐患,可以防止重大事故的发生。

相关案例故事:

空难事故:在航空史上有很多空难事故,经过调查之后发现,许多事故都是由一系列看似无关紧要的小错误累积起来造成的。比如飞行员疲劳驾驶,机械故障没有及时发现和修理,天气恶劣却没有采取必要的防范措施,等等。

化工厂爆炸事故:化工厂爆炸事故也是海恩法则的一个典型例子。化工厂内有许多易燃易爆物品,稍有不慎就可能发生火灾爆炸。然而,在很多情况下,这些大事故的发生其实是由许多小事故和安全隐患累积起来的。

四、管理控制的特点

1. 目的性

控制是为了更好地实现组织的既定目标,更好地实现组织的既定计划,因此从这个角度上说,控制工作具有明确的目的性。控制工作的意义就体现在,监督组织各项活动的进展,把握组织各项活动的效果,促使组织更有效地实现根本目标。显然,控制必然是为了一个具体的目的、向着一个明确的方向进行的。没有目的的控制是不存在的,目的不明确的控制也不会取得好的结果。就像开车一样,不管我们是纠正方向还是调适速度,最终目的都是到达目的地。

2. 动态性

管理控制不同于机器设备的自动控制,机器设备的自动控制是高度程序化的,具有较为稳定的特征,管理控制则是在有机的社会组织中进行的,而组织的外部环境和内部结构都在不断地发生变化,为提高管理控制的适应性和有效性,管理控制的标准和方法也不能一成不变,由此导致管理控制具有动态性。

3. 人本性

管理控制本质上是由人来执行的,而且主要是对人的行为的一种控制。与物理、机械、生物及其他方面的控制不同,管理控制不可忽视其中的人性因素。管理控制应该成为提高员工工作能力的工具。控制不仅仅是监督,更重要的是指导和帮助。管理者可以制订偏差纠正计划,但这种计划要靠员工去实施,只有当员工认识到纠正偏差的必要性并具备纠正能力时,偏差才会真正被纠正。通过控制工作,管理者可以帮助员工分析偏差产生的原因,端正员工的工作态度,指导他们采取纠正措施。这样既能达到控制的目的,又能提高员工的工作和自我控制能力。

4. 全局性

控制的全局性具有多方面的含义:首先,管理控制覆盖组织活动的各个方面,各个层次、各个部门的工作都是管理控制的对象。其次,管理控制应当把整个组织的活动作为一个整体,使组织各个阶段的工作都能得到充分的关注,从而对组织各个阶段的工作进行很好的控制,步步为营,最终确保组织整体目标的顺利实现。最后,管理控制是组织全体成员的职责。控制并不仅仅是管理人员的职责,它还需要发动全体成员参与管理控制的工作;否则,组织的控制就会流于形式,根本无法得到贯彻和落实。唯有树立控制的全局观念,控制才能在组织的方方面面、在组织的各个发展阶段、在组织的各个层级上得到落实,从而实现组织"时时、事事、处处、人人"的全面控制,确保组织目标的实现万无一失。

管理小故事

"90后"退役士兵,把内务标准引入家政服务!

排着队列唱着军歌,迈着整齐的步伐走进小区(见图7-1),用部队的内务标准做家务。"90后"退役士兵李清龙的家政团队一亮相,就像行业里的一股清流。

图7-1 团队成员迈着整齐的步伐开展家政工作

李清龙出生于1993年,2016年9月,他大学毕业后参军入伍,在陆军某部服役4年,从连队战士到营部文书,不管在什么岗位上,他都做到**干一行爱一行,工作踏实认真**。

2020年9月,李清龙退役后,面对社会上竞争激烈的就业形势,他曾一度陷入迷茫。"一开始,我并不知道退役后该做什么,家人建议我先找工作去上班,但我觉得不甘心。"后来,李清龙发现,整理师是家政行业的新兴领域,不但有广阔的前景,而且能把部队所学派上用场。但家人和朋友认为整理师是做家政服务,这哪是年轻人干的工作。但李清龙坚持自己的选择,自费报了整理师培训班,白天学习收纳技巧,同时他决定从宣传入手,晚上回到家中拍视频、开直播,把所学的技能分享给网友。慢慢地,李清龙在网上逐渐有了一定的知名度,便开始招贤纳士,组建团队,不少退役战友主动联系想要加入。

2021年2月,李清龙注册成立了公司,并把在部队的内务标准融入收纳整理技巧,让团队的整理师工作"兵味"十足,并喊出口号:"从内务到家务变的是身份,不变的是标准。"

2021年年底,公司增加保洁项目,为**提高服务标准**,引入部队"戴白手套验收"经验,在每一次保洁完成后,都会戴上白手套,对房间的每个角落进行细致检查,确保清理没死角,给客户留下了深刻印象。不管遇到什么困难,李清龙都能**带领团队想办法解决,高标准地完成工作**,最终得到许多业主的好评。

截至 2023 年 11 月,公司业务已拓展到上海、西安、珠海等二十多座城市,员工里退役军人比例达 95%。创业 3 年来,李清龙的退役士兵家政团队不仅展示了军人朝气蓬勃的良好形象,而且**为这个传统的服务行业带来了一股清风。**

李清龙说:"希望我们在这个领域的创业能够带动全国更多的退役军人,给他们提供就业创业的平台和机会。"

资料来源:《人民日报》2023 年 11 月 6 日发表于北京。

思考:
■ 我们期待通过过程控制把什么事情做到极致?
■ 我们可以发挥专业优势为社会提供哪些专业的服务价值?

五、管理控制的内容

控制什么是管理控制关注的一个核心话题。一般来说,控制的内容涉及组织内部的人员控制、财务控制、作业过程控制、信息控制和绩效控制五个方面。

(一) 人员控制

人是组织最积极、最活跃的因素,对组织人员做到充分合理的控制,就等于抓住了控制的关键与核心。这样既可以充分调动员工的主观能动性,又能够克服员工的某些惰性,引导、教育员工按照科学合理的计划行动,从而加强了对组织最终目标实现过程的控制。在具体实践中,这种人员控制不仅表现在组织对员工个体的控制,最重要的是对组织的整体行为进行引导和控制。一定要注意营造良好的组织文化,推动全体员工主动、积极地投身于组织目标的实现,只有这样才能确保组织步调一致地朝着既定的目标和方向努力。此外,对组织人员的控制,不仅需要对组织人员某些量化的指标进行控制,还要注意对组织人员某些不能量化的指标进行控制,以及对组织人员精神层面的引导和管理,只有这样才能引导员工全力以赴地投身于组织工作。

(二) 财务控制

财务控制是极为关键的,有人说财务就是组织的根本命脉,影响着组织的生存与发展。一个健康的组织必然需要良好的财务管理作为后盾;否则,组织就会失去良好的发展基础,面临极大的风险,甚至失去赖以存在的基础。当今社会,因财务管理缺陷而导致企业倒闭的案例层出不穷,这从一个侧面印证了组织财务管理混乱带来的严重后果。只有保证组织良好的财务状况,才能从根本上保证组织发展的物质基础。从这一意义上说,加强组织财务管理,加强组织财务控制,对组织的健康发展意义重大。

(三) 作业过程控制

在组织具体运行的过程中,从投入到产出的各个环节都需要认真细致的管理和严格的控制;否则,组织就难以做到用最少的投入得到最大的产出。在组织的作业过程中,要

提高组织的生产效率,提高产出的质量,降低投入的成本,就必须对作业过程予以严格的管理和控制。没有严格的过程管理,就难以取得出色的成果。因此,要对组织工作做到良好的控制,就离不开对组织作业过程的管理和监控。

（四）信息控制

当今社会,信息已经成为组织生存与发展的一项极其重要的资源。信息是组织进行管理的基础,也是实行有效控制的基础。有效的控制要求全面收集与组织生产经营及其环境状况有关的信息,并做出正确的处理,以确保这些信息得到及时利用。对信息的控制需要建立科学合理的管理信息系统,为管理者实施控制职能提供支持和服务。信息就是金钱,信息就是生命,对组织而言,唯有把握变化、了解现状、预知未来,才能在竞争的浪潮中站稳脚跟,成功实现组织目标。在这样一个信息爆炸的时代,如何科学地收集信息,如何科学地对收集到的信息进行加工整理,如何对有价值的信息进行有效利用,已经成为组织关注的重要话题。毫无疑问,成功属于那些能够从庞杂的信息中发掘有用信息、利用相关信息的人。信息的管理和控制已经成为组织竞争的一项基本要求。

（五）绩效控制

组织最终的绩效状况是组织关注的核心。组织控制关心的是如何实现组织的根本目标,如何有效地达成组织的绩效目标。这不仅表现在组织短期绩效目标的达成上,还表现在组织长期绩效目标的考核上。组织的绩效目标是一个复杂而变化的体系。一些组织在评价、考核和控制自身绩效目标时往往顾此失彼,为了一些次要目标的实现而忽略一些关键目标,为了一时短期目标的达成而忽略长期目标的发展。因此,要对组织绩效进行科学合理的控制,就需要建立一套科学合理的绩效考核体系,对组织绩效进行全面、系统的科学评价和监控。

📝 管理小故事

从失控到有序：餐厅经理的三步控制法

在一个繁华的城市中心有一家中餐厅。由于餐厅业务繁忙,前厅和后厨经常出现沟通不畅、食材浪费严重以及服务质量参差不齐的问题,严重影响了餐厅的运营效率与口碑。

新上任的餐厅经理张总决定采用事前控制、事中控制和事后控制的方式来改善现状。

事前控制:张总首先对餐厅情况进行了全面梳理,制定了详细的员工手册和操作流程,并进行了全员培训,确保每个岗位的员工都清楚自己的工作职责及标准操作流程。同时,他建立了一套完善的食材采购计划系统,根据历史销售数据和市场趋势预测合理安排食材采购量,有效避免了食材过剩或短缺的情况。

事中控制：为了实时监控餐厅运营状况，张总在餐厅安装了视频监控设备和智能点餐系统。视频监控可以随时查看服务人员的工作状态和服务质量，而智能点餐系统能够实时反馈菜品销售情况，便于及时调整库存和出品速度。此外，他还定期组织各部门会议，让前厅与后厨紧密沟通，及时解决工作中遇到的问题。

事后控制：针对已经发生的问题和事件，张总设置了严格的绩效考核制度并开展了顾客满意度调查。每月进行一次财务审计，核算成本与收益，对食材浪费严重的部门进行警告并要求整改；同时，认真对待每一份顾客反馈，针对投诉问题进行深入分析，制定有针对性的改进措施，并将这些信息作为下个月事前控制的重要参考依据。

通过这三个阶段的有效控制，短短几个月内，餐厅的运营效率显著提高，食材浪费现象明显减少，服务质量大幅提升，客户满意度节节攀升，成功实现了从失控到有序的华丽转身，成为城市餐饮业的一颗璀璨明珠。

第二单元 管理控制的过程

管理控制的具体过程一般由以下三个步骤组成：一是确定控制目标，建立控制标准；二是衡量实际工作，获取偏差信息；三是分析偏差原因，采取纠正措施。这三个步骤相辅相成，构成了管理控制的完整过程。

一、确定控制目标，建立控制标准

控制目标、控制标准是控制工作得以开展的前提，是检查和衡量实际工作的依据与尺度。如果没有控制目标和控制标准，就无法衡量实际工作，控制工作也就失去了目标和依据。

（一）控制标准的实质和要求

标准是一种作为规范而建立起来的测量标尺或尺度。控制标准是控制目标的表现形式，是测定实际工作绩效的基础。对照控制标准，管理人员可以对工作绩效好坏做出判断。因此，标准的设立必须具有权威性。然而，什么样的控制标准才是有效的呢？通常来说，行之有效的控制标准需要满足以下基本要求：

（1）简明性。标准的量值、单位、可允许的偏差范围要有明确说明，对标准的表述要通俗易懂。

（2）适用性。标准要有利于组织目标的实现，对每一项工作的衡量都有明确规定，有具体的时间幅度和具体的衡量内容与要求，以便能准确地反映组织活动的状态。

（3）一致性。标准应尽可能地体现协调一致、公平合理的原则。

（4）可操作性。标准要便于对实际工作绩效进行衡量、比较、考核和评价；当出现偏差时，能找到相应的责任单位。

（5）可行性。标准既不能过高也不能过低，要使绝大多数员工经过努力后可以达到。如果标准过高，则人们将因无法达标而放弃努力；如果标准过低，则人们的潜力又得

不到充分的发挥。因此,具有可行性的控制标准应该保持挑战性和可达性的平衡。

(6) 相对稳定性。标准既要在一段时间内保持不变,又要有一定的弹性,对环境的变化能有一定的适应性,对特殊情况能例外处理。

(7) 前瞻性。标准既要符合现时的需要,又要与未来发展相结合。

(二) 制定控制标准的过程和方法

控制标准的制定是一个科学决策过程。这一过程的展开首先要确定控制对象,然后选择好控制点,最后制定具体的控制标准。

1. 确定控制对象

进行控制遇到的第一个问题是"控制什么",这是确定控制标准前首先要妥善解决的问题。由于控制标准的具体内容取决于控制对象,在制定控制标准时应当首先选择控制对象,即明确组织的哪些事物、哪些环节需要加以控制,这是在制定控制标准的具体内容时需要认真分析的。其中,组织活动的成果应该优先作为管理控制工作必须考虑的重点对象。基于此,管理者需要明确分析组织活动想要实现什么样的目标,提出包含组织各个层次、各个部门应取得的工作成果的完整目标体系。按照该目标体系的要求,管理者就可以对有关成果指标的完成情况进行考核和控制。

然而,对活动成果的考核和评价仅是一种事后控制。为了保障组织取得预期的活动成果,从理想的角度看,管理者必须对所有影响组织实现目标的因素都进行控制。但这种全面控制往往既不现实,又不经济。从组织有限资源的合理使用和管理人员的工作精力与能力等现状出发,管理控制中更通常的做法是:选择对实现组织目标有重大影响的因素进行重点控制。这样为了确保管理控制取得预期的成效,管理者在选择控制对象时必须对影响组织目标实现的各种要素进行科学的分析和研究,然后从中选择出重点要素作为控制对象。一般来说,影响组织目标实现的主要因素有:

(1) 组织外部环境和条件的变化。组织的外部环境和条件是管理者进行计划安排与工作的依据,而组织的外部环境和条件又总是处在动态变化中,所以管理者对组织的外部环境和条件必须予以足够的关注,必须加以管理和控制。如果管理者预测的外部环境和条件没有出现,或者组织的外部环境和条件已发生某种难以预料且不可抗拒的变化,那么组织原来的计划活动将无法继续进行,组织目标的实现就会遇到挑战。因此,管理者必须密切关注组织外部环境和条件的变化,对组织的外部环境和条件进行监控与管理,从中找到可以利用的机会,回避可能出现的风险。从这个角度上说,把组织的外部环境和内部条件作为控制对象就成为组织实施控制的必然选择。

(2) 资源的投入。组织目标的实现归根到底取决于组织各项资源的足额投入。而组织资源可以归结为人、财、物、信息和机会等,组织目标的实现与否在一定程度上取决于组织对上述资源的占有和利用情况。组织的资源状况不仅会在数量上影响组织活动的正常进行,而且会在质量上影响组织活动的效率和效果,直接关系到组织的最终成果。因此,管理者必须对组织能够拥有和利用的资源进行控制,使之在数量和质量上符合组织目标的要求。只有牢牢地把控组织资源的投入和利用,才能确保组织目标的顺利实现,没有足够的资源投入做保障,组织目标就会失去实现的基础和动力。

(3) 组织成员的活动。组织中的人是最重要的资源,组织成员的数量和素质是决定组织活动成果的重要因素,是组织目标能否实现的关键。组织面临的竞争,归根到底是组织中人才的竞争,只有紧紧抓住组织中起决定作用的人,组织才能在竞争中站稳脚跟,赢得竞争的优势地位,取得竞争的胜利。因此,组织应当关注组织成员的活动,把组织成员的活动作为控制对象,通过适当的人力资源管理政策和措施,调动组织成员的工作积极性,发挥组织成员的创造力,引导组织成员的活动,从而实现组织的根本目标。

2. 选择关键控制点

控制对象确定后,还必须确定关键控制点,只有这样才能制定出合适的控制标准。这是因为做到对组织所有活动、所有成员的控制是不现实的,即使勉强做到也会因控制的成本过高而得不偿失,所以必须在影响组织活动成果的若干因素或若干环节中选择几个关键因素或关键环节作为重点控制对象,作为关键控制点。控制住了关键控制点,也就控制了全局,占据了主动,为组织整体目标的实现打下了良好的基础。

所谓关键控制点,一般是计划实施过程中起决定作用的因素,或者是容易产生偏差的因素,或者是对全局有根本影响、决定组织活动成败的因素。控制住了关键控制点,就能够把控工作过程中起决定作用的核心因素,就能够避免工作偏差的产生,就能够把握和掌控关系全局的根本因素。选择了关键控制点,全局目标的实现也就成了可能。对关键控制点的选择,一般应统筹考虑以下三方面因素:一是影响组织整个工作运行过程的重要事项。这是管理人员应该予以充分关注的核心问题。二是在重大损失出现之前产生的事项。这些事项能够提醒管理人员予以充分关注,警惕可能出现的损失。三是反映组织主要绩效水平的事项。这些事项标志着组织主要绩效目标的完成情况。抓住了这些关键控制点,就避免了组织整个工作运行的障碍,避免了组织可能出现的损失,保证了组织主要绩效目标的最终实现,整个组织根本目标的实现也就得到了充分保证。

3. 制定控制标准

管理者实施控制的第一个步骤应该是以计划为基础制定控制工作所需的标准。控制标准可分为定量标准和定性标准两大类。定量标准便于度量和比较,是控制标准的主要表现形式。定量标准主要分为实物标准(如产品数量、合格品数量)、货币标准(如单位产品成本、销售收入、利润、业务人员月业务费用等)、时间标准(如工时定额、交货期等)、综合标准(如市场占有率等)。

除了定量标准,还有一些难以量化的定性标准,如员工的士气、管理人员的能力等。尽管定性标准具有非定量性质,但实际工作中为了便于掌握这些方面的工作绩效,组织有时也尽可能地采用一些可度量的方法。例如,产品等级、合格率、客户满意度等指标就是对产品质量的一种间接衡量。奉行"质量优良、服务周到、清洁卫生、价格合理"宗旨的麦当劳公司,为了确保经营宗旨得到执行,制定了可度量的几条工作标准。比如,95%以上的顾客进入餐馆后,三分钟内服务员必须迎上前去接待顾客;事先准备好的汉堡包必须在五分钟内热好提供给顾客;服务员必须在就餐人离开后五分钟内把餐桌打扫干净。

这是对定性标准予以量化处理的实例。

了解了控制的标准,还需要了解制定标准的方法。常用的制定标准的方法有统计法、工程标准法、经验估计法三种。

(1)统计法。这是指利用统计方法来确定预期结果的方法。它是以组织在各个历史时期活动的数据、记录为基础,或者依据同类组织的统计数据,为未来活动设立标准。最常用的方法有统计平均值法、极大或极小值法和指数法等。这种由统计方法获得的标准被称为统计标准,也称历史性标准。

(2)工程标准法。这是指在对工作情况进行客观的定量分析的基础上制定标准的方法,也称工作标准法。这种方法由泰勒首创,它以较为精确的技术参数和实测数据为基础,主要用来测量生产过程中生产者个人或群体的产出数额。它通过对作业进行专门的测量,经分析计算制定控制标准。通过时间研究和动作研究,企业管理者为职工制定出标准生产定额,有利于基层管理人员恰当地安排工作、合理地评估职工的绩效、准确地预测企业生产经营活动所需的人工和成本等。这种方法的优点是标准的制定具有客观的依据和合理性,准确性高,但也存在成本高、耗时长的缺点。

(3)经验估计法。这是指根据专家的经验和判断来确定控制标准的方法。有些工作因为缺乏充分的历史数据和资料,无法应用统计方法,或者有些工作因重复性差而不值得制定相应标准专门组织工程测量,于是由有经验的管理人员、工程技术人员等根据过去的经验来估计,在这类情况下常用的方法就是经验估计法。这种方法的优点是可以打破统计法的局限性,在数据和资料缺乏的情况下仍然能够制定出控制标准,使控制有章可循。但它只是一种粗略的估计,缺乏精确性、客观性和科学性。这种方法可以作为统计法和工程标准法的补充,尤其适合组织从事的活动为新生事物时控制标准的制定。

 管理小故事

从杂乱无章到精益高效:制造企业的生产变革

在一家中型制造企业中,新上任的生产总监张总发现生产线上的产品质量不稳定、废品率居高不下,导致成本上升且客户满意度下滑。为了解决这些问题,张总决定确定控制目标并建立控制标准来提升生产效率和质量。

张总与团队一起明确了控制目标——将产品的不良品率降至行业平均水平以下,并将整体生产周期缩短20%。为了实现这一目标,他们对整个生产流程进行了细致梳理,确定了几个关键控制点:

(1)原材料检验。设定严格的质量验收标准,确保所有原材料符合技术规格要求。

(2)生产工艺控制。制定详细的作业指导书,明确每道工序的操作步骤、参数设定及检查要点,保证每道工序的产品质量都达到预设标准。

(3)设备维护保养。建立定期的设备维护保养计划,确保生产设备始终处于良好运行状态,减少因设备故障而引发的停机及质量问题。

(4) 过程质量监控。设立在线质量检测站,对生产过程中的产品进行抽样检查,一旦发现不合格产品就立即追溯原因并采取纠正措施。

(5) 生产周期管理。优化生产计划排程,合理分配资源,减少等待时间和物料周转时间,提高生产效率。

经过数月的努力,这些控制目标和标准得到了有效执行,企业的不良品率显著下降,生产周期也成功缩短,不仅节省了大量成本,还提高了客户满意度和市场竞争力。

二、衡量实际工作,获取偏差信息

偏差信息是实际工作情况或结果与控制标准之间的偏离程度的信息。了解和掌握偏差信息,是控制工作的重要环节。如果无法得到这方面的信息,就无法知道是否应该以及采取多大力度的纠正措施,控制工作也就无法正常开展。因此,管理者在采取纠正措施前,首先要了解工作出现的偏差情况,了解偏差的相关信息,只有这样才能针对偏差采取应对措施。从这个意义上说,偏差信息的收集与整理就成了控制的前提和基础。

(一) 衡量实际工作绩效

在制定衡量的标准后,控制过程的第二步就是对照衡量标准,衡量实际工作。衡量实际工作的目的是取得控制对象的有关信息。在衡量实际工作前,管理者应该对衡量什么、谁来衡量、如何衡量、多长时间衡量一次等问题给出明确的回答。

1. 衡量什么

衡量什么是衡量工作中最为重要的方面。管理者应该针对决定实际工作成效好坏的重要特征项进行衡量。在实际工作中,衡量的对象可以参照控制的对象加以确定,因此在确定衡量什么时,也需要对那些影响全局、关系全局的指标予以足够重视,以期发现问题,找出差距。

2. 谁来衡量

衡量的主体不一样,控制效果和控制方式就会有所不同。例如,目标管理之所以被称为一种"自我控制"方法,就是因为工作的执行者同时是工作成果的衡量者和控制者。由上级主管或职能人员进行的衡量和控制则是一种强加的、非自主的控制。衡量的主体不同,对控制效果和控制方式都会产生影响。

3. 如何衡量

管理者可通过以下几种方法获得实际工作绩效方面的资料和信息:一是观察。通过亲自观察,管理者可以亲眼看到工作现场的实际情况,也可以与工作人员现场交谈来了解工作进展及存在的问题,进而获得真实而全面的信息。采用这种方法来获得相关信息,尽管会更加深刻、更有说服力,但受时间和精力的限制,管理者不可能亲自观察所有工作活动。二是利用报表和报告。这是经由书面资料了解工作情况的常用方法。这种方法可以节省管理者的时间,但所获信息是否全面、准确,则取决于这些报表和报告的质

量。三是抽样调查。从整批调查对象中抽取部分样本进行调查,并把结果看成整批调查对象的近似代表,这种方法可节省调查的成本及时间。四是召开会议。让各部门主管汇报各自的工作近况及遇到的问题。这种方法既有助于管理者了解各部门工作的情况,又有助于加强部门间的沟通和协作。管理者在衡量实际工作绩效的过程中必须结合多种方法综合使用。

4. 多长时间衡量一次

作为控制的一个要素,衡量的频度也要适度。适度衡量不仅体现在衡量对象的数量选择上,而且体现在对同一对象的衡量次数上。对影响某种结果的要素或活动进行衡量是必要的,但过于频繁的衡量则是不适宜的。衡量次数过多不仅会增加控制的费用,而且可能引起组织有关成员的不满,影响他们的工作积极性。衡量次数过少也是不可取的,因为这样不利于问题的发现和纠正。一般来说,衡量的频度取决于控制活动的性质。此外,控制对象可能发生重大变化的时间间隔也是确定适宜衡量频度需要考虑的重要因素。例如,对产品质量的控制常常以件或小时、日等较小的单位进行,而对新产品开发活动的成绩则可能需要以月或更长的时间单位来衡量。

(二)建立有效的信息反馈系统

由于衡量工作绩效的工作不都是由管理人员直接进行的,有时需要借助专职的检测人员,这样就有必要建立有效的信息反馈系统,使反映实际工作情况的信息既能迅速地被收集上来,又能适时地传递给恰当的主管人员,并且能够将纠偏指令迅速地传达给有关人员,以便他们处置问题。建立信息反馈系统不仅有利于保证既定计划的实施,而且能够防止组织成员把衡量视为上级对下级进行检查和惩罚的手段,从而避免产生对立情绪。

信息要能有效地服务于管理控制工作,必须符合以下三项基本要求:

1. 及时性

其一,信息的收集要及时。信息具有很强的时效性,对那些转瞬即逝的重要信息,如果没有及时记录和收集,过后便很难获取。这就要求从事信息传递工作的人员具有敏感性和责任感,及时对信息进行加工处理和检索,并迅速传递给管理层,以便管理者的衡量工作能及时有效地进行。其二,信息的加工、检索和传递工作也要及时。如果信息不能及时提供给各级主管人员及相关人员,信息的使用价值就会丧失,更有甚者会给组织带来有形或无形的巨大损失。

2. 准确性

管理者只有依靠准确、可靠的信息才能对工作中的问题做出正确的决策。信息的可靠性源于准确性,包括准确地收集信息、完整地传递信息等各个环节。在经济领域,完全可靠的信息是很难收集的,但高质量的决策又要求相对可靠的信息。为提高信息的可靠性,需要认真分析、研究事物的本质规律,同时要尽量多地收集相关信息。

3. 适用性

收集信息是为了利用信息。组织中的不同部门乃至同一部门在不同的时期对信息的种类、范围、内容、详细程度、准确性、使用频率的要求都可能不同。如果对这些管理部门不加区分地提供信息，则不仅会造成信息的大量浪费，而且会增加信息处理工作的难度，影响管理效率。事实上，信息不足和信息过多同样有害。因此，管理信息的适用性还要求信息必须经过有效的加工和处理，要求工作人员对工作衡量中所获得的信息进行整理和分析，并保证在管理者需要时能提供尽量精炼而又满足控制要求的信息。

（三）通过衡量绩效，检验标准的客观性和有效性

衡量工作绩效是以既定标准为依据进行的，这往往会遇到一个问题：偏差到底是执行中的问题造成的，还是标准本身的问题造成的？如果是前者，则当然需要纠正；如果是后者，则需要制定新的衡量标准。因此，利用既定标准检查各部门人员工作的过程同时也是对标准的客观性和有效性进行检验的过程。

在为控制对象确定衡量标准时，人们可能只考虑了一些次要的非本质因素，或者只重视了一些表面的因素，因此利用既定标准去检查人们的工作，并不能达到有效控制的目的。衡量过程中的检验就是要剔除那些不能为有效控制提供信息及容易产生误导作用的标准，以便根据控制对象的本质特征制定出科学合理的标准。

管理小故事

从混乱到有序：电商仓储物流中心的转型

一家快速发展的电商平台由于业务量激增，自营的仓储物流中心出现库存管理混乱、发货错误率高以及配送延误频发的问题。新上任的物流总监王总决定采用科学的管理方法来改善现状。

王总明确了控制目标，即降低发货错误率至1%以下，并将平均配送时间缩短至24小时以内。为了实现这些目标，他和团队一起建立了严谨的控制标准，包括规范入库流程、严格库存盘点制度、优化拣货路径等，并引入了先进的仓储管理系统进行实时监控。

随后，王总强调了衡量实际工作的重要性。他们定期对仓库的实际运营数据进行详细分析，如日出入库数量、订单处理时间、发货准确率等关键指标，并对比控制标准获取偏差信息。例如，当发现某周的发货错误率高于设定标准时，王总会组织团队深入排查原因，可能是员工操作失误、系统问题或货物标签不清等，并针对具体问题制定改进措施。

经过一段时间的实践与调整，仓储物流中心的各项运营指标逐渐向预定目标靠拢。发货错误率显著下降，配送效率得到大幅提升，客户满意度也随之提高。

三、分析偏差原因，采取纠正措施

任何控制行动都是针对问题及其产生的原因而采取相应的解决对策。控制措施、对策、办法的提出必须建立在对偏差产生原因进行正确分析的基础上。只有找到偏差产生的真正原因，才能针对偏差采取有效的纠正措施，最终根除偏差产生的本质原因，从根本上纠正偏差，杜绝偏差再次发生。

（一）找出偏差产生的主要原因

依据衡量标准，利用科学方法，对工作绩效进行衡量之后，就可以将衡量的结果与标准进行比较。通过比较实际工作绩效与标准之间的偏差，分析偏差产生的原因，从而制定相应的措施来纠正偏差。不是所有的偏差都会影响组织活动的最终成果，有些偏差可能反映了计划制订和执行中的严重问题，而有些偏差则可能是由一些偶然的、暂时的、局部的因素引起的，因而不一定会对组织活动的最终成果产生影响。因此，在采取纠偏措施以前，管理者必须对偏差信息进行评估和分析。

在评估和分析偏差信息时，首先要判别偏差的性质和严重程度，判断其是否会对组织活动的效率和效果产生影响；其次要探讨偏差产生的主要原因。

一般来说，偏差的性质有两种：一是对组织有利的偏差，二是对组织有害的偏差。有害的偏差是指那些能够或可能会对组织最终成果产生不利影响的偏差，如工期延误将会使公司无法按时交货，公司将面临被对方起诉的风险。有利的偏差是指那些符合组织发展趋势、有助于组织最终目标实现的偏差，如由于市场销售一片火爆，公司最终的销售完成情况大大超出原先的销售目标，突破既定的年度销售计划。

探讨偏差产生的主要原因首先要保证能够正确地分析偏差产生的真正原因。现实中，同一偏差可能会由不同的原因造成。这就需要管理者认真了解偏差信息并对影响因素进行深入、透彻的分析，从而通过表面现象找出偏差产生的真正原因，为制定纠偏措施提供根本保证。

偏差产生的原因主要有以下三个方面：

1. 外部环境的重大变化

由于外部环境的变化，组织原定目标和计划无法实现。对于这类情况管理者一般无法控制，只能调整组织的目标和计划，并在认真分析的基础上采取一些补救措施以消除不良影响。比如由于政府紧缩银根，提高贷款利率，使资金成本提高、财务费用增加，影响了组织的利润。

2. 计划执行不力

这是指计划执行过程中的原因导致的偏差。计划执行不力主要是由职工工作责任心不强、工作能力不足或缺乏相应的监控机制等原因造成的。

3. 计划本身不合理

在计划制订过程中，由于决策者的想法与实际不符，或者盲目乐观，把目标定得太高,或者盲目悲观,制订的计划过于保守。这时需要对计划做出调整以适应现实情况,确保组织根本目标得到真正实现。

(二) 确定纠正措施的实施对象

确定纠正措施的实施对象时,也应该针对偏差产生的主要原因展开。具体来说,当外部环境发生重大变化时,由于组织一般难以影响和改变外部环境的变化,就应该努力调整组织的策略和方针,趋利避害,应对挑战,尽力消除外部环境变化带来的不利影响;当计划执行不力时,组织应该加强内部管理工作,针对自身执行情况做出努力,确保圆满完成原定计划目标;当组织由于计划本身不合理,致使组织目标变得望尘莫及时,组织应该对原先制订的计划及时做出调整,制订新计划,以适应组织需要。综上所述,组织在确定纠正措施的实施对象时,要根据偏差产生的三个主要原因区别对待,从而确保组织能够适应计划的实际情况,实现组织的根本目标。

(三) 采取适当的纠正措施

在采取纠正措施以前,管理者有必要先对偏差的性质和程度进行分析与评估,确定可以接受的偏差范围。在应对偏差时,要根据偏差的性质和程度采取适当的措施,或维持现状,或纠正偏差,或修改标准,以确保组织目标的实现。

如果偏差是有利的或偏差在可允许的范围内,管理者一般不必采取行动,可以先维持现状,根据事态发展再制定相应的措施;如果偏差是有害的或偏差超出可允许的范围,管理者就应该采取行动,实施适当的纠正措施。

具体来说,针对偏差产生的三个主要原因及依此确定的纠正措施的主要实施对象,在实际控制中所要采取的纠正措施也主要有三种:

第一,若组织的外部环境出现了重大变化,致使计划失去客观的依据,那么相应的控制措施就应该是调节组织的策略和方针,以适应外部环境的变化,趋利避害,利用外部环境变化提供的机会,防范外部环境变化带来的风险。此时可以启动备用计划或制订新计划来协调组织行动,适应环境。

第二,对计划执行不力造成的问题,控制的办法主要是"纠偏",即加强管理和监督,确保工作与目标接近或吻合。此时应该加强计划执行人员的责任心,提高计划执行人员的工作能力,对计划执行人员的工作进行适当监控,以确保计划执行落到实处,使组织目标得以实现。

第三,若计划目标不切合实际,则控制工作主要是按实际情况修正计划目标。对于过高的目标,应该适当调低,以确保目标切合实际,并最终得以实现;对于过于保守的目标,则应该适当调高,以确保组织能够发挥应有的潜力,确保组织资源不会遭到无谓的浪费。

在控制措施的选择与实施过程中,管理者还需要注意如下几个问题:

1. 确保纠正方案的双重优化

在选择纠正方案时,不仅仅要根据纠正措施的实施对象进行选择,即使是针对同一对象,也要根据具体情况反复权衡,从众多可行方案中选出合适的方案。判断纠正方案是否合适要考虑两方面要求:一是纠正方案的经济性。如果纠正方案实施的成本大于听任偏差发展可能带来的损失,那么此时的优化选择应该是放弃纠正行动,听任偏差发展。二是分析和比较各种可行纠正方案,找出其中的最优方案,实现追加投入最少、成本最小、解决偏差效果最好的目的。

2. 注意消除组织成员对纠正措施的疑惑

应该看到,管理控制措施的实施都会在不同程度上引起组织机构、人员关系和活动方式的调整,进而触及某些组织成员的利益。不同的组织成员会因此对纠正措施持有不同甚至对立的态度。特别是当纠正措施对原计划安排的活动有重大调整时,一些事先就反对原计划的人不仅会幸灾乐祸,还可能借此对原先决策的失误夸大其词,或者将事态发展引起的变化与原先决策的失误混为一谈;还有一些人则会对纠正方案持怀疑、观望的态度。原计划的制订者和支持者会害怕计划的改变意味着自己的失败,从而也公开或暗地里反对纠正措施的实施。因此,控制人员要充分考虑到组织成员对纠正措施的不同态度,注意消除执行者的疑惑,争取更多人的理解、赞同和支持,尽量避免在纠正措施实施过程中可能产生的障碍。

3. 充分考虑原计划实施的影响

对客观环境认识能力的提高,或者客观环境本身发生重要变化而引起的纠偏需要,可能导致对原计划与决策的局部甚至全局的否定,从而要求对组织活动的方向和内容做出重大调整。这时就要关注实施原计划已经消耗的资源,以及这种消耗对客观环境造成的种种影响。

📖 管理经典方法1

PDCA 管理

PDCA 管理

PDCA 管理的内涵:PDCA 是一种科学的质量管理和持续改进方法,其内涵包括四个相互关联、循环递进的阶段。

计划(Plan)

确定目标和问题分析:明确需要改进的目标或解决的问题。

制定策略与计划:设计实施方案,制订具体的行动计划,包括所需资源、时间表以及预期成果。

执行(Do)

实施计划:按照所设计的实施方案进行操作,将计划付诸实践。

过程监控:在执行过程中确保所有活动按照预定程序进行,并收集过程数据。

检查(Check)

数据分析:利用收集的数据来评估实际执行结果是否符合预期目标。

问题识别:对比计划与实际情况,发现偏差、问题或潜在的不足之处。

行动（Act）

根据检查的结果采取措施：

标准化成功经验：如果实施效果良好，则将成功的做法标准化，作为新的工作基准。

改进措施：对于存在的问题和不足，制定并执行纠正和预防措施。

持续改进：根据PDCA循环的原则，将未解决的问题和新出现的问题纳入下一轮PDCA循环继续优化。

应用说明：PDCA在实际工作中可以用于企业的各个层面，如产品质量控制、生产流程优化、项目管理改进等。例如，在制造业中，企业可以通过PDCA循环不断改进生产工艺，降低不良品率；在服务业中，企业可以运用PDCA提升服务质量，提高客户满意度。具体步骤如下：

针对某一具体问题或改进点进行计划设定；

执行计划，并记录相关数据；

对执行结果进行详细检查和数据分析；

根据检查结果调整策略，制定改进措施，然后进入下一个PDCA循环，直到达到理想状态或者持续改进的目的。

管理经典方法2

5S管理

5S是一种源自企业质量管理的现场管理和改善活动，是精益生产的基础工具之一。其内涵包括五个方面的内容：

整理（Seiri）

区分必需品与非必需品，去除工作场所中不必要的物品，减少浪费和空间占用。

5S管理

确保每件物品都有其特定用途，并且只保留对当前工作有价值的物品。

整顿（Seiton）

对必需品进行有序、系统化的布置，设定每件物品的固定位置。

通过目视化管理手段，确保员工可以快速、准确地找到和归还物品，从而提高工作效率。

清扫（Seiso）

清洁工作区域，包括设备、设施以及地面等所有部分。

定期检查并维护设备，发现潜在问题并及时修复，预防故障发生。

清洁（Seiketsu）

维持整理、整顿和清扫后的状态，制定标准作业程序以保持环境整洁。

强调标准化和制度化，将前述3S的要求转化为日常行为规范。

素养（Shitsuke或Shitsukete）

培养员工良好的习惯和职业素养，使之自觉遵守规定，形成自我管理和持续改进的文化。

提升员工的纪律性和团队协作精神，让遵守5S成为全体员工的自发行为。

原理简介：5S管理的核心原理在于通过改善工作环境、提升工作效率和质量，最终实现降低浪费、提高生产力的目的。它强调的是从基础做起，关注细节，通过对工作现场进行系统的整理、整顿、清扫和清洁，以及培养员工的良好素养，促进整体管理水平的提升和企业文化的塑造。

应用说明：5S管理不仅适用于制造业，在医院、学校、办公室等各种工作场景均有广泛应用。实施5S管理的企业通常会开展一系列的培训、指导和审计活动，推动员工参与其中，共同创建一个安全、舒适、高效的工作环境。同时，5S也是全面质量管理、精益生产、六西格玛等先进管理方法的重要组成部分，是企业持续改进过程的基石性工具。

第三单元　管理控制的方法

管理控制的方法很多，根据控制的对象、内容和条件的不同，可选择不同的控制方法。常见的有预算控制、审计控制、市场控制、团体控制等。下面我们将对使用最广泛的预算控制做详细介绍，并对其他常见控制方法给出简要的介绍。

一、预算控制

（一）预算的含义

组织管理中最基本、使用最广泛的控制方法就是预算控制。所谓预算，就是用数字，特别是财务数字的形式来陈述的组织的短期活动计划。它是一种以货币和数量表示的计划，是对完成组织目标和计划所需资金的来源与用途做出的书面说明。它以货币为计量单位，把计划数字化，为各部门或各项活动规定了资金、劳动、材料、能源等的支出额度。预算控制就是将实际和计划进行比较后确认预算的完成情况，找出差距并进行弥补，从而实现合理利用组织资源目的的一种控制方法。

（二）预算的特点

1. 计划性

预算首先是一种计划方法或者说计划形式，是一种特殊的计划。预算的主要构成内容是各种数字计划。

2. 预测性

预算是对未来的计划，不论是在历史数据基础上进行必要调整后得到的数据，还是根据主观经验推测得到的数据，都无一例外地暗含对未来的估计。因此，预算本身包含对未来的预计，预计可能出现的数据结果，或者预计经过努力后可以达到的数据结果和结构特征，正是在对未来各种环境和条件做出一定的预测之后，预算才得以最终确立。

(三)预算的控制作用

1. 便于管理者了解和控制组织的财务状况

预算通常规划和说明了资金的来源及分配计划,掌握了预算状态,就能有效地控制组织的财务状况。又由于预算是用货币来表示的,这为衡量和比较各项活动的完成情况提供了一个清晰的标准,从而使管理者可以通过预算的执行情况把握组织的整体情况。

2. 有助于管理者合理配置资源和控制组织中各项活动的开展

组织中各项活动的开展几乎没有不与资金打交道的,资金作为一种重要的杠杆,调节着各项活动的轻重缓急及其规模。预算范围内的资金收支活动由于得到人力、物力的支持而得以进行,没有列入预算的活动由于没有资金来源而难以开展。预算外收支会使管理者及时了解情况而被纳入控制。因此,管理者可以通过预算,合理配置资源,保证重点项目的完成,并控制各项活动的开展。

3. 有助于对管理者和各部门的工作进行评价

由于预算为各项活动确定了投入产出标准,如果能够正确运用,就可以根据预算的执行情况来评价各部门的工作成果。同时,预算还可以控制各级管理者的职权,明确各自应承担的责任,做到责、权、利的落实,达到有效控制的目的。

4. 有助于提高组织的经济效益

通过预算,管理者可以在财务上做到精打细算,杜绝铺张浪费的不良现象,有效地控制和降低成本,提高效益。

(四)预算的优点和缺点

1. 预算的优点

预算的优点主要表现在:预算提供绩效衡量标准,方便企业在不同部门之间、不同层次之间以及不同时期之间做出比较;预算有助于企业协调资源和项目;预算为企业资源和期望提供指引;预算使企业能够评估管理者的绩效;预算有助于不同部门之间的协调和信息沟通,因为它用共同的衡量单位表示不同的活动;预算还有助于企业保持绩效水平,并且为战略计划提供合理补充。

2. 预算的缺点

预算的缺点主要表现在:预算应当起框架作用,但管理者有时不能认识到变化的形势可能需要调整预算;编制预算的过程很浪费时间。

📝 管理小故事

预算控制下的企业逆袭之路

在一家中小型制造企业中,总经理张总发现公司的财务状况日益紧张,尽管业务量不断增长,但利润并未同步提升。经过深入调查,他发现主要问题在于公司对成本和支出的管理不善,尤其在预算控制方面存在严重不足。

张总决定从全面预算控制着手改革。他组织各部门经理制定详细的年度、季度甚至月度预算,确保每一笔开支都有明确的目标和预期产出。采购部门要根据生产计划精确预测物料需求并控制采购成本;销售部门要设定合理的销售目标及相应的市场推广预算;人力资源部门则负责编制薪酬福利与培训费用预算。

实施过程中,张总强调预算执行透明化,引入了先进的 ERP 系统实时追踪每一笔收支,并通过定期的财务报告会议,让所有部门负责人了解自身预算执行情况以及与其他部门之间的协同效应。同时,他还设立了一套奖惩机制,对于那些有效控制成本、节约预算且达到或超过绩效指标的部门给予奖励;反之,则要求说明原因并提出改进方案。

经过一年的努力,这家企业在严格的预算控制下实现了成本的有效压缩,运营效率显著提高,而随着产品质量和服务水平的不断提升,其市场份额也逐渐扩大,最终扭亏为盈,成为行业内的翘楚。

二、审计控制

审计是指对反映组织的资金运动过程及其结果的会计记录和财务报表进行审核、鉴定,以判断其真实性和可靠性,从而为控制和决策提供依据。审计是一种常用的控制方法,审计控制分为三种主要类型,即外部审计、内部审计和管理审计。

(一)外部审计

外部审计是由非本组织成员的外部专门审计机构和审计人员,如国家审计部门、公共会计师事务所对本组织的财务程序和财务经济往来进行有目的的综合检查及审核,从而对企业的财务报表及其反映的财务状况做出独立的评估。为了检查财务报表及其反映的资产和负债的账面情况与企业真实情况是否相符,外部审计人员需要抽查企业的基本财务记录以验证其真实性和准确性,并分析这些记录是否符合公认会计准则和记账程序。

严格地说,由于外部审计不是企业内部的管理活动,它并不是一种管理职能意义上的审计。但出于战略角度的考虑,企业可以利用公开信息对竞争对手或其他公司进行外部审计,从而了解这些公司的实际状况,做出更加理性的决策。比如,调查这些公司,寻找并购的可能性;对主要供应商的信誉进行评估;发现竞争对手的长处和短处,以保持或加强企业的竞争优势。

(二)内部审计

内部审计是对企业本身的计划、组织、领导和控制过程进行的阶段性评估。企业可以对很多因素做出评价,如财务的稳定性、生产效率、销售效果、人力资源开发、盈利增长、公共关系、社会责任或其他与组织绩效有关的指标。审计涉及企业的过去、现在和未来。内部审计可以由财务部门的指定人员作为一项独立任务来完成,在规模较大的组织里,也可以由专职的内部审计小组来完成。

通过对现有控制系统有效性的检查,内部审计人员可以提供相关改进建议,以促使企业政策符合实际、工作程序更加合理、作业方法被正确掌握,从而实现组织的自我修正。

(三) 管理审计

管理审计是对企业的各项职能以及战略目标进行的全面审计。管理审计既可以由内部的有关部门进行,又可以由聘请的外部专家进行,它利用公开记录的信息,从反映企业管理绩效及其影响因素的若干方面将企业与同行业其他企业或其他行业的知名企业进行比较,从而判断企业经营与管理的健康程度。

管理审计范围包括审计结构、计划方法、预算和资源分配、管理决策、科研与开发、市场、内部控制、管理信息系统等。其目的是明确企业的优势和劣势,从而全面改善企业的管理工作。管理审计可以对整个企业的管理绩效做出评价,为企业在未来改进管理系统的结构、工作程序和结果提供有价值的参考。

📝 管理小故事

审计控制下的管理重生

一家大型制造企业由于内部管理不善,财务状况一度陷入混乱。账目不清、资金被挪用、成本虚高等问题频发,严重影响了企业的运营和发展。新任财务总监赵女士决定强化审计控制来扭转局面。

赵女士组织成立了一个独立的内部审计部门,并引入了一套严谨的审计流程和标准。审计部门不仅对财务报表进行定期审查,还深入采购、生产、销售等各个业务环节,确保所有经济活动都在合法合规的前提下进行。

一次,审计团队在审查生产部门时发现,原材料采购价格远高于市场平均水平,存在严重的浪费现象。经过细致调查,揭示出采购经理与供应商之间存在不正当的利益输送。对此,赵女士立即采取行动,严肃处理相关责任人,并优化了采购流程,实现了采购成本的有效控制。

在审计过程中,审计团队还发现部分员工利用职务之便私自挪用公款的问题,以及财务部门在成本核算上的疏漏。针对这些问题,赵女士一方面推动完善内部控制机制,加强对敏感岗位的监管;另一方面组织财务人员进行培训,提高他们的专业能力和道德素养。

经过一系列审计控制举措的实施,这家企业在短短一年内就彻底扭转了财务管理混乱的局面,实现了账目的清晰透明,成本得到了有效控制,经营效率显著提升,企业重新走上了健康发展之路。

三、市场控制

市场控制是借助经济力量,通过价格机制来规范员工行为的一种控制方法。当组织利用竞争性价格来评定组织和部门的效率时,市场控制的方法就开始起作用了。

（一）内部市场的内涵

在事业部制的组织机构中，每个事业部都是一个利润中心，事业部之间按市场价格进行交换，事业部之间的这种关系被称为"内部市场"。

内部市场的实质是将外部市场机制引入企业内部，这样可以增强企业下属部门的独立性，从而使企业更有活力。

市场控制使得价格成为产品和服务价值的指示器，价格机制在控制生产率的绩效上可以发挥作用，具体表现为以下几点：

（1）市场控制可以通过内部市场将市场竞争引入企业内部，提高企业的市场应变能力和运作效率。

（2）市场控制能够调动企业下属部门和员工的积极性。利润中心能够拥有更大的经营决策权和利润分配权，充分发挥各部门的创造力。

（3）市场控制有助于组织机构的变革，有利于消除科层制组织机构臃肿的现象，建立网络化组织。

（4）市场经济本质上是分工经济，市场控制也有助于提高企业的专业化水平。

（二）市场控制的层次

市场控制作用可以从公司层面、部门层面和个人层面上实现。

公司层面的市场控制通常用于规范独立的事业部，每个事业部都是典型的相互竞争的利润中心。高层经理人员使用盈亏指标进行绩效评估。

部门层面的市场控制表现为公司内交易。转移定价是组织采用市场机制调整内部交易的一种方法。所谓转移价格，就是组织内部不同事业部之间进行交易所确定的内部价格。转移定价法的主要原理是：当外部存在高度竞争的市场时，转移价格应该等于外部市场价格。转移价格的市场控制增加了企业成本控制的压力，事业部可以通过外包寻找外部供应商，如培训和开发既可以由内部的人力资源部门来做，又可以由外部的咨询公司来做。转移定价也成为跨国公司在全球范围内配置资源、避免高税收、应对东道国政府、获取高额利润的一项重要手段。

个人层面的市场控制常常表现为激励制度和工资制度。劳动力的市场价格通常是劳动力潜在价值的最好度量，以市场为基础的控制能刺激员工加强自身技能，使得有较高经济价值的人更快地晋升到较高的职位。市场控制符合当今人力资源管理的趋势，不是简单地提高员工的福利，而是更加注重提高员工的可就业能力。授予CEO的股票期权本质上就是一种市场控制方法，当今的CEO们一半以上的工资要依靠长期的突出业绩来实现。

> **管理小故事**

设计部门的创意竞争

在一家知名的广告公司中,设计部门一直是公司的核心竞争力所在。然而,随着行业竞争加剧和客户需求多元化,设计团队的工作效率和创新能力却有所下滑。新任创意总监张总意识到问题的严重性,决定引入市场控制机制来激发团队活力。

首先,张总将设计部门划分为几个独立的设计工作室,并为每个工作室设定基础项目报价;同时,赋予各工作室根据自身实力、项目难度以及市场竞争情况调整最终报价的权利,以吸引客户选择他们的设计方案。

其次,公司设立了一个内部"创意市场",客户可以在其中浏览各个工作室的作品集及相应的报价,并自主选择。每个工作室为了获得更多的项目订单,不仅要提高设计水平,还要学会合理定价,既要确保项目的利润空间,又要保持对客户的吸引力。

最后,公司还设立了季度评估制度,通过对各工作室完成项目数量、客户满意度、项目利润等多维度指标的综合评价,评选出优秀工作室并给予奖励。这种市场竞争压力促使每个工作室不断优化自身服务,提升设计能力,同时也加强了团队间的良性竞争。

通过实施市场控制方法,设计部门焕发了新的生机与活力,不仅整体业务量和利润得到了显著提升,而且团队成员的积极性和创新能力得到了充分调动,企业在这个过程中成功提升了市场竞争力和品牌影响力。

四、团体控制

团体控制是组织学习型控制的一种表现,它使用企业文化手段(如企业共享的价值观、承诺、传统、信念)来控制行为。成功的团体控制要求组织具有共享的价值观和员工之间的相互信任。

(一)团体控制是未来控制的发展趋势

随着社会的发展和进步,组织面临的管理环境出现明显的变化,而团体控制的出现有着深刻的社会背景和时代背景。

1. 组织的成员和工作的性质在发生变化

知识经济时代,企业中智力劳动所占的比重越来越大,对成员的智力要求越来越高。工人已不只是传统的体力劳动者,知识工人的出现改变了工人阶层的结构。在知识型企业中,企业已经变成"专家"的联盟。管理者往往并不了解员工的工作内容,当真正的专家处于组织的底层时,以层级控制为基石的官僚控制就变得不现实了。

2. 控制的环境在发生变化

企业的市场环境和技术环境都不再长期相对稳定,消费趋向个性化和多样化,技术也从例行技术趋向非例行技术,组织的产品生产和服务生产都适用于柔性的作业系统,组织成员的工作趋向智力工作和非标准化、非程序化的工作。在这种情况下,官僚控制的直接监督显然是不可能的。

3. 雇佣关系在发生变化

过去,员工最关心的是工资、安全、工作时间等类似的问题。现在,更多的员工希望能够参与组织决策、为组织提供解决问题的方案、被赋予有挑战性的工作,进而充分发挥自己的才能。

管理控制系统的改变要求管理控制从层级控制转变为学习型控制。管理者必须对员工进行授权赋能,给予员工决策权,相信他们的行为是从公司的利益出发的。同时,管理者应该与员工在彼此尊重的基础上建立平等互助的工作关系和共同的价值观念、行为准则,通过组织文化来约束、控制每个人的行为,实现组织的共同目标。

(二) 管理文化的团体控制

团体控制的本质是将个体融入团体,将个人自我内在价值观与组织价值观和目标相统一,通过团体的共同行为范式来实现组织成员的自我约束和自我控制。这种约束力量主要来自个人的价值观、目标和标准。因此,组织文化是团体控制的基础。

管理文化的团体控制难度较大。实践表明,文化与企业绩效的关系很复杂。企业文化有强弱之分。强文化就是每个人都充分理解并相信企业的价值观、目标和行为准则。强文化对员工行为有着较强的影响,使员工循规蹈矩、同心协力。但是,强文化会助长骄躁之气、官僚主义,使员工失去创造的活力。错误方向的强文化会使企业以同一步伐走向衰败。与强文化相对照,弱文化中不同的人有不同的价值观,目标不明确,行为不统一。严重的弱文化致使企业失去控制,内部出现混乱和矛盾。

团体控制适用于组织规模较小、外部环境不稳定、技术不明确且属于非例行的情况。团体控制最适合矩阵式、网络化的横向组织机构。在团体控制中,信任、共享的价值观和行为准则成为重要的资源。但是,团体控制往往需要很长的时间。由于价值观的刚性特征,团体控制的有效性也常常难以实现。团体控制本质上是学习型的,随着知识经济社会的发展,团体控制在组织控制中的比重会逐渐加大。

📝 管理小故事

共享价值观驱动下的团队转型

随着市场环境的变化和竞争的加剧,一家历史悠久的传统制造企业面临严峻的生存挑战,产品滞销、员工士气低落、创新能力不足等问题日益凸显。新上任的总经理王总意识到,要解决这些问题,必须从企业文化入手,强化团体控制,塑造共享的价值观。

王总倡导并确立了以"创新、协作、责任、诚信"为核心的企业价值观,并通过各种方式将其深植于每个员工心中。他组织了一系列的内部培训和研讨会,邀请行业专家进行专题讲座,激发员工对新技术、新理念的学习热情;同时,定期举办团队建设活动,增强员工之间的沟通与信任。

为实践企业价值观,王总推动建立了一个跨部门的产品研发小组,鼓励不同岗位的员工共同参与新品研发,强调团队协作的重要性。在项目推进的过程中,充分尊重每一位成员的意见,让员工感受到自己的价值和影响力,从而形成积极向上的工作氛围。

此外,王总还特别注重表彰那些体现企业价值观的行为和事迹。每当有员工通过创新思维解决问题或展现出强烈的责任心时,他都会公开表扬,并将此作为晋升考核的重要参考依据。这样不仅提升了员工对企业价值观的认同感,还进一步强化了团队间的相互信任。

经过一段时间的努力,企业的整体风貌发生了显著变化。员工们主动学习新知识、积极参与创新,彼此之间的合作更加默契,工作效率和产品质量都有了明显提升。最终,企业成功推出了多款符合市场需求的新品,市场份额逐渐扩大,重新赢得了市场的认可和客户的信赖。

能力综合训练

◆ 能力测评

测评1 你的情绪如何?

对下列各题,请选择一个最能表达你的想法或做法的答案。

1. 下列哪一点最适合描述你?

(a) 我的情绪经常波动起伏,但通常经过一段时间后,我能恢复正常情绪,除非有什么重大事宜使我长时间心情低落。

(b) 有时我觉得一切都毫无意思,准备辞职,如果你问我原因,绝大多数情况下我不知道如何回答。然后坏情绪又消失了,没有什么可解释的。

(c) 我最恨那些不明不白就生气的人,我觉得他们生气的目的是引起别人的注意。

(d) 我几乎总是情绪很好,愿意让别人愉快起来,别人也希望我这样。

2. 下列哪一点最适合描述你?

(a) 我向某人道歉,因为在过去我的情绪很差,在做评价时很不公正。

(b) 当人人情绪都很差时,我的情绪也差,或者我努力去改变坏情绪,指出事情并不像看起来那么糟。

(c) 回想过去两个月中我情绪方面的起伏,我认为自己的情绪低沉是自我暗示造成的。

(d) 我要努力弄清楚我的坏情绪来自何处。

3. 不管你的情绪如何,你将把它归因于下列哪一点?

(a) 我内分泌系统的某种毛病,感冒了或某种身体不适。

(b) 他人的行为。

(c) 我自己。

4. 你对坏消息的反应如何?

(a) 我比较快地克服了它的影响。

(b) 我在一段时间里变得情绪低沉。

（c）我回忆一些开心的时刻来使自己愉快。

（d）我对同事发火。

得分和评价：

1. (a) = 3　　(b) = 1　　(c) = 2　　(d) = 4
2. (a) = 2　　(b) = 4　　(c) = 3　　(d) = 1
3. (a) = 1　　(b) = 2　　(c) = 3
4. (a) = 3　　(b) = 2　　(c) = 4　　(d) = 1

根据上述答案所给的分数计算出你的得分。

如果你的得分在13—15分，则表明你能够控制自己的情绪或采取积极行动来预防消极效果。

如果你的得分在9—12分，则表明你的情绪起伏正常。

如果你的得分在4—8分，则表明你应该学会控制情绪，避免将坏情绪作为一种借口来逃避责任。

测评2　你的志向和抱负如何？

为了有效激励别人，管理者必须使自己也受到很好的激励。下列测试将帮助你发现自己的雄心抱负。

1. 下表分若干类，用一红色的"×"符号标出每类中你目前已达到的水平，并将标号连接起来，然后用一蓝色的"○"符号标出你希望在未来5年中达到的水平，并如前一样将标号连接起来，两条标号连线将会显示出激励差别。

	专业承认	成功	物质财产	金钱	冒险	爱情	健康	知识	安全	家庭生活
5										
4										
3										
2										
1										
0										

2. 下列是由不同的人所发表的声明，哪一则声明最能为你所接受？

（a）我的目标是尽可能多地享受人生的乐趣，我不想过度努力工作。

（b）我想挣够自己过舒适生活的钱并受人尊重。

（c）我一直在努力进取，我寻求发展和进步。

（d）我觉得乐趣寓于奋斗之中——即使永远无法实现自己的目标。

3. 在考虑未来和事业时，通常你实现理想的方法是什么？

（a）我制订详细的计划，列出每一阶段应做的事。

（b）我喜欢让事情顺其自然，我相信人靠运气。

（c）我寻求一位人物去仿效，我可以借鉴他的成功之路。

(d) 我对目前的状况很满意,为什么还要奋斗呢?

4. 假设在刚出生时你被给予 50 个机会,并可以按照自己的意愿去支配它们,但是在一生的其他时间里,你将再也得不到任何机会。你将如何分配这 50 个机会?

(a) 我将用所有的机会去多挣钱和获得成功。

(b) 我将用一半机会去挣钱,另一半机会则用于健康目的。

(c) 我将机会平均分配,用于下列目的:金钱、专业承认、财富、健康、爱情和冒险。

(d) 需要的时候我才使用机会,否则若机会用尽就太糟了。

得分和评价:

1. 如果你的目标与你目前的水平相差 5,则给你自己打 5 分;同样,如果激励差别是 4,则给你自己打 4 分。其他依此类推。

现在请做两件事:计算每一类所得的分数,将各类得分相加得出总分。

如果 10 类中每一类激励差别的得分都是 5 分,则你激励差别的总分就是 50 分。换言之,在所有 10 类中,距实现目标你都相差甚远。

如果你激励差别的总分是 25 分,则在 10 类中你可能已经实现一半的目标,或者是在某些类中目标实现的程度大些,而在另几类中目标实现的程度小些。

2. (a) = 1　　　(b) = 2　　　(c) = 3　　　(d) = 4

3. (a) = 4　　　(b) = 2　　　(c) = 3　　　(d) = 1

4. (a) = 4　　　(b) = 3　　　(c) = 2　　　(d) = 1

根据上述答案所给的分数计算出你的得分,最高是 62 分。

如果你的得分在 40—62 分,则表明你属于最高层管理者之列,你有巨大的激励差别和许多抱负。

如果你的得分在 25—39 分,则表明在某些方面你已经实现目标,因此你的激励差别因实现某些目标而缩小了,或者说你对下列内容更感兴趣:既寻求发展又让日子过得舒服些,让事情顺其自然。你对努力奋斗的兴趣减少了。

如果你的得分在 12—24 分,则表明你距离实现自己的目标尚有很长的路要走,或者说你并不是特别雄心勃勃。在过舒服日子与成功、有钱和获得承认这两者间,你似乎对前者更感兴趣。当然,在很大程度上这要取决于你的年龄。年长者将会缩小现状与目标之间的差距。现在的问题是,哪一组人更愉快,或者更确切地说,哪一组人中将能产生更出色的管理者?情况很可能是,那些安于现状和不去过度努力的人确实要比其他类型的人更愉快。

◆ 习题训练

1. 什么是控制?控制包括哪些主要内容?
2. 简述控制的基本类型。
3. 控制应遵循什么原则?
4. 试述控制的基本过程。
5. 预算控制的优缺点各是什么?
6. 为什么说团体控制是未来的一种控制趋势?

◆ 案例分析

海尔公司的市场链与 SST 模式

海尔集团创立于1984年,四十多年来持续稳定发展,从一个亏损147万元的集体小厂迅速成长为在海内外享有较高美誉的大型国际化企业集团。

在海尔,有一个广为流传的市场链管理模式。集团首席执行官张瑞敏在瑞士洛桑国际管理学院作报告时曾对市场链管理模式进行了精辟的说明,海尔市场链已被该学院编制成案例并入选欧盟案例库。

张瑞敏把业务流程再造称为创造市场链,目的是将每个员工的利益与市场挂钩,上下工序、岗位相互之间通过"索酬、索赔与跳闸"形成市场链——市场关系、服务关系,每道工序、每个人的收入均来自自己的市场。比方说海外推进,本部出口量非常大,它对事业部来讲就是真正的市场,订单就是命令单,一笔订单需要做什么样的工作,这些工作要花多长的时间完成。在海尔内部,过去每个员工只向上级负责,现在员工不仅要对上级负责,更要对市场、对客户(含内部客户)负责。而市场链最关键的是打破过去的职能管理,转变为流程管理,形成围绕订单开展一切企业活动的业务流程。说到底,海尔市场链把外部市场压力转化成了内部市场压力,解决了企业规模由小到大之后如何保持创新能力的问题。也就是说,在新经济条件下,为每个员工提供个性化创新的空间,以此满足客户个性化的需求(自我经营,自我管理,自己是自己的老板)。

总之,每个人都有一个市场,每个人都是一个市场;你有代表市场索赔的权利,也有对市场负责的义务。

这套机制在海尔内部被称为SST模式。"S""S""T"分别是索酬、索赔、跳闸三个词的汉语拼音的首字母。具体地说:

索酬,就是通过建立市场链为服务对象提供服务,从市场中取得报酬。

索赔,体现了市场链管理流程中部门与部门、上道工序与下道工序之间互为咬合的关系,如果不能"履约",就要被索赔。

跳闸,就是发挥闸口的作用,如果既不索酬又不索赔,第三方就会自动"跳闸","闸"出问题来。

张瑞敏在《"新经济"之我见》一文中指出:在新经济时代,人是保证创新的决定性因素。人人都应成为创新的主体,我们设计的市场链的思路正体现了下面这一精神——外部市场竞争效应内部化,即市场链。

在海尔员工的心目中,企业内外部有两个市场,内部市场就是怎样满足员工的需求,提高他们的积极性,外部市场就是怎样满足用户的需求。

在海尔内部,"下道工序就是用户",每个人都有自己的市场,都有一个需要对自己的市场负责的主体。下道工序就是用户,他就代表用户,或者他就是市场。每个员工最主要的不是对他的上级负责,更重要的是对他的市场负责。在这种机制下,海尔内部涌现出很多"经营自我"的岗位老板,他们像经营自己的店铺一样经营自己的岗位,在节能降耗、改进质量等方面做出卓越贡献。

通过这一模式,海尔实现了市场链的三个转化:一是把外部市场目标转化为企业内部目标;二是把企业内部目标转化为每个人的工作目标;三是把市场链完成的效果转化为个人的收入。

讨论问题:

1. 海尔如何通过市场链与 SST 模式来实现公司内部的管理控制?你如何理解这种控制模式?

2. 你认为海尔的这种控制模式对其他企业有什么借鉴意义?

◆ **延伸阅读**

企业管理控制的关键环节

一、人员控制

管理者通过他人的工作实现自己的目标。为了实现组织目标,管理者需要而且必须依靠下属员工。因此,管理者使员工按照他所期望的方式去工作是非常重要的。为了做到这一点,最直接的方法就是管理者直接巡视和评估员工的表现。

在日常工作中,管理者的工作是观察员工的工作并纠正出现的问题。比如,一位监工在发现一位员工操作机器不当时,就应该指出正确的操作方法并要求员工在以后的工作中按正确的方式操作。

管理者对员工的工作进行系统化的评估是非常正确的做法。这样每一位员工的近期绩效都可以得到鉴定。如果绩效良好,员工就应该得到奖励,如增加工资,从而使之工作得更好;如果绩效达不到标准,管理者就应该想办法解决,根据偏差程度进行不同的处理。

下面列举一些行为控制手段。在实践中,管理者几乎用到下列所有方法来增大员工按期望方式工作的可能性。

(1) 甄选。识别和雇用那些价值观、态度和个性符合管理者期望的人。

(2) 目标。一旦员工接受了具体的目标,这些目标就会指导和限制他们的行为。

(3) 职务设计。职务设计方式在很大程度上决定着人们可从事的任务、工作的节奏、人们之间的相互作用以及类似的活动。

(4) 定向。员工定向规定了何种行为是可接受的或不可接受的。

(5) 直接监督。监督人员亲临现场可以限制员工的行为,迅速发现偏离标准的行为。

(6) 培训。正式培训计划向员工传授组织期望的工作方式。

(7) 传授。老员工非正式和正式的传授活动向新员工传递了"该知道和不该知道"的规则。

(8) 正规化。正式的规则、政策、职务说明书和其他规章制度规定了可接受的行为和禁止的行为。

(9) 绩效评估。员工会以使各项评价指标看上去不错的方式行事。

(10) 组织报酬。报酬是一种强化和鼓励期望行为以及消除不期望行为的手段。

(11) 组织文化。通过故事、仪式和高层管理者的表率作用，文化传递了什么是构成人们行为的信息。

二、财务控制

企业的首要目标是获取一定的利润。在追求这个目标时，管理者要借助财务手段进行控制。比如，管理者可能仔细查阅每季度的收支报告，以发现多余的支出；也可能计算几个常用财务指标，以保证有足够的资金支付出现的各种费用，保证债务负担不至于太重，并且所有的资产都得到有效利用。这就是用财务控制降低成本，并使资源得到充分利用。

预算是一种控制工具，财务预算为管理者提供了一个比较与衡量支出的定量标准，据此指出标准与实际花费之间的偏差。单独考虑反映经营成果的某个数字，往往不能说明任何问题。如企业本年度盈利 100 万元，某部门本期生产了 5 000 个单位产品，或本期人工支出费用为 85 万元，这些数字本身没有任何意义。只有根据它们之间的内在关系，相互对照分析，才能说明某个问题。比率分析就是将企业财务报表上的相关项目进行对比，形成一个比率，据此分析和评价企业的经营成果及财务状况。利用财务报表提供的数据可以列出许多比率，常用的有两种类型，即财务比率和经营比率。

1. 财务比率

财务比率可以帮助了解企业的偿债能力和盈利能力等财务状况。

(1) 流动比率。流动比率是企业的流动资产与流动负债之比，反映企业偿还流动债务的能力。一般来说，企业资产的流动性越大，偿债能力就越强；反之，偿债能力就越弱，这会影响企业的信誉和短期偿债能力。因此，企业的资产应具有足够的流动性。资产若以现金形式表现，则流动性最强。但要防止为追求过高的流动性而导致财务资源的闲置，避免使企业失去本应得到的收益。

(2) 速动比率。速动比率是流动资产和存货之差与流动负债之比。和流动比率一样，速动比率也是衡量企业资产流动性的一个指标。当企业有大量存货且这些存货周转率低时，速动比率比流动比率更能精确地反映客观情况。

(3) 负债比率。负债比率是企业总负债与总资产之比，反映企业所有者提供的资金与外部债权人提供的资金的比例关系。只要企业全部资金的利润率高于借入资金的利息率，且外部资金不会从根本上威胁企业所有权的行使，企业就可以充分地向债权人借入资金以获取额外利润。一般来说，在经济迅速发展时期，负债率可以很高。20 世纪 60 年代到 70 年代初，日本许多企业的外借资金占全部营运资金的 80% 左右。但是，过高的负债率对企业的经营不利。

(4) 盈利比率。盈利比率是企业利润与销售额或全部资金等相关因素的比例关系，反映企业在一定时期从事某种经营活动的盈利程度及其变化情况。常用的比率有销售利润率和资金利润率。

销售利润率是销售净利润与销售总额的比例关系，反映企业从一定时期的产品销售中是否获得了足够的利润。将企业不同产品、不同经营单位在不同时期的销售利润率进行比较分析,能为经营控制提供更多的信息。

资金利润率是企业在某个经营时期的净利润与当期占用的全部资金之比。它是衡量企业资金利用效果的一个重要指标,反映企业是否从全部投资中获得了足够的净利润。同销售利润率一样,资金利润率也要与其他经营单位和其他年度的情况进行比较。一般要为企业的资金利润率规定一个最低标准。同样一笔资金,投入企业运营后的净利润至少不应低于其他形式投资(比如购买短期或长期债券)的收益。

2. 经营比率

经营比率是与资源利用有关的几种比例关系,反映企业经营效率的高低以及各种资源是否得到充分利用。常用的经营比率有三种:

(1) 存货周转率,是销售总额与存货平均价值之比。它反映了与销售收入相比,存货数量是否合理,表明了投入存货的流动资金的使用情况。

(2) 固定资产周转率,是销售总额与固定资产之比。它反映了单位固定资产能够提供的销售收入,表明了企业资产的利用程度。

(3) 销售收入与销售费用之比。它表明了单位销售费用能够实现的销售收入,在一定程度上反映了企业营销活动的效率。由于销售费用包括人员推销费用、广告宣传费用、销售管理费用等组成部分,因此还可以进行更加具体的分析,比如测度单位广告宣传费用或单位人员推销费用能增加的销售收入等。

反映经营状况的这些比率通常也需要进行横向(不同企业之间)或纵向(不同时期之间)的比较,这样才更有意义。

三、作业控制

一个组织的成功,在很大程度上取决于生产产品或提供服务的效率和效果。作业控制方法就是用来评价一个组织的作业流程的效率和效果的。

典型的作业控制包括:监督生产活动以保证按计划进行;评价购买能力,以尽可能低的价格获得所需质量和数量的原材料;监督组织的产品或服务的质量,以保证满足预定的标准;保证所有的设备得到良好的维护。

四、信息控制

管理者需要信息来完成工作,不精确的、不完整的、过多的或延迟的信息会严重阻碍他们的行动。因此,组织应该开发出一种信息管理系统,使它能在正确的时间以正确的数量为正确的人提供正确的数据。

信息管理方法在最近几年发生了很大的变化。比如,在 15 年前,一个大型组织的管理者依靠一个集中的数据处理部门提供信息。如果他需要将每周的总销售额分解成按地区汇总的销售额,就不得不向数据处理部门提出要求,幸运的话可能会在一周内拿到上周的销售数据。而今天,管理者通常用办公桌上的计算机在几秒钟内就可以得到这些数据。

五、组织绩效控制

许多研究者为了衡量组织的整体绩效或效果做着不懈的努力。管理者关心组织的绩效,但他们并不是唯一的衡量组织绩效的人。顾客和委托人在选择生意伙伴时也会对此做出判断。证券分析家、潜在的投资者、潜在的贷款者和供应商(尤其是以信用方式交易的供应商)也会做出判断。为了维持或改进组织的整体绩效,管理者应关心控制。生产率、效率、利润、员工士气、产量、适应性、稳定性以及员工的旷工率等毫无疑问都是衡量组织整体绩效的重要指标;但是,其中任何一个指标都不能单独衡量组织的整体绩效。组织绩效要通过下列三种基本方式之一进行评价。

1. 组织目标法

以组织最终实现目标的程度而不是以实现目标的手段来衡量其绩效。也就是说,只考虑终点时冲线的结果。在衡量时,是采用宣称的目标还是实际的目标?是采用短期的目标还是长期的目标?组织具有多重目标,那么这些目标如何按重要性进行排序?这些都是管理者不得不面对的问题。如果管理者敢于面对组织目标的内在复杂性,就可以获得评价组织的合理信息。

2. 系统方法

一个组织可以描述成这样一个实体,即获得输入、从事转换过程、产生输出的实体。从系统的角度来看,可以通过获得输入的能力、处理输入的能力、产生输出的能力和维持稳定与平衡的能力评价组织。输出产品或服务是目的,而获得输入和处理输入是手段。一个组织要想长期生存下去,必须保证拥有健康的状态和良好的适应能力。组织绩效评价的系统方法主要集中考虑那些对生存有影响的因素,即目标和手段。

系统方法所考虑的相关标准包括市场份额、收入稳定性、员工旷工率、资金周转率、研发费用增长情况、组织内部各部门的矛盾和冲突情况、员工的满意度以及内部交流的通畅程度等。值得注意的是,系统方法强调那些影响组织长期生存和兴旺发展的因素的重要性,而这些因素对短期行为可能并不特别重要。比如,研发费用是对未来的一种投资,管理层可以削减这部分费用,这样立即就会增加当期利润或减少当期损失,但这种行为将会影响到组织以后的生存能力。

系统方法的一个主要优点在于可以防止管理层用未来的成功换取眼前的利益;另一个优点是当组织的目标非常模糊或难以度量时,系统方法仍然是可行的。比如,公共部门的管理者采用"获得预算的增长能力"作为绩效衡量标准。也就是说,他们用输入标准替代输出标准。

3. 战略伙伴法

战略伙伴法假定一个有效的组织能够满足顾客群体的各种要求,并获得他们的支持,从而使组织得以持续地生存下去。

战略伙伴法可以应用于企业。比如,如果公司有很强的资金实力,就不必关心银行所采用的绩效标准。然而,如果公司有2亿元的银行贷款将于下一季度到期,管理者就会因不可能按期归还而不得不请求银行对这笔债务重新安排。毫无疑问,在这种情况下,银行用来衡量公司的绩效指标就值得重视。如果不这样做,就会威胁到公司的生存。因此,一个有效的组织必须能够成功地识别出关键伙伴——顾客、政府部门、金融机构、证券分析师、工会等,并满足他们的要求。值得注意的是使用战略伙伴法的前提条件。这里假定,一个组织面对来自有关利益集团的具有经常性和竞争性的要求。由于这些利益集团的重要性不同,组织的绩效取决于它识别出关键或战略伙伴的能力,以及满足他们对组织所提要求的能力。更进一步地,战略伙伴法假定管理者所追求的一组目标是对某些利益集团要求的一种反映,是从那些控制组织生存所需资源的利益集团中选择出来的。

  虽然战略伙伴法非常有意义,但管理者付诸行动并非易事。在实践中,将战略伙伴从广泛的环境中分离出来,本身就是一件非常困难的事。由于环境总是不断地变化,昨天对一个组织来说还是很关键的利益集团,今天可能就已经不是了。管理者采用战略伙伴法,可以大大降低忽略或严重伤害那些利益集团的可能性。这些利益集团对组织的运转有着重要的影响。如果管理层知道谁的支持对组织的健康发展是必需的,他们就可以更改目标重要程度的顺序,以反映他们与战略伙伴利益关系的变化。

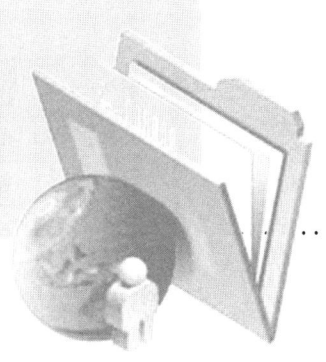

第八模块

管理的社会责任与道德

教学目标

知识目标

通过本章学习,学生应掌握:
- 社会责任的内涵
- 管理道德观
- 影响管理道德的因素
- 塑造道德行为的方法

技能目标

通过本章学习,学生应能够:
- 树立正确的管理价值观
- 运用管理方法改善管理的不道德行为
- 在管理过程中运用管理方法承担社会责任

素养目标

通过本章学习,学生应具备:
- 正确的管理价值观
- 诚实、正直的品质
- 强烈的社会责任感
- 为人民服务的意识

思维导图

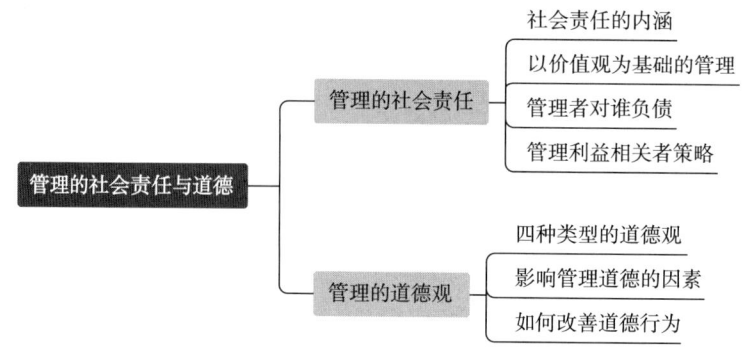

导入案例

品牌资产为何瞬间蒸发？到底"鹿"死谁手？

2008年6月28日，位于兰州市的中国人民解放军第一医院收治了首例患"肾结石"病症的婴幼儿，据家长们反映，孩子从出生起就一直食用河北石家庄三鹿集团生产的"三鹿"牌婴幼儿配方奶粉。7月中旬，甘肃省卫生厅接到医院婴儿泌尿结石病例报告后，随即展开调查，并报告卫生部。随后短短两个多月，该医院收治的患病婴幼儿就迅速扩大到14名。9月11日，除甘肃外，陕西、宁夏、湖南、湖北、山东、安徽、江西、江苏等地都有类似病例发生。

9月11日，卫生部提醒公众，立即停止食用"三鹿"牌婴幼儿配方奶粉，已食用该奶粉的婴幼儿如出现小便困难等异常症状要及时就诊。12日，三鹿集团公开发布产品召回公告，三鹿危机全面爆发。三个月后，三鹿集团宣布破产。

12月25日，河北省石家庄市政府举行新闻发布会，通报三鹿集团破产案处理情况。截至2008年10月31日，财务审计和资产评估结果显示，三鹿集团资产总额为15.61亿元，总负债为17.62亿元，净资产为-2.01亿元。12月19日，三鹿集团借款9.02亿元付给全国奶协，用于支付患病婴幼儿的治疗和赔偿费用。目前，三鹿集团净资产为-11.03亿元，已严重资不抵债。

从1956年只有32头奶牛和170只奶羊的幸福乳业合作社，发展成为一家大型奶业集团，三鹿用了五十多年时间。然而，从一个年销售收入上亿元的企业集团走向破产，三鹿却只用了不到一年时间。

三鹿是一家曾经辉煌的企业。中国品牌资产评价中心做过评定，"三鹿"品牌价值达149.07亿元。一个品牌价值将近150亿元的企业，怎么到了财务审计和资产评估时就突然蒸发了呢？别说价值150亿元，即便是价值15亿元，三鹿集团也用不着破产了。可事实的确是"三鹿"品牌资产瞬间没有了，三鹿集团死了。从表面上看是掺了三聚氰胺的婴幼儿配方奶粉导致三鹿集团的破产，背后的原因是什么呢？

问题思考

你认为品牌资产的基础到底是什么？三鹿集团到底死于谁手？

训练任务

1. 有人说承担社会责任是大企业的事,小企业由于处在发展阶段,可以不承担社会责任。你是否同意这种观点?
2. 请你根据企业的发展阶段和规模(小型企业、中型企业、大型企业),设计企业应承担的社会责任的内容和方式。

必备知识技能

第一单元　管理的社会责任

一、社会责任的内涵

关于企业的社会责任有许多说法,但最有代表性的观点有两种:按照古典的或纯经济学的观点,管理唯一的责任就是使利润最大化。古典经济观的代表人物是诺贝尔经济学奖获得者米尔顿·弗里德曼(Milton Friedman)。他认为,如果管理者将组织资源用于"社会产品",他们就是在削弱市场机制的基础,必须有人为此付出代价。如果社会责任行为降低了利润和股息,那么股东将遭受损失;如果必须降低工资和福利来补偿社会责任行为,那么员工将遭受损失;如果用提高价格来补偿社会责任,那么消费者将遭受损失;如果市场不接受更高的价格,销售额降低,那么企业将不能生存。

按照社会经济学的观点,企业社会责任是指在提高自身利润的同时,保护和增进整个社会的福利。美国管理学者哈罗德·孔茨和海因茨·韦里克(Heinz Weihrich)认为:公司的社会责任就是认真地考虑公司的一举一动对社会的影响。社会经济观的支持者认为,管理者应该关心长期的资本收益最大化。为了实现这一点,他们必须承担社会义务以及由此产生的成本。他们必须以不污染、不歧视、不从事欺骗性的广告宣传等方式保护社会福利,融入所在社区及资助慈善组织,从而在社会上塑造良好的形象。

到底应该赞成古典经济观还是社会经济观?他们似乎都有充分的理由(见表8-1)。

表8-1　赞成和反对社会责任的争论

赞成的理由	反对的理由
公众期望 公众的意见是支持企业同时追逐经济目标和社会目标	违反利润最大化原则 企业只有在追求经济利益时,才是在承担社会责任
长期利润 具有社会责任感的企业趋向于取得更稳固的长期利润	淡化使命 追求社会目标淡化了企业的基本使命,即经济的生产率

(续表)

赞成的理由	反对的理由
道德义务 企业应当承担社会责任,因为负责任的行为才是正确的事情	成本 许多社会责任活动都不能补偿其成本,必须有人为此买单
公众形象 企业通过追求社会目标可以树立良好的公众形象	权力过大 企业已经拥有大量的权力,追逐社会目标会使它们的权力更大
更好的氛围 企业的参与有助于解决社会难题,为员工创造更好的生活质量,增强企业凝聚力	缺乏技能 企业领导者的眼光和能力是经济导向的,缺乏处理社会问题的必要技能,商人可能不能胜任处理社会问题的角色
减少政府管制 企业社会责任感的加强会导致较少的政府管制	
股东利益 从长期来看,具有社会责任感将提高企业的股票价格	缺乏明确的责任 政治代表追求社会目标,企业代表追求经济目标,企业与公众之间没有社会责任的直接联系
资源占有 企业拥有支持公共项目和慈善事业的资源	

管理小故事

如果能手持利刃,则更应该心怀慈悲

一位年轻的影像科临床医生与他的团队成员用人工智能解决了一个超级医学难题。

在过去,胰腺癌被称为癌症之王,在传统的诊断方式下,医生无法发现发病的早期症状,一经发现往往就是晚期。

但是曹凯大夫与人工智能科学家合作,训练了一个大模型,仅仅使用胸部平扫CT(计算机断层扫描)就可以实现早期胰腺癌的诊断,且成本非常低、设备非常普及,筛查准确性非常高。

他们的研究论文还登上了国际顶尖医学期刊,这也是中国影像医学第一篇发表在《自然-医学》(Nature Medicine)杂志上的论文。

隋少龙曾是苹果、特斯拉的工程师。2018 年,他创办了一家公司,采用先进技术制造智能机器人。他的机器人针对一个应用场景——矿山用挖掘机。这个应用太有用了,解决了很多麻烦。

在内蒙古的矿山,原来师傅们每天上班,冬天零下二十几度,一钻进操作舱去握挖掘机的操纵杆,手都能粘在上面;夏天,驾驶室又是高温,又是暴晒,又是粉尘,还有蚊虫,条件很艰苦。而用了隋少龙的设备以后,师傅们可以坐进办公室远程操作了。冬天烤着暖气,夏天吹着空调,就把活儿给干了。不仅劳动条件改善了,劳动安全性也大幅提高。

一开始,隋少龙没能说服任何一个矿山的老板使用智能机器人。奇怪!新技术带来新效率,降本增效,你们当老板的不是唯利是图吗?这明摆着的钱怎么就不挣呢?

直到有一次,一个矿山的老板跟他交了底。他说:"隋总,往大了说,你是不知道,相对于矿山的整体收益,用新设备省下的这点人工真的不算啥。我们开矿山的真正提心吊胆的其实是安全问题。往小了说,你是不知道,我们这个镇就是围着矿山建的,我和这些老师傅都是两三代的交情。低头不见抬头见,我老婆还和他们的老婆一起跳广场舞,你让我怎么开除人?我要是敢这么干,今天晚上我家的窗玻璃就会被人砸了。"

他明白了,**与其琢磨怎么用技术取代人,不如想想怎么用技术支持人**。

都说手持利刃,杀心自起。但是,真正拥有一项划时代技术的人,只要他想推广应用这项技术,他就会发现,与其替代人,不如支持人,**如果能手持利刃,则更应该心怀慈悲**。

二、以价值观为基础的管理

以价值观为基础的管理是管理者建立、推行和实践组织共享价值观的一种管理方式。一个组织的价值观反映了组织赞同什么、信奉什么。共享的组织价值观构成了组织文化并影响组织的运营方式和员工的行为方式。

价值观作为被组织成员共同认可的信念,它会获得大家真挚的、忠诚的、一致的支持,在组织内部产生强大的凝聚力和激励作用,不断激发成员们的积极性、主动性和创造性。在价值观的引导下,组织成员在行为方式上达成共识,把组织凝聚为一个协调融洽、互相信任、高效有序的有机整体,为实现组织目标而共同努力。

IBM 原总裁小托马斯·沃森(Thomas Watson Jr)回顾在 IBM 的经历,在其著作《一个企业和它的信条》中写道:"分析任何一家存在了许多年的企业,我相信你都会发现它的适应性不是归功于组织形式或管理技巧,而是归功于我们称之为'信条'的力量及其产生的对员工的巨大凝聚力。最后我认为,为了面对世界变化所带来的挑战,企业要做好准备,调整除信条以外的任何东西,但对于这些信条则要始终如一地坚持。一个公司的基本生活观、精神活力和驱动力与它的成功有着更密切的关系。"

小资料

知名企业的价值观

中国石油化工集团有限公司(中石化)——"人本、责任、诚信、精细、创新、共赢"。

中国石油天然气集团有限公司(中石油)——"爱国、创业、求实、奉献"。

国家电网有限公司——"以客户为中心、专业专注、持续改善"。

中国建筑集团有限公司(中建)——"诚信、创新、超越、共赢"。

中国铁路工程集团有限公司(中铁)——"诚信创新永恒,精品人品同在"。

中国移动通信集团有限公司——"正德厚生、臻于至善",倡导诚信、责任、创新、卓越的企业文化。

中国航天科技集团有限公司——国家利益高于一切,科技创新引领未来。

中国船舶集团有限公司——尊重人才、崇尚创新、追求卓越、共建和谐。

华为技术有限公司——以客户为中心,以奋斗者为本,长期坚持艰苦奋斗,坚持自我批判。

海尔集团——人单合一,即"人人都是自己的CEO";颠覆传统管理模式,倡导员工与用户合一,实现各方价值最大化。

联想集团——成就客户、创业创新、精准求实、诚信正直。

格力电器——忠诚、友善、勤奋、进取,致力于自主创新,掌握核心技术。

(一) 共享价值观的作用

共享价值观的作用主要表现在四个方面。

1. 指导管理者的决策和行为

共享价值观的第一个作用是,为管理决策和行动充当指路牌。例如,Tom's of Maine公司是一家纯天然护肤品的生产商,公司的《信念宣言》(Statement of Beliefs)指导着管理者计划、组织、领导和控制组织的活动。公司八大信念之一写道:"我们相信不同的人给团队带来不同的才能和观点,而一个强大的团队赖以建立的基础正是各种各样的才能。"这一陈述向管理者表达了多样化的价值——观点的多样化、能力的多样化——并为管理员工团队提供了指导。

2. 塑造员工行为

共享价值观的另一个作用体现为对员工行为的塑造。例如海尔的价值观是创新,这种创新的价值观塑造着员工的行为,人人争相创新。海尔的小改小革造就了员工中的不少"名人",也给企业创造了巨大的效益。

3. 影响营销效果

共享价值观同样影响着市场营销的效果。例如,雅芳公司承诺向女性提供有关乳腺癌的教育。该公司就什么是女性最为关心的健康问题进行了调查,答案是乳腺癌,这促成了公司对这一教育计划的支持。公司在全球超过50万的销售人员通过在销售点发放小册子向女性介绍这种疾病的知识。乳腺癌防治运动的负责人说:"雅芳销售代表在诸如乳腺癌防治运动这样的重要活动中与顾客展开互动,无疑会改善顾客关系并促进销售。"雅芳找到了一种途径,这种途径将其业务与重要的社会问题相联系,并同时改善了营销效果。

📖 管理经典定律

帕累托最优原则

帕累托最优原则是由意大利经济学家维尔弗里多·帕累托(Vilfredo Pareto)提出的,来自帕累托在19世纪末和20世纪初对经济效率及福利分配的研究。他在1906年的著作《政治经济学手册》中首次阐述了这一概念。

帕累托最优原则是指一种资源配置状态,在这种状态下,没有任何人可以在不损害他人利益的情况下改善自己的处境。换句话说,帕累托最优意味着经济体已经实现最大的总体福利,不可能再有任何一方的利益增加而不损害其他方的利益。

在实际应用中,帕累托最优原则主要用于衡量社会福利和资源配置效率。例如,政策制定者在设计税收制度、公共物品供应和环境保护政策时,可以参考帕累托最优原则,力求在不损害一部分人的利益的前提下,最大限度地提高总体福利。

相关案例故事:

在一个小型办公室里,共有 5 名员工需要共享两台打印机和一台扫描仪。起初,办公室经理将设备分配如下:3 名员工使用一台打印机和扫描仪,另外 2 名员工使用另一台打印机。然而,这种分配方式导致工作效率下降,因为使用同一台打印机和扫描仪的 3 名员工经常需要等待设备空闲才能完成工作。

为了优化设备分配,办公室经理决定根据帕累托最优原则进行调整。他观察并记录了每个员工对打印机和扫描仪的需求量与频率。新的设备分配方案如下:2 名频繁使用打印机和扫描仪的员工使用一台打印机和扫描仪,剩下的 3 名员工共享一台打印机。

在这个新的设备分配方案下,虽然 2 名员工独占了设备,但由于他们对设备的需求较大,因此能够更高效地完成工作。同时,其他 3 名员工虽然要共享一台打印机,但由于他们的打印需求相对较小,因此等待的时间也相应减少。这个设备分配方案达到了帕累托最优状态,因为在不显著增加低需求员工等待时间的情况下,最大限度地提高了高需求员工的工作效率,整体上提升了办公室的工作效率。

4. 建立团队精神

共享价值观是在组织中建立团队精神的一种途径。当员工接受了公司价值观时,他们会对自己的工作更加投入,并且感到有义务对自己的行为负责。因为共享价值观影响着工作方法,员工会更热情地按照团队方式协作,从而支持他们坚信的价值观。

(二)建立共享价值观

管理者有责任建立企业的共享价值观,然而,建立企业的共享价值观不是一件容易的事,需要遵守以下原则:

(1)大家共同参与提炼企业价值观。
(2)价值观要正确反映企业长远目标。
(3)尽量与企业价值观相协调。
(4)尽量与社会主导价值观相适应。
(5)企业价值观与员工价值观协调。
(6)价值观的陈述简洁易懂。
(7)坚持不断地灌输并身体力行。

管理小故事

在 0.01 毫米厚的铝箔纸上刻字,让中国制造更具话语权!

在厚度只有 0.01 **毫米**的铝箔纸上,用普通的数控铣床加工出文字,稍有偏差,铝箔纸便会被穿透甚至破裂,薄、软、脆的材料,是世界公认的机械加工难题。

2001 年,秦世俊怀揣梦想,进入中国航空工业集团哈尔滨飞机工业集团有限责任公司,仅用四年时间,便成为公司最年轻的**数控铣工高级技师**。因担心自己是技校毕业生,在文凭上不如师哥、师姐,秦世俊从零开始学习数控技术。

在数控车间,秦世俊主要负责起落架和旋翼零部件的加工,这些也直接关系到产品的性能和驾驶员的安全,误差超过 0.01 毫米零件就要报废。0.01 毫米相当于人头发丝的 1/10,秦世俊常说:"精品与废品的距离只有 0.01 毫米。"

在一次任务中,某机型零件关键件——起落架系统配合面表面精度要求高,需保证表面粗糙度(Ra)在 0.4 微米(Ra0.4)以上。多年来,该类精度面加工方式基本采用镗削后再进行钳工研磨,费时、费力且质量稳定性较差。一旦遭遇危险,飞机就会出现断裂的情况。

秦世俊结合历史数据分析机床精度、加工参数、刀具,寻找最优工艺方案。一个月的时间,秦世俊经历了一千多次的失败。最终,他实现了镗削加工精度面表面粗糙度达到 Ra0.13—a0.18 的镜面级,**彻底解决了困扰行业多年的难题,创造了机械加工领域的奇迹,超越了理论极限值**,实现了零件一次交检合格率百分之百,加工效率提高近三倍。

秦世俊:我达到的这个极限,完全可以满足我目前的加工产品。但是我的方法可以推广到更多的航空航天高精产品的应用中。

二十多年来,秦世俊从一名普通岗位工人,成长为我国航空领域旋翼、起落架、数控加工零件制造的知名专家型技能人才和航空工业首席技能专家。

2014 年,以秦世俊领衔的高技能人才创新工作室成立,他带领团队取得了一次又一次技术性突破。他说,希望可以培养出更多的年轻人,**在航空装备上注入新鲜的血液,让我们的航空梦能早日实现,让中国的制造业在世界上更有话语权**。

2019 年国庆 70 周年阅兵,当自己参与研制的直升机飞过天安门广场的那一刻,秦世俊激动万分地说:"作为一名产业工人,没有什么能比此时此刻更能让我体会到职业的成就感和自豪感!"

资料来源:央视新闻 2023 年 3 月 2 日发表于北京。

思考:
- 从社会公民视角,我们可以主动参与并做好哪些事,同时也是在承担社会责任呢?
- 我们期待未来全情投入做什么以及创造怎样的社会成就呢?

三、管理者对谁负责

理解社会责任的关键问题是思考管理者应该对谁负责。古典主义者可能会说,只有股东或所有者才是管理者应该关心的人;革新主义者可能会认为,管理者应对任何受组织决策和行为影响的群体(利益相关者)负责。图8-1描绘了企业社会责任扩展的一个四阶段模型。作为一个管理者,在追求社会目标方面,你所做的一切取决于利益相关者。

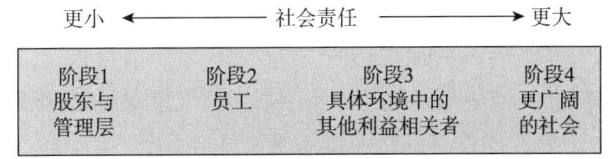

图8-1 管理者对谁负责

处于阶段1的管理者,将努力通过成本最小化和利润最大化来提高股东的利益。虽然必须遵守所有的法律法规,但是处于阶段1的管理者并未感到有义务满足其他社会需求。这与弗里德曼的社会责任古典观是一致的。

处于阶段2的管理者,将承认他们对员工的责任,并集中注意力于人力资源管理,因为他们希望招聘、保留和激励优秀的员工。处于阶段2的管理者将改善工作条件、扩大员工权利、增强工作保障等。

处于阶段3的管理者,将社会责任扩展到具体环境中的其他利益相关者,如顾客、供应商、竞争者等。处于阶段3的管理者的社会责任目标包括公平的价格、高质量的产品和服务、安全的产品、良好的供应商关系以及类似的举措。他们的哲学是,只有满足具体环境中其他利益相关者的需求,才能实现他们对股东的责任承诺。

处于阶段4的管理者,感到他们对社会整体都负有责任。他们经营的事业被视为公众财产,他们对增进公众利益负有责任。承担这样的责任意味着管理者积极促进社会公正、保护环境、支持社会活动和文化活动。即使这样的活动对利润产生消极的影响,他们的态度也不改变。

每前进一个阶段,都意味着管理者自主裁量程度的提高。当沿着图8-1的方向向右端移动时,管理者必须做出更多的判断。这里没有简单的非此即彼的对错界线帮助管理者进行社会责任决策。显然,管理者有遵守他们所在国家和地区的法律及创造利润的责任。但是,除此之外,管理者要识别自认为对其负有责任的人们。通过关注利益相关者及其对组织的期望,管理者能够降低自己忽视关键问题的可能性,也能够做出更负责任的选择。

管理经典定律

蝴蝶效应

蝴蝶效应是指在一个复杂的动态系统中,初始条件下微小的变化经过一系列连锁反应可能导致系统的巨大波动。这个概念最初由美国气象学家爱德华·洛伦茨(Edward Lorenz)在1963年的一次演讲中提出。当时,他在研究天气模型时发现了一个非常敏感的现象,一个小数点后的微小误差最终可能导致天气预测结果的巨大差异。于是他用"蝴蝶效应"来形容这种现象,即亚马孙河流域的一只蝴蝶轻轻扇动翅膀,可能在两周后引发美国中部的龙卷风。

在管理领域,蝴蝶效应提醒我们要注意细节,因为任何一个看似微不足道的改变都可能引发意想不到的结果。因此,管理者需要对组织内的所有活动保持高度敏感,及时发现并纠正潜在问题,以防止小问题升级为大问题。

相关案例故事:

在美国汽车制造行业,曾经有一个知名的汽车品牌,在推出一款新车时,因为忽略了产品的一个小细节,最终导致了一场灾难性的召回事件。

这款新车的设计非常出色,且性能优越、外观时尚,受到消费者的热烈欢迎。然而,在生产过程中,供应商提供的一个小零件的质量未能达到预期标准。这个零件很小,而且在整体车辆运行中的作用看起来并不显眼,所以管理层并未对此引起足够的重视。

然而,随着时间的推移,这个小零件的质量问题逐渐显现出来,导致部分车辆出现故障。起初,只是零星的故障报告,并没有引起太多的关注。然而,随着问题车辆的数量逐渐增加,消费者开始抱怨,媒体也开始报道此事。

最终,该公司不得不宣布大规模召回问题车辆,这不仅造成了大量的经济损失,而且严重损害了公司的品牌形象和消费者信任。这场危机原本是可以避免的,如果当初管理层在产品质量把控方面能够更加严格,就不会有后来的灾难性后果。

这就是一个典型蝴蝶效应的例子,一个小小的质量疏漏最终引发了重大的商业危机。这也提醒管理者们,无论多么微不足道的问题都不能掉以轻心,因为任何一个细节都可能成为引发更大问题的导火索。

四、管理利益相关者策略

1. 对抗策略

如果管理者认为利益相关者的目标会威胁企业的业绩,则可以采取对抗策略来应对,包括起诉、调动公共关系和游说反对立法等。在一些国家,很多年来,烟草公司一直采取对抗策略应对指责它们的人。管理者应该慎重使用对抗策略,长期对抗可能会给企业树立负面形象。

2. 损失控制策略

当企业认为错误已经铸成,希望提升公众形象、改善与利益相关者的关系时,经常会使用损失控制策略。如1984年,当毒气泄漏造成印度博帕尔地区2 000多人死亡和20多万人严重受伤后,美国联合碳化物公司和印度政府一起制订了处理方案,将4.7亿美元赔偿金分发给受害者及其家属。

3. 顺从策略

管理者在受到利益相关者施加的压力之后,决定使自己的商业决策更具社会责任,就会采取顺从策略。在长期被环保主义团体攻击之后,麦当劳采取了顺从策略,把塑料泡沫包装袋更换为对环境破坏较小的纸袋。

4. 主动策略

当一家企业决定超出利益相关者的期望时,将选择主动策略。积极主动的企业会与利益相关者形成伙伴关系,并且密切合作。这种伙伴关系加强了管理者对利益相关者的预见和控制能力,减少了危机的发生。

图8-2显示了企业采用不同策略承担的社会责任承诺。对抗策略和损失控制策略对社会责任的承诺较低,而顺从策略和主动策略对社会责任的承诺较高。

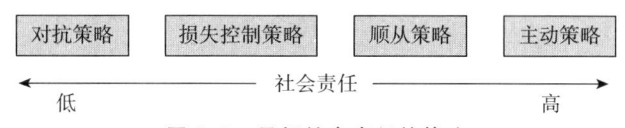

图8-2 承担社会责任的策略

管理小故事

利他是最好的利己

某个有一定规模的电商平台的管理层深刻地认识到,作为连接城乡、农产品与消费者的重要桥梁,平台肩负着推动农业产业可持续发展、助力乡村振兴的重大社会责任。

(1)农产品标准化:与全国各地的农产品供应商深度合作,提供种植、养殖、加工等方面的标准化指导,提升农产品质量,确保食品安全,满足消费者对高品质农产品的需求,同时帮助农户提升产值,增加收入。

(2)销售渠道拓展:通过电商平台的影响力和流量优势,为农产品供应商开辟广阔的线上销售渠道,打破地域限制,解决农产品销售难的问题,让更多优质的农产品走向全国市场,增加农户销售渠道和收入来源。

(3)技术赋能:平台引入现代农业科技,如物联网、大数据等,帮助农产品供应商实现精准种植、智能管理,降低成本,提高效率;同时,还提供在线培训和咨询服务,帮助农户提升科技素养,跟上时代步伐。

(4)社区责任:主动承担社会责任,设立专项基金支持贫困地区产业发展,举办扶贫助农活动,通过直播带货、众筹预售等多种方式帮助贫困地区的农产品打开销路,助力农民脱贫致富。

通过以上策略的实施,该电商平台不仅实现了自身的商业成功,还成功地将社会责任理念贯穿于企业运营全过程,与农产品供应商形成了共享价值、共创未来的良性合作关系,为我国农业现代化进程和乡村振兴战略贡献了力量。

第二单元 管理的道德观

道德是指规定行为是非的规则和原则,管理道德则是为员工和管理者的行为与决策所制定的标准或原则。管理者制定的许多决策要求他们考虑谁会受到其结果和过程的影响。

一、四种类型的道德观

管理道德很难有统一的标准,它与价值观存在密切关系。为了更好地理解管理道德所涉及的复杂问题，我们将考察四种不同的道德观（见图8-3）。

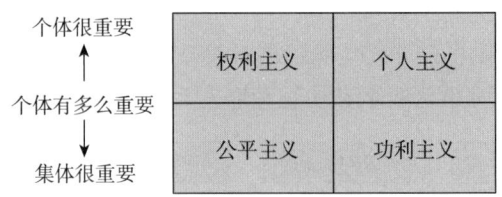

图 8-3　四种不同的道德观

1. 功利主义

功利主义是指完全按照结果或后果制定道德决策。功利主义强调决策应该以绝大多数人的利益为基础。按照功利主义的观点，一个管理者或许认为，解雇20%的工人是合理的，因为这将增加工厂的利润，提高留下的80%的工人的工作保障，并使股东获得最佳收益。功利主义鼓励效率和生产力，并符合利润最大化目标。但是，功利主义可能使少数利益相关者的权利被忽视。

2. 个人主义

在个人主义的基础上制定道德决策的人认为，应该在不伤害他人的前提下，努力提高个人利益。18世纪，亚当·斯密（Adam Smith）第一次阐述了资本主义原理，把个人主义作为商业决策的基础正是从这一原理中衍生出来的。斯密在《国富论》中写到，市场应该是自由的，应该是所有交易的基础。说谎和其他不道德的行为都应该受到惩罚，因为与有道德的公司做生意符合人们自身的利益，与说谎者和骗子做生意则相反。

3. 权利主义

权利主义关注尊重以及保护个人自由和特权，包括隐私权、思想自由、言论自由、生命与安全以及法律规定的各种权利。例如，当员工告发企业主违法时，应当保护员工言论自由的权利。权利主义的积极一面是它保护个人的基本权利，但它在组织中也有消极一面：它能够造成一种关注保护个人权利胜过把工作做好的工作气氛，而阻碍生产力和效率的提高。

4. 公平主义

公平主义要求管理者公平、公正地贯彻和加强规则，并在此过程中遵守所有的法律法规。管理者可能会应用公平主义理论来决定给那些在技能、绩效或职责方面处于相似水平的员工支付同等级别的薪水，其决策的基础并不是性别、个性、种族或个人爱好等似是而非的差异。公平主义比其他道德观更加灵活，因为它承认公平的定义会随着决策人而变化。例如，有管理者认为，给所有员工增加相同的工资是公平的，而且有利于团结；而多数管理者认为，根据个人的业绩发放奖金是公平的，因为奖励的基础应该是员工对利润所做的贡献。

比较上述四种不同的道德观，按照它们的经济自由度和对个体的重视程度进行分类。个人主义表现为高度关注个体和高度的经济自由，公平主义表现为高度重视集体和财富的平均分配;类似地,权利主义表现为高度关注个体和财富的平均分配,而功利主义表现为高度关注集体和高度的经济自由。

📝 管理小故事

暖心暗号:6号餐

一碗胡辣汤,一个白吉馍。这两样,在陕西西安太元路一家餐厅被叫作"六号餐",也是餐厅店长熊文成特地为一些顾客设置的"暗号":"有困难的人,对我们说'来一份六号餐',我们就会直接给他们出餐。"

三年前,熊文成在店门口挂出牌子,上面写道:如果您在西安遇到困难,没有收入,您尽管进店,告诉工作人员来份六号餐,吃好直接走就可以,不必客气。因为西安是一座温暖有爱的城市,也希望您以后有能力的时候,记得帮助身边需要的人,将这份温暖传递下去。

三年了,熊文成这份承诺从未改变。胡辣汤加白吉馍,最简单的一餐,成为一个暖融融的"暗号",焐暖了那些暂处低谷的人们。

来店里就餐的消费者说,店家这份"六号餐"不但让处在困境中的人享受到一份免费餐,还让人感受到店家的关心和尊重,"这既保护了个人的自尊,又提供了正能量"。

不仅如此,这家餐厅还挂着一个"太元路环卫工人爱心驿站"的牌子。从2015年开始,餐厅每天给附近的环卫工人提供免费早餐,时间从早上6点50分到7点30分。

一位顾客算了下"六号餐"的成本,连连感慨:"一碗胡辣汤8元,就算20个人也要160元,一个月多少钱?一年多少钱?这都坚持多少年了,着实不容易。"

对此,熊文成说,每个人都会遇到困难,当你被人拽出低谷要记得感恩,伸手拽出其他陷入低谷的人。"我们是在困难的时候被别人帮助过来的,所以在目前现有能力的条件下,我们也要帮助一下需要帮助的人。"

一份套餐,暖胃又暖心,为这份爱心点赞!

资料来源:《人民日报》2023年12月18日发表于北京。

思考:
- 你心目中有魅力的管理者或创业者是什么样的?
- 我们可以发挥专业优势为身边的人提供哪些力所能及的服务?

二、影响管理道德的因素

一个管理者的行为是否合乎道德,是管理者道德发展阶段与个人特征、组织结构设计、组织文化和问题强度等之间复杂的相互作用的结果(见图8-4)。缺乏道德感的人,如果受到道德规则、政策、职务说明或强文化准则的约束,做错事的可能性就会小很多;相反,非常有道德的人,也可以被一个组织的结构和允许或鼓励不道德行为的文化腐蚀。

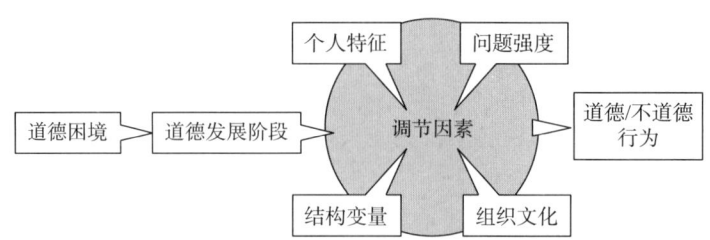

图 8-4　影响道德和不道德行为的因素

1. 道德发展阶段

研究表明,道德发展存在三个水平,每一个水平包含两个阶段。在每一个相继的阶段上,个人道德判断变得越来越不依赖外界的影响。这三个水平和六个阶段如表 8-2 所示。

表 8-2　道德发展阶段

水平	阶段描述
前习俗	（1）严格遵守规则以避免物质惩罚 （2）仅当符合自身直接利益时遵守规则
习俗	（3）做你周围的人所期望的事情 （4）通过履行你所赞同的义务来维护传统秩序
原则	（5）尊重他人的权利,支持不相关的价值观和权利,不管是否符合大多数人的意见 （6）遵循自己选择的道德原则,即使违背法律

第一个水平称为前习俗水平。在这个水平上,一个人的是非选择建立在物质惩罚、报酬或互相帮助等个人后果的基础上。当道德演进到习俗水平时,道德价值存在于维护传统的秩序以及不辜负他人的期望之中。在原则水平上,个人付出明确的努力,摆脱所属的群体或一般社会的权威,确定自己的道德原则。

2. 个人特征

进入组织的每一个人都有一套相对稳定的价值观。价值观是个人早年从父母、老师、朋友或其他人那里发展起来的,是关于何为正确、何为错误的基本信条。同一组织中的管理者常常有着明显不同的个人价值观。虽然价值观和道德发展阶段可能看起来相似,但它们是不一样的。价值观的范围广,覆盖的问题领域宽;而道德发展阶段是专门衡量道德观在外界影响下的独立性的尺度。

3. 结构变量

组织结构设计有助于形成管理者的道德行为。有些结构提供了强有力的指导,而另一些结构却只是给管理者制造困惑。结构设计如果能够使模糊性和不确定性最小,并不断提醒管理者什么是道德的,就更有可能促进道德行为的发生。正式的规章制度可以降低模糊性。职务说明和明文规定这类道德准则的正式指导可以促进行为的一致性。研究表明,上级的行为对个人在道德行为或不道德行为的抉择上具有强有力的影响。绩效评估系统也会影响道德行为,如果仅以成果评价管理者,他们就可能迫于压力而"不择手段"地追求成果指标。此外,不同的结构在时间、竞争、成本及施加给员工的类似压力上也是不同的。压力越大,管理者就越有可能在道德标准上妥协。

4. 组织文化

组织文化的内容和力量也会影响道德行为。最有可能形成高道德标准的组织文化是一种高风险承受力、高度控制,并对冲突高度宽容的文化。处在这种文化中的管理者,将被鼓励进取和创新,将意识到不道德行为会被揭露,并对他们认为不现实或不理想的期望自由地公开提出挑战。强文化比弱文化对管理者的影响更大。如果文化的力量很强并且支持高道德标准,它就会对管理者在道德行为与不道德行为之间的抉择产生非常强烈和积极的影响。

5. 问题强度

一个从未想过闯入老师办公室偷看一份会计学考试试卷的学生,也不会向上学期参加同一位老师的同一会计学课程考试的朋友打听上学期的考题是什么。类似地,一个管理者如果认为拿一些办公用品回家不算什么的话,他就很有可能会卷入贪污公款的事件中。这些例子描述了影响管理者道德行为的最后一个因素:道德问题本身的强度。如图8-5所示,问题强度的决定因素是危害的严重性、对不道德的舆论、危害的可能性、后果的直接性、与受害者的接近程度以及影响的集中性。这些因素决定了道德问题对个人的重要程度。根据这些原则,受到伤害的人越多,认为某种行为不可取的舆论越强,该行为造成危害的可能性越大,人们越能够直接地感受到行为后果,观察者感觉与受害者越接近,该行为对受害者的影响越集中,问题强度就越大。当一个道德问题很重要时——问题强度比较大,我们就更有理由期望管理者采取道德的行为。

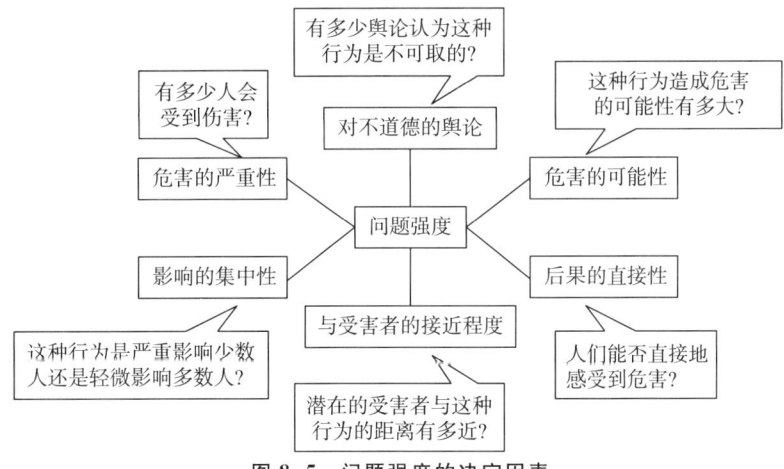

图8-5 问题强度的决定因素

三、如何改善道德行为

管理者想要减少组织中的不道德行为,可以采取以下做法:

1. 挑选优秀的员工

每个人由于生活的环境、所接受的教育等不同,从而形成了不同的价值观念和道德准则,这些不同的观念和准则会被带到工作中,因此会有与企业的价值观念相适应或相冲突的地方。企业在招聘人才时,可以挑选那些认同本企业价值观的员工,把那些不认同本企业价值观的求职者淘汰。从某种程度上讲,"有德有才是正品,有德无才是次品,无德无才是废品,有才无德是毒品"。现在很多企业在录用人才时,道德标准占了很大的比重,因为一个有不良道德记录的人是很难改变自身态度的,"江山易改,本性难移"就是这个道理。

2. 制定道德准则

员工可能会对道德是非问题感到迷惑。道德准则是表明一个组织期望员工遵守的基本价值观和道德规则的正式文件。道德准则是减少迷惑的一种流行做法。例如,《财富》世界500强企业中,有将近95%的企业都有自己的行为准则。从全球范围来看,道德准则日益流行起来。对22个国家的企业组织进行的一项调查发现,78%的企业已经正式颁布了道德准则。

斯蒂芬·罗宾斯(Stephen Robbins)认为:"一方面,道德准则要具体,以向员工表明他们以什么样的精神状态工作;另一方面,道德准则要尽量宽松,允许员工有判断的自由。"大多数道德准则包括三个方面的内容:①做一个可靠的组织公民;②不做任何损害组织的不合法或不恰当的事情;③为顾客着想。

3. 高层管理者发挥作用

要使组织的道德准则得到员工的认同与有效执行,组织的高层管理者要发挥作用。其一,高层管理者要以身作则。在言行方面,他们要起到模范作用,员工的眼睛都在看着他们,因此作为组织的管理者要身体力行。如果高层管理者把组织资源据为己有、虚报支出项目或优待好友,则会导致上行下效,即俗话说的"上梁不正下梁歪"。其二,高层领导者可以通过奖惩机制来影响员工的道德行为。管理者对为组织做出贡献的员工给予奖励,这种行为本身向所有员工表明它是道德的。管理者在发现错误行为时,不仅要严惩当事人,而且要把事实公之于众,让组织中的所有人都认清后果。这就传递了这样的信息:"做错事要付出代价。"

4. 明确工作目标和实施绩效评估

员工应该有明确的和现实的工作目标。如果组织对员工的要求是不现实的,那么即使是明确的工作目标也可能引起道德问题。在不现实目标的压力下,即使讲道德的员工也会"不择手段"。如果目标是清楚的、现实的,就会减少员工的迷惑并使他们受到激励而不是惩罚。

通常绩效评估中的一个关键问题是个人能否实现工作目标。但我们应当谨记,当绩效评估只关注经济目标时,结果就会使手段合理化。如果一个组织希望员工保持较高的道德标准,它就必须在绩效评估过程中包括这方面的内容。例如,管理者的年度评价不仅应包括目标的实现程度,还应评估他的决策在多大程度上符合组织的道德准则。

5. 加强道德培训

现在,越来越多的组织意识到,对员工进行适当的道德培训是非常重要的。于是,组织积极采取各种方式,如开设培训班、组织专题讨论会等,来提高员工的道德素质。道德培训使企业道德得以转化为员工的内在品质,是企业管理实践发生作用的重要环节。道德研究人员估计,超过40%的美国公司提供了某种类型的道德培训。在日本企业界,员工的道德培训始终与企业命运紧密地结合在一起。许多企业悬挂着"道德进入企业,心灵进入工作场所""在企业中要有伦理,在职业上要有心"的口号,以"明朗、爱和、喜劳"为中心内容普遍开展道德培训,启迪和净化员工的心灵。企业道德培训的内容包括企业价值观、责任观和良心观等。

6. 实施全方位监督

一种重要的制止不道德行为的因素是害怕被抓住的心理。企业作为社会成员,其行为也必然处于社会的监督之下。对企业的监督应是全方位的,可以从法律监督、环境监督和自我监督三个方面来考虑。首先,以法律监督为手段促进道德建设,可以提高道德的权威性。道德固然以扬善为基本特征,但惩恶也是不可缺少的一个方面。其次,环境监督是检验企业是否履行道德义务的一种必不可少的手段。媒体监督、人际监督和第三方组织监督可以时时督促企业弃恶从善,加速道德风气的改善。最后,道德行为最终要靠具体的行为个体来完成,如果个体的道德行为是在监督和强迫之下完成的,就算不上真正的道德行为,毕竟"道德的基础是人类精神的自律"。

📝 管理小故事

上海"染色馒头"生产企业5人被刑拘

2011年4月13日,上海市质量技术监督局吊销了生产"染色馒头"的上海盛禄食品有限公司分公司的食品生产许可证,公司法人代表等5名犯罪嫌疑人被公安部门依法刑事拘留。

据了解,执法人员4月11、12日现场抽取了上海盛禄食品有限公司分公司生产的高庄馒头等成品和原料共19个批次。经检测,其中4个批次成品中检出"柠檬黄";2个批次成品中的甜蜜素含量超标。13日,上海市质量技术监督局依法吊销了上海盛禄食品有限公司分公司的食品生产许可证。

上海公安部门对涉嫌犯有生产、销售伪劣产品罪的上海盛禄食品有限公司分公司法人代表叶维禄、销售经理徐剑明等5人依法刑事传唤。经审查,这5名犯罪嫌疑人分别交代了自2011年1月以来,企业违法生产、销售掺有违禁添加剂"柠檬黄"的"染色馒头"83 716袋,共计334 864只,价值20余万元。公安部门依法对5名犯罪嫌疑人予以刑事拘留。

上海市政府联合调查组表示将进一步查明事实真相,做好问题产品的下架召回工作,严肃惩处涉案单位和个人,同时举一反三,建立行之有效的食品安全工作机制。

7. 建立正式的保护机制

组织应建立正式的保护机制,以保护那些处于道德困境的员工能按照自己的判断行事而不必担心受到惩罚。组织可以设立道德咨询员,当员工面对道德困境时,能够向咨询员寻求指导。道德咨询员的角色就是一块共鸣板,一个让员工开口唠叨自己的道德问题及其起因并发表意见的渠道。当各种选择明确后,咨询员可以扮演促成"正确"选择的倡议者的角色。还有一些组织任命了道德官员,由他们设计、指导和修改组织所需的道德规划。此外,组织可以设立专门的申诉程序,使员工能够放心地利用它提出道德问题,或对践踏道德准则者鸣笛示警。

能力综合训练

◆ 能力测评

测评 1　你的道德信念是什么?

如实回答以下问题,在1—5中最能代表你对商业看法的选项上画圈。

	强烈反对			非常同意	
1. 财务收益是企业最重要的东西。	1	2	3	4	5
2. 道德标准有时必须向商业现实妥协。	1	2	3	4	5
3. 在财务上越成功的商人,在行为上越缺乏道德。	1	2	3	4	5
4. 道德价值观和商业无关。	1	2	3	4	5
5. 商业世界有自己的规则。	1	2	3	4	5
6. 商人只关心获取利润。	1	2	3	4	5
7. 商业就像一场游戏——目的就是获胜。	1	2	3	4	5
8. 在企业中,人们会为了自己的利益做任何事。	1	2	3	4	5
9. 竞争迫使企业管理者采取一些不光彩的手段。	1	2	3	4	5
10. 利润动机迫使企业管理者在道德上做出让步。	1	2	3	4	5

计分方式:

汇总所有得分。你的分数越高,说明你越不信任道德的商业行为。思考你选择各个选项的原因,准备在班级里讨论。

测评 2　你的行为合乎道德吗?

对下列各题,请选择一个最能表达你的想法或做法的答案。

1. 你听说某航空公司的一名经理让员工们乘坐头等舱,虽然他们只支付经济舱的价钱。这名经理提出将你也列入人员名单,由此你也可以获得同等优惠。你如何回答?

(a) 这叫买卖公平,我曾介绍给这家航空公司许多生意。

(b) 这件事迟早会被人知道的,我不想被牵连进去。

(c) 我很感激经理的好意但婉言谢绝。

(d) 这是一桩好事,我会尽量享用这种优惠。为什么不呢?

2. 一名同事告诉你,公司允许一种次品出售,并声称顾客永远不会知道。对下列几种反应你同意哪一种?

（a）我要把事情嚷出去,向有关部门告发公司。这种做法很危险,也不道德。

（b）我不愿拿我的工作去冒险,顾客迟早会发现。

（c）我将给上司写封匿名信,指出这是不道德的。

（d）我将告诉他们,产品的瑕疵很容易除去,而无须公司破费很多。

3. 一家维生素公司的经理告诉你,许多维生素都极有价值,但也有一些毫无价值。你将对他说什么呢?

（a）收集专家的意见,将之呈报公司领导。

（b）给报纸写封匿名信,以解脱自己的负罪感。

（c）努力说服公司只卖"好"的维生素,将无用的产品抛弃,并将这些写进广告。

（d）如果顾客容易上当,那也没办法。为什么你要站出来没事找事?

4. 一名销售员提出,如果你推荐某款产品,那么私下里可以付你一笔佣金。该产品质量很好,因此推荐了也不会有害。对此你最可能做出什么反应?

（a）这是司空见惯的做生意形式,我为什么不努力去做?

（b）我喜欢将我知道的有关产品的情况向人介绍,顾客常常对产品的技术性能不了解。

（c）我拒绝任何贿赂来推销某款产品。

（d）根据竞争的情况,我向顾客提出给予合法的折扣。

5. 你的公司有财务困难,如果被人知道就会极大地影响公司股票的价格。大多数管理者将会怎么办?

（a）发表一项声明,说因为销量增加,正在谈判借入新贷款来支付增加的生产费用。

（b）解释这仅仅是簿记出了问题。

（c）宣布几样新产品即将问世,借此提高股票价格,再卖出一些股票来获得利润。

（d）承认部分事实,但解释这是生产计划方面的暂时性失误。

得分和评价:

1. (a) = 2　　(b) = 4　　(c) = 3　　(d) = 1
2. (a) = 4　　(b) = 1　　(c) = 2　　(d) = 3
3. (a) = 4　　(b) = 3　　(c) = 2　　(d) = 1
4. (a) = 1　　(b) = 2　　(c) = 4　　(d) = 3
5. (a) = 3　　(b) = 2　　(c) = 1　　(d) = 4

根据上述答案所给的分数计算出你的得分。最高为 20 分,最低为 5 分。

如果你的得分在 16—20 分,则表明你对我们和自己都说了实话,在业务往来中你或你的下属都是很讲道德的。

如果你的得分在 11—15 分,则表明你认为在许多情况下,你的同事将会毫不犹豫地做不道德的事。

如果你的得分在 5—10 分,则表明你的同事和你道德感很差,需要思考一下自己的行为了。

测评 3　你对未来的态度如何?

未来是可怕的——就像一个黑洞,只在外面开了一扇门。在未来,世界是否会变得更好?生意情况怎样?什么样的新产品能存在于世?哪种工业将衰亡?对于管理者来说,掌握一些"未来学"知识肯定是必要的。

对下列各题,请选择一个最能表达你的想法或做法的答案。

1. 你读了罗马俱乐部写的一份报告。报告预测,世界将变得人口过剩、环境污染、罪犯横行,一切都会自动化。我们今天所了解的人性将被残忍取代。你怎样评价这种预测?

(a) 总的来说太夸张了。

(b) 相当可能。

(c) 讲得很对。

(d) 预测者喜欢耸人听闻——事情不会那么糟。

2. 20 年后世界将是什么样子?

(a) 我希望我还活在世上。奇迹将会发生,许多疾病将被消灭,将有更多的娱乐时间和生物工程项目;没有饥饿,没有战争,没有导弹;等等。

(b) 世界将被核战争毁灭。假如不是这样,人口就会过剩,自然界将被毁坏,特大城市将占据世界的很大一部分地区。

(c) 一切都将和现在差不多,但我们将学习使用先进的科学技术来控制许多问题;全世界将扫除文盲;民粹主义将名存实亡,所以不会发生核战争。

3. 当今世界怎样演化?

(a) 螺旋下降　(b) 曲折前进　(c) 直线上升　(d) 曲线下降

4. 未来世界将怎样演化?

(a) 螺旋下降　(b) 曲折前进　(c) 直线上升　(d) 曲线下降

5. 下列哪种预测将在未来实现?

(a) 人们将吞服压缩蔬菜丸、肉丸、茶或咖啡片。

(b) 个性将得到更多的体现。大众市场商品将减少,能满足不同心理和社会需求的市场商品将增加。

(c) 一般人将能够为娱乐或探索而经常进行星际旅行。

(d) 一些城市将因污染严重、交通阻塞而垮掉,最终不得不被遗弃。

6. 在未来,生活方式、道德和政治都将发生变化。下列哪种预测最可能实现?

(a) 人们将每周工作 4 天甚至 3 天,可以有更多的娱乐时间。

(b) 婚姻将成为个人的事,不受任何法律或宗教条款的束缚。

(c) 在大公司内部管理层级将减少。

（d）对员工的选择将更重视其心理倾向而非能力。

7. 从现在起的10年后，世界市场和世界经济将是什么样子？

（a）新的思想理论将会带来新的市场和更多的娱乐时间。

（b）通货膨胀加剧，高利率。

（c）人工智能的应用带来了更高的失业率。

（d）更多的限制、政府控制及贸易壁垒。

8. 作为下属人员或管理者，人们将发生哪些变化？

（a）公司将分裂为许多自给自足的小单位，只有综合服务行业（例如会计、法律及广告业）才会集中。

（b）工会将变得更有力量，实际上将要求参加公司管理。

（c）人们将做更少的工作，生产能力将进一步下降。

（d）美国将在革新和生产力方面重新领先，但将和其他国家分享这一领先地位。

9. 在未来，在政治和军事方面谁将领先？

（a）超级大国中的一个将通过敲诈使对手满意，或通过军事战争来统治世界。

（b）共产主义哲学和资本主义哲学将结合成一体，它们将不再发生冲突，双方都只进行修正和妥协。

（c）世界和平将会实现，我们将能自由地在世界上往来，而无须担心政治力量和军事威力。

得分和评价：

1. （a）= 4　　（b）= 3　　（c）= 1　　（d）= 2
2. （a）= 3　　（b）= 1　　（c）= 2
3. （a）= 2　　（b）= 3　　（c）= 4　　（d）= 1
4. （a）= 2　　（b）= 3　　（c）= 4　　（d）= 1
5. （a）= 2　　（b）= 3　　（c）= 4　　（d）= 1
6. （a）= 4　　（b）= 2　　（c）= 1　　（d）= 3
7. （a）= 4　　（b）= 2　　（c）= 1　　（d）= 3
8. （a）= 4　　（b）= 2　　（c）= 1　　（d）= 3
9. （a）= 1　　（b）= 2　　（c）= 3

根据上述答案所给的分数计算出你的得分。最高为34分，最低为9分。

如果你的得分在27—34分，则表明你对未来持积极的态度。你相信世界不会在其接合处裂为碎片。这种态度对管理者至关重要，因为他必须筹划未来。

如果你的得分在21—26分，则表明你是一个未来主义者，尽管你对未来10—20年的某些领域还没有明确的看法，并且抱有某些疑虑。

如果你的得分在14—20分，则表明你对世界未来的趋向不确定。

如果你的得分在9—13分，则表明你是一个悲观主义者。

测评4 道德决策

假设你是一家拥有 1 000 人的公司的中层管理者,对下面 5 个情境你会做出什么反应?

1. 一名关系密切的助手请你在即将签署的合同上帮他说好话,并付给你一笔可观的报酬作为对你所花费的时间和辛苦的回报。你会接受这笔钱吗?

2. 你有机会从公司中窃取 10 万元,并且有绝对的把握不会被发现,你会怎么做?

3. 公司对吃饭时间在外视察的补偿政策是:用现金支付花费,每天不超过 30 元;不需要提供发票,你说多少公司就补给多少。当你视察工作时,一般只吃一些快餐食物,每天花费基本不多于 50 元;你的同事提出的补偿要求大多是每天 100—120 元,而不管他们实际花费了多少。你对吃饭补偿的要求是多少?

4. 你享有使用部门办公用品的权利,即使你拿走一些供个人使用也没有人知道。你的孩子下周要回学校,你是否会从办公室拿一些钢笔、铅笔、书写卡片之类的东西给孩子用?

5. 你发现你最要好的朋友在工作中挪用了公司的一大笔钱,你将怎么办?
(1) 什么都不说。
(2) 不与这个人交谈就直接报告管理人员。
(3) 在采取行动之前先与这个人对质。
(4) 与这个人接触以说服他归还这笔钱。

本测评不设得分及评分标准,请你就问题与同学讨论交流。

◆ 习题训练

1. 共享价值观有哪些作用?
2. 如何改善管理的不道德行为?
3. 请你勾画一个有社会责任和管理道德的企业应该是什么样的。

◆ 案例分析

南京冠生园事件

一、良心的"霉变"

通过央视 2001 年 9 月 3 日的节目,观众"有幸"看到以下画面:卖不出去的月饼拉回厂里,刮皮去馅、搅拌、炒制入库冷藏,来年重新出库解冻搅拌,再送上月饼生产线年年出炉新月饼,周而复始陈年馅料。在月饼生产企业(特别是中小企业)中,这是一个公开的秘密。据从事质量监督工作的人后来说,对厂家的此等下作之事早就见怪不怪,央视的报道还能让他感到震惊,无非是因为此回的坑人者竟是南京冠生园。

冠生园是一家百年老字号,素以童叟无欺、货真价实为经商理念。它原本生产的各类食品、糕点不但享誉中华,而且在整个东南亚都很有口碑。

事件发生后,南京广东路的一条小巷里,冠生园厂区已经人去楼空。小巷居民也是一声叹息:"效益好的时候,提货的车一辆接一辆。如今,说败也就这么败了。"

曝光之后,不只是月饼,其他产品如元宵、糕点等也销不动了。冠生园向法院提出破产申请的理由是"经营不善,管理混乱,资不抵债"。

使用陈年馅料做月饼的隐情被揭露后,冠生园受到巨大的市场冲击。工商部门进厂调查,卫生防疫部门再三检测,"南冠"月饼在全国范围内被撤柜。南京分布最广的连锁商业零售企业——苏果超市的营销人员介绍说,虽然撤柜后商家又接到通知说"南冠"月饼陈馅在菌群卫生指标方面均为合格,可以恢复上市,但顾客一听是"南冠"的产品就避之唯恐不及。

二、"南京冠生园"事件对月饼市场的影响

"南京冠生园"事件影响了六成多消费者2001年购买月饼的意愿,有14%的消费者表示今年不会买月饼。这是中国社会调查事务所进行的一次问卷调查所显示的信息。还有学者提出,要警惕短视的商业行为对中国传统节日文化的负面影响。

"应景调查"表明,31%的消费者表示,听说"南京冠生园"事件后十分气愤,他们认为相关月饼厂家实在是太可恶了,应当受到法律的严惩;40%的消费者认为,政府应当规范月饼市场;25%的消费者表示,这种事时下太多了,对他们来说无所谓,大不了以后不买月饼就是了。月饼在中国人心目中的地位已经发生变化。调查表明,近5%的消费者不再认为"月饼是中秋节不可分割的一部分";表示"今年不会买月饼"的人群中,有一半的人想找一些新的方式去过节。传统文化一旦遭到破坏,恢复起来就很难。

讨论问题:

1. 如何看待管理道德在企业发展中的作用?
2. 如何理解企业不道德的行为可能造成的危害?

◆ 延伸阅读

中国首善陈光标

陈光标出生在江苏苏北一个贫穷的村落里,童年对贫穷的记忆深深唤起了他"靠自己改变命运,一定要脱贫致富"的强烈想法。俗话说,穷人的孩子早当家。陈光标在10岁的时候就已经开始对创业致富的探索。

那时,正在上小学的陈光标就利用中午放学时间,用两只小木桶从二三十米深的井中取水,再用小扁担挑到离家1公里的集镇卜叫卖,"一分钱随便喝",家乡许多人至今还记得当年陈光标挑着水桶沿街叫卖的情形。当时,靠卖水,陈光标一个学期就挣了两元八角多钱,除交纳自己的学费外,他还把剩余的一元八角钱无私地资助邻居的孩子读书。这也让陈光标清醒地意识到,只依靠父辈那样单纯的种地模式,想改变贫穷的状况是不可能的,要想致富,不仅要有勤劳的双手,更要有聪明的头脑和牛人一步的眼光。13岁那年的暑假,陈光标每天骑着自行车跑十几里卖冰棒。后来,他又瞄准机会,做起了贩粮的买卖,从开始的骑自行车贩粮到用拖拉机贩粮,从一天赚五六元钱到一天能赚三百多元钱,陈光标在致富路上尝到了一些甜头。1985年暑假结束的时候,17岁的陈光标挣了两万元钱,成了全乡第一个"少年万元户"。

在从商磨炼的同时,陈光标并没有荒废学业,做生意都是利用课余或节假日的时间。通过勤奋刻苦的自学,1985 年他考入了南京中医药学院,经过 5 年的专业学习,他获得了医学学士学位。

那时,邓小平同志南方谈话刚刚发表,"让一部分人先富起来"的论述让年轻的陈光标热血沸腾,跃跃欲试。普通上班族的工作完全不能调动起他年轻的激情和活力,一次偶然的机会让陈光标看到了致富的商机,他也由此掘得了人生中的第一桶金。

一天,陈光标正巧在一家药店附近闲逛,见一群人兴致勃勃地围着一个袖珍式仪器反复询问,他下意识地上前去探个究竟。原来,这是一个新近上市的耳穴疾病探测仪,把两个电极夹在耳朵上就能测出身体哪个部位有问题。看到这里,陈光标的脑海中突然闪过一个念头,他灵机一动:"这个疾病探测仪好是好,就是没有直观性,如果能让患者直观地看到探测结果,那一定会更受欢迎。"

于是,他大胆果断地用身上仅有的 3 000 元钱,聘请了一些业内专家提供技术指导,按照自己的想法给耳穴疾病探测仪做了简单的改进,再安装上显示器外壳,输入生理图像,患者只要手握仪器的两个电极,就能在显示器上直观地看到自己身体哪个部位有问题了。接着,他又租用别人的厂房,将研制出的这个"新玩意"让工厂生产出成品,后来这个先进仪器就被他命名为"跨世纪家庭 CT",一上市就广受好评。该产品还获得了国家专利,就是这样一个原本简单的疾病探测仪,经过陈光标的一番创新改造,立即身价倍增。从此,陈光标开启了创业致富的人生旅程。

陈光标是从发明、创新中创业起步的,接着他还发明了折叠式电动车,并获得了国家专利。陈光标的好学、钻研、敏锐、执着让他的事业渐入佳境。

陈光标事业成功后,一直致力于慈善公益事业,据不完全统计,陈光标创业十余载,累计向社会捐赠款物逾 12 亿元,受助人群突破 50 万人,并先后荣获"中华慈善奖特别贡献奖""2008 CCTV 中国年度经济人物大奖""最具号召力中国慈善家"等荣誉称号。

陈光标说,善事是要一辈子做下去的,要尽自己所能承担起社会责任。为此,他发出倡议,提议年利润百万元以上的富人拿出利润的 20% 定向帮扶贫困地区和贫困人群,即百万富翁帮 100 户、千万富翁帮 1 000 户、亿万富翁帮 10 000 户,用民间的财富力量帮助国家解决贫困县和贫困人口的脱贫问题,给财富抹上人性的光芒。

主要参考文献

1. 德鲁克.有效的管理者[M].唐瑞华,张晓宇,译.北京:中国工人出版社,1989.
2. 戈麦斯-梅西亚,鲍尔金,卡迪.管理学:人·绩效·变革[M].詹正茂,译.北京:人民邮电出版社,2009.
3. 刘铁军,黄吉萍.管理学原理[M].武汉:武汉理工大学出版社,2019.
4. 罗宾斯.管理学[M].孙健敏,译.3版.北京:中国人民大学出版社,2010.
5. 孙元欣.管理学:原理方法案例[M].2版.北京:科学出版社,2011.
6. 万三敏,孙丽姗,崔小俊.管理学原理[M].北京:中国电力出版社,2017.
7. 王利平.管理学原理[M].4版.北京:中国人民大学出版社,2017.
8. 张逸昕,赵丽.管理学原理[M].北京:清华大学出版社,2015.
9. 周三多,陈传明,刘子馨,等.管理学:原理与方法[M].7版.上海:复旦大学出版社,2021.
10. 朱苙予.人员素质与能力测评[M].2版.北京:电子工业出版社,2010.

教辅申请说明

北京大学出版社本着"教材优先、学术为本"的出版宗旨,竭诚为广大高等院校师生服务。为更有针对性地提供服务,请您按照以下步骤通过**微信**提交教辅申请,我们会在1～2个工作日内将配套教辅资料发送到您的邮箱。

◎ 扫描下方二维码,或直接微信搜索公众号"北京大学经管书苑",进行关注;

◎ 点击菜单栏"在线申请"—"教辅申请",出现如右下界面:

◎ 将表格上的信息填写准确、完整后,点击提交;

◎ 信息核对无误后,教辅资源会及时发送给您;如果填写有问题,工作人员会同您联系。

温馨提示:如果您不使用微信,则可以通过以下联系方式(任选其一),将您的姓名、院校、邮箱及教材使用信息反馈给我们,工作人员会同您进一步联系。

联系方式:

北京大学出版社经济与管理图书事业部
通信地址:北京市海淀区成府路205号,100871
电子邮箱:em@pup.cn
电　　话:010-62767312
微　　信:北京大学经管书苑(pupembook)
网　　址:www.pup.cn